„Weib, hilf dir selber!"

Leben und Werk
der Carola Rosenberg-Blume

Veröffentlichungen
des Archivs der Stadt Stuttgart
Band 92

Herausgegeben von Roland Müller

Anne-Christel
Recknagel

„Weib, hilf dir selber!"

Leben und Werk
der Carola Rosenberg-Blume

Hohenheim

Diese Arbeit wurde durch ein Forschungsstipendium
des Sozialministeriums Baden-Württemberg ermöglicht.

Abbildung auf dem Einband:
Carola Rosenberg

Die Deutsche Bibliothek - CIP-Einheitsaufnahme
Ein Titeldatensatz für diese Publikation ist bei
Der Deutschen Bibliothek erhältlich.

Kommissionsverlag:
Hohenheim Verlag GmbH, Stuttgart-Leipzig

Layout, Satz und Reproduktion:
Hans P. Mahnke, Stuttgart
Rüdiger Stratmann, Stuttgart

Herstellung:
e. kurz + co, druck und medientechnik gmbh

ISBN 3-89850-970-2

In den Augen brennt immer viel Feuer,
helles großes Feuer!
Höhenfeuer!

Abb. 1   Carola Rosenberg-Blume, Stuttgart, 1932
           (geb. 6. Juni 1899, gest. 18. August 1987)
           Zitat: Brief von Freund Helmuth an Carola, 11.12.1919
           (Nachlass Rosenberg-Blume)

Inhalt

Vorwort des Herausgebers

Die Bedeutung des "Vereins für die Förderung der Volks-bildung" für Kultur und Bildung in Stuttgart und Württemberg in der Zeit nach dem Ersten Weltkrieg kann kaum überschätzt werden. Im Mittelpunkt der Rezeption und der Traditionsbildung standen seither der Initiator und Mentor der Unternehmung selbst, der nachmalige württemberg-badische Kultminister Theodor Bäuerle, sowie die Bedeutung für die Entwicklung der Volkshochschulbe-wegung: So hat sich Christel Pache 1971 in einer Dissertation mit "Theodor Bäuerles Beitrag zur deutschen Erwachsenenbildung" beschäftigt, Anne-Christel Recknagel hat aus Anlass des 70jährigen Jubiläums im Jahr 1989 Anfänge und Geschichte der Stuttgarter Volkshochschule beleuchtet. Hingegen hat die Relevanz des Vereins für die Entwicklung der Stuttgarter Musikschule, der seitherigen Landesbildstelle Württemberg (heute Teil der Landesmedienzen-trale) und vor allem auch für die Ausbildung des Öffentlichen Bib-liothekswesens in Württemberg bisher kaum Beachtung gefunden.

Dass auch auf dem bereits bestellten Felde noch Entdeckungen zu machen sind, beweist Anne-Christel Recknagel mit dem vorliegenden Werk. Es ist einer Pionierin der Frauen-bildungsarbeit gewidmet: Carola Rosenberg-Blume. Die einschlägig ausgewiesene Autorin hat freilich nicht nur einen weiteren Beitrag zur Bildungsgeschichte im Allgemeinen und zur Geschichte der Stuttgarter Volkshochschule im Besonderen geschrieben. Diese bil-den nur einen, wenngleich ganz entscheidenden Rahmen der Biographie. Wie groß indes der Beitrag und die Bedeutung von Carola Rosenberg-Blume und der von ihr geleiteten Frauenab-teilung hierzu war, ist auch im Kleinen zu bemerken: Bei der Beschäftigung eben mit der Geschichte des Öffentlichen Biblio-thekswesen in Württemberg fiel mir in Schriftsätzen Bäuerles mehrfach die scheinbar moderne, geschlechtsneutrale Formu-lierung "Bibliothekar(-innen)" auf – zweifellos ein sichtbarer Einfluss der Leiterin der Frauenabteilung der Volkshochschule.

"Leben und Werk" von Carola Rosenberg-Blume vollzog sich auch in anderen bemerkenswerten Kontexten: der kulturellen Umbruchsphase der Zwanziger Jahre, hier insbesondere der litera-rischen Kreise und Diskurse, sowie der Geschichte eines deutsch-jüdischen Lebens und seiner Brüche. Ihm kommt eine herausra-gende Relevanz zu. Die Biographie macht zudem auf tragische Weise einen anhaltenden Verlust, oder um es deutlicher zu sagen, eine andauernde Wirkung der NS-Herrschaft in Deutschland sicht-bar. Da ist die Verfolgung und Vertreibung der "rassisch" und poli-tisch missliebigen Menschen in den Jahren 1933 bis 1945, die Zerstörung von demokratischen und humanen Werten, schließlich von Menschen selbst. Wir aber müssen heute feststellen, dass die Vertreibung noch in unseren Köpfen steckt: Vielfach wurden die Exilanten – wie übrigens auch die Täter – als "historisch" abgebucht und vergessen; selbst in wohlmeinenden Artikeln noch der letzten Jahre, so erfuhr die Familie Rosenberg-Blume, dominiert das Beschweigen und Umschreiben (vgl. S. 301). Dass vor diesem Hintergrund die seit Anfang der 1980er Jahre ausgesprochenen Einladungen der Landeshauptstadt Stuttgart an ehemalige jüdische Mitbürgerinnen und Mitbürger notwendig waren, das erweist auch die Entstehungsgeschichte dieses Bandes.

Anne-Christel Recknagel hat sich von einem verbreiteten Wahrnehmungsmuster frei gemacht. Sie hat sich auf die Suche begeben – und Carola Rosenberg-Blume gefunden. Der Eindruck dieser Begegnung prägt die vorliegende Biographie. Sie zeigt die Sympathie der Autorin, ja Bewunderung für ein "Jahrhundertleben". Carola Rosenberg-Blume und ihre Söhne ermöglichten ihr jedoch auch eine distanzierte Auseinandersetzung, indem sie ihr den umfangreichen Nachlass, nicht zuletzt den Briefwechsel zwischen Carola Rosenberg und Bernhard Blume, überließen. Anstelle von Carola Rosenberg-Blume sind nun die Zeugnisse ihres Lebens in die alte Heimat zurückgekehrt. Hier sollen sie in Zukunft im Stadtarchiv Stuttgart der Forschung zur Verfügung gestellt werden.

Ich danke Frau Dr. Recknagel dafür, dass sie dem Stadtarchiv das Manuskript zur Veröffentlichung angeboten und für die Drucklegung trotz ihrer Verpflichtungen bei der Volkshochschule eng und vertrauensvoll mit dem Stadtarchiv zusammengearbeitet hat. Dank gebührt auch Herrn Mahnke und Herrn Strathmann von der vhs für die Gestaltung des Bandes, ebenso meinem Kollegen Heinz H. Poker, dessen Engagement maßgeblich zum Gelingen beigetragen hat.

Stuttgart, im August 2002   ROLAND MÜLLER

Vom Werk zur Person

Es ging mir in dieser Arbeit um zwei Dinge: die große Leistung von Carola Rosenberg-Blume, ihr Frauenbildungskonzept, darzustellen und zu würdigen, und darum, die Genese dieser Leistung in der persönlichen Entwicklung der Protagonistin aufzusuchen, das Unerhörte an Modernität und Kreativität ihrer Frauenbildungsarbeit zu verankern in ihrem eigenen Bildungsweg, dem des Herzens und dem des Verstandes. Zu beiden Anliegen ist zu sagen: Bei der Darstellung der Frauenabteilung habe ich Wert darauf gelegt, ihre Protagonistinnen selbst zu Wort kommen zu lassen: in Kursausschreibungen, Arbeitsberichten, Protokollen, Vorworten, Ansprachen und anderen Dokumenten. In der Sprache ihrer Zeit gewinnen sie an Gewicht und Bedeutung, sie lassen zugleich Mentalitäten und Denken lebendig werden, die durch eine resümierende Wissenschaftssprache verloren gingen. Das Gleiche gilt für die Spurensuche in der persönlichen Biografie: die Lebensintensität Carolas, die Art und Weise, wie sie die Entwicklungsphasen vom jungen Mädchen zur Frau erlebt, die Bedeutung ihrer Beziehung mit Bernhard Blume, die Hingabe an ihr „Werk", vermitteln in der Sprache der Protagonistin mehr an Überzeugungskraft als jeder beschreibende Diskurs es tun könnte. Darum habe ich gern in Kauf genommen, dass die Arbeit stellenweise den Charakter einer ersten Teilausgabe ihres Briefwechsels angenommen hat. Das gilt im besonderen für ihren Briefwechsel mit ihrem Geliebten und späteren Ehemann Bernhard Blume, einem der bekanntesten Bühnenautoren der Weimarer Zeit. In ihm wird nicht nur die dichte kulturelle Atmosphäre im Deutschland der zwanziger Jahre lebendig, er ist auch, wie ich meine, ein seltenes Beispiel für die Korrespondenz zweier Liebender, in der es in gleicher Gewichtung um die Liebe und um eine Sache geht: die Sache der Dichtung bei Bernhard, die Sache der Frauenemanzipation bei Carola.
Das eine ist im andern aufgehoben.

Bei meinem Entschluss, mich nach Entdeckung der Dokumente der Frauenabteilung auf die Suche nach ihrer Gründerin und ihrer Familie zu machen, waren weitere Motive entscheidend. Es galt einmal mehr zu verdeutlichen, wie die deutsche Gesellschaft durch die Rassenpolitik der Nazis an Humanität, an schöpferischer Kraft, an visionärer Intelligenz verarmte. Auf dem Höhepunkt ihres Erfolgs in der Stuttgarter Frauenbildungsarbeit wurde die Jüdin Carola Rosenberg-Blume 1933 entlassen. Drei Jahre später emigrierte sie mit ihrem Mann und ihren beiden Söhnen in die Vereinigten Staaten. Sie kehrte nicht mehr nach Deutschland zurück. Zum andern möchte ich mit dieser Untersuchung derjenigen Institution im deutschen Bildungswesen Referenz erweisen, die es Carola Rosenberg-Blume ermöglichte, ihre Begabung zu entfalten und ihr Werk, unbehindert durch administrative und hierarchische Gängeleien, aufzubauen: der deutschen Volkshochschule, im besonderen der vhs stuttgart, die in dieser großen Tradition eine Verpflichtung für die Zukunft sieht.

ANNE-CHRISTEL RECKNAGEL

Alles geben die Götter ihren Lieblingen ganz
Alle Freuden, die unendlichen,
Alle Schmerzen, die unendlichen, ganz.

Abb. 2   Motto des Tagebuchs der Carola Rosenberg-Blume
(Nachlass Rosenberg-Blume)

Der Weg zur Biographie

Alles geben die Götter ihren Lieblingen ganz
Alle Freuden, die unendlichen
Alle Schmerzen, die unendlichen, ganz.
(J. W. VON GOETHE, WAHLSPRUCH, CAROLAS TAGEBUCH)

Carola Rosenberg-Blume war Gründerin und Leiterin einer Institution für Frauenbildung an der Volkshochschule Stuttgart, die innerhalb kurzer Zeit zur führenden und am stärksten frequentierten Abteilung wurde. In den Jahren ihrer Tätigkeit von 1924 bis 1933 gelangte sie darüber hinaus zu höchstem nationalen und internationalen Ansehen: sowohl mit ihrer Kurskonzeption für die „Abendvolkshochschule" wie mit ihrem ideenreichen und vielseitigen Kooperationsmodell, mit ihrer gezielten Stadtteilarbeit und dem Kursangebot für Arbeiterinnen in den Fabriken, mit ihren unkonventionellen Initiativen zum Aufbau einer Volkshochschule für erwerbslose Frauen und nicht zuletzt mit ihrem Angebot an Wochenend- und Ferienfreizeiten. Carola Rosenberg-Blumes Erfahrungen und ihre Einschätzung der Frauenbildungsarbeit waren unter den bekannten Erwachsenenpädagogen der Weimarer Zeit sehr gefragt. Ihre Präsenz bei den Zusammenkünften des reformpädagogisch orientierten Hohenrodter Bundes[1], den Tagungen der Deutschen Schule für Volksforschung und Erwachsenenbildung[2] und dem Weltbund für Erwachsenenbildung in Genf wurde als eine wertvolle Bereicherung empfunden. Grazil und selbstbewusst, in modischem Stilkleid, das schwarze Haar zu einer modernen Kurzhaarfrisur geschnitten, mit großen dunklen, gelassen-schalkhaft blickenden Augen steht sie da, mit ihren 26 Jahren, inmitten einer Schar altehrwürdiger gesetzter Herren, illusterer Vertreter der Erwachsenenbildung der Zwanziger Jahre – dies auf einem Foto der damaligen Zeit.

17

[1] Im Hohenrodter Bund hatten sich seit 1923 führende Erwachsenenpädagogen der Weimarer Zeit zur Erarbeitung einer an den Bedürfnissen der Bevölkerung orientierten Volksbildung zusammengeschlossen. Im Gegensatz zur alten Volksbildung aus der Zeit vor dem Ersten Weltkrieg wollte die „Neue Richtung" den Menschen helfen, ihren Alltag zu meistern, sowohl in seinen privaten wie seinen mit der Gesellschaft („Gemeinschaft") verbundenen Lebenskreisen. Jährlich zu Pfingsten trafen sich die Mitglieder in dem Ferienheim der Firma Breuninger, Stuttgart, in Hohenrodt (Schwarzwald), das der volksbildungsinteressierte Firmengründer Eduard Breuninger den Pädagogen zur Verfügung gestellt hatte. Initiator war Theodor Bäuerle, Begründer der neuen Volksbildungsarbeit in Württemberg; dank seiner guten Kontakte zum sozialen Unternehmertum seines Landes konnte er diese Tagungsstätte für den Bund gewinnen.

[2]   Die Deutsche Schule für Volksforschung und Erwachsenenbildung war eine Gründung des Hohenrodter Bundes (1927), hatte ihren Sitz in Berlin und sollte als Schulungs- und Forschungsstätte der Erwachsenenbildung arbeiten. Die von ihr organisierten Tagungen zu aktuellen Zeitthemen hatten Signalwirkung für die gesamte Erwachsenenbildung in Deutschland.

Abb. 3   Carola Rosenberg mit den Teilnehmenden einer Tagung des Hohenrodter Bundes, 1925,
über "Die Berufsethik und Berufsausbildung des Volkslehrers", oder 1927, über "Die Indu-
strialisierung des Geisteslebens" (2. Reihe, Mitte)
Robert von Erdberg, Referent der Abt. Volksbildung im preußischen Kultusministerium und
Mitbegründer der Deutschen Schule für Volksforschung und Erwachsenenbildung (1. Rei-
he, 2. von links)
Frau Amy von Erdberg, Ehefrau Robert von Erdbergs (1. Reihe, 4. von links, sitzend)
Karl Adler, Musikpädagoge, Chorleiter, Leiter des Konservatoriums des Vereins zur Förde-
rung der Volksbildung in Stuttgart, langjähriger Kursleiter der Volkshochschule, 1933 als
Jude entlassen (3. Reihe, 2. von rechts)
Paul Wanner, Schriftsteller, Gymnasiallehrer am Hölderlin-Gymnasium Stuttgart, langjähri-
ger Kursleiter der Volkshochschule Stuttgart (3. Reihe, 1. von rechts, auf Mauer sitzend)
Hermann Wild, Volksbildner in Ulm (3. Reihe, 5. von links)
Theodor Bäuerle, Mitbegründer und Geschäftsführer des Vereins zur Förderung der Volks-
bildung von 1918 bis 1936 (4. Reihe, 2. von links, halb verdeckt durch Hermann Wild)
Wolfgang Pfleiderer, Leiter der Volkshochschule Stuttgart von 1925 bis 1931 (4. Reihe, 4.
von links)
Clara Bäuerle, Ehefrau Theodor Bäuerles (5. Reihe, 1. von links, halb verdeckt durch Theo-
dor Bäuerle)
Hans Reyhing, schwäbischer Heimatdichter, langjähriger Kursleiter der Volkshochschule
Stuttgart (5. Reihe, 3. von links, mit Bart)
Anton Heinen, Volksbildner in Mönchen-Gladbach (letzte Reihe, 2. von rechts)
Die Teilnehmerlisten sind erhalten, ich hatte jedoch keine Möglichkeit, weitere Personen
zu identifizieren. Carola Rosenberg hat ihr Referat über die Frauenabteilung auf der
Tagung "Die städtische Abendvolkshochschule" von 1926 gehalten. Da aber Karl Adlers
Name auf dieser Tagungsliste nicht verzeichnet ist, wohl aber auf denjenigen der Tagun-
gen von 1925 und 1927, bei denen Carola ebenfalls zugegen war, kann es sich bei diesem
Bild nicht um die Teilnehmenden der Tagung von 1926 handeln.
(Hauptstaatsarchiv Stuttgart, HStAS Q 1/21 Bü 356, und Archiv der vhs stuttgart)

Die Frauenabteilung der Volkshochschule Stuttgart wurde berühmt. Sie war die größte, die in der Zeit der Weimarer Republik existierte. Eine Tatsache, die nicht nur dem Genius ihrer Leiterin, sondern auch dem Engagement ihrer kompetenten und hochmotivierten Mitarbeiterinnen zu verdanken war, die das sich zunehmend differenzierende Bildungskonzept unterstützten.

Die gemeinsame Arbeit und das gemeinsam Geleistete ließ Carola Rosenberg-Blume folgerichtig an die Gründung einer autonomen Frauen-Volkshochschule denken. Diesem Ziel galten u.a. die regelmäßigen Arbeitstreffen des „Frauenkreises", einer Arbeitsgemeinschaft von Leiterin, Mitarbeiterinnen und Vertreterinnen von Kooperationspartnern.

Ein lebendig pulsierendes Netzwerk frauenbildnerischer Aktivitäten, das sich vom Zentrum Stuttgarts über seine Stadtteile und Vororte bis weit hinaus auf andere Volkshochschulen Deutschlands erstreckte, war in Jahren harter zielgerichteter Arbeit entstanden – und wurde jäh zerrissen durch die fristlose Entlassung Carola Rosenberg-Blumes im Frühjahr 1933. Der Entlassungsgrund wird in der Kündigung nicht genannt – es wurde stillschweigend vorausgesetzt, dass „man" es wusste: sie war Jüdin.

Seitdem gab es Carola Blume in der Volkshochschule nicht mehr – und bald auch in Stuttgart und Deutschland nicht: sie emigrierte mit ihrem Mann, dem damals bekannten Schriftsteller und Dramatiker Bernhard Blume, und ihren beiden kleinen Söhnen in die USA.

Bis in die späten achtziger Jahre blieb sie „verschollen", inexistent für die Institution, die sie einst zu großem internationalen Ansehen geführt hatte. Es waren die Frauen der Volkshochschule Stuttgart, die sie wieder zu neuem Leben erweckten: Sie initiierten an der Volkshochschule Stuttgart Mitte der achtziger Jahre eine Veranstaltungsreihe für Frauen.[3] Die Suche nach einem neuen Selbstverständnis in unserer gegenwärtigen Gesellschaft führte sie schließlich auch auf die Spuren der großen Geschichte der Frauenbildung in der Weimarer Zeit. Diese lag unerschlossen in den Archivbeständen ihres eigenen Hauses in Gestalt aller erhaltenen Arbeitspläne der Frauenabteilung seit ihrer Gründung – und mit ihnen erwachte die Initiatorin und Schöpferin Carola Rosenberg-Blume zu neuem Leben. Ihre Arbeit und ihre Person inspirierten fortan die Frauenbildungsarbeit der Volkshochschule Stuttgart, die heute in der Aufnahme und Fortsetzung dieser großen Tradition eine wichtige Bildungsaufgabe sieht.[4]

---

[3] Die Volkshochschule Stuttgart initiierte mit ihrer ersten „Frauenwoche" im Frühjahr 1986 ein Frauenprogramm, das sie in den folgenden Jahren systematisch ausbaute. Besondere Akzente setzten hier die jährlich stattfindenden Frauen-Wochenenden. In Fortführung der großen frauenbildnerischen Tradition an der Volkshochschule Stuttgart wurde die Frauenbildung seit 1986 als Teil einer Planstelle institutionalisiert.

[4] Zu Ehren Carola Rosenberg-Blumes wurde ein Veranstaltungssaal der Volkshochschule im TREFFPUNKT Rotebühlplatz Stuttgart nach ihr benannt (1991, Carola Blume Saal); ebenso trägt die Frauenakademie der Volkshochschule Stuttgart ihren Namen (1998, Carola-Blume-Akademie).

1989 feierte die Volkshochschule Stuttgart ihr 70jähriges Jubiläum, aus dessen Anlas ich mit der Aufarbeitung ihrer Geschichte beauftragt wurde. Im Rahmen dieser detaillierten Recherchen zu den einzelnen Abteilungen enthüllte sich mir nach und nach das geniale pädagogische Konzept und die schier unfassbare Modernität der damaligen Frauenbildungsarbeit. Wer war diese Carola Rosenberg-Blume? Wo kam sie her? Wohin war sie gegangen? Wo war sie jetzt? Lebte sie überhaupt noch? Und wenn ja, warum war sie nach dem Ende des Naziterrors nicht nach Deutschland in die Volksbildungs-arbeit zurückgekehrt?

Ich begann meine Suche mit Hilfe des Kulturamts der Stadt Stuttgart, das im Rahmen seiner jährlichen Einladungen an die ehemaligen jüdischen Bürgerinnen und Bürger der Stadt tatsächlich über die Adresse Frau Blumes verfügte. Ich schrieb ihr – und erhielt bald darauf eine warme herzliche Antwort. Sie lebte also noch – geistig lebendig, am Dialog interessiert! Sie wohnte nach dem Tod ihres Mannes bei ihren Söhnen in Kalifornien, abwechselnd bei dem älteren Sohn Michael in Guerneville im Norden und bei ihrem jüngeren Sohn Frank in Redlands bei Los Angeles. Für sie war mein erster Brief, in dem ich um Informationen über die damalige Frauenabteilung gebeten hatte, eine Stimme aus vergangenen und vergessenen Welten. Eine plötzliche Erinnerung an ein anderes Leben, das ausgelöscht und abgespalten war und nun, an ihrem Lebensende, wieder ans Tageslicht kam und Gestalt annahm. Für einige Monate entwickelte sich noch ein reger Briefwechsel zwischen uns, in dem sie mit einem bewundernswerten Erinnerungsvermögen Auskunft über ihre sechzig Jahre zurückliegende Tätigkeit gab. Mein großer Wunsch, sie persönlich kennen zu lernen, diese Carola Blume noch selbst zu erleben, ging nicht in Erfüllung. Als ich mich für die Reise vorbereitete, winkte sie ab – sie hatte die Kraft zu einem Gespräch nicht mehr. Im August 1987 starb sie 88-jährig im Haus ihres jüngeren Sohnes Frank Blume in Redlands/Kalifornien.

Nach Carola Blumes Tod stand ich in lockerem brieflichen Kontakt mit den Söhnen, durch den ich Schritt für Schritt von der Existenz eines umfangreichen Familienarchivs erfuhr. Das mit der Zeit entstandene freundschaftliche gegenseitige Vertrauensverhältnis war dann die Grundlage für die Übergabe des Archivs an mich zur Bearbeitung und seine definitive Schenkung an die Volkshochschule Stuttgart. Beide Söhne Carola Blumes sind inzwischen unerwartet im Alter von 64 und 66 Jahren gestorben.

Das Archiv umfasst den gesamten Briefwechsel zwischen Carola Rosenberg-Blume und ihrem Mann Bernhard Blume seit ihrer ersten Begegnung im Jahr 1921 bis zu Bernhards Tod 1978. Zudem: zwei Tagebücher und ein Poesiealbum Carolas aus der Schul- und Studienzeit und zwei Kollegbücher (Jahre 1917-1923); die Briefe der Mutter Sofie Rosenberg geb. Hirsch an Carola von deren Studienbeginn bis zu ihrem Tod 1933; die Briefe des Vaters Samuel Rosenberg an die Tochter bis zu seiner Deportation nach Theresienstadt 1942; die Briefe des nach Palästina emigrierten Bruders Ernst Rosenberg und seiner Frau Lea bis zu dessen Ableben 1975 an die Schwester; die Briefe der Jugendfreunde und eines verehrten Lehrers aus der Gymnasialzeit, unter denen sich zwei bekannte Namen finden: Max Kommerell, der aus Münsingen a.d. Alb stammende bekannte Literarhistoriker und Schriftsteller, und Hermann Gmelin, ein führender Vertreter der deutschen Romanistik; Gelegenheitsgedichte zum Teil als gebundene Sammlung der beiden Väter Paul Blume und Samuel Rosenberg; ein Tagebuch von Walter Blume, dem Bruder Bernhards. Es handelt sich, abgesehen von den genannten Einzelstücken, um einen Bestand von ca. 2000 Briefen (incl. Postkarten). Allein die Korrespondenz zwischen Carola und Bernhard Blume umfasst 1250 Briefe. Von der Mutter sind ca. 250 Briefe und Postkarten erhalten, vom Vater ca. 130, vom Bruder Ernst und dessen Frau Lea ca.150 Briefe, von ihren Jugendfreunden 30 Briefe. Hinzu kommen die Dokumente der Emigration und der umfangreiche Briefwechsel zu deren Vorbereitung und deren Organisation im Land selbst (Stellensuche etc.). Das Archiv umfasst auch Dokumente von Carolas Leben und beruflichen Tätigkeiten in den USA: Briefe, Referenzschreiben, Manuskripte zur Erwachsenenbildung und Publikationen von sozialpädagogischen Feldforschungen in verschiedenen Bundesstaaten, Fortbildungsseminaren und Vorträgen.

Eine solche Fülle schriftlich festgehaltenen Lebens ist überwältigend. Dass sie aufbewahrt und in die Emigration gerettet wurde und auch dort trotz wiederholter Umzüge von einem Bundesland in das andere erhalten blieb, lässt an einen kostbaren Schatz denken, den man sorgfältig hütet und der verborgen das Leben begleitet. Nicht als ein Stück zum Vorzeigen, auch nicht als wohlgeordnetes bewusst geführtes „Archiv", auf das man jederzeit Zugriff gehabt hätte, sondern als eine notdürftig in zahllosen Packen und Päckchen verschnürte Sammlung von Schriftstücken, von der man wusste: sie war da. Eben: ein kostbarer Schatz im Verborgenen, der gleichwohl zum Leben gehörte. Der Sohn Frank berichtete mir von den Versuchen Carolas, sich mit diesem Archiv in den letzten Jahren vor ihrem Tod zu befassen im Hinblick auf eine Autobiographie, die sie auf Drängen ihrer Kinder und Enkelkinder noch schreiben wollte. Spuren einer Strukturierung der Sammlung sind zu entdecken, nach Themen angelegte Mappen, beginnende Sortierung der Briefe, Notizen zu bestimmten Lebensphasen. Aber sie war wohl müde. In den Mappen findet sich nicht Zusammengehöriges, die Jahre geraten ihr durcheinander, die Notizen brechen jäh ab. Ihre ganze Energie widmet sie noch dem Nachlass ihres Mannes Bernhard Blume, der im Deutschen Literaturarchiv Marbach aufbewahrt ist, und der Veröffentlichung seiner Biographie.[5] Und doch: trotz ihrer Arbeit am Werk ihres Mannes findet sie die Kraft, den Briefwechsel mit mir aufzunehmen, maschinenschriftlich, in Formulierung und Gedankengang klar und durchdacht. In einem dieser Briefe beantwortet sie über zwölf Seiten akribisch meine Fragen zur Frauenabteilung. Acht Monate später stirbt sie. So tre-

---

[5] Bernhard Blume, Narziss mit Brille, Heidelberg 1985

ten vor ihrem Tode noch einmal die beiden Passionen geballt in ihr Leben, die sie als junge Frau beseelt haben: das dichterische Werk Bernhard Blumes und ihr eigenes: die Frauenbildung an der Volkshochschule Stuttgart.

Carola

Ein Jahrhundertkind

Carola, 1899 geboren, ist ein Jahrhundertkind. Als der Erste Weltkrieg zu Ende ging, befindet sie sich im Alter beginnender geistiger Öffnung. Ihre intellektuellen Fähigkeiten und ihre passionierte Hinwendung zu anderen Menschen in ihrer je eigenen Individualität erhalten eine glückliche Förderung in dem gesellschaftlichen Umfeld, in dem sie lebt: ein aufgeschlossenes Elternhaus, eine lebendige Schule, ein großer Freundeskreis gleichgestimmter Seelen, der in der Aufbruchstimmung der Weimarer Republik nach den Sternen greift, Kunst und Leben zu vereinen sucht und in der Jugendbewegung seine geistige Heimat findet; eine glückliche Konstellation von Universitätslehrern in ihrem Studium wie Friedrich Gundolf, Theodor Geiger, Karl Jaspers, Georg Kerschensteiner, Eduard Spranger, Alois Fischer[6] u.a. Auch besucht sie Marianne Weber in Heidelberg. Eine Herausforderung an ihre ganze Persönlichkeit ist in ihren entscheidenden Entwicklungsjahren zwischen ihrem 21. und 27. Lebensjahr die Freundschaft und Liebesbeziehung mit dem zwei Jahre jüngeren Bernhard Blume,[7] den sie dann 1927 heiratet. Beide sind im Alter der Suche nach ihren Lebenszielen, des allmählichen Sichselberfindens

---

[6] Friedrich Gundolf (1880-1931), Literarhistoriker, gehörte zum Kreis um den Dichter Stefan George; seit 1920 Professor an der Universität Heidelberg; Theodor Geiger (1891-1952), Soziologe; Karl Jaspers (1883-1969), Psychologe und Philosoph, seit 1916 Professor für Psychologie, seit 1922 für Philosophie an der Universität Heidelberg; Georg Kerschensteiner (1854-1932), Pädagoge, 1895 Stadtschulrat in München, 1918 Professor an der dortigen Universität, seit 1911 MdR; einer der führenden Schulreformer und Bildungstheoretiker; Begründer der Berufsschule. Eduard Spranger (1882-1963), Philosoph, Psychologe, Pädagoge; 1911 Professor in Leipzig, seit 1920 Professor in Berlin, später in Tübingen; trug wesentlich bei zur Etablierung der Pädagogik als Universitätsdisziplin. Aloys (auch Alois) Fischer (1880-1937), Pädagoge, Professor in München 1914-37; entwickelte eine Theorie der Erziehung und Bildung unter Einbeziehung psychologischer und soziologischer Momente. Marianne Weber (1870-1954), seit 1898 eine der führenden Gestalten der deutschen Frauenbewegung; 1919 erste weibliche Delegierte der Deutschen Demokratischen Partei in der badischen Nationalversammlung; 1919-23 erste Vorsitzende des Bundes Deutscher Frauenvereine. Bekannte Publikationen: Beruf und Ehe (1906); Die Frauen und die Liebe (1935). Ehefrau des Volkswirtschaftlers und Soziologen Max Weber. Sie setzte sich für die rechtliche Gleichstellung der Frau, die Anerkennung unehelicher Mütter und Kinder, die Unterstützung weiblicher Berufstätigkeit und Bildungsansprüche sowie die staatsbürgerliche Schulung der Frauen ein.

Abb. 4   Carola Rosenberg
(im Taufregister "Karolina"), 1899
(Nachlass Rosenberg-Blume)

– da, wo beide beginnen, sich ihrer Fähigkeiten bewusst zu werden und diesen in jeweils enger Fühlungnahme mit den künstlerischen und gesellschaftlichen Strömungen ihrer Zeit – den bewegten und schöpferischen Zwanziger Jahren – ihre Richtung geben. Jahrhundertkind ist Carola auch – und besonders – durch den Holocaust, der ihr Leben und Werk in Deutschland zunichte macht und sie zum Aufbau einer neuen Existenz im Gastland Amerika zwingt. Auch letzteres, das Leben in der Emigration, die gefundenen Überlebenslösungen in materieller und emotionaler Hinsicht sind authentische Jahrhunderterfahrungen.

Carola ist involviert in die großen Ereignisse dieses Jahrhunderts: Erster Weltkrieg, Jugendbewegung, Frauenbewegung, Arbeiterbewegung, Holocaust und Emigration. Als solche ist sie „Organ ihres Jahrhunderts". Sie wurzelt in der Geschichtlichkeit ihres Zeitalters und hat an ihm teil – nicht nur als eine vom Strom der Zeit Ergriffene und Mitgetragene, sondern auch als eine bewusst und zielstrebig in ihre Zeit Eingreifende und Mitgestaltende.

23

[7]   Bernhard Blume, geb.1901 in Stuttgart, Kindheits- und Jugendjahre in Görlitz und Esslingen; Studium der Romanistik und Germanistik in Tübingen, München und Berlin; Staatsexamen für das höhere Lehramt, Vorbereitung zum Schuldienst. Dann freier Schriftsteller und Theaterdichter. Um 1930, mit Brecht und Zuckmeyer, der erfolgreichste und meistgespielte Dramatiker auf den deutschen Bühnen; u.a. mit den Stücken „Fahrt nach der Südsee", „Bonaparte", „Treibjagd" und „Feurio". Nach 1933 Verhinderung der Aufführungen und allgemeiner Boykott des Schriftstellers. 1935 Promotion über Arthur Schnitzler an der Technischen Hochschule Stuttgart. 1936 Emigration mit seiner Familie nach USA. Hier zunächst Dozent für deutsche Sprache und Literatur am Mills College für Mädchen in Oakland, Kalifornien, seit 1945 Professor an der Ohio State University in Columbus, 1956 Berufung auf den berühmtesten Germanistiklehrstuhl der USA an der Harvard University in Camebridge. Nach der Eremitierung an der University of California in La Jolla (San Diego) tätig; gestorben 1978. Sein Nachlass wird aufbewahrt im Deutschen Literaturarchiv in Marbach a.N.

Das Elternhaus

In dem mittelalterlichen Städtchen Neudenau an der Jagst im Hohenlohischen steht in der Hauptstraße ein stattliches Giebelhaus: das ehemalige Fachwerkhaus ist heute mit öden Eternitplatten überzogen, im Erdgeschoss befindet sich eine Filiale der Firma „Quelle". Hier wurde Carola Rosenberg am 6. Juni 1899 um die Mittagszeit geboren (im Taufregister als „Karolina").[8] Das Haus gehörte ihrem Vater Samuel Rosenberg, der einer traditionsreichen jüdischen Kaufmannsfamilie entstammte, die seit Jahrhunderten in Neudenau ansässig war. Samuel Rosenbergs Vater Abraham Löb „Leopold" Rosenberg wird in den Standesbüchern als „Bürger und Handelsmann" bezeichnet, ebenso wie Samuels Großvater Bär „Bernhard" Rosenberg, dessen Grabstein auf dem Jüdischen Friedhof von Neudenau erhalten ist. Die Mutter Sophie war als zwölftes Kind des jüdischen Kaufmanns Samuel Abraham Hirsch aus Mergentheim zur Welt gekommen, wo die Familie ebenfalls seit Generationen lebte und ein renommiertes Bekleidungsgeschäft betrieb. Carolas Eltern hatten sich über Samuels ältere Schwester Mina kennen gelernt, die einen Bruder von Sophie Hirsch geheiratet hatte. Die Hochzeit wurde am 17. Januar 1898 in Würzburg groß gefeiert. Mit den zahlreichen Geschwistern von elterlicher Seite wird den zukünftigen Kindern – Carola und dem jüngeren Bruder Ernst – eine schier unübersehbare Verwandtschaft in die Wiege gelegt, welche rege Kontakte untereinander pflegt und den familiären Alltag ihrer Mitglieder oft zur Freude, manchmal auch zum Leide, begleitet.

Abb. 5   Das Geburtshaus in Neudenau an der Jagst (Archiv der vhs stuttgart)

Die Schülerin Carola verbringt ihre Ferien bei Verwandten in Würzburg oder Mellrichstadt, reist nach Fürth oder Pforzheim; die Studentin Carola kann sich bei Onkel und Tanten in Berlin oder München Rat holen und in den schlechten Zeiten der Inflation zu Tisch einladen lassen.

Von Samuel Rosenbergs sieben Geschwistern, die im Württembergischen lebten, sind es die Brüder Wilhelm und Bernhard, beide Ärzte in Pforzheim und Stuttgart, die Carolas Entwicklung interessiert verfolgen und ihr immer wieder in der Beschaffung von Büchern für ihr Studium behilflich sind. Auch der nach Amerika ausgewanderte Salomon Rosenberg, ein Bruder des Vaters und „Onkel Sol" genannt, Professor für Romanistik an der University of California in Los Angeles, bringt sich mit aufmerksamen Geschenken aus der

25

---

[8]   Die folgenden Informationen über die Familien Rosenberg und Hirsch stammen aus den Standesämtern der Städte Neudenau a.d. Jagst, Bad Mergentheim und aus dem Stadtarchiv Heilbronn.

Modebranche und manch einem bitter benötigten Dollarschein für die Nichte in Erinnerung und kommt jährlich im Sommer auf Familienbesuch nach Deutschland. Von den elf Geschwistern der Mutter Sophie sind es die zahlreichen Schwestern, die sich für das Starkind der Jüngsten unter ihnen interessieren; aber auch der Bruder Emil Hirsch, Antiquar in München, und seine Frau Anny finden großen Gefallen an ihrer Nichte, die ein gern gesehener Gast und eine beliebte Gesprächspartnerin in ihrem Hause ist. So sehr haben sie die lebensfrohe kluge Studentin in ihr Herz geschlossen, dass sie Carola bitten, ihren Universitätswechsel nach Berlin zu verschieben und in München zu bleiben. Über Onkel Emil kann sich Carola ihre wissenschaftliche Literatur beschaffen, die im Handel schwer zu finden und teuer ist (Brief von Anny Hirsch an Sofie Rosenberg, 12.1.1922). Aus der Hirsch'schen Familie stammen auch jene Persönlichkeiten, die sich später für Carolas Emigrationsprojekt einsetzen werden.

Carolas Familie siedelte ein Jahr nach ihrer Geburt nach Heilbronn über. Im Neudenauer Haus blieben noch Samuels Eltern. 1901 erscheint Samuel Rosenberg im Heilbronner Adressbuch, ab 1903 wohnte die Familie in der Frankfurter Straße 6, wo sie ein Kolonialwarengeschäft betrieb. Das Bürgerrecht erhielt Samuel Rosenberg am 15. April 1904. Am 6. September 1904 wurde Carolas Bruder Ernst geboren, mit dem sie eine innige Beziehung verband. Die Geschwister blieben ab dem Zeitpunkt ihrer Trennung durch Carolas Studium bis zum Tod des Bruders 1975 in Haifa in einem kontinuierlichem brieflichen Austausch, der sich nach der Emigration der beiden intensivierte: Ernst Rosenberg wanderte mit seiner Familie 1936 nach Palästina aus, Carola im selben Jahr nach Amerika. Die in Neudenau gebliebenen Großeltern verkauften 1905 das Familienhaus mitsamt dem Warenlager (Manufaktur- und Eisenwaren) und zogen in die Nähe ihrer Kinder nach Heilbronn. Sechs Jahre später erhielt auch der Großvater Leopold Rosenberg das Heilbronner Bürgerrecht und wohnte mit seiner Frau Lina in der Nordbergstraße 22. Beide Großeltern begleiteten mit ihrem gelassenen und friedvollen Wesen das Leben der Enkelkinder und äußern in so manch einer Epistel an die „liebe liebe Carola" ihr Interesse am Wohlergehen der Enkelin in der Fremde und ihre Freude darüber, dass Carola in ihrem Studium „so zufrieden" ist. Carola liebte ihre Großmutter, und als diese 1920 starb, trägt sie in ihr Tagebuch ein: „Großmütterle ist nun tot. Ich hatte sie sehr lieb, sie war eine selten kluge und verständnisvolle Frau" (o.D. Juni 1920). Der Großvater starb 1935 im Alter von 97 Jahren und hat noch die Geburt von Carolas Söhnen, seinen Urenkeln, erlebt. Das Grab von Carolas Großeltern befindet sich unversehrt auf dem Jüdischen Friedhof von Heilbronn.

Die Mutter

„Mädchen, liebes Mädchen! Es macht mir viel Freude, dass Du so schön an mich schreibst. Sehr vergnügt bin ich, dass ich dein Lob höre. Sei weiter lieb und zeige, dass Du ein großes Mädel bist. Papa trägt Deine Zeilen in der Jacke mit, er hat Dich sehr lieb [...]" (o.D. Sommer 1909; an die zehnjährige Carola).

„Ich danke dem Himmel für das Glück, dass Du es verstehst, stets die Dinge gut zu sehen und so möge es auch bleiben [...] Bleibe gesund und baue weiter auf die Zukunft und Dein Glück und sei mir auch ferner, was Du mir bisher warst" (o.D. 1920; an die zwanzigjährige Carola).

Die beeindruckende Sammlung von 250 Briefen und eng beschriebenen Postkarten, die Sophie Rosenberg an die Tochter bis zu ihrem Tod 1933 schrieb, zeugt von einer unerschöpflichen Lust am Schreiben und Erzählen. In flüssiger Rede, gewürzt von umgangssprachlich-schwäbischen Wendungen, in engen, energischen Schriftzügen, lässt sie die Tochter teilhaben an ihrer Welt und vermittelt ihr die Botschaft ihrer Liebe: „Liebes Mädele!" – schreibt sie an die an ihren Studienort München zurückgekehrte Carola –

„Du bist hoffentlich gut angekommen, bist schon wieder in der Reihe, hast Dein Nest mit seinen lieben Wirten vorgefunden [...] Es ist gut, dass Du nichts mit den kleinlichen Sorgen zu tun hast, darum genieße es, und ich lebe und denke mit Dir" (3.5.1921).

Und ein anderes Mal: „Aber ich muß Dich nicht in der Nähe haben, meine Gedanken sind bei Dir Tag und Nacht, und aus aller Sorge fühle ich das innere Glück, dass ich Euch habe [...]" (23.5.1923). Mit einem warmen Abschied beendet sie fast alle ihre Briefe: „Ich küsse Dich", „Mit großer Liebe und innigem Kuß", in den sie später, nach anfänglicher Distanz, auch den Schwiegersohn Bernhard Blume mit einbezieht. Ihr war es schwer gefallen, den nicht-jüdischen Lebensgefährten und späteren Ehemann ihrer Tochter zu akzeptieren, zumal er dem unbürgerlichen Beruf eines freien Schriftstellers und Stückeschreibers nachging. Denn sie brachte aus ihrer Herkunftsfamilie unhinterfragte Traditionen mit wie das Streben nach einer soliden wirtschaftlichen Existenz und die auf Juden beschränkte Eheschließung, die nun durch die unkonventionelle Entscheidung der Tochter gebrochen wurden. Sophie Rosenberg hat wohl trotz ihrer Toleranz, mit der sie die Erziehung der Kinder praktizierte, und ihrer Einsicht angesichts der erfüllten Ehe und der beruflichen Erfolge ihrer Tochter diese Enttäuschung in ihrem Leben nicht verwunden. Nicht auf bewusster Ebene – da ging sie ganz auf in der Sorge für das körperliche und emotionale Wohlergehen der geliebten Tochter und deren späterer Familie. Wobei ihr die berufliche Inanspruchnahme, vor allem während der beiden Schwangerschaften Carolas, besonders am Herzen liegt.

„Ich bin in Sorge, dass Du so verhetzt bist [...] Du weißt, dass mein ganzes Denken Dir gehört und meine heißesten Wün-

schen Deine, Eure Zukunft betreffen" schreibt sie (3.10.1929).
Oder: „Du weißt, wie leid es mir tut, wenn Du Dir auch ganz kleine Sorgen machst" (o.D. 1928).

Angesichts von Carolas pausenloser Arbeitszeit in der Frauenabteilung rät sie ihr: „[...] turne wenigstens" (21.2.1927). Nein, bewusst ist ihr die innere Verletzung nicht, sie erlebt doch auch mit großer Anteilnahme die zunehmenden Erfolge des Schwiegersohns auf den deutschen Bühnen und begreift auch sehr schnell, dass ihre Tochter in dieser Ehe glücklich ist und gefunden hat, was sie suchte! Auch diese Botschaft möchte sie der Tochter übermitteln: am Schluss ihrer Briefe fügt sie nun „liebe Grüße" oder sogar „extra liebe Grüße" für Bernhard hinzu. Zum Geburtstag Carolas, der wegen eines Vortrags derselben nicht gefeiert werden konnte, schreibt sie: „Wenn auch Dein Geburtstag nicht gefeiert wurde, so hast Du ja immer ein Fest, wenn Du bei Bernhard sein kannst" (13.6.1928).

Oder:

„Ich habe viel an Dich denken müssen und ich bin froh mit Dir, dass Du ein solch glückliches Jahr verbracht hast, hoffentlich bringt das kommende die Erfüllung Deiner Wünsche, die sich an Bernhards Schaffen knüpfen. Aber die Hauptsache ist mir doch, dass Ihr gesund und immer so vergnügt miteinander seid" (22.6.1928).

Abb. 6   Postkarte der Mutter Sofie Rosenberg an die zehnjährige Carola, 1909
(Nachlass Rosenberg-Blume)

Erst als sie im Sterben liegt und sich die verborgenen Tiefen der Seele öffnen, kommt die verdrängte Verurteilung von Carolas Lebensweg ans Licht. „Du hast alles falsch gemacht", soll sie der Tochter gesagt haben – so lebt es in der Erinnerung Carolas und der Familie. Sophie Rosenberg war eine fromme, aber keine strenggläubige Jüdin. Sie achtete ihre jüdischen Traditionen, war dabei weltoffen und tolerant, ließ ihre Kinder ohne Verbote und Vorbehalte in das sie umgebende deutsche Kulturleben eintauchen und war selbst kulturell hochinteressiert und in gut bürgerlichem Sinn gebildet. Von häufigen Theater- und Konzertbesuchen mit ihrem Mann erzählt sie in ihren Briefen, von ihrer Begeisterung für den „Soldaten Schweik" und den „Biberpelz" (8.11.1922), sehr angetan ist sie von dem proletarischen Dichter und Schriftsteller Friedrich Wolf (21.3.1928). Sie liest Voltaire und äußert sich kritisch zu Leitartikeln im „Stuttgarter Tageblatt" oder der „Frankfurter Allgemeinen", die die Familie Rosenberg abonniert hatte. Vorträge und Aufsätze werden von ihr besonders goutiert, wenn sie „ohne unnötigen Schwulst (8.5.1922) und „schlicht und eindringlich" (29.6.1928) formuliert sind. Die „Heilige Johanna" von Shaw schaut sie sich mit der Tochter an und bittet um die Zusendung des Textes, da sie das Stück noch einmal nachlesen will (so Carola an Bernhard, 20.4.1925). Im Juni 1922 besuchen die beiden Eheleute einen von der KPD organisierten Vortrag des Chefredakteurs der „Humanité", Organ der französischen Kommunisten, und eines Engländers, für die ein Freund der Familie gedolmetscht hat. Dessen Leistung fand Sophie Rosenberg so „herausragend", dass sie ihm, wie sie nicht ohne Stolz betont, ihren Beifall aussprach. Das Ehepaar nimmt auch regen Anteil an den kulturellen Aktivitäten der Heilbronner Volkshochschule, mit dessen Leiter Christian Leichtle sie befreundet sind. Sophie Rosenberg war demnach eng mit dem deutschen Kulturleben verbunden und, wie Carola an Bernhard schreibt, hatte sie wenig Kontakt zu den jüdischen Kreisen in Heilbronn. Sie selbst berichtet einmal: „Gestern habe ich versucht, unter die Leute zu gehen. Von einer Beerdigung aus, zum israelitischen Frauenverein. Vorsitz: Henle, Hochberger, Rosengart – ich ergriff die Flucht, nein, ich passe nicht zu den Leuten" (15.6.1921).

Doch im Augenblick des Todes, begleitet vom jüdischen Ritual, mag sie zu ihren jüdischen Wurzeln zurückgekehrt sein und dem bis dahin verborgenen Ressentiment gegenüber Carolas weltlichen und unbürgerlichen Lebensentscheidungen freien Lauf gelassen haben. So wurde der Tod der Mutter für Carola ein doppelter Schmerz und wog umso schwerer, als sie noch unter dem Schock ihrer Entlassung stand, die einige Monate zuvor erfolgt war.

Bei aller Toleranz in der Erziehung verzichtet Sophie Rosenberg jedoch nicht auf die Vermittlung und Einhaltung bürgerlicher Normen von Sitte und Anstand und nicht zuletzt – von statusgerechtem Aussehen. Carola bewegt sich offenbar ohne größere elterliche Eingriffe frei in der Männergesellschaft des Gymnasiums und ihrer Jugendbünde, mit denen sie oft tagelang auf Fahrt geht. Der Vertrauensvorschuss vonseiten der Eltern ermöglicht den beiden Geschwis-

tern das Glück eines weitgehend selbstbestimmten Erwachsen-
werdens. Ich habe keinen einzigen Brief in der umfangreichen Korrespondenz zwischen Eltern und Kindern, aber auch zwischen den
Geschwistern und zwischen Carola und Bernhard entdeckt, der über
nicht einsichtige Strenge oder autoritäres Verhalten der Eltern Klage
führt. Wenn Carola aus München zum Wochenende nicht kommen
will, so akzeptiert es die Mutter und versteht, auch wenn sie enttäuscht
ist, dass Carola auch mal keine Lust hat, heimzufahren. „Es scheint,
dass Du nicht besonders Lust hast zu kommen am Sonntag, mach es
so wie es Dir gut dünkt." Und wenn sie nicht kommt, will ihr die Mutter
wenigstens das „Paket mit dem Sach" schicken. Das „Sach", das sind
frische Lebensmittel aus dem großen, mit ländlichen Produkten
bestückten Haushalt in Heilbronn, das sind Bettwäsche und Toilet-
tenartikel und das ist vor allem Kleidung, auf deren modische Aktu-
alität, bei aller Sparsamkeit, Mutter Sophie besonders großen Wert
legt. Ihre ganze Sehnsucht nach der Tochter, die sie mit deren zunehmendem Engagement in Liebesbeziehung und Beruf, immer weniger
sieht, ergießt sich in ihre umfangreiche Korrespondenz und – eben –
in eine perfekte Versorgung der Tochter mit Päckchen und Paketen
nützlich-praktischen und köstlich-erlesenen Inhalts, die sicher ihresgleichen suchte. So ein Paket muss es gewesen sein, das Carola in
der Weihnachtszeit in Berlin, wo sie ihr drittes Semester verbringt,
erhielt.

     „Da weiß ich gar nicht, wo zuerst anfangen. Denkt! Ich ha-
be gar nicht gedacht, dass Ihr mir so viele gute Sachen schicken
würdet und habe deshalb einen Kuchen gebacken! Nun aber
habt Ihr so viel geschickt! [...] Vor allem freue ich mich auf die
Gansschlegel und das Gänsfett (Fleisch kostet hier 24 Mark das
Pfund!) u. das riesengroße Hutzelbrot. Und die feine Butter (kostet hier das Pfund 45 Mark). Die Gutzele schmecken fein. Sehr
leid tut es mir, dass Du, liebe Mutter, nun noch Deine Schuhe
mir geschickt hast! Und Du lieber Vater schickst mir sogar Ho-
nig. Habt Ihr denn mit dem Kamm 1 Ahnung gehabt? Mir ist
diese Woche meiner nach dem Haarwaschen auseinander gebrochen und nun bin ich so froh damit [...]" (o.D. 1922).

     Es folgen verzweifelte Klagen über die Preisinflation und
Beteuerungen ihrer Sparsamkeit, zu der sie die haushälterisch ver-
sierte Mutter immer wieder ermahnt. Auch in ihrem Tagebuch aus
dem ersten Semester in Heidelberg hält sie den Ertrag einer Paket-
sendung in der ihr zuweilen eigenen Chaotik fest: „Ja, und dann habe
ich noch ein Vertiko, reich gefüllt mit Wurst, Butter, Gurken, Brot,
Schokolade, Schuhe, Seife, Lichter, Eßgeschirr und noch viele Eßwa-
ren [...]" (o.D. 1919). Pakete aus Heilbronn kommen auch, als Carola
finanziell auf eigenen Füßen steht und längst ihren eigenen Haushalt
hat. Nach Degerloch in die Michaelstraße, die erste gemeinsame Wohnung mit Bernhard, schickt die Mutter z.B. einen Koffer mit Büchern
(wohl aus Carolas Mädchenzimmer) und zwei Pakete von 118 kg, die
neben „gebügelter Wäsche" und „neuer Unterwäsche von Benger und
neuer Nachthemden" für Carola auch Stoffreste für die Nähkurse der

Abb. 7   Im Festkleid
Ende der Schulzeit, 1918
(Nachlass Rosenberg-
Blume)

Frauenabteilung enthalten. In anderen Paketen kommen weiterhin frische Landprodukte aus Heilbronn, Obst, Kartoffeln, Butter und aus den Früchten des Gartens hergestellte Gelees und Marmeladen. Unter dem „Sach" aber ist die Mode mindestens von gleicher Bedeutung wie das leibliche Wohl. Nach München, wo Carola im Hause ihres Onkels Emil verkehrt, schreibt sie:

„Überlege, Du sollst und mußt ordentlich daherkommen [...] Du mußt auch mehr auf Dein Äußeres halten, ziehe Deine guten Sachen an da wo man Dich kennt, und sorge, dass Deine Stiefel ordentlich ausschauen, ich meine halt immer, Du solltest noch ein Paar gute Stiefel haben, denn die beste Toilette sieht nichts gleich, wenn kein gutes Schuhwerk dabei ist [...] Onkel sagte, dass Du Dich schlecht frisierst [...] machst Du es absichtlich [...]? Geh zur Friseuse und laß mal ausprobieren, das Sammetband muß weg, denke ich [...]" (29.10.1920).

In weniger bestimmtem Ton überlegt sie, ob die Hausschneiderin die Ärmel an einem Kleid ändern soll: „[...] ich meine immer, die langen Ärmel und die kurze Taille passen nicht zusammen, entweder oder [...] Kurztaillig mit kurzem Pufferärmel, entzückend sieht das aus" (o.D.1920).

Sophie Rosenberg hält viel von der Schneiderin, die dank ihres „sehr vornehmen Geschmacks" an Modeschauen und Schönheitskonkurrenzen teilnimmt und ein Spitzenkleid für Carola nähen könnte, das „sehr schön" werden würde. Ein anderes Mal mahnt sie: „[...] Die Kleidle sind sehr nett geworden [...] aber ich bitte Dich herzlich, [...] sorge doch, dass Du bei Deinen großen Beziehungen jemand findest, der Deine Strümpfe wäscht und stopft" (6.3.1923). Die Strümpfe, in großer Auswahl, darunter auch reine Seidenstrümpfe von Onkel Sol aus Amerika, sind für Mutter Sophie wichtiger Bestandteil der Garderobe und gehen mit den zahlreichen Wäschesendungen verloren oder werden gelegentlich beim Bügeln verbrannt (ebd.). Carola soll sich nun selber um die Strumpffrage kümmern. Die Mutter hat auch gar keine Probleme damit, dass Carola Hosen trägt, in jener Zeit eine mutige Herausforderung, und sie kennt sich genau aus, denn sie rät Carola davon ab, sich welche nähen zu lassen, denn „Damenhosen sind nicht elegant, wenn selbst gemacht [...]" (5.7.1926). Bis aufs kleinste Detail erstreckt sich ihr Interesse an Carolas standesgemäßer Ausstattung: „Du wolltest Dir doch einen Handspiegel kaufen. Gelt, schiebe nichts hinaus, es wird sicher alles teurer, lieber kleiner und ja nicht ordinär [...]" (24.8.1922). Sophie Rosenberg, als ehemalige Verkäuferin im Bekleidungsgeschäft ihres Vaters in Mergentheim, ist anspruchsvoll und wählerisch in Modedingen: „[...] ich möchte gern einiges anschaffen", schreibt sie, „aber nur schön und gut [...]"

(5.7.1926). Es ist Frühling, und so wie er in ihrem Mann den „Wandertrieb" weckt – er geht auf „Tour", um seine Kunden zu besuchen, - so bekommt sie Lust auf neue Garderobe für sich und ihre Tochter: „[...] Jetzt wenn die Sonne scheint, denke man an die Frühjahrstoilette [...]" (6.3.1928). In der für das Ehepaar Rosenberg gedruckten Hochzeitszeitung mit dem Titel „Neudenauer Tagblatt mit Neudenauer Handelszeitung" (17.1.1898) ist in einem fingierten Gespräch in einer Bügelstube von dem „Fräulein Sophie Hirsch" die Rede, „wuh am immer d' Mäntel son freundli' anprowiert hat [...] und die jetzt Hochzeit heint. Sie krieacht an scheane rechta Mon, Rosabercher hoaßt er [...]" „Des froat mi" – antwortet die andere – „awwer reacht is mers net, dass das Fräul'n nimmi im G'schäft is. I kon mi net son schnell entschließa, wenn i ebbes kaaf un sie hat immer son viel G'schmack und Geduld mit am g'hot." Ein kleiner, aber sprechender Hinweis auf ihre Kompetenzen in Sachen Geschmack und Mode. Mutter Sophies Schwäche für Mode findet bei Carola lebhaften Zuspruch, wenn sie sich sicher auch gelegentlich gegen zu viel Einmischung hat wehren müssen. In ihren Briefen an Bernhard (diejenigen an die Eltern sind mit dem gesamten Rosenbergschen Besitz von den Nazis zerstört worden) erwähnt sie häufig anstehende Anproben bei der Schneiderin in Heilbronn; überlegt, ob ihr grünes Seidenkleid nicht zu provinziell für die Hauptstadt ist, wo sie Bernhard besucht, und stellt ein „besonders schönes Kostümle" für die nächste Premiere in Aussicht. Und sie fällt auf mit einem offenbar immer gelungenen Outfit, das zu ihrem Typ und ihrer grazilen, aber durchtrainierten Gestalt passt: mal sportlich-lässig mit Baskenmütze und Hosen, mal elegant im extra geschneiderten Wintermantel mit Schalkragen und Hut.

Sophie Rosenberg ist auch ohne die Kinder eine viel beschäftigte Frau; neben dem großen Haushalt und Garten und der damals noch üblichen Vorratshaltung betreibt sie selbst das Geschäft während der Abwesenheit ihres Mannes, der in der warmen Jahreszeit fast täglich auf Kundenbesuch ist. Sie ist durch und durch Geschäftsfrau, nüchtern, sparsam und zielstrebig, und kennt sich im Gegensatz zu ihrem mehr verträumten philosophierenden Mann in den Geheimnissen einer erfolgreichen Geschäftsführung aus. Ein weiteres Feld der Betätigung bietet sich ihr in der Kommunikation mit der großen Verwandtschaft, die sie genau überblickt. In nahezu jedem Brief ist die Rede von erfolgten oder bevorstehenden Besuchen von Tanten und Onkels, Cousinen und Vettern, Neffen und Nichten, die sie Carola in Erinnerung bringt, gelegentlich auch mit der Ermahnung, zu schreiben und sich für Geschenke zu bedanken. Sophie Rosenbergs Briefe zeugen von einem intensiv erlebten Alltag, der sich wie eine Sturzflut über sie ergießt, in der sie jedoch nicht ertrinkt. Immer wieder meldet sich auch ironischer Abstand, wenn sie etwa ihre Ausführungen über Preise, Lebensmittel, Kleidung etc. so kommentiert: „[...] wieder mal ein interessanter Brief [...] Aber Ihr habt das interessanteste Leben!" (17.2.1927); oder die vielen und kostbaren Geschenke zu ihrem Geburtstag: „[...] und alles nur für eine Kuh!" (24.5.1928). Eine Kuh, die das Gras wiederkäut und ihre Kälber ernährt. Den Haushalt,

Neudenauer
Tagblatt

mit

Neudenauer Handelszeitung

zu Ehren der Vermählung des

Frl. Sophie Hirsch aus Mergentheim mit Herrn Samuel Rosenberg aus Neudenau.

Nr 1.	Montag, 17. Januar 1898.	1. Jhrg.

 Fest-Gruß.

Seid froh gegrüßt, Ihr theuren Hochzeitsgäste
Vereint im hellen, festgeschmückten Saal,
Die Ihr erschienen heut' zum frohen Feste
Von fern und nah, Ihr Lieben allzumal.
Ihr sollt mir alle hochwillkommen sein,
Ihr Alle, die Ihr fröhlich kamt herein.

Doch tausendmal gegrüßt, Du hochentzückte,
Herzliebe Braut, des Festes Schmuck und Zier
Und tausendmal gegrüßt der hochbeglückte
Und treugeliebte Bräutigam mit ihr!
Was einsam Ihr geträumt in stillen Stunden
Ihr habt für ewig heute Euch verbunden.

Du Theure, deren Haupt die Myrthe kränzet,
Sei glücklich stets mit dem geliebten Mann,
Das Auge glücklich Dir entgegen glänzet,
Nur Lust und Wonne blühe Dir fortan!
Er wird Dir noch in späten Jahren
Voll Treue seine inn'ge Lieb' bewahren.

Und Du, halt kräftig sie in Deinen Armen
Die auf Dich stolze, die Dir theure Braut!
An Deinem Herzen lasse sie erwarmen,
Sei glücklich stets mit ihr, die Dir vertraut
Die sich Dir heut' geweiht für's ganze Leben,
In Deine Obhut ist sie nun gegeben.

Heil Euch, die Ihr vereint in Lieb und Treue
Nun Hand in Hand durch's Erdenleben geht,
Die Ihr Euch liebend immerdar auf's Neue
In Freud und Leid fortan zur Seite steht.
Der Himmel geb' Euch immer seinen Segen,
Behüte und bewahr' Euch allerwegen.

Geweiht ist nun der feste Bund der Herzen,
Denkt freudig oft an diesen Tag zurück!
Nie drück' Euch Kummer, niemals Schmerzen
Nein, Euer Antlitz strahle stets vom Glück.
O seid Euch gut, kein böses Wölkchen trübe
Den klaren Himmel Eurer reinen Liebe.

Abb. 8   Hochzeitszeitung der Eltern Sofie und Samuel Rosenberg
(Nachlass Rosenberg-Blume)

obwohl mit Leib und Seele dabei, kann sie auch als immer dieselbe Tretmühle empfinden – „[...] nicht zum Fertigwerden ist das" – und deshalb auch mit Begeisterung die technischen Neuerungen im Haushalt begrüßen und Carolas Kursprogramm auf diesem Gebiet lebhaft unterstützen. Ja – ab und an liebt sie es sogar, „einfach lustig in den Tag hineinzuleben" und „es sich gut gehen zu lassen" (15.8.1922).

Ihre Herzenswärme begleitet Carola vor allem in den Jahren des Übergangs von der Jugendlichen zur erwachsenen Frau. Das tut sie gemäß ihrer allen großen Worten abholden Natur, indem sie vorlebt und zu den jeweiligen Geburtstagen in Worte fasst, was sie für das Wesentliche hält: Gesundheit, d.h. für sie: Achtung vor dem eigenen Körper und – Vertrauen in das Leben und in die Zukunft. „Es wird schon recht werden" ist ein Satz, der ihre ganze Korrespondenz durchzieht und der sich ebenfalls in Carolas Briefen an Bernhard findet, der vom Temperament her ein notorischer Zweifler ist. „Liebes Kind!" schreibt die Mutter der nun 21jährigen Tochter zum Geburtstag

„[...] Jedes Blütchen hat ja sein Honigtröpfchen, nur wir Eltern können es oft nimmer herauslutschen. [...] Sei recht vergnügt, mein liebes Kleines, gönne Dir was Extraes, im Paket findest Du Gelegenheit 20 Mark – fürs Schwelgen." (o.D.1922).

Dieser Brief dokumentiert nicht nur die mütterliche Botschaft vom Vertrauen in das Leben, sondern auch die Einsicht in den notwendigen Prozess der Ablösung des Kindes von den Eltern („die Eltern können es oft nimmer herauslutschen"). Sophie Rosenberg hätte es am liebsten anders – und sie wird ihre Glücksgefühle über ein zustande gekommenes Zusammensein der Familie bis zu ihrem Tod bekunden. „[...] Es geht so viel Liebe verloren, wenn man sich so selten sieht", klagt sie einmal (14.2.1927). Aber sie ist zu lebensklug, um sich dieser Sehnsucht zu überlassen. Wiederholt signalisiert sie daher auch der Tochter, dass sie sich für deren Arbeit in Studium und Beruf interessiert. Sie erkundigt sich, bei welchen Professoren Carola belegt hat, später wird sie die Programme der Frauenabteilung studieren und in Gedanken bei Carola sein, wenn diese ihre Vorträge hält. Jedesmal, wenn Carolas Arbeitspensum zur Überforderung zu werden droht, ist sie in Sorge und erinnert an das kostbare Gut der Gesundheit. Schon in den ersten Semestern kommentiert sie Carolas Stundenplan kritisch: „[...] mich dünkt viel, was Du vorhast – zu viel?" Überlässt es aber wie immer Carolas eigener Entscheidung: „Du mußt es wissen [...]" Später, bei dem Zwölf-bis-vierzehn-Stunden-Tag in der Frauenabteilung und den beiden Schwangerschaften, als Carola ihr „verhetzt" und „abgerissen" vorkommt, wagt sie sich doch weiter vor und deutet ihre geheimen Zweifel an der Berufstätigkeit von Müttern und werdenden Müttern an: „[...] ist nicht doch etwas dran, berufstätig und –? Jedenfalls wirst Du acht auf Dich haben und abends auf manches verzichten und Dich ausruhen. Die Karriere-Frage beschäftigt mich auch, da mußt Du Klarheit haben [...]" (29.4.1929). Tagebuch und Briefe dokumentieren, dass Carola selbst von dieser Frage immer wieder auf ganz existenzieller Ebene heimgesucht wurde, was sie aber nicht zu einer Infragestellung des „Ob" veranlasste, sondern des

„Wie". Sie arbeitete nicht nur als Leiterin der Frauenabteilung weiter und war in ihrem Leben immer berufstätig, sondern arbeitete „immer bis zum letzten Tag" in ihren beiden Schwangerschaften, wie mir die Nichte Else Yatras ihrer letzten Pensionswirtin in Stuttgart, Marie Harburger, schrieb (7.3.1990). Die Wünsche der Mutter orientieren sich wohlweislich an denen der Tochter – emotionales Glück in ihrer Beziehung mit Bernhard und Glück der Selbstverwirklichung in der Arbeit. „[...] Was ich Dir wünsche?" – schreibt sie zu Carolas 27. Geburtstag – „Das wozu Dein Herz Dich treibt, wird wohl das Beste sein [...] Schreibe mir bald, ob und wann Ihr kommt, wir wollen gemeinsam fröhlichen Geburtstag feiern. Ich grüße und küsse Dich, wenn möglich, noch herzlicher denn je. Deine alte dumme Mutter." (4.6.1926). Nicht nur ihrer Tochter gegenüber entwickelt Sophie Rosenberg diese durch Achtung und Toleranz geprägte Sensibilität für ihre Mitmenschen. Sie offenbart sich auch in dem, was sie gelegentlich über ihren Mann Samuel schreibt. Dessen mangelnde Karriere im Geschäft ist ihr keine Klage wert, wohl aber ein Gefühl des Mitleids für diesen Mann, der sich entgegen seinen literarischen und philosophischen Interessen mit Warenhandel und Rechnungen befassen muss: „Vater strebt und forscht so viel, schade dass er sich sehr schwer mit dem Kaufmann vereinigen lässt, und oft habe ich ein tiefes Mitleid mit ihm, wenn er sich unbemerkt glaubt und mal rasch zu den Philosophen flüchtet." Ein Grund mehr für sie, „tatkräftig" zu sein und „im Geschäft zu helfen"; und in ihrem unverwüstlichen Zukunftsoptimismus fügt sie hinzu: „Es wird schon zum Klappen kommen" (o.D.1920).

Der Vater

Vater Rosenberg verfolgt Carolas Studien und berufliche Erfolge mit Hingabe und bekundet auch seinen Stolz auf die Tochter gegenüber Freunden und vor allem gegenüber der großen Verwandtschaft, die es in vielen Fällen zu akademischen Würden gebracht hatte. Hier holen seine Kinder nach – auch Carolas Bruder ist promovierter Ingenieur -, was ihm selber nicht vergönnt gewesen war. Vater und Tochter sind aufgrund der gemeinsamen Liebe zu Dichtung und Philosophie tief miteinander verbunden. Und noch etwas haben sie gemeinsam: „Wissensdrang und Erkenntnisdurst" wie Carola sagt. Der Geburtstagsbrief, den Carola ihrem Vater aus Berlin schreibt (27.12.1922), erzählt etwas von dieser inneren Nähe:

„Mein lieber, guter Vater! Zum Reichtum bist Du ja nicht geboren und der kommt wohl auch vorerst noch nicht; aber gelt, lieber Vater, dafür hast Du Deine Ideale [...] und man kann sich seine eigene Welt damit bauen [...] Der Autor (es war Cervantes Don Quichote, Anm.d.Verf.), den ich Dir zum Geburtstag geschickt habe, war auch so einer der immer nur seine erträumte Welt gelebt hat. [...] Die Feiertage werden Dich ja zum Lesen kommen lassen, das Geschäft wird ohnedies nach Neujahr flauer werden [...] Ich selbst habe schon ausgefeiert und sitze bereits hinter dem Buch meines verehrten Prof. Spranger, das durchgeschafft sein will. In nächster Zeit habe ich, falls ich dazu komme, auch vor, mich hinter Goethe, besonders seine Romane und Dichtung und Wahrheit, zu machen. Ich glaube, da steckt noch ein tiefer Schatz verborgen, den wir noch nicht gehoben haben. Ich kann Dir nicht sagen, lieber Vater, wie froh und dankbar ich Dir bin, dass ich so viel Herrliches lernen darf. Da kann man wirklich sagen: <es ist eine Lust zu leben>. Aber meinen Wissensdrang und Erkenntnisdurst, den habe ich von Dir geerbt. Und was einmal aus mir werden wird, darüber bin ich guter Dinge und lasse vorerst den lieben Gott dafür sorgen. Die Welt ist so groß und so weit, ein jeder findet sein Unterkommen darin; aber weltoffen sein und 1 frohen Blick haben und sich's nicht verdrießen lassen, wenn es 1mal, 2 mal oder sogar drei mal schief geht [...] Gelt?" (27.12.1922).

Ein bewegender Brief – und ein Juwel in der ganzen Korrespondenz: denn er gibt Auskunft über vieles: über Carolas Lust am Leben und Lernen, die Begeisterung am Studium, die optimistische Grundstimmung einer jungen selbstbewussten Frau. Aber auch über ihre Identifikation mit dem Vater und ihre Reife in diesem Verhältnis, die ihr einen scherzhaften Umgang mit seiner „Schwäche" erlaubt: es nämlich als Kaufmann nicht allzu weit gebracht zu haben. Und den Vater freut diese Einschätzung der Tochter – ja, er ist stolz darauf, mit ihr die Wertewelt zu teilen, die ihn trägt. Aber so richtig in Fahrt gerät er, als ihm Carola einen Dichter, und dazu noch einen erfolgreichen, zum Schwiegersohn beschert. Er verfolgt die Zeitungskritiken zu Bernhards Stücken in ganz Deutschland, legt gar eine Sammlung an und reist, wenn möglich, zu den Aufführungen an den Bühnen der süddeutschen Städte. Sein Stolz auf die Tochter wird nun noch zusätzlich dadurch genährt, dass sich ihre Begabungen offensichtlich auch auf die Wahl des passenden Ehemanns erstrecken. Nach dem Tod seiner Frau, mit zunehmendem Alter, werden seine Kinder und Enkelkinder zum zentralen Lebensinhalt. Das Geschäft in Heilbronn muss 1934 verkauft werden, nicht nur, weil die Seele des Geschäfts, Frau Sophie, nicht mehr ist, sondern auch aus Mangel an Kundschaft und kooperationsbereiten Geschäftsleuten im Gefolge des Judenboykotts am 1. April 1933. Samuel Rosenberg siedelt 1935 in das Jüdische Altersheim in Stuttgart, Wagenburgstraße 26, um. Nun widmet er sich seinen literarischen Liebhabereien, die ihn zum Gelegenheitsdichter machen und ihn schließlich nur noch gereimte Briefe verfassen lassen. Allen Ernstes überlegt er, ob er seine kargen finanziellen Reserven als Gelegenheitsdichter aufbessern könne. Eifrig macht er sich mit dem Englischen vertraut, um mit seinen Enkelkindern korrespondieren zu können, die in Amerika langsam die deutsche Sprache vergessen. Seine Einsamkeit ist groß, auch die Besuche der Verwandtschaft werden immer spärlicher. Umso intensiver widmet er sich seiner Korrespondenz, die ein zutiefst anrührendes Dokument der Sehnsucht eines einsam gewordenen alten Mannes nach Nähe und

Abb. 9   Samuel Rosenberg
mit seiner Frau Sophie und Tochter Carola in Heilbronn
(Nachlass Rosenberg-Blume)

Zuwendung ist. Seine Auswanderung, um die sich die Kinder bemü-hen, gelingt nicht mehr. 1942 ereilt ihn das tragische Schicksal der Bewohner der beiden Jüdischen Altersheime in Stuttgart. Nachdem diese zunächst im Gefolge der „inneren Deportation" von der „juden-frei" zu machenden Hauptstadt aufs Land in das leerstehende Schloss Eschenau bei Heilbronn „umgesiedelt" worden waren, wurden sie nach einigen Monaten ins berüchtigte Sammellager auf dem Stutt-garter Killesberg transportiert und dort, oft schon krank und dem Ster-ben nahe, in Güterwagen gepfercht und nach Theresienstadt deportiert. Samuel Rosenberg war unter den wenigen Überlebenden dieses Transports.[9]

Samuel und Sophie Rosenberg sind ein Paar, in dem zwei entgegengesetzte Begabungen und Temperamente aufeinandertref-fen: der aufs Nüchtern-Praktische gerichtete Realitätssinn und die zielstrebige Willenskraft bei ihr; die lustvolle Hingabe an den Augen-blick, das träumerische Verweilen in der Betrachtung der Dinge und der idealische Impuls bei ihm: vita activa und vita contemplativa. Wobei jedes auch einen Teil vom anderen hatte: Sophie Rosenberg besaß durchaus künstlerische Sensibilität und Samuel brachte es doch so weit zu geschäftlichem Erfolg, dass er einen großen Hausstand und das Studium seiner beiden Kinder finanzieren konnte. Die Inschrift, die sich Sophie Rosenberg für ihren Grabstein ausgewählt hat, stammt aus dem 1. Buch Moses; hier tritt sie uns so entgegen, wie sie sich in ihren Briefen offenbart: als die Hüterin und Garantin der familialen Integrität. Er lautet: „Alles, was dir Sara sagen wird, höre auf ihre Stimme!" Diese Worte sagt Gott zu Abraham, der sich Sara gegenüber geweigert hatte, die ägyptische Magd Hagar und ihren von Abraham gezeugten Sohn in ihren Hausstand aufzunehmen, „denn dieser Magd Sohn soll nicht erben mit meinem Sohn Isaak", wie Sara ihre Wei-gerung begründet. Der empörte Abraham aber erhält von Gott die Weisung, „auf Sara zu hören", das heißt die Nebenbuhlerin und deren Sohn von seinem Haus und Hof zu vertreiben.[10]

In Carolas Persönlichkeit finden wir eine glückliche Mischung aus den Wesenszügen beider Eltern: in all ihrem Tun vereint sie einen nüchternen, ganz auf die praktische Machbarkeit bezogenen Realitätssinn mit einer sehr bewusst gelebten Wertewelt, die in ihrer idealistischen Grundhaltung von dem bekannten Erwachsenenbildner der Weimarer Zeit, Eugen Rosenstock-Huessy,[11] als zutiefst „religiös" bezeichnet wurde. Eine glückliche Mischung, die sich in ihren ersten gesellschaftlichen Aktivitäten in der Jugend herausschält und ihre großartige Entfaltung in ihrer Frauenarbeit erfährt.

---

[9] Zur Geschichte der jüdischen Altersheime in Stuttgart vgl.: Roland Mül-ler, Judenfeindschaft und Wohnungsnot, in: Der jüdische Frisör, hrsg. von der Stuttgarter Osten Lokalzeitung, Silberburg-Verlag 1992

[10] Jüdischer Friedhof Heilbronn – Im Breitenloch. Übersetzung hebräischer Grabinschriften von Dan Bondy. Herausgeber: Stadt Heilbronn. Zentral-archiv Heidelberg.

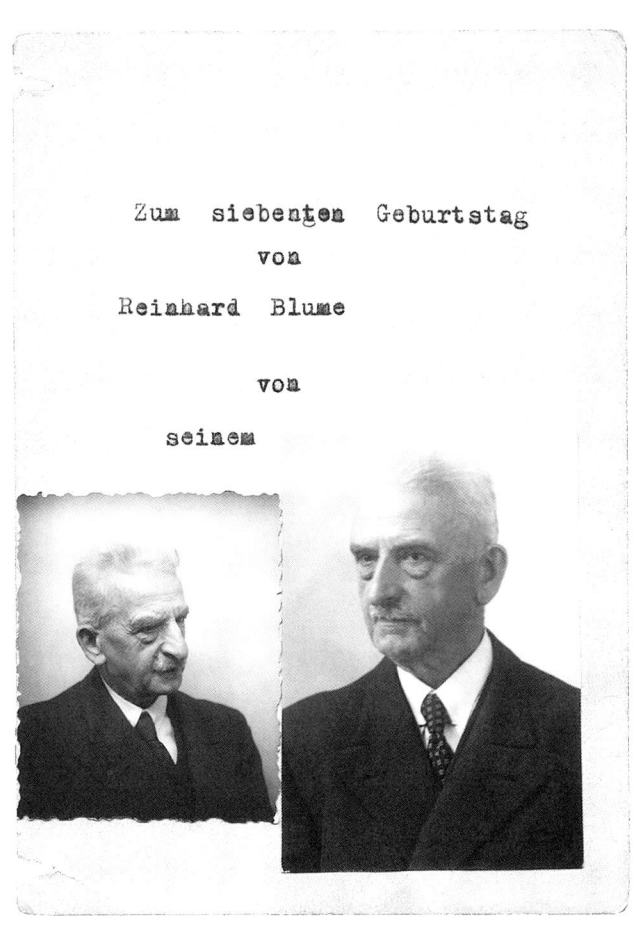

Abb. 10 Samuel Rosenberg (1867-1942)
        Deckblatt einer im Altersheim selbstverfassten Gedichts-
        sammlung für den jüngeren Enkel Reinhard Frank Blume
        (Nachlass Rosenberg-Blume)

Carola wird von den Eltern, aber auch von der Verwandt-schaft, in ihrer Entwicklung verständnisvoll und mit Interesse beglei-tet, wobei moderne Strömungen der Zeit in Literatur, Kunst, Mode, Philosophie und Politik in diesen Prozess der beiderseitigen Zuwen-dung aufgenommen werden und ihn bereichern. Eltern und Verwand-te sind sich einig in dem Bestreben, dass die Kinder „es zu etwas bringen" und „jemand werden", eine Ambition, in der sich nicht zuletzt das Streben jüdischer Familien nach gesellschaftlicher Aner-kennung niederschlägt.

---

[11] Eugen Rosenstock-Huessy, Rechtshistoriker, Soziologe, Philosoph; Profes-sor in Breslau, engagierter Erwachsenenbildner, Gründer der „Akademie für Arbeit" in Frankfurt/M. und Mitglied des Hohenrodter Bundes. 1933 Emigration nach USA; Professor für Soziologie an der Dartmouth Univer-sity. Unterstützte erfolgreich Carolas berufliche Integration in Amerika. Nach 1945 Wiederaufnahme des Kontaktes zu Deutschland.

Carola in der Jugendbewegung

„Nicht Bildung, sondern Gesinnung, das müssen wir unserer Jugend
beibringen [...]"
(TAGEBUCH, JUNI 1919)

„Nachdem soeben die männliche Jugend ihr Bekenntnis
zur großen deutschen Sache abgelegt hat, drängt es mich, auch
im Namen der weiblichen Jugend einiges [...] hinzuzufügen.
Man hat uns ja jetzt das Stimmrecht gegeben. Wie wir uns auch
bisher zu dieser Frage gestellt haben [...] wir müssen uns auf den
Boden der gegebenen Tatsachen stellen. Wir alle wollen freudig
mitarbeiten und unser Opfer zum Wohle des Staates darbringen.
Seine ganze Kraft aber kann man nur dann einer Sache geben,
wenn man weiß, um was es sich handelt. Dies wissen viele von
uns noch nicht. Und deshalb glaube ich im Namen der Mädchen
eine Vereinigung begrüßen zu dürfen, deren größte Aufgabe es
ist, uns in die wichtigsten Fragen des Staats- und Gesellschafts-
lebens – und zwar ohne die häßlichen Widerwärtigkeiten des
politischen Parteigebietes – einzuweisen. Wollen wir aber etwas
erreichen, so bedarf es der ernsten Mitarbeit eines jeden einzelnen von uns [...] wir wollen und müssen uns unserer neuen
Rechte und Pflichten für würdig zeigen [...]"
Ein vergilbtes Zettelchen mit diesem kaum entzifferbaren
Text aus dem Jahr 1918 weist auf die ersten erhaltenen Spuren von
Carolas Frauenbewusstsein hin. Es ist vermutlich der Entwurf zu einer
Rede, die sie nach Kriegsende 1918 auf einer großen Jugendversamm-
lung hielt, zu der die Volkshochschule Heilbronn aufgerufen hatte.
Es handelt sich wahrscheinlich um die Gründungsversammlung zum
Neudeutschen Bund in Heilbronn.
„Mein Ziel für die Erziehung der Frau geht noch auf meine
Schulzeit in Heilbronn zurück, wo ich unter der enthusiasti-
schen Leitung des damaligen Direktors der Volkshochschule,
Christian Leichtle, zusammen mit meinem Schulfreund Walter
Bauer (er: für die männliche Jugend) die weibliche Jugend zur
Arbeit an sich selbst im Dienst am Volk im großen Kiliansaal
aufrief"
– so erinnert sich die 87-jährige Carola an ihr damaliges
mutiges Auftreten vor den Freunden und der Heilbronner Öffentlichkeit (Brief an die Verf.,16.10.1986). Ein denkwürdiger Augenblick in
ihrem Leben, der angetan war, bisher Gefühltes, Gedachtes und Erfah-
renes nicht nur öffentlich zur Sprache zu bringen und als Forderung
zu formulieren, sondern auch in die Tat umzusetzen.

41

Weibliches Selbstbewusstsein

Konfrontation mit der Frauenfrage

Carola gründet innerhalb des Neudeutschen Jugendbundes, zu deren Initiatorinnen in Heilbronn sie gehört, eine Mädchengruppe „mit großem Eifer und innerer Wärme" (Tagebuch, o.D.1918). Ihrer Ansicht nach wäre es zwar das „Ideale" gewesen, wenn das „Zusammensein von Buben und Mädels etwas Selbstverständliches geblieben wäre, ein gegenseitiges Geben und Nehmen ohne die Frage: wer gibt mehr und warum?" (ebd.). Doch die gesellschaftliche Debatte um die Frauenemanzipation macht auch vor der Heilbronner Jugendidylle nicht Halt. Vor allem ist es ein Autor, der die Gemüter erhitzt, der sich mit seinen Büchern in ihre ureigenste Domäne vorwagt und mit seinen provozierenden Thesen zu heftigen Auseinandersetzungen führt. Hans Blüher, ein klassischer Elitedenker und glühender Verehrer des Dichters Stefan George, hatte den Wandervogel[12] zum ersten Mal als typische Ausprägung einer „männlichen Gesellschaft" definiert und dessen männerbündlerisch-erotische Komponenten herausgearbeitet: aber nicht mit dem Ziel der Kritik, sondern der Ermunterung und Stärkung angesichts drohender „Erschlaffung" durch die Präsenz von Mädchengruppen. Die in seinen Augen wichtigen Merkmale waren: „Führer- und Gefolgschaftswesen, körperliche Ertüchtigung und Bewährung, Abenteuer im Ungewissen, Ausschluß der Frauen." Letzteres war ihm besonders wichtig, denn:

„Männliche Gesellschaften sind die Komponenten, aus denen sich die großen Kulturbünde zusammensetzen, die ursprünglich und aus tiefstem Lebensinstinkt heraus keine Frauen aufnehmen – Wandervogel, Freimaurer, Ritterorden [...] Männliche Gesellschaft ist die allein produktive Gesellungsform, während ihr Gegenpol, die Familie, brachliegt und nur Geschaffenes birgt. In der Männlichen Gesellschaft herrscht das wichtige Beziehungsverhältnis zum überlegenen Manne, das Gefolgschaft heißt; die Frau aber steht zum überlegenen Mann im Verhältnis der Hörigkeit. Eine entsprechende „Weibliche Gesellschaft" gibt es nicht [...]"[13].

Carola vermerkt in ihrem Konzept für die Arbeit in der Mädchengruppe, ebenfalls auf einem vergilbten, dicht mit Schreibmaschine beschriebenen Zettelchen aus dem Jahr 1918 erhalten: „Bücher: Blüher [...] Männerbund, Frauen stören das Schaffen – besitzt Frau Wert, wenn sie nicht auf den Mann bezogen ist?" Die junge neunzehnjährige Carola fühlt sich von Blühers Thesen tief getroffen – sie

---

[12] Der Wandervogel war die erste Gruppenbildung der deutschen Jugendbewegung (seit 1896). Er bildete einen eigenen Lebensstil aus (Volkstanz, Volksmusik, Führerauslese, Kleidung, Lagerleben, Fahrten) und setzte sich für eine unabhängig von der alten Generation entwickelte Selbsterziehung und Selbstgestaltung in jugendlichen Gemeinschaften ein. Carola war in der Wandervogelgruppe Heilbronn engagiert.

[13] Hans Blüher, Führer und Volk in der Jugendbewegung, Jena 1917, S.89f.

hat noch keine andere Referenz, an der sie sich orientieren könnte, als sich selbst und ihre eigene Erfahrung. Ihr soziales Umfeld scheint Blüher recht zu geben: im Heilbronner Realgymnasium für Jungen ist sie als Frau eine Ausnahme, in den Jugendbünden dominieren die Männer, die großen Werke der ihr bekannten Kunst sind von Männern geschaffen, ihre literarisch-musikalischen Abende werden souverän von einem Mann geleitet (ihrem geliebten Deutschlehrer Dr. Fischer). Nur an sich selbst wird sie gewahr, dass Blühers Thesen nicht stimmen, denn sie ist in den verschiedenen gesellschaftlichen Bereichen, in denen sie sich bewegt, nicht passive Zuschauerin, die hinnimmt, was die Männer sagen, sondern wagt entschieden Kritik, bringt ihre Ideen ein und gestaltet mit. Und sie macht die Erfahrung, dass sie geschätzt wird – und bewundert. Das Vorbild ihrer resoluten, klarsichtig handelnden Mutter und deren unbestrittene Entscheidungskompetenz in häuslichen und geschäftlichen Belangen mag Carolas weibliches Selbstbewusstsein tiefenwirkend gestärkt haben, auch wenn es zuweilen von einem konfliktualen Verhältnis zur Mutter überlagert wurde.

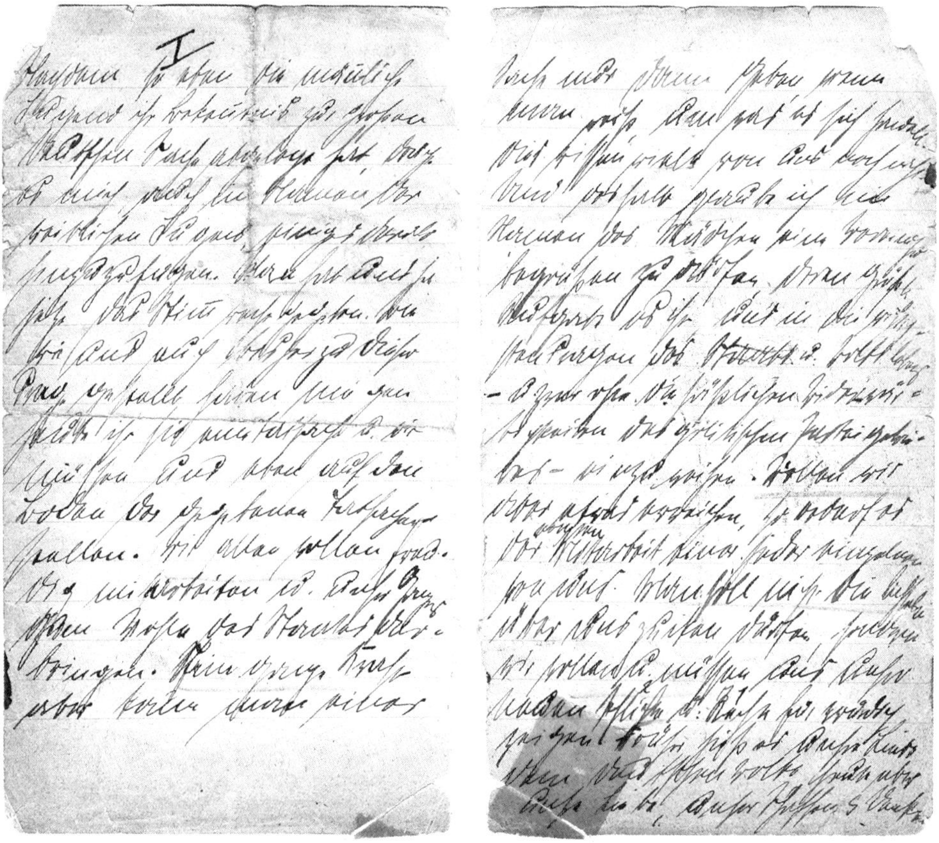

43

Abb. 11 Carola Rosenberg, Entwurf einer Rede zur Gründungsversammlung des Neudeutschen Bundes in Heilbronn
(Nachlass Rosenberg-Blume)

Abb. 12 Carola Rosenberg
mit ihrer Abiturklasse des Realgymnasiums für Jungen in Heilbronn, 1919 (1. Reihe Mitte)
(Nachlass Rosenberg-Blume)

Carola hat keine gleichgesinnten Freundinnen, mit denen sie sich austauschen könnte, umso intensiver tut sie es mit ihren vielen Freunden. Sie ist eine junge Frau auf der Suche nach der gesellschaftlichen Verankerung eines spontan vorhandenen Selbstbewusstseins und in diesem Prozess noch durch und durch auf Männer bezogen; nicht aus Gefallsucht – gefallen tut sie ohnehin – sondern aus einem stark entwickelten Bedürfnis nach intellektuellem Austausch, den sie eben – damals! – vorwiegend bei Männern findet. Dieser Austausch wird auch dann noch in einer intensiven Korrespondenz fortgesetzt, als die Freunde in den Krieg eingezogen werden oder zum Studium Heilbronn verlassen. Wie so vielen Frauen, die sich dem weiblichen Rollenbild nicht anpassen wollen, geht es auch ihr: die erfahrene und beobachtete Unterbewertung erweckt Männerhass; zugleich aber rückt sie den Männern näher durch die Ablehnung der gängigen Frauenrolle, was dann zu einer Identifizierung mit dem Mann führt und gelegentlich zu dem Wunsch, ein Mann zu sein.

Ein Brief des Freundes Max Kommerell[14] lässt etwas von der Betroffenheit Carolas durch die Lektüre Blühers ahnen. Sie will „Blühers Auffassungen überwinden", wie sie in einem Brief an Max vorsichtig und noch unsicher formuliert und ist vor allem durch dessen These irritiert, geistiges Schöpfertum sei Männern vorbehalten.

Frauen seien geistig repetitiv und rezeptiv, zum „wahren Schöpfertum" nicht berufen. Sätze wie solche treiben sie um: „[...] und so vor allem der Begriff des Schöpferischen, der ja dem weiblichen Verstehen erhebliche Schwierigkeiten macht, wenn nicht unüberwindliche [...] Die Frauen sind doch nun einmal zum Gebären da und nicht zum Zeugen" [15]. Wie „das Mondlicht kein ursprüngliches" sei, obwohl niemand sein Leuchten bezweifeln könne, so sei auch „die Geistigkeit der Frau keine ursprüngliche Geistigkeit, sondern eine durchaus reflektierte" [16]. Sie will wissen, wo Blüher „zwischen Eros und Logos die Seele hinstellt". Der Antwortbrief von Max aber hilft ihr in ihrem eigentlichen Problem nicht weiter, nämlich als Frau, die sich nicht nur über ihre Gefühlskräfte, sondern vor allem auch über ihre geistigen Potenzen definiert, im Weltganzen eine passive Rolle zugewiesen zu bekommen: qua ihres Da-Seins und So-Seins – und nichts weiter. Max kann ihr als Mann – das bedenkt sie nicht und kann es auch nicht in ihrem jungen Alter und in jener Zeit – nur eine die Blüherschen Thesen nachempfindende, letztlich auch männlich definierte Antwort geben. Dabei bezieht er sich weniger auf die kruden frauenfeindlichen Positionen Blühers, die im Falle Carolas ohnehin nicht „passen" würden, sondern auf dessen philosophische Kategorien von Eros und Logos. Er schreibt:

„Es ist schwer für mich, auf Deinen Kampf gegen Blüher einzugehen, wenn Du mir nicht ganz deutlich sagst, was Du eigentlich an seinen Auffassungen überwinden willst [...] Es ist wohl das folgende: dass Blüher der Frau die Fähigkeit abspricht, Geist als unbedingt letzte Instanz [...] zu haben und dass er sie allein für den Eros bestimmt, während alle ihre Beschäftigung mit dem Geist einen grüblerischen, bzw. mittelbaren Charakter hat. Nun ist das keineswegs eine Entwürdigung der Frau, sondern die Einsetzung in ihre angestammte Heiligkeit [...]; der Wert Deines Lebens, das Schönheit und Rausch gibt, ist eben die Jugend. Jetzt sag ich's deutlicher: Was Dich schön macht und womit Du anderen leuchtest, ist nicht Dein Geist, sondern die Hingabe und der Enthusiasmus, mit dem Du Deine Freunde be-

---

[14] Max Kommerell (1902-1944), Literarhistoriker und Schriftsteller, verband eine wohl nie ausgesprochene Jugendliebe und eine tiefe Verehrung mit Carola. Sie lernten sich in ihrer Schulzeit über die gemeinsame Klavierlehrerin Sofie Kleinmann, eine Tante von Max, kennen und trafen sich öfter zu den beliebten Ausflügen in der Gegend von Steinkirchen mit und ohne Familie. Noch als Max bereits studierte, unterhielten die beiden eine lebhafte Korrespondenz miteinander. Erst nachdem Carola mit ihrem Studium begonnen hatte, wurde der Kontakt spärlicher. Max Kommerell gehörte in seiner Studienzeit als der Jüngste zum Kreis um Stefan George, lehrte seit 1930 an der Universität Frankfurt/M. und wurde 1941 Professor in Marburg. Neben bedeutenden Publikationen zur Literaturgeschichte ist er vor allem durch seine weiterführenden Gedanken zur Interpretationsmethode bekannt geworden. Die Briefe Max Kommerells an Carola befinden sich im Deutschen Literaturarchiv Marbach a.N. unter den Zugangsnummern 82.347-82.350.

[15] H. Blüher 1917, S. 82 u.84

[16] ebd., S.87

Abb. 13 Carola Rosenberg, Zeichnung von Max Kommerell
        (Deutsches Literaturarchiv Marbach)

gleitest; das, wofür sie leben, aufnimmst, erfaßt und erwärmt zurückgibst. Kurz, letzte Instanz ist der Eros [...]" (2.10.1919).

Zu ihrer Frage nach der Stellung der Seele meint Max, sie liege allein in der Hingabe, sei es bei Eros oder Logos, „denn auch beim Geistesmenschen" sei „das letzte immer die Gefühlskraft, die Seele, denn was sich hingibt ist nie und nimmer der Verstand" (ebd.). Max kann sich der klassischen Auffassung von der Frau als aufnehmendes und umwandelndes Gefäß männlicher Kreativität nicht entziehen; und in seinem jugendlichen Freundschafts- und Liebesideal projiziert er seine eigene Sehnsucht nach Entgrenzung und „Hingabe" in die weibliche Rolle und landet da, wo Carola nicht hinwollte, d.h. da, wo ihr Problem eigentlich beginnt. Denn: obwohl sie diese ihre Rolle unter den Freunden genießt, kann sie sich nicht mit ihr begnügen, denn sie weiß um ihre geistige Eigenständigkeit. Gerade diese möchte sie gewürdigt wissen, um deren Definition geht es ihr, nicht um die für sie selbstverständlichen weiblichen Wesensmerkmale. Aber Max interessiert weniger ihr kluger Kopf, ihn fasziniert vor allem ihre weibliche Ausstrahlung, ihre Warmherzigkeit und Lebendigkeit. Diese Seite an ihrer Person ist ihm ungleich wichtiger als die Frage nach ihrem Geist – und so wird es auch bei seiner Einschätzung ihres zukünftigen Studiums sein. Carola nimmt diese Überlegungen ernst, d.h. sie geht mit ihnen dialektisch um. Sie weiß, oder besser: sie ahnt, dass sie in ihrer popularisierten frauenfeindlichen Version nicht akzeptabel sind, doch gleichwohl eine Wahrheit enthalten, die ihr immer wieder zu denken gibt. Drei Jahre später wird sie sich anlässlich ihrer Dissertation noch einmal intensiv mit der Geschlechterdifferenz auseinandersetzen. Nach dem Ende ihrer ersten tieferen Beziehung mit einem Jugendfreund, Erwin Kurz, überlegt sie in ihrem Tagebuch:

„Eben geht Erwin fort [...] und ich weiß nicht, ob er mir leid tun soll oder ich mich bedauern soll, dass er noch nicht weiß, ob das Weib überhaupt Wert hat. Doch was ist Wert? Das Sein oder das Werden? Ich glaube, dass jedes Ding seinen Wert in sich trägt, bloß, weil es da ist, gleichviel seiner Auslegung. Bloß das Schöpferische für wertvoll zu halten ist einseitig [...] Der Gedanke, den der Mann schöpferisch entwickelt nach außen [...] und das Weib, das gar nicht nötig hat, ihn zu entwickeln, weil er harmonisch schon in ihr ruht?? Beides aber kommt aus der Notwendigkeit der Natur, also aus einem Sein [...]" (23.8. 1920).

Vor diesem Erfahrungshintergrund ist Carolas Initiative zur Gründung einer Mädchengruppe im Neudeutschen Bund zu sehen. In ihrem Konzept für die Gruppenarbeit kommen folgende Überlegungen zur Sprache:

„Wir können es aber nicht über uns ergehen lassen, dass man über uns verhandelt und wir nehmen das Urteil an, ohne uns darum zu bekümmern. Es gilt für mich 3 Fragen zu bedenken: Was ist die Frau an sich, also ihr Wert für sich allein; was sind wir Mädels als Jugendbundmitglieder, also was geben wir und was geben wir spezifisches, uns eigenes; und drittens was können wir ferner tun – also die Folgerung aus diesen Fragen.

Ich will diese Fragen jetzt nicht behandeln, weil ich auch Euch noch hören will [...] Wir müssen (eine) Mädelgruppe (gründen) aus zweierlei Gründen: Ideale: wir müssen den Buben zeigen, dass wir auch für uns etwas leisten können. Praktische: wir müssen ernsthaft uns üben, uns mit diesen Fragen auseinander zusetzen, wir müssen den Mädels, denen es zum Problem wird, eine Gelegenheit geben, sich bei Mädels und nicht bei Buben Rat zu holen. Zuerst die Probleme, die uns am brennendsten beschäftigen, behandeln; über dieses hinaus gehe ich aber noch weiter: es wird überall, auch unter uns Mädels, bezweifelt, ob wir etwas für uns leisten können. Wir wollen diese Mädchenabende eigen gestalten, ihnen unsere Note aufdrücken. Das Ganze soll auch organisch wachsen, darum nichts Diktiertes; es handelt sich darum, ob das Bedürfnis bei Euch vorhanden ist [...]"

Dieser Entwurf ist ein kleines Manifest der Frauenemanzipation: Die Mädchen wollen eine eigene Interessenvertretung im Bund. Voraussetzung ist die Klärung grundsätzlicher Fragen: Was bedeutet Frausein überhaupt, in der Gesellschaft und im Bund? Welche spezifischen, der Frau nur eigenen Fähigkeiten, können den Jugendbund bereichern? Welche Folgen hat das neue Bewusstsein für andere Lebensbereiche der Frau? Daraus ergeben sich für Carola folgende Zielsetzungen: den konkreten Beweis für eigene Leistungsfähigkeit zu erbringen und die Diskussionsfähigkeit der Mädchen einzuüben, um ein Klima gegenseitigen Vertrauens zu schaffen, das den Mädchen den Wert weiblicher Referenzen erfahren lässt; Arbeit am Problem der eigenen Selbstabwertung als Frau (an der Mittäterschaft bei der gesellschaftlichen Diskriminierung); ein freier, undogmatischer, den Bedürfnissen der Mädchen angemessener Rahmen der Gruppentreffen.

Anfeindungen durch die männlichen Bundmitglieder bleiben nicht aus. Ein Tagebucheintrag zwei Jahre später, als Carola bereits studiert, spricht Bände über die Folgen für Carolas Stellung im Bund:

„Ich mache sehr schwere Zeiten durch. Alle „Freunde" haben mich verlassen. Mein Groll und Haß gegen den Mann machte mich zuerst stark, ich habe mit großem Eifer und innerer Wärme die Mädchengruppe im Neudeutschen Bund gegründet [...] Nun tritt in mir die schwere Frage auf: bin ich auf einmal schuld an den Verhältnissen; ich kann nicht glauben, dass ich innerlich hohl sein soll, in mir kämpft zu viel. Aber ich will den Kampf mit dem Schicksal aufnehmen, ich will nicht mürbe werden [...]" (5.10.1922).

Offenbar hat die einst so beliebte und begehrte Carola plötzlich ihre Attraktivität im Jugendbund verloren. Die Freunde – mit wenigen Ausnahmen – wenden sich ab: verletzt, beleidigt, entrüstet, verständnislos. Und Carola fühlt sich allein gelassen; sie leidet darunter, dass sie als Person für etwas bezahlen muss, was allein den „Verhältnissen" anzulasten ist. Und sie begehrt noch einmal auf gegen das Reden von der Geist-losen Frau: sie – und „innerlich hohl"! – welcher Hohn für eine junge Frau, die ihre „Bestimmung" sucht, wie es damals hieß: ihren Platz in der Gesellschaft, der ihren Fähigkeiten und Ambitionen angemessen ist. Carola aber wäre nicht Carola, wenn sie sich auf Dauer einschüchtern ließe. Alle frauenfeindlichen Theorien der Welt können sie von der Überzeugung ihres eigenen Wertes nicht abbringen:

> „[...] ich will den Kampf mit dem Schicksal aufnehmen, ich will nicht mürbe werden."

„Auf Fahrt"

> „Aufbruch bei Dunkelheit: wir stiegen zuerst noch ziemlich lange über Geröll und langten so nach 1 Stunde ungefähr auf dem Eise an. Unangeseilt mußten wir gleich eine nicht so einfache Stelle überschreiten. Das Eis war recht glatt, ziemlich schräg und unten nahmen einen Gletscherspalten liebevoll auf. Wir kamen aber alle gut hinüber. Dann wurden wir angeseilt [...] Dann wurde es gefährlicher als wir an eine steile Gletscherwand kamen. Überhaupt von der Ferne sah die Sache recht bedenklich aus [...] aber wir kamen hinauf, es strengte uns schon an mit unseren schweren Rucksäcken. Kurz vor der Wand hatten wir zudem noch einige gefährliche Spalten überqueren müssen. Als wir die Wand hinaufstiegen, kam gerade die Sonne hervor und beschien die gegenüberliegende Felswand, von der krachend Felsplatten sich lösten. Erst kurz am Ende dieses Gletschers galt's aufzupassen. Da gab's eine zerrissene Gletscherspaltenwelt, die man überqueren mußte [...]"

An der hier geschilderten zehntägigen Bergwanderung in die Österreichischen Alpen, festgehalten von Bernhards Bruder Walter in seinem Tagebuch (August 1921), nimmt Carola als einzige Frau unter vier Männern teil (Bernhard, Walter, Carolas Bruder Ernst und ein Freund der beiden Brüder). Carola liebt die Natur – und wie ihre aus Wandervogel und Jugendbünden kommenden Freunde – sie liebt auch die Herausforderung ihrer körperlichen Kräfte und ihrer Geschicklichkeit, die Bewährung in plötzlich auftretenden Notsituationen, wenn es auf schnelle praktische Lösungen ankommt. „Auf Fahrt gehen" ist für sie in den Jahren ihrer Beziehung mit Bernhard der Inbegriff von Glück und Freiheit – nur eine Fahrt nach Italien, die einmal von beiden erträumt wird, wäre konkurrenzfähig gewesen. Auch eine mehrstündige Wanderung – wenn sie denn während der schwierig ausgehandelten Treffen zu arrangieren ist -, kann für beide höchste Wunscherfüllung sein.

> „Wollen wir es nicht so machen, dass wir bei schönem Wetter 3–4 Stunden wandern? Warum ich das wissen muß, hat seinen Grund: entweder komme ich als „Dame" mit Mantel und

49

Hut, oder als Mädel mit Fahrtenkostüm [...] aber ich möchte lieber wandern" (o.D.1923).

„Auf Fahrt gehen" bedeutete in jenen Jahren nicht einfach einen Ausflug machen, oder eine längere Wanderung mit Übernachten in Zelten und Jugendherbergen, in Almhütten oder ländlichen Gasthöfen – „auf Fahrt gehen" war ein hochemphatischer Begriff, in dem sich brennpunktartig die Ideale der Jugendbewegung bündeln lassen. „Auf Fahrt gehen" hieß zunächst einmal für die jungen Menschen: unter sich zu sein, ohne die bevormundende Gegenwart der Erwachsenen seine Tage und Nächte nach eigenem Belieben zu gestalten, der Kontrolle der Erwachsenenwelt zu entfliehen und gemeinsam mit anderen jungen Menschen die eigenen, der Erwachsenenwelt fremden oder entgegengesetzten Interessen und Ideale zu entdecken; hieß Abgrenzung gegen die in abgestumpfter Routine erstarrende Bürgerlichkeit der Erwachsenen, gegen ihre philisterhafte Besserwisserei, gegen die Fassade des guten Tons, hinter der sich so oft Chaos und Dummheit verbargen. Hieß nach Eindringen der Mädchen in die Jugendbünde vor allem, eine durch die Macht der Bewegung sanktionierte Möglichkeit zu haben, das andere Geschlecht kennen zu lernen, die herrschende Sexualmoral zu hinterfragen und deren Kritik

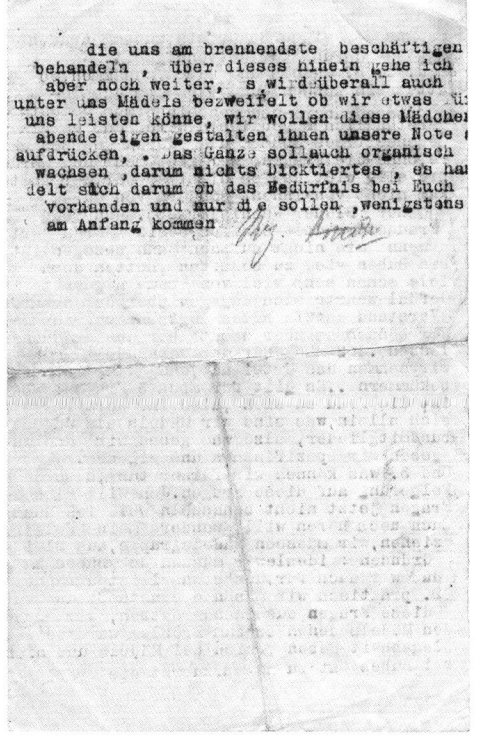

Abb. 14   Carola Rosenberg, Konzept zur Gründung einer Mädchengruppe im Neudeutschen Bund (Nachlass Rosenberg-Blume)

oder auch Ablehnung – gestützt durch die gleichgesinnte Gemeinschaft im Rücken – auch in den Familien zu vertreten.

Die gemeinsame Fahrt in die Natur schweißte die jungen
Menschen zusammen, und so war es auch ein Ort der Natur, sagen-
umwoben und abgelegen, wo sie 1913 aus ganz Deutschland zusam-
menströmten, um mit einer großen Feier ein Zeichen für das neue
Lebensgefühl und die eigene Lebenseinstellung zu setzen. Alle, die
damals auf dem Hohen Meißner am Lagerfeuer saßen, die dort sangen,
tanzten und diskutierten, waren erfüllt von der Überzeugung, dass
sich die deutsche Gesellschaft von Grund auf ändern müsse. Der Protest gegen den „öden, leer gewordenen Patriotismus des biertrinken-
den und tabakqualmenden Wilhelminischen Bürgertums der
Wandervögel, der Freideutschen Jugend, aber auch des ganzen Spek-
trums der Lebensreformer"[17] mündete in dem berühmten Gelübde der
Jugend: <Die freideutsche Jugend will aus eigener Bestimmung, vor
eigener Verantwortung, mit innerer Wahrhaftigkeit ihr Leben gestalten. Für diese innere Freiheit tritt sie unter allen Umständen geschlossen ein>. Gustav Wyneken, aktiv engagierter Zeitzeuge und Gründer
der Freien Schulgemeinde schreibt: „Nicht um allerlei Reformvor-
schläge zu diskutieren und sich zu eigen zu machen, war man zusammen gekommen", sondern: „Das Erlebnis des Jugendtreffens war das
Zusichkommen der Jugend, ein Erwachen ihres Eigenlebens und
Eigendenkens und ihres Rechtes, ihres ihr vorbehaltenen Wertes im
Gesamtleben des Volkes [...] Die Jugend hatte Feuer gefangen. Freiheit
war das Kennwort dieses Aufstandes der Jugend und Jugendkultur
statt Schuldressur und weltanschaulichen und politischen Drilles".[18]

Höhenfeuer und Freundschaftskult

Carola und ihre Freunde sind ergriffen von diesem Lebensgefühl: zum Ideal der Freiheit gesellt sich das der Freundschaft und
der Gemeinschaft, die Überzeugung, einer Elite von Auserwählten im
Bunde der „heiligen Jugend" anzugehören. Wie stark es nachwirkt,
zeigt der Brief des Freundes Heinz, der rückblickend schreibt:

„Du liebe Carola! Wie hat mich doch Dein Brief so gefreut,
ach ist das schön, wenn man von Dir so liebe Zeilen lesen darf!
Heimweh habe ich keines [...] dennoch: mein erster und letzter
Gedanke weilt in Heilbronn, bei meiner Familie, bei meinen
Freunden. Für mich selbst seid Ihr alle in Heilbronn, und ich bin
auch dort – nur ein ganz kleiner Teil von mir lebt hier. Dort haben wir gehofft, gekämpft, uns miteinander gefreut, dort nur,

17   Julius Schoeps, Eine Gemeinschaft zur Selbsterziehung, in: Die Zeit,
      Nr.42-14.Oktober 1988
18   Gustav Wyneken, Jugend! Philister über dir! (Neuauflage), Frankfurt/M.
      1963, S.12f. Wyneken war einer der führenden Schulreformer und Grün-
      der (1906), auch zeitweilig Leiter, der Freien Schulgemeinde Wickersdorf
      in Thüringen.

im Zeichen dieser Gemeinschaft, werden wir siegen [...] Was wären wir ohne Freunde? Tote unter Toten, nicht einmal Einsame. Dass wir untereinander Freunde sind macht uns stark und reich und glücklich. In mir selbst waren diese Gefühle noch nie so ausgeprägt als seit ich hier bin, und ich habe das Empfinden – dies mag eine starke Überhebung sein – als sei ich allen, die mich umgeben, überlegen, und so lang ich dies glaube, ist es wahr" (6.12.1919).

Der Brief eines anderen Freundes, Fritz, atmet das gleiche Pathos: „Ich bin anders geworden. Es ist mir als sei ich neu geboren. Vieles fiel von mir ab und manches, was unklar war, ist heute Licht. Viel habe ich Dir zu sagen. Wie ein Kind freue ich mich auf Dich, einzige Freundin. Einziger Mensch, bei dem ich weinen darf [...] Ich fühle, dass auch Du dein zweites, Dein wahres Leben beginnst [...] Und damit, dass Du wahr bist, wirst Du mir mehr sein. Du wirst so sein, wie Dein Schicksal Dich will. Du wirst geben können mehr als je. Du wirst uns das geben, was Du seither nicht geben durftest" (26.7.1920).

Carolas Aufzeichnung über die Nachwirkung einer Sonnwendfeier in ihrem Tagebuch macht deutlich, wie tiefgreifend und prägend das Gruppenerlebnis im Zeichen einer gemeinsamen Wertewelt sein kann:

„Eine Sonnwendfeier auf der Solitude – ein tiefstes Erleben von Mensch zu Mensch, von Jugend zu Jugend. Beim Schein des auflodernden Feuers, da spürte man keine spröde Mechanik mehr, nur noch den tiefen Rhythmus des ewig wogenden Lebens. Da spürte ich meine Kraft wachsen – und ich will, so gelobte ich es beim Scheine des Feuers – den Kampf mit dem Leben aufnehmen [...] Und dann, dann sprang ich mit Erwin durch das Feuer; so wurde Sonnwend zu unserem Erlebnis, denn ich fühle, dass er und ich eins sind. Am anderen Tag war ich in der Führerschule; die Menschen sind dort anders und ich bin jetzt daran, in Heilbronn ähnliches zu gründen. Nicht Bildung, sondern Gesinnung, das müssen wir unserer Jugend beibringen"
(o.D. Juni 1919).

Wie die Flammen der Höhenfeuer – jeweils Krönung der gemeinsamen Unternehmungen in der Natur – loderten die neuen Ideale der jungen Menschen dem Kosmos entgegen. Höhenfeuer – das war zugleich Ritual der Reinigung und der Hingabe an die selbst gewählte Aufgabe: selbstverantwortlich und innerlich wahrhaftig zu leben und durch die Praktizierung dieser inneren Werte nach außen zu wirken. Das Höhenfeuer wird zur Metapher erstrebten gelungenen Lebens. Diese Momente tiefer Ergriffenheit spiegeln sich in Carolas dunklen Augen, und die Freunde beobachten sie. Einer von ihnen beschwört ihren Glanz in Erinnerung an die gemeinsame Zeit und als eine Art Unterpfand für das Gelingen ihrer neuen Lebensprojekte:

„Carola! [...] wenn ich auch jetzt nicht Deinen Kopf in beide Hände nehme, nicht nehmen kann: Ich kann Dir auch so in die Augen sehen! In den Augen brennt immer viel Feuer, helles großes Feuer! Höhenfeuer! Erlöschen diese Höhenfeuer, dann ist Dunkel!" (11.12.19).

Fast könnte man meinen, das Meißnergelübde sei für Carola eine Art Lebensmaxime geworden. Sie ermahnt sich in ihren Selbstreflexionen immer wieder zu innerer Wahrhaftigkeit und Eigenverantwortung. Aber noch eine andere Kategorie aus dem Kodex der Jugendbewegung findet sich in ihrer persönlichen Lebensphilosophie wieder, oder besser: bestätigt und bestärkt sie in den Wertvorstellungen, mit denen sie groß wurde. Sie leitet sich ab aus dem politisch gesehen „unpolitischen" Charakter der Jugendbewegung: diese hatte kein gesellschaftspolitisches Programm, sie appellierte nicht an Masseninstinkte, sie entwickelte keine eigene Ideologie, denn sie verband mit der Vorstellung eines „besseren Deutschland" nicht den Gedanken an politische Aktion, sondern die Heranbildung einer neuen geistig-moralischen Elite aus den Reihen der jungen Generation. Sie wählte den „Weg nach innen", sie verstand sich als eine „Gemeinschaft zur Selbsterziehung."[19]

Selbsterziehung

Kernstück der Moral Carolas

„Selbsterziehung" – das ist das magische Wort für Carola, der Gegenpart zum „Dahinleben." „Selbsterziehung" wird ein Lieblingswort von ihr und ein durchgängiges Thema in ihren Frauenkursen sein. Und oft genug erfährt sie in Augenblicken des Nachgebenswollens, der Unlust und Frustration, wie tief sich diese selbst auferlegte Pflicht zur Disziplin in ihr verankert hat. Zur offiziellen Einweihung der Frauenabteilung im Herbst 1925 bittet sie eine prominente Kursleiterin der Frauenabteilung, die Stuttgarter Ökonomin und Gemeinderätin Dr. Vilma Kopp, über das Thema zu sprechen: „Vom Kampf der Frau um sich selbst."[20] Es ist Carolas ureigenstes Thema! – und wie sie fest überzeugt ist – das ureigenste Thema der Frauen generell! Der von Männern der Frau gönnerhaft zugedachte Vorzug, dass sie in erster Linie „Trägerin und Hüterin der persönlichen Kultur" sei, mehr „eingestellt auf individuelle Einwirkung von Mensch zu Mensch in kleineren Kreisen " und „im Schutzraum des Privaten"[21] sich bewege, bringe gleichzeitig die Gefahr der Beharrung, der Statik und der geistigen Unbeweglichkeit mit sich. Sie begnüge sich mit der Selbstverständlichkeit ihrer Rolle und ordne „ihren Willen auch dann dem des Mannes unter, wenn es um der Wahrheit willen nicht statthaft wäre [...] Aus Einsicht? Aus Angst? Aus Bequemlichkeit?" fragt Vilma

53

---

[19] J. Schoeps 1988
[20] Vilma Kopp, Vom Kampf der Frau um sich selbst, Flugschriften der Volkshochschule Stuttgart, 1925
[21] ebd.S.7

**Flugschriften
der Volkshochschule Stuttgart**

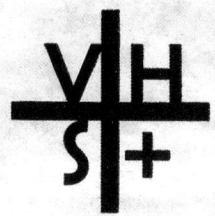

Vilma Kopp

Vom Kampf der Frau um sich selbst

Verlag Silberburg G. m. b. H.
Stuttgart

Abb. 15 Vilma Kopp, Vom Kampf der Frau um sich selbst,
Flugschriften der Volkshochschule Stuttgart, 1925
(HStAS und Archiv der vhs stuttgart)

Kopp. Aber auch wenn die Frau durch eine berufliche Tätigkeit „draußen" sei, im öffentlichen Leben stehe, raffe sie sich viel zu selten zur Mitgestaltung auf – nicht nur wegen einer vom Mann bewusst oder unbewusst übernommenen Minderbewertung ihrer Aufgaben, sondern auch „aus geistiger Bequemlichkeit". Hier spricht Vilma Kopp den Punkt an, um den es Carola geht. Die geistige Bequemlichkeit der Frauen will sie aufbrechen, damit sie selbstverantwortliche Individuen werden, denn „Verantwortung ist immer verknüpft mit geistiger Arbeit."[22] Die politisch engagierte Frauenrechtlerin Vilma Kopp leuchtet tief in die Geheimfächer der Frauenseele hinein, wenn sie die geistige Bequemlichkeit als „Schattenseite" eines Vorzugs der „natürlichen Harmonie ihres Wesens" sieht. Auch Carola hatte bei ihren Selbsterkundungen über diese Gefahren der „selbstgefühlten Harmonie ihres Wesens", wie sie es selbst genannt hatte, nachgedacht und sie als „Hemmnis" in ihrem Streben nach bewusster „zielfester" Lebensführung empfunden (3.4.1922).

„Selbsterziehung" als ein Ziel der Jugendbewegung hat für Carola zunächst ganz persönliche Bedeutung, dann aber auch gesellschaftlich verpflichtenden Charakter. Das lässt sich anhand ihrer Briefe und Tagebücher und ihrer auf dieser Idee aufbauenden Frauenarbeit nachweisen. An Carolas Person wird deutlich, dass die Jugendbewegung „wie keine andere vorher die deutschsprachige Jugend in einer alle Lebensregungen berührenden Weise ergriffen hat"; und dass „bei der Jugendbewegung" eben nicht nur „Wangenrot und Märzhaftes" herausgekommen ist, wie einmal Ernst Bloch bemerkt hat.[23] Der linke Denker vermisst an der Jugendbewegung die Dimension des Politischen, des politisch wirksamen Handelns. Aber was ist das letztlich? Ist ein so weit verbreitetes Lebensgefühl, wie es die Jugendbewegung geschaffen hatte, nicht auch „politisch" – insbesondere, wenn man die beispiellose Breitenwirkung in der Gesellschaft auf pädagogischem Gebiet bedenkt? Es entstanden Lebensgemeinschaften und Siedlungen („Neuwerk", „Brüderhöfe" u.a.), neue Initiativen in der Sozial- und Fürsorgearbeit („Der Lindenhof", „Gilde sozialer Arbeit"), neue Schulversuche, und nicht zuletzt erfuhr die Volksbildungsarbeit wesentliche Anregungen aus dem Gedanken- und Erlebnisgut der Jugendbewegung. Carola kann sozusagen aus dem Kokon der Jugendbewegung in das Gerüst und noch zu bauende Haus der neuen Volksbildung schlüpfen, gestärkt durch eine gestandene soziale Erfahrung von fünf Jahren, die zwar das überschwängliche Pathos, das nicht Erhaltenswerte, die „Maskerade"[24] der Jugendbünde abgestreift, aber die Substanz bewahrt hat.

Carola übernimmt in der Heilbronner Jugendbewegung Führungsaufgaben und gerät damit in die zum Teil heftigen Auseinandersetzungen zwischen den verschiedenen ideologischen Strö-

---

[22]   ebd. S.11
[23]   J. Schoeps 1988
[24]   Gustav Wyneken, Was ist Jugendkultur? in: Ders., Kampf für die Jugend, Jena 1919, S.11

mungen innerhalb der Bewegung nach dem Ersten Weltkrieg: der Neudeutschen, Freideutschen, Deutsch-Nationalen und der Bündischen Jugend – innerhalb der Bewegung nach dem Ersten Weltkrieg. Sie nimmt an nächtelangen Versammlungen der Jugendführer teil, auf denen es hoch hergeht. Gelegentlich verschafft sie ihrem Unmut lautstark Gehör: „[...] dass ich sie mit „ehrlose Feiglinge" und ähnlichen Schimpfworten angebrüllt habe [...]", (12.9.1921). Sie befindet sich unter den wenigen, „aber sehr feinen Menschen", die sich noch bis zum frühen Morgen auf der Bude eines Freundes zusammensetzen und diskutieren. So etwas ist ganz und gar nach Carolas Geschmack, und sie fühlt sich trotz ihres nun seit zwei Jahren begonnenen Studiums noch mit ihrer Heilbronner Jugendarbeit verbunden: „In Heilbronn, da brach wieder die ganze Sehnsucht nach all diesem auf und ich versinke tief hinein", schreibt sie an Bernhard (12.9.21). Sie ist Mitorganisatorin einer Protestversammlung gegen Gustav Wyneken, um dessen Rolle in der Bewegung heiß diskutiert wird, und will das einleitende Referat halten – schon in der Vorfreude darauf, dass sie dann ihre „sämtlichen Professoren, die anwesend sein werden, ärgern und ihnen die Meinung sagen" kann. Es geht ihr nicht so sehr ums „Ärgern" – wie sie nach Bernhards kritischer Rückfrage präzisiert – als darum: „dass ich mich nicht scheue, klipp und klar meinen Standpunkt zu vertreten" (26.9.21). Sie hat Wynekens Werke „gründlich durchgearbeitet" und lehnt „ihn in sehr vielem ab." Doch im Ganzen bekennt sie sich zu ihm, „weil es sich hier im letzten um den Kampf zweier Weltanschauungen und zweier Welten handelt" (ebd.). Sie meint hier die Welt der nach Freiheit und Wahrhaftigkeit strebenden Jugend und die Welt des in veralteten Gedankenstrukturen erstarrten Bürgertums, denn sie zitiert im Anschluss aus einem der „Schlechten Gesellschaft" des beginnenden Jahrhunderts gewidmetes Spottgedicht von Carl Spitteler:

Es ist kein Mannesmark, es ist ein Teig,
Mit Fäusten tapfer, an Charakter feig.
Es fehlt der Mut, der im Gewissen sitzt,
Der freie Geist, der frisch die Wahrheit blitzt.
Duckmäuser, hinter die Moral versteckt
Blinzelt ein Jeder pfiffig nach Respekt.
Mit Anstand ist ihr Muckerherz befrackt;

Heucheln – das Wort klingt schlecht – drum nennt man's Takt.[25]

Das Referat in der „großen Protestversammlung" aber wird sie nun doch nicht halten, „weil", so schreibt sie in einer Art vorauseilendem Gehorsam, „ich als Jüdin Wyneken von vornherein kom-

[25] Carl Spitteler, Balladen, Zürich 1945. Dichter und Schriftsteller, 1845-1924; beliebt bei der gegen das selbstzufriedene Bürgertum aufbegehrenden Jugend; seine Gestalten verkörpern künstlerisches Außenseitertum und Mitleid mit dem Leiden der Unschuldigen in der Welt. 1919 Nobelpreis für Literatur.

promittieren würde (und weil ich der ganzen Sache damit mehr schaden als nützen würde.)" Hier folgt kein Kommentar, kein Ausdruck des Bedauerns (sie hatte sich auf das Referat doch so gefreut!), es folgt aber der Entschluss, „dafür" etwas Ähnliches zu organisieren, nämlich „vor einer kleineren Schar von 50-60 über die Bedeutung Wynekens für die Jugend zu sprechen" (26.9.1921). Entschlossen und zielstrebig schöpft sie trotz der offensichtlichen Diskriminierung ihre Möglichkeiten aus: „Wenn ein anderer da wäre, würde ich schweigen, aber so spüre ich die Notwendigkeit, dass manches gesagt werden muß, von dem sie keine Ahnung haben" (ebd.).

Die wenigen Andeutungen über die Richtungskämpfe innerhalb des Neudeutschen Bundes zeigen Carolas Skepsis gegenüber den Deutsch-Nationalen. Den Begriff „völkisch" will sie nicht politisch, sondern „menschheitlich" verstanden wissen. Sie unterzieht sich offenbar auch nicht der Mühe, sich in das politische Geschehen ihrer Zeit detaillierter einzuarbeiten. Ihr Interesse gilt dem „Menschen" und ganz allgemein jenen gesellschaftlichen Bewegungen und Parteien, die sich seine Emanzipation auf die Fahnen geschrieben haben. Sie war nie Mitglied einer Partei, sympathisierte und unterstützte aber als Wählerin die Linke, in den späten zwanziger Jahren die Kommunisten.

Abb. 16 Aus dem Poesiealbum Carolas
Hermann Gmelin, späterer Danteforscher und Übersetzer der Divina Commedia,
ein Jugendfreund Carola Rosenbergs
(Nachlass Rosenberg-Blume)

Carola ist demnach als „Führerin" in der Praxis anerkannt und erfolgreich. In der Theorie jenes Hans Blüher aber, der die Geister damals aufwirbelt und an ihrem Selbstbewusstsein nagt, ist sie als führende Frau eine „ungeheure Frivolität"[26]. Denn „dem führerischen Menschen ist es eigen, dass er wenigstens ein Stück jenes Doppelabgrundes Eros-Logos dauernd in sich herumträgt und gerade dieses Stück, seinen wesentlichsten und gehalthaftesten Kern, niemals durch Verbürgerlichung anfressen läßt. Führer sind demnach immer irgendwie tragische Menschen [...]"

Da Blüher die Spannung Eros – Logos nur dem Mann konzediert und die Frau allein durch den Eros lebt, kann sie demnach keine Führungsqualitäten entwickeln. Doch Carola bleibt dabei, dass

57

---

[26] H. Blüher 1917, S. 14

auch in ihrer weiblichen Persönlichkeit beide Pole am Wirken sind, ohne dass sie sich jedoch als „irgendwie tragischen Menschen" empfindet. Sie weiß, dass sie als Frau – so wie es Blüher gerne möchte – nicht auf den Eros reduziert werden kann und seiner höhnischen Invektive „[...] und Führer i n n e n – wie steht es damit!??"[27] ihre ganz konkreten Erfahrungen als „Führerin" entgegenhalten kann.

Distanzierung und bleibende Verbundenheit

Es kommt der Moment, wo Carola der „Maskerade" der Jugendbünde entwachsen ist und sich nur noch ihrer Wertewelt verpflichtet fühlt. Den Beginn dieses Prozesses hält sie in ihrem Tagebuch fest:

„Wir haben Heimatabende auf dem Lande und führen alte Volksstücke auf, singen Volkslieder, erzählen Märchen u.s.w. – dies zur Volksgesundung. Und doch frage ich mich, ob es das Richtige ist, denn sie greifen auf Fremdes zurück und es ist nichts aus unserer Zeit heraus geborenes; es wird [...] immer Bildungserlebnis bleiben, ein Vorerlebnis. Ist unsere Zeit überhaupt imstande, etwas aus sich heraus zu gebären?" (15.2.1921).

Sie teilt mit ihrer zunehmenden Skepsis die sich formierende Kritik am Wandervogel dieser Zeit. Gustav Wyneken hatte bereits 1914 einen berühmt gewordenen Vortrag vor der Münchener Studentenschaft gehalten: „Was ist Jugendkultur?" – in dem er den Wandervogel zwar als das „ganz beispiellose Aufatmen und Erwachen der Jugend" bezeichnet hatte, in dem das „bisher unterdrückte Leben entfesselt wurde, aber nicht zu einer geistigen Bewegung geworden ist" [...] Aber:

„So groß die biologische Tat des Wandervogels ist" (die Entdeckung des Eigenlebens der Jugend, Anm. d. Verf.), „so unvollkommen und provisorisch ist seine geistige Leistung. Seine Antwort auf die Frage nach einer eigenen Kultur lautet <Romantik>. Aber in der Romantik des Wandervogels steckt viel Künstliches und Unechtes, viel Maskerade. So echt und natürlich die Absonderung der Jugend vermittels des Wanderns und ihre Organisation unter den Führern ist, das ist wirklich schöpferisch und genial erfunden, so künstlich, so, man möchte fast sagen, oberlehrerhaft, ist der geistige Unterbau des Wandervogels. Die Flucht in das Mittelalter, in das Vagantentum, in die Volkskunst, dies alles ist nur der Versuch, sein Eigenwesen sich selbst auszudeuten und klar zu machen [...]" [28]

Auch wird Carola durch ihren Austausch mit Bernhard, dem nüchternen Realisten und scharfen Beobachter, der in hehrer Pathetik daherkommende Idealismus ihrer Jugendgruppen suspekt. Bernhard

---

[27] ebd., S. 19
[28] G. Wyneken 1919, S.11

wittert dort „Phrase, Betrieb, krämpfige Geistigkeit und Unehrlichkeit
" (25.9.1921). Was natürlich nicht ohne Eigeninteresse ist. Als er Carola kennen lernt, ist sie mit Leib und Seele mit der Jugendarbeit in
Heilbronn verbunden, und das heißt auch: mit den vielen Freunden
aus der Gruppe, dem „Dekadenzkollektiv", wie sie sich selbstironisch
nennt: Erwin, Walter, Helmut, Heinz, Georg, Alfred, Hermann, Max.
Sie alle begleiten ihr junges Leben und bevölkern auch ihre Briefe an
Bernhard. Er weigert sich lange, den ersten fälligen Besuch in Heil-
bronn zu machen. Carolas Welt hier ist ihm suspekt, aus einem
Gemisch von Skepsis oder gar Ablehnung der dort gepflegten
„Jugendkultur" und Eifersucht auf deren Bedeutung in Carolas Leben.
Aber nicht nur er hat Probleme mit Carolas „Heilbronn" – auch Max
Kommerell fühlt sich bemüßigt, sie vor dem „Heilbronner Betrieb" zu
warnen:

> „Nimm es bitte nicht übel, wenn ich Dir folgendes schrei-
> be: wenn Du jetzt in Heilbronn wieder mit allen Deinen vielen
> Freunden zusammen bist, dann gib Dich nicht bereitwillig und
> mit heimlicher Genugtuung zu psychologischen Untersuchun-
> gen her, auch nicht, wenn sie in der besten Absicht geschehen,
> ich nenne gar keine Namen, ganz allgemein, laß Dich durch nie-
> mand rausbringen" (o.D.1919).

Was immer die von Max befürchteten „psychologischen
Untersuchungen" sein mögen – deutlich ist auch seine Sorge um die
„vielen Freunde, ganz allgemein", die in Heilbronn auf Carola warten.
Carola scheint gelassen zu reagieren: da, wo Bernhards Eifersucht in
geistige Arroganz umzuschlagen droht, setzt sie sich für ihre Freunde
ihm gegenüber ein. Sie erreicht es, dass ihre große Jugendliebe aus
der bündischen Zeit, Erwin Kurz, und Bernhard sich kennen lernen:
zwei Menschen, die sie schätzt und sich doch gegenseitig bereichern
könnten! Unterlegt ist diese „ideale" Motivation auch von dem geheimen Wunsch, dem einstigen Freund zu zeigen, was für eine gute Wahl
sie getroffen hat – und umgekehrt Bernhard dessen Persönlichkeit
nahe zu bringen. Bernhard gegenüber gesteht sie dies auch offen ein:

> „Es ist sonderbar, dass mir dies so wichtig ist. Ich vermute,
> dass so einiges noch unbewußt mitspielt wie Ehrgeiz und
> Wunsch nach unbedingter Anerkennung auf Seiten Erwins, von
> wo auch Fäden zu Walter Bauer führen [...]" (4.12.1923).

Damit aber hat sie wenig Erfolg – Bernhards Idiosynkrasien
gegenüber dem „Wertemensch" Erwin sitzen zu tief und vielleicht
auch – unbewusst – die rückwärts gewandte Eifersucht. Auch mit
einem anderen Schulfreund aus der Heilbronner Zeit, Walter Bauer,
mit dem Carola den Neudeutschen Bund in Heilbronn gegründet hatte,
will keine Freundschaft entstehen. In ihrem Tagebuch hat ihn Carola
bewundernd als den Inbegriff des „Kantischen Pflichtmenschen"
bezeichnet. Auch seine Person ist geprägt von jener demonstrativen
Wertehaltung, die Bernhard ablehnt. Beide studieren in Tübingen und
laufen sich oft über den Weg, und Bernhard lässt keine Gelegenheit
zum Spötteln aus. Mit selbst eingestandener Genugtuung berichtet
er vom Fiasko, das Walter Bauer als Sprecher auf einer Studenten-

versammlung erlebt, wo er mit „Pathos und gehobenem Busen" seinen Standpunkt vortrug und „allgemein ausgelacht wurde" (o.D.1923).

Aber Walter Bauer ist es auch, der sich in einer für das Haus Rosenberg äußerst peinlichen Angelegenheit für die Reputation der Familie und Carolas einsetzt. Einige Briefe des Vaters Samuel enthalten Andeutungen, die auf ein gerichtliches Verfahren gegen Carolas Deutschlehrer Dr. Fischer wegen „Verführung der Jugend" hinweisen, unter dessen Leitung die literarisch-musikalischen Abende im Hause Rosenberg stattfanden. Der Bericht über ein Plädoyer Samuel Rosenbergs ist erhalten, aber auch eines von Walter Bauer für Carola.[29] Es ist gut vorstellbar, dass sich in der Kleinstadt Heilbronn kleine Geister am Tun und Treiben der rebellischen Jugend entzündeten, die zudem im Hause eines Juden ihre undurchsichtigen Zusammenkünfte hatte. Walter Bauer ist es auch, der nach dem Krieg 1946 den Kontakt zu Carola in Amerika wieder aufnimmt und ihr von seinen Nachforschungen nach den alten Freunden berichtet. Und der seinem Ethos aus dem Jugendbund treu geblieben ist: er hat nicht – wie es dagegen Erwin Kurz getan hatte – „den Weg in die Partei mitgemacht" und ist dabei, „eine Reihe öffentlicher Ämter" zu übernehmen, mit denen er „einen kleinen Beitrag leisten will, um die Folgen des Krieges und des Regimes zu überwinden" (1.7.1946).

Abb. 17 Carola Rosenberg
und Max Kommerell mit ihrer gemeinsamen Klavierlehrerin Sofie Kleinmann aus Steinkirchen
(Nachlass Rosenberg-Blume)

Dabei ist Bernhard, aus der Esslinger Jugendbewegung kommend, selbst in der Bündischen Jugend verankert; zu ihren Ritualen und zu ihrer gelegentlichen Zurschaustellung moralischen Auserwähltseins hält er jedoch ironische Distanz. Aus der Tübinger Mensa berichtet er:

„[...] insbesondere erfreut mich ein gewisser völkisch-aufrechter Flügel der hiesigen Wandervögel durch annähernde Vollzähligkeit – die Wandervögel und Freideutschen essen gemeinsam in einem Nebenzimmer der Studentenküche, ich habe mich aber noch nicht hingewagt, da ich weder Wandervogel noch Freideutscher bin und mich auch wegen meiner langen Hose geniere" (28.4.1922).

---

29   An Herrn Rechtsanwalt Dr. Harrer Heidelberg, 12.3.1920
      (Nachlass Rosenberg-Blume)

Trockene Worte, die in ihrer leisen Ironie sein Verhältnis zu einer bestimmten Kategorie von Jugendbewegten gut kennzeichnen. Im Alter wird er jedoch den Stellenwert der Gruppenerfahrungen in der Jugendbewegung wieder würdigen, nicht ohne kritisch auf ihren unpolitischen Charakter hinzuweisen:

„Die fraglose Gemeinschaft der bündischen Jugend war auf lange hinaus meine Welt. Noch als Student hielt ich zunächst an ihr fest, bis ich, langsam und widerstrebend, zur Einsicht kam, dass gegen die Drohungen sich vorbereitender Umstürze die Wälder keinen Schutz boten."[30]

Das Engagement in der Jugendbewegung hat beide, Carola und Bernhard, auf je unterschiedliche Weise geprägt. Darüber hinaus hat die große Errungenschaft der Jugendbewegung, „auf Fahrt" die Jugendlichen unter sich zu versammeln, emblematische Bedeutung für ihre Beziehung: „auf Fahrt" lernten sie sich kennen, bei einem Anlass, der bedeutungsschwer in ihre Zukunft wies. Als der Gruppenführer Carola wegen ihrer jüdischen Abstammung für die gemeinsame Übernachtung von den anderen Mädchen trennen wollte, trat Bernhard dazwischen und legte sich entschieden mit ihm an, so dass er von seinem rassistischen Vorhaben ablassen musste (nach Aussage des Sohnes Frank Blume).

Hermann Gmelin, einer der Freunde Carolas und späterer Romanist und Dante-Übersetzer, widmet der Freundin zum Abschied von der gemeinsamen Jugendzeit ein winziges Poesiebüchlein („Alles grau um mich ward und blau in der Ferne [...] Juli 1918") mit selbst verfassten Gedichten. Mit diesem verabschiedet er sich von ihr:

Weißt du noch wie wir im Kahne saßen
Und aus tiefstem Schweigen tiefstes Leben lasen?
Weißt du noch wie wir in späten Nächten
Aus den Bechern hehrster Schönheitsträume zechten?
Weißt du noch wie wir in Klängen aufwärts strebten
Aufgelöst vergaßen, dass wir selbst noch lebten?
Weißt du, dass einst unser aller Seelen
Aus denselben Brunnen tauchten,
alle von derselben Daseinswärme rauchten?
Weißt du, dass einst alle wieder
In dieselbe Wolke dunsten werden?
Oh, so laß uns leblang tanzen Hand in Hand
Um Meer und Erden.

---

[30]   B. Blume 1985, S.97

Die Sehnsucht nach dem großen Werk

„[...] Im übrigen ist mein ganzes Wesen von einer Sehnsucht nach Leistung, nach echter Größe und Selbsterfahrung eigener Kräfte durchdrungen [...]" Diesen Satz schreibt die 23-jährige Carola an Bernhard (3.4.1922); wobei sie nicht ohne Koketterie betont, dass sie „in bescheidener Selbsterkenntnis" das Wort „Leistung" anstatt des emphatischen Begriffs „Werk" benutzt. Denn „Werk" ist in ihrem Denken nur der gelungenen künstlerischen Schöpfung vorbehalten, so wie sie es aus ihrer Vertrautheit mit dem deutschen Idealismus versteht. Aus diesem Verständnis heraus wäre es eher dem Streben Bernhards, des beginnenden Dichters und Schriftstellers, zuzuordnen. Und doch: auch wenn sie es nicht so nennt, kreisen ihre Selbstreflexionen immer wieder um die eine Frage: wird, was ich schaffe, meinen Fähigkeiten entsprechen – wird meine Kraft das geeignete Tätigkeitsfeld finden, wo ich „Höchstes" leisten kann? Diese zukunftsgerichtete Energie durchzieht leitmotivisch ihre schriftlichen Aufzeichnungen in den Jahren ihrer Ausbildung. Einige Zeit später schreibt sie an Bernhard: "Ich spüre, und ich bin auch überzeugt davon, dass ich etwas Großes in meinem Leben leisten kann [...]" „Jedenfalls kommt der Sinn darauf hinaus, weniger unbewußt, im Dämmerzustand, zu leben, sondern bewusst, zielhaft " (8.3.1922). „Unbewußt", „im Dämmerzustand": so erfährt sie zuweilen ihr Leben in der häuslichen Umgebung.

Der heimische Herd

Hindernis und Bedrohung ihres Strebens

Tagebuchaufzeichnungen und Briefe zeugen von ihren Anstrengungen, sich aus dem gleichförmigen, repetitiven und doch Geborgenheit vermittelnden Geschehen in Haushalt und Familie zu lösen und ihre Energien für ihren Weg nach „draußen" zu sammeln. Ihr Ungenügen an dieser den Frauen zugeschriebenen Existenzform treibt umso stärker das Gegenbild eines Lebens hervor, das die bürgerlichen Bahnen verlässt und Außerordentliches zu schaffen vermag. Obwohl oder gerade weil sie in diesem Elternhaus eine behütete, glückliche Kindheit und Jugendzeit verbracht hatte, empfindet sie nun die Nestwärme, die vor allem von der Mutter ausgeht, als eine ihr Streben bedrohende Gefahr: die Gefahr des „Rückfalls" in die wohlgebettete fertige Welt des „Heims", die ihre starke, gelegentlich zur Überbehütung neigende Mutter verkörpert. Nach beendetem Studium wird ihr – wieder ins Elternhaus zurückkehrend – bewusst, wie ihre nach Betätigung drängenden Kräfte gebunden waren und sind:

„[...] ich bin jetzt doch froh, dass ich nicht mehr auf der Universität bin, und dies Leben abseits (in Heilbronn,

Anm.d.Verf.) ertrage ich auch nicht mehr; ich meine überhaupt jetzt, dass sich nun auf einmal alles, all die Mühen und Leidenschaften, die durch Bücher gebunden waren, in mir lösen; draußen ist noch Dezember, aber Unruhe in mir wie im März" (16.12.1923).

Wenn sich im Winter die ganze Familie in nur einem geheizten Raum aufhält, wird es ihr zu eng und die „Besuche ehrenwerter Bürgersfrauen" zum Geburtstag der Mutter sind ihr lästig (12.11.1923). Sie hat sich der Kleinstadt Heilbronn entfremdet, und sie muss ihren ganzen Willen aufbieten gegen das sie Lähmende und Aufsaugende des häuslichen Alltags. Sie ahnt, dass ihre Zerrissenheit etwas mit ihrem Frausein zu tun hat: den Verlockungen des „Praktischen" ohne eine das Leben strukturierende Anstrengung nachzugeben. Das Ringen um lebbare Lösungen in diesem Konflikt ist eine Grunderfahrung ihres jungen Frauenlebens, die sich später wie ein roter Faden durch die Thematik ihrer Frauenkurse ziehen wird. Die Kämpfe, die sie hier jeweils ausficht, sind wie Knotenpunkte in ihrer Entwicklung, in denen sich „Leben" und Arbeit, Hingabe und Eigenständigkeit, Gefühl und Verstand, „Rausch" und Nüchternheit, gegeneinander aufbäumen, sich ineinander verhaken und langsam lösen.

Fest und eindeutig sein – auch im Studium

„Mein Verstand ist lahm zur Zeit und das andere kriegt die Oberhand," so schreibt sie nach Beendigung ihres Studiums von zu Hause, „ich bin unreifer denn je; nicht haltlos; aber so hab ich das Gefühl von der Bereitschaft aller Kräfte und allen Lebens in mir und ich glaube, dass ein fester Griff vom Schicksal jetzt irgendetwas aus mir machen würde. Der Beruf macht eine Frau fest, eindeutig und streng, [...] aber das Leben, das macht eine Frau anders" (16.12. 1923).

Auch in ihrem Studium will sie sich nach dem ersten Genießen der akademischen Freiheit dem Gang der Dinge nicht einfach überlassen. Sie äußert ihr Ungenügen an ausgetretenen Studienabläufen und an der Überfülle nutzlosen theoretischen Stoffs. Neben der glühenden Begeisterung klingt Frustration durch, wenn sie die Höhepunkte ihrer intellektuellen éducation an der Universität, wie die Seminare bei Gundolf, Geiger, Jaspers, Spranger oder Kerschensteiner u.a. nicht in einem konkreten Bezug zur Praxis verankern kann. Auch hier sucht sie den „festen Griff des Schicksals". In der Wahl ihrer Fächer ist sie zwar geprägt vom Ideal der literarisch-künstlerischen Bildung ihrer Heilbronner Jugendjahre, wie es im Elternhaus und im Kreis gleichgesinnter Freunde in der Jugendbewegung gepflegt wurde, doch macht sich daneben auch ihr gesellschaftspolitisches Interesse bemerkbar: sie belegt neben französischer, englischer, italienischer und deutscher Literatur auch Philosophie und Geschichte und hört Vorlesungen in Volkswirtschaft und Psychologie. Ihr

„Erkenntnisdrang" und „Wissensdurst", wie sie es in ihrem Geburtstagsbrief an den Vater selbst sagt, weiden sich am reichen Angebot
geisteswissenschaftlicher Studien gerade in Heidelberg, dessen Universität in den beginnenden zwanziger Jahren eine Hochblüte erlebt.
„Heidelberg: so heißt die große Stufe, auf der ich nun angelangt bin
[...] innerlich voll, aufwärts schauend und voll neuer Gedanken [...]"
so begrüßt sie die alte Universitätsstadt in der Vorfreude auf das erste
Semester in ihrem Tagebuch (Oktober 1919). Sie hat Glück mit ihrer
Wahl, denn

> „[...] die Atmosphäre dieser Stadt war ganz und gar nicht
> bürgerlich eng oder gesättigt. Sie war vollgesogen und wurde
> durchströmt von Neuem, das in Deutschland auf merkwürdige
> Weise seit der Jahrhundertwende sich zu entwickeln begonnen
> hatte. Sie war geistig und persönlich anregend und dabei nach
> allen Seiten geöffnet. Jener <Geist Heidelbergs>, wie ihn [...]
> Friedrich Gundolf zu bezeichnen pflegte, war für den, der als
> Hinzugekommener an ihm teilnahm, etwas wie eine Offenba-
> rung. Er zog die Geschichte, er zog die philosophische Existenz,
> er zog alle alte Tradition vor seinen Richterstuhl [...]"[31]

In diese Atmosphäre taucht Carola mit allen Sinnen ein.
Friedrich Gundolf hört sie im Sommersemester 1920, dessen „berühm-
te Vorlesungen über die Romantik [...] immer überfüllt waren"[32] und
von dem ihre Freundin Maria später sagt, es sei „ein göttlicher Mann
[...] ein wundervoller Lebensstil, ganz fern von aller Wirklichkeit"
(Bernhard an Carola, 3.1.1924). Die Ratschläge, die ihr die schon studierenden Freunde und ihr Lieblingslehrer Fischer mit auf den Wege
gegeben haben, ermuntern sie zum geistigen Genuss, gehen in Richtung geistiger Rundumbildung: „Lesen, leben und einiges hören!
Wandern! Jung sein! Sie sind auf dem rechten Weg," schreibt er ihr,
„hüten Sie den kostbaren Schatz Ihrer Freiheit und halten Sie sich
das Gehirn frei von dem Allzuviel, damit das Wesentliche nicht zu
kurz komme und die Seele empfänglich bleibe [...] Ich empfehle Ihnen
nichts" (17.11.20). Max Kommerell, den sie um konkretere Informationen über die in Heidelberg lehrenden Professoren gebeten hat,
erzählt ihr vom Studienklima in der alten Universitätsstadt und antwortet ihr dann gönnerhaft auf ihre diesbezüglichen Fragen: „Für dich
sind die Professoren freilich Nebensache, weil du zum Vergnügen hin-
darfst", da sie wohl nicht, wie er, ein Examen machen müsse und folglich die „Auswahl" der Professoren kein „entscheidender Gesichtspunkt" für das Studium sei (o.D.). Nicht, dass Max an ihren Fähigkeiten zweifeln würde, im Gegenteil, Carolas Intelligenz ist ihm vertraut, mit ihr pflegt er einen brieflichen Diskurs über Hölderlin, George
und die Dichtung allgemein. Aber – wie schon aus seinem Brief über
Hans Blüher deutlich wurde – ihre intellektuelle Kompetenz sieht er
eher als Zugabe zu den anderen Attraktionen ihrer Persönlichkeit an:

65

---

[31] Alfred Weber, Der Geist Heidelbergs, in: Heidelberg Lesebuch, hrsg. von
      Michael Buselmeier, Frankfurt a. Main, 1986, S. 179
[32] Carl Zuckmayer, Heidelberg 1919, ebd., S. 238

Schönheit, Stolz, schelmische Mutwilligkeit, weibliche Anpassungs-
fähigkeit, Originalität. „Niemals ist jemand leichter, schneller, gelenkiger und übermütiger in der Luftschiffschaukel geflogen, zu der ich
ihn einlud" schreibt er ihr begeistert (Steinkirchen, Freitagabend).
Oder: „Wie siehst Du eigentlich zur Zeit aus? Welche Frisur? Welcher
Gesamthabitus? [...] Was Du Dir wohl für Bilder kaufst? Vielleicht
einen Böcklin <Triton und Nereide> Das Schweigen im Walde> oder
<Prometheus>". Und nun das für sie Typische und ihn leicht Störende
vorwegnehmend:

„Aktivität! In der Luft herumsummend wie eine besessene
Hummel? Aber in den Augen doch ein klein umzingeltes Idyll.
Da ich die Region, in der Du Dich gerade herumtummelst, nicht
kenne, teile mir einmal bitte etwas davon mit – aber dann möglichst nicht bloß von Volksbildung u.s.w." (27.2.1920).

Da ist es wieder: solange sie sich mit ihm über Dichtung
austauscht – und diese beherrscht ihre Korrespondenz einschließlich
der von Max verfassten Gedichte für Carola – und eine gute Zuhörerin
ist („Dir ist gut Spitteler vorlesen", schreibt er anerkennend), ist er
ganz für sie da, aber ihre berufliche Lebensplanung langweilt ihn. Und
es langweilen ihn auch eventuelle Erwägungen über zielgerichtete
Studieninhalte, die sie mit ihm erörtern möchte. Das „umzingelte
Idyll", das er in ihren Augen zu entdecken vermeint, weist subtil auf
jene „weibliche" Carola hin, die er sich erträumt, gegenüber der die

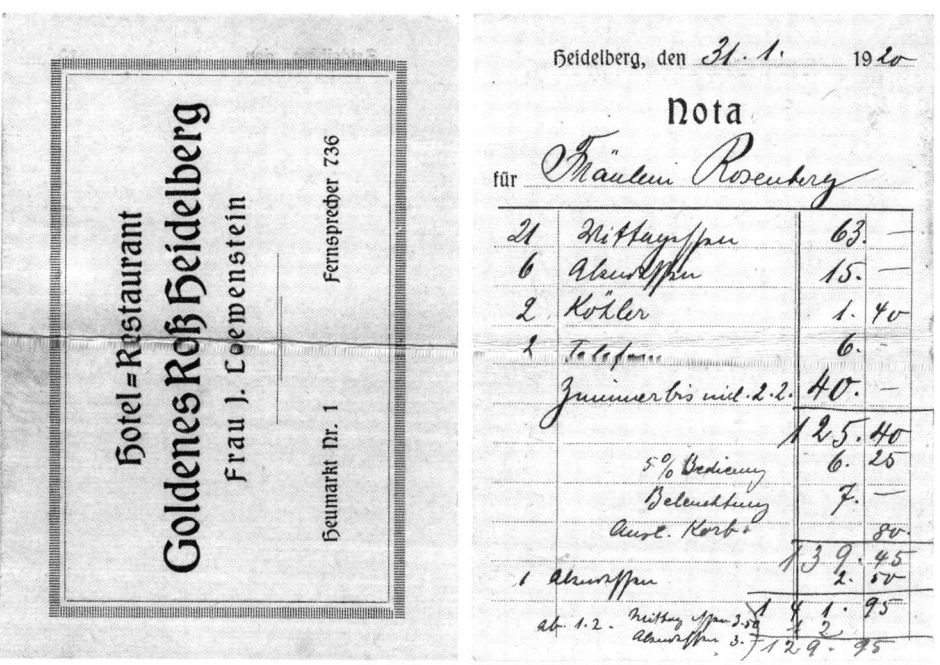

Abb. 18 Rechnung des Hotelrestaurants "Goldenes Roß" in Heidelberg, wo sich Carola auf der
Suche nach einer "Bude" aufhält
(Nachlass Rosenberg-Blume)

Realistin Carola keine Chancen hat. So spielt er auch bewusst mit diesem Tatbestand in seinen Briefanreden: „Vernünftigster aller Backfische" (31.8.1918), „Sehr netter Kerl, Guter Mensch" (27.2.1920) – so betitelt er sie.

„In welcher Periode und Region Du auch jetzt sein magst, ob Du in Dur oder in Moll gehst, ob Deine Seele auf einer Wildgans fliegt oder auf einem Zoddelbären reitet oder ob sie an der Seite eines Esels [...] seinen Karren zieht – sei herzlich gegrüßt von dem allgemeinen Zirkusdirektor Max Kommerell" (ebd.).

Er freut sich auf ein gemeinsames Semester in Heidelberg und stellt einstweilen Überlegungen zu ihrer Person an, die er einem Freund brieflich mitteilt. Sie weisen in dieselbe Richtung: Hauptanliegen ist ihm die Frage, welcher Mann schließlich der Erwählte und ihr Ebenbürtige sein wird, und nicht die Frage, was sie selbst einmal sein wird.

„Ich glaube, dass sie mit ihrer merkwürdigen Assimilierungsfähigkeit und Anschmiegungsfähigkeit, und mit ihrer – neben der andern – männlichen Art, die sich nur dem hingeben wird und den lieben wird, vor dessen geistigem Wert sie den größten Respekt hat – dazu bestimmt ist, einem productiven Menschen gläubige Fahrtgenossin zu sein [...]"[33]

Carola genießt unter all ihren Freunden uneingeschränkte Bewunderung und Zuwendung – sie ist der Schwarm, die Angebetete, die Herzenströsterin, die gleichgestimmte und kluge Diskussionspartnerin fürs Philosophieren und Politisieren. Die Briefe ihrer zahlreichen Freunde aus der Jugendzeit vibrieren geradezu von der Hingabe an diese Empfindungen für die beliebte und geliebte Freundin. Freund Heinz fasst es so zusammen: „Bleibe Du so wie Du bist und mancher wird sich an Dir emporranken [...]" (ein als „vertraulich" betiteltes Schreiben ohne Datum). Überhaupt – Carola muss in der Mischung von Schönheit und Intelligenz, von Stolz und Warmherzigkeit, für die Männer immer wieder eine Herausforderung gewesen sein, ein Rätsel, ein Faszinosum: schön, intelligent, sportlich und zugleich herzlich und gefühlvoll – eine sehr weibliche Frau, eine Denkerin und noch dazu ein „guter Kamerad!" Der Brief von Max fängt dieses Spektrum in ihrer Persönlichkeit ein: er spricht von ihrer „Anschmiegungsfähigkeit" und ihrer zugleich „männlichen Art", womit er ihre innere Selbständigkeit und Unabhängigkeit gegenüber dem anderen Geschlecht meint. Er beweist auch ein feines Gespür in der Einschätzung von der Wahl, die sie einmal treffen wird: denn genau dies ist eingetreten, in seiner Verwirklichung ganz und gar dem Pathos der Briefstelle entsprechend. Carola ist tatsächlich diesem „productiven Menschen" in einer existenzergreifenden Liebe begegnet, vor dessen „geistigem Wert" sie in der Tat den „größten Respekt" hatte und dem sie „gläubige Fahrtgenossin" fürs Leben wurde: Bernhard Blume. Nur: die fundamentale Bedeutung, die Carola der Betätigung ihrer Kräfte

67

---

[33]   M. Kommerell, Briefe und Aufzeichnungen 1919-1944, aus dem Nachlass hrsg. von Inge Jens, Olten und Freiburg im Breisgau 1967, S.66

im gesellschaftlichen Leben beimaß, der Weg ihrer Selbstfindung in einer eigenen Leistung, blieb ihm verborgen: dass sie nicht nur „Fahrtgenossin eines productiven Menschen", sondern selbst ein „productiver Mensch" sein wollte und geworden ist. Carola wird in Heidelberg und später in München auch vorwiegend mit letzterem beschäftigt sein; Freunde und Bewunderer hat sie genug, und sie genießt das auch weidlich. Aber sie sucht nach etwas „Festem", „Eindeutigem", in ihrem Studium, dies zeigen zur Genüge ihre Tagebucheintragungen. Die frei fließende Begabung, mag sie sich auch in noch so guten Noten auf ihren Seminarscheinen erweisen, befriedigt sie nicht.

Frauenforschung

Endlich eine feste Struktur

Als sie dieses „Eindeutige" in Gestalt der Frauenfrage entdeckt, jubiliert sie – endlich hat sie das Arbeitsfeld gefunden, wo sie sich rückhaltlos engagieren kann; das ihr die Chance gibt, die eigene Betroffenheit in ihr Studium einzubringen, eigene Erfahrungen und Fragen auf der Ebene des wissenschaftlichen Diskurses zu klären. Sie hat das große Glück, einen an der Frauenfrage interessierten Professor der Pädagogik zu finden, Alois Fischer an der Universität München, mit dem sie sich austauschen und das Thema ihrer Forschungsarbeit klären kann. Begeistert schreibt sie an Bernhard:

„Du hast keine Ahnung, wie beglückt ich bin, dass ich mein Arbeitsfeld gefunden habe. Alles in mir wurde bestimmter und ich fühle mich innerlich so ausgeglichen. Weißt du, das Minderwertigkeits- und Nichtzugehörigkeitsgefühl, das ich bis jetzt immer auf der Universität hatte, ist ganz verschwunden und sonderbar – nun geht mir das Schwerste leicht von der Hand [...] Das eine weiß ich: diese Arbeit verpflichtet sehr und du kannst dir denken, dass sie mich sehr nachdenklich macht, was mein Sein und mein bisheriges Leben betrifft" (20.5.1922).

Das „Nichtzugehörigkeitsgefühl" oder auch Gefühl der Fremdheit in einer von Männern geprägten und besetzten Institution, wie es die Universität von damals war,[34] und den von männlichen Interessen und Fragestellungen dominierten Studienbetrieb fällt von ihr ab. Die Entdeckung einer eigenen Aufgabe, eines eigenen Forschungsfeldes, gibt ihr das nötige Selbstbewusstsein, um sich wie selbstverständlich in ihrem akademischen Umfeld zu bewegen. Das

---

[34] Als Carola ihr Studium 1919 aufnahm, waren gerade einmal elf Jahre vergangen, dass Frauen in Deutschland erstmals Zugang zur Universität hatten. Carola gehörte zu den 9,5% weiblichen Studierenden in jener Zeit; um wie viel bedrückender muss da die männliche Dominanz im Universitätsbetrieb spürbar gewesen sein als heute! Informationen zu diesem Thema bei Ute Gerhard, Unerhört. Die Geschichte der Frauenbewegung, Hamburg 1990, S.370f.

Bewusstsein, mit ihrer Arbeit an einem großen gesellschaftlichen Projekt des Jahrhunderts wie der Frauenemanzipation teilzuhaben, lässt sie endlich zielgerichtet arbeiten. „Früher hatte ich viel Mißtrauen und habe das Verarbeiten aufgeschoben, jetzt wird alles sofort verarbeitet und eingefügt – Ich fühle Kraft in mir wie noch nie", schreibt sie in ihr Tagebuch (ebd.). In den Semesterferien macht sie verschiedene Praktika auf dem Heilbronner Wohlfahrtsamt. Zweimal werden ihr als Praktikantin in einem jüdischen Kinderheim in Wolfratshausen bei München wichtige pädagogische Aufgaben anvertraut.

Bernhard nimmt durch den regen Briefwechsel teil an ihrer Hochstimmung, ist aber – wie er es ausdrückt – noch im Zustand der „wissenschaftlichen Apathie" und kann sie erst richtig nachvollziehen, als er einige Monate später eine ähnliche Entdeckung macht:

„Ich weiß gar nicht, was augenblicklich mit mir los ist: entweder habe ich bis jetzt mein ganzes Leben verschlafen oder ich brenne augenblicklich mit ungeheurer Geschwindigkeit ab. Wenn ich die pathetischen Worte liebte, würde ich sagen, ich mache augenblicklich das Erlebnis der „Wissenschaft" durch. Mich ergreift ein leises Staunen, dass ich dazu volle drei Jahre gebraucht habe. Was ich bis jetzt getan habe ist die reine Stümperei. Ich weiß nicht recht, wie ich Dir meinen Zustand beschreiben soll, aber ich denke, dass Du Ähnliches durchgemacht hast, als Du auf Deine Doktorarbeit gekommen bist. Ich habe eben ganz einfach mein Arbeitsgebiet entdeckt [...]" (8.12.1922).

Bücher und Kunst

Die Medien der Liebe

Der Gedankenaustausch über Seminare und Vorlesungen zwischen Bernhard und Carola hält sich jedoch in Grenzen; dafür erzählen sie sich umso mehr über selbst entdeckte Literatur, die sie sich in Bibliotheken, über Freunde oder Verwandte beschaffen und nicht selten gegenseitig zuschicken. Meistens tut es Carola, der in München mit der dortigen Staatsbibliothek und mit dem Antiquar Onkel Emil wichtige Quellen zu ihrer Beschaffung zur Verfügung stehen. Bücher werden ein Lebenselixier ihrer Beziehung. Bücher geben die Initialzündung, werden zum „postillon d´amour" in einem der ersten Briefe Carolas an Bernhard, in dem sie ihren Wunsch nach einem Wiedersehen signalisiert:

„Du versprachst mir meine Bücher auf der Landesbibliothek mit den Deinen zu besorgen und da ich denke, dass Du dies sehr bald tun wirst, schicke ich Dir einen ganzen Bücherzettel. Außer den sorgfältig aufgeschriebenen bitte ich Dich um folgende noch, deren gute Auswahl ich Deiner" höheren" Einsicht überlasse. a) Schriften über Geschichte der Mädchenerziehung (evtl. Methode, Systeme) b) Geschichte der Pädagogik c) Schriften von Marianne Weber d) Theodor Lipps, Ästhetik.[35] Nachdem der erste Jubel über meinen Einzug in Heilbronn verrauscht ist, sitze ich nun fest hinter meiner Arbeit [...] Sonst aber lebe ich wie im Traum. Also gelt: Für die gute Besorgung einstweilen herzlichen Dank! Vielleicht verschlägt Dich doch einmal eine Fahrt hierher" (Dienstag, 1921).

So wird folgerichtig auch der Ort der Bücher, die Bibliothek – in diesem Fall die Württembergische Landesbibliothek in Stuttgart -, zum Treffpunkt der Liebenden, wo sie in gewärmten Räumen und mit ihrer jeweiligen Literatursuche beschäftigt, aufeinander warten und ungestört ihre Pläne und Strategien für ein Zusammensein abseits der Familien besprechen können.

„Ich fahre Freitag nach Stuttgart und werde Dich Mittag zwischen ½ 2 und 5 Uhr in der Landesbibliothek abholen (im Lesesaal, wo ich auch einmal saß). Man kann mir (falls Du anderer Meinung bist) zu meinen Verwandten Mittag anläuten (1/2 1 – 1/2 2 Uhr) und eventuell mich dort abholen. Wenn es mir reicht, läute ich Dir morgens an. Auf jeden Fall bleibe mittags so lang sitzen bis ich komme" (13.10.1921).

Auch hier ist die Landesbibliothek eine willkommene Gelegenheit zu einem von Carola in unmissverständlicher Deutlichkeit vorgeschlagenen Treffen. In ihrer Diskussion über Bücher lernen sie sich kennen, den anderen und sich selbst. Wenn sie die Wirkung der Bücher auf die eigene Person schildern, reflektieren sie zugleich über sich selbst und teilen dem Gegenüber mit: so bin ich. Wenn sie ihre Deutungen entwickeln, sagen sie: so denke ich. So entsteht ein lebendiges Geflecht von gemeinsamen und unterschiedlichen Empfindungen und Visionen, die einen wichtigen Anteil an der Beziehung haben. Man tauscht sich in dieser Phase aus über Dostojewski, Rimbaud, Romain Rolland, Brecht, Nietzsche [...] und immer wieder Dostojewski.

„[...] Ich habe Dostojewski gelesen; ich habe geheult wie ein Kind. Ich wüßte nichts was mich so packen kann wie er; es ist ungeheuerlich, wie er die Menschen sieht;[...] wenn ich etwas von ihm lese, da möchte ich gar nicht, dass die Sprache schöner wäre, das würde mich nur aufhalten; ich lese begierig, um diesen Menschenseelen auf den Grund zu kommen" (9.12.1923).

Dies schreibt Carola auf ein Leseerlebnis Bernhards hin, das er so schildert:

„Heute Mittag bin ich übrigens zufällig über den Raskolnikow geraten. Ich bin kaum mehr davon losgekommen. Ich habe ihn vor zehn Jahren ungefähr das erste Mal in die Hand bekommen, ein paar Seiten gelesen und ihn dann schleunigst wieder fortgetragen. Ich mußte damals sehr auf meine Nerven Rücksicht nehmen. Ein halbes Jahr darauf habe ich die „Karamasoffs" gelesen. Das einzige von Dostojewski, was ich ganz ge-

---

[35]   Theodor Lipps, Philosoph, Professor in Bonn, Breslau und München; nach seinem Tod 1914 ein viel gelesener und diskutierter Denker unter Carolas Freunden. Verstand die Psychologie als Grundwissen der Ästhetik.

lesen habe, ist der „Idiot", den ich in einem Alter las, wo ich ihn glücklicherweise noch nicht verstand. Es gibt in der ganzen Weltliteratur nichts, was mich so aufregt und mitnimmt wie Dostojewski. Wenn jemand von Dostojewski schwärmt, wird mir immer schlecht; die Leute haben gar keine Ahnung, was das für Konsequenzen hat [...]" (20.8.1922).

Zwei Jahre später liest Carola wieder Dostojewski:

„Ich habe die Briefe von Dostojewski gelesen; sie haben mich furchtbar gequält; ich glaube ja, dass die Auswahl sehr schlecht zusammengestellt ist. Aber ich habe bis jetzt noch in kein Leben geschaut, das so fürchterlich (krankhaft? – ich finde nicht den rechten Ausdruck) ist. Dann- dieses ewige Gedrücktsein von Schulden [...] Wäre er gesünder gewesen, wenn die äußeren Umstände besser gewesen wäre? Aber dann dachte ich wieder: eigentlich sind die äußeren Umstände gar nicht so schlecht, eigentlich hat an allem nur seine überreizte, krankhafte Stimmung schuld" (4.1.1925).

Wie man sieht, scheut sich Carola nicht, ihre ganz praktisch-pädagogischen Erwägungen in ihre literarischen Überlegungen einfließen zu lassen, was Bernhard bei der gemeinsamen Erörterung seiner Dichtungen besonders schätzte. Brechts erste Stücke werden aufgeführt, beide verfolgen wie elektrisiert die ästhetische Revolution auf den deutschen Bühnen. Carola sitzt auch hier – in München – an der Quelle. Sie schickt Presseartikel und schreibt:

„[...] Die Kritik ist sachlich richtig; aber trotz allem hat er mich sehr gepackt; weniger das Stück als der <Mensch Brecht> [...] Sie, die Schauspieler, haben ihn, der mit Händen und Füßen sich wehrte, buchstäblich auf die Bühne gezerrt und ich habe in meinem ganzen Leben noch nie einen unglücklicheren Menschen gesehen; mir wurde da auf einmal alles klar – doch darüber mündlich" (12.5.1923).

Eine Brechtballade, die ihr ein Freund vorgelesen hat, kommentiert sie ungeniert so: „[...] er ist ein großes Schwein, aber er kann was; pfui seine Braut möchte ich nicht sein, seine Braut wird wohl auch ein Schwein sein [...]" (o.D.1923).

Mit Arthur Rimbaud, dem genialen französischen Lyriker des Impressionismus, ist Bernhard im Rahmen seiner romanistischen Studien eine Zeitlang intensiv beschäftigt. Manche Kritiker – wie auch gleich Carola – haben später einen deutlichen Einfluss Rimbauds auf Sprache und Stil von Bernhards Stücken ausgemacht. Nach einer fiebrigen Grippe, die mit „wilden" dichterischen „Visionen und Produktionen" begleitet war, hat er sich „die Gedichte von Arthur Rimbaud ins Bett geholt" und schildert seine Begeisterung:

„Ich weiß nicht, ob ich Dir schon von ihm vorgeschwärmt habe; er ist das heimliche Entzücken aller flügellahmen Seelen, ein Kerl, der mit sechzehn, siebzehn Jahren Gedichte schrieb, die zu den schönsten der französischen Sprache gehören, dann als Vagabund durch Europa und die ganze Welt zieht, in den Urwäldern Asiens und Afrikas verschwindet und mit 37 Jahren zerlumpt und zerfressen in einem Spital in Marseille stirbt. Wenn man auf dies gelebte Leben blickt, schämt man sich der unfruchtbaren Ekstasen seines Hirns [...]" (15.7.1922).

Darauf Carola:

„[...] Denke, ich habe in einem Atemzug den Arthur Rimbaud gelesen. Es ist wirklich das stärkste, was ich seit langem gelesen habe. Seit ich ihn nun kenne, finde ich, dass Du ihm sprachlich am meisten von allen Dichtern verdankst, mehr sogar als Büchner und Shakespeare." Und dann scherzhaft stichelnd: „Ähnlichkeit im Menschlichen? Der Unterschied ist jedenfalls dieser: er athletischer Typ; Du bist keiner, deshalb wirst Du wohl immer weiter dichten, während er das Dichten ließ und lebte. Du möchtest das auch manchmal – tust es aber nur ferienweise. Hast Du eigentlich all die vielen Sätze und Redewendungen, die Du mit Rimbaud gleich hast, bewusst oder unbewußt von ihm übernommen?" (13.4.1923).

Diese wohlmeinenden Beobachtungen stürzen Bernhard in eine tiefe Krise. Er sieht sich zum Plagiator entwürdigt und antwortet scharf bis aggressiv. Carola nimmt daraufhin kein Blatt vor den Mund und entlarvt seine Reaktion als kindisch, verletzte Eitelkeit, als „saudumm, blödsinnig, von einem maßlosen Ehrgeiz verblendet". Darauf antwortet Bernhard mit einem Brief, der die Wirkung der Literatur auf das Leben bis in den Kern ihrer Beziehung und Carolas wichtigen Part in ihr beleuchtet. Er bezeichnet Carolas Brief trotz seines zurechtweisenden, ja herrischen Tons als „Balsam" für seine „Seele". Denn Carola setzt ihm, dem in die Phantasiewelten abdriftenden Dichter, „den Kopf zurecht" und hilft ihm, als eine im praktischen Leben stehende Frau, den Bezug zur Realität, zum „Schlicht-Bürgerlichen" nicht zu verlieren. Was ihn tiefer trifft und an den Grundfesten seines Selbstbewusstseins rüttelt, ist das schonungslose Aussprechen eines Problems, mit dem sich jeder künstlerisch tätige Mensch konfrontiert sieht: die ästhetische Überlieferung nicht zu kopieren, sondern sich ihrer so zu bedienen, dass er, in Abgrenzung zu ihr, seine eigene Sprache findet. Bernhard schreibt über Carolas Brief:

„In allem Ernst: er hat mir wirklich wohlgetan. Und zwar aus zwei Gründen, einem sachlichen und einem persönlichen [...] Was mich besonders geärgert hat war ja weniger das Faktum des Plagiats an sich, als das, dass es mir einfach so passiert ist, dass ich mit Leidenschaft etwas erlebe und nachher merke, dass es bloß nacherlebt ist, und den plötzlichen Ausblick, den ich dadurch überhaupt auf mein Produzieren bekomme [...] Dass ich dabei gleich ins Extrem gefallen bin [...] das ist knabenhaft, das ist sogar kindisch, und Du hast sehr Recht, wenn Du mir den Kopf zurechtsetzt. Und darüber habe ich mich eben sehr gefreut, weil das noch nicht oft da war zwischen uns und doch etwas ist, das ich sehr suche. Wir können es ja vereinfachend das Mütterliche heißen. Aber natürlich dem Mann gegenüber. Ich meine: es gibt doch so und so viele Dinge, die eine Frau einfach besser versteht, und wo sie zum Mann sagen kann, du dummer Bub

[...] Die Frau, die, wenn der Mann sich verbohrt, verrennt, verliert, sagt: aber das ist doch ganz einfach. Und welcher gute Mann verliert sich nicht von Zeit zu Zeit (notwendig). Und wenn dann etwas Selbstverständliches, Naturnäheres, neben ihm ist, das unter anderem auch den Sinn fürs Schlicht-Bürgerliche hat, dann findet er sich vielleicht wieder leichter. Ich meine immer, ein Mann, der eine richtige Frau neben sich hat, könne nie verrückt werden [...] Vielleicht hättest Du Deinen Brief – wie soll ich sagen – etwas reifer schreiben können. Nicht so männlich. Wenn einem etwas weh tut, braucht man nicht gleich draufzuschlagen. Ich meine gar nicht, dass man streicheln sollte [...] Kurz und gut: ich möchte einfach haben, dass Du mir in gewissen Dingen überlegen bist" (6.3. 1923).

Die Rimbaud-Lektüre und der daraus entstehende Diskurs führt mitten hinein in die Dynamik der Beziehung. Bernhard sieht sich konfrontiert mit einer Carola, die ihm ihre Überlegungen zu seinem Sprachstil mitteilt – ohne diplomatische Winkelzüge. Und die ihn, nach seinem verletzten Protest, nicht etwa verständnisvoll – schonend behandelt, sondern ihm hart und unmissverständlich den Spiegel vorhält. Mutig und selbstsicher. Und Bernhard schlägt nicht ein zweites Mal zurück, er denkt nach und erkennt, dass sie recht hat. Mehr noch, er entdeckt hier eine Stärke in Carolas Person als Frau, die ihm fehlt, die er in der zum Konturlosen tendierenden künstlerischen Existenz braucht: den klaren Blick für die Verhältnismäßigkeit der Dinge im Leben. Sehr viel später werden Freunde, die das Paar gekannt haben, sagen: Carola war der „aktive Part in dieser Ehe", „der Regisseur im Hintergrund."[36]

Anhaltende Selbstreflexion

Bei aller Aktivität bleibt für Carola das einfache „Dahinleben" immer wieder Problem und Verlockung zugleich. „Ich denke oft so wenig an alles!" klagt sie, sieht aber andererseits darin „eine weise Selbsthilfe" ihrer „glücklichen Natur" (3.4. 1922). Das Denken und das Nachdenken erfährt sie als Hindernis am Glücklichsein, und der häusliche Alltag, der keine Forderungen an sie stellt, und dem sie doch eigentlich entfliehen möchte, kann ihr schon mal die Illusion der Harmonie und Zufriedenheit vermitteln: „[...] der Alltag, der alles ins Unbewußte hinunterdrängt, schafft eine Carola, die allen als das harmonischste, zufriedenste und glücklichste Wesen erscheint. Und es ist auch so: ich bin es, wenn ich nicht nachdenke" (Mittwoch nacht, 1922). Doch gleich folgen die moralischen Bedenken, die sie nicht nur

73

---

[36] Gespräch der Verf. mit Fritz Martini am 15.4.1988 in Stuttgart. Martini, Literaturhistoriker und Germanist an der TH, dann Universität Stuttgart, war mit dem Ehepaar Blume befreundet. Er ist mit Egon Schwarz Herausgeber der Autobiographie Bernhard Blumes: Narziss mit Brille.

auf sich, sondern auch auf „die anderen" bezieht, für die sie sich verantwortlich fühlt:

> „Aber sieh, ich spüre, ich bin es meinem höheren Ich schuldig, dass ich darüber nachdenke, dass ich ganz wahr und unerbittlich mir gegenüber bin; dass ich all die Fragen, die damit verknüpft sind, nicht nur für mich, sondern für viele andere auch durchdenke und die Konsequenzen ziehe" (ebd.).

Dass Nachdenken zum Leben gehört und folglich auch „Nicht-glücklich-sein" in Kauf zu nehmen ist, weiß Carola, aber ihr impulsives Temperament und ihr bedingungsloses Eintauchen in die Wechselfälle des Lebens lassen sie diesen Zwiespalt immer wieder als Problem ihrer sich formenden Persönlichkeit erleben. Ein Eintrag in das erste Tagebuch (Contobuch) anlässlich der Trennung von ihrem ersten Freund Erwin Kurz weist auf diesen Kampf mit sich selbst hin: „[...] er wird mir Freund bleiben, ob ich bei meiner schrecklichen Natur, vor der ich mich selbst fürchte, es bleiben kann?" (18.5.1917). In Bernhard tritt ihr ein ganz anders gestimmter Mensch gegenüber. Lakonisch, unverkennbar durch seine augenblickliche Nietzsche-Begeisterung beeinflusst, bemerkt er in seinem ersten Brief an sie anlässlich einer missglückten Aussprache unter Freunden: „Ich glaube fest, dass es meine Berufung ist, andere Menschen unglücklich zu machen, denn es ist nicht die Aufgabe des Menschen, glücklich zu sein" (1.10.1921). Und mit leichter intellektueller Arroganz hält er sich zugute: „Alle Menschen, mit denen ich zusammen war, habe ich weiter gebracht und unglücklicher gemacht, weil ich sie sehend gemacht habe." Er weiß sich auf der Seite der Schlange: „Eritis sicut deus, scientes bonum et malum" (Ihr werdet wie Gott sein, das Gute und das Böse wissend), welche Unschuld und Paradies zerstört, aber die Menschen „weiter gebracht hat." „Ich glaube, dass ich zur Gefolgschaft Luzifers gehöre", resümiert er in jugendlich kultiviertem Pessimismus (2.10.1921). Bernhard setzt den Schwankungen in Carolas emotionaler Befindlichkeit einen sachlich-realistischen Grundton entgegen, der ihr neu ist. Denn ihre bisherigen Freunde hatten ihre Stimmungslagen immer mit ihr geteilt, aus einem dem ihren ähnlichen, zum Überschwang tendierenden Lebensgefühl heraus, das sich in den engagierten Zirkeln der Jugendbewegung entwickelt hatte. Sie wird sich in der Konfrontation mit Bernhards Nüchternheit der hohen Töne und leichten Überspanntheit in der Kommunikation mit ihren Heilbronner Freunden bewusst – „wie viel Geschwätz [...] und ich bin traurig, dass ich es nicht wusste" – schreibt sie ins Tagebuch und stellt fest: „[...] durch ihn bin ich einfacher geworden, aber noch nicht einfach genug" (16.11.1921).

Dass ihre Studienbehausung in München-Schwabing, das Gartenhaus eines Stadtpalais in der Türkenstraße 99, „Villa Luzifer" heißt, trifft sich dann besonders gut. Nicht nur, weil sie dessen Gefolgschaft zu schätzen weiß, denn schließlich gehört ihr Geliebter dazu, auch weil die „Dame Luzifer" eine von ihr bewunderte Romantikerin war: Caroline Schlegel geborene Michaelis, mit der sie sich nicht nur durch den Namen verbunden fühlt.[37] Eine Zeitlang überlegt sie sogar, ob sie sich nicht „Karoline" nennen soll:

> „[...] ich habe in letzter Zeit die Karoline Michaelis lieb gewonnen, wenn Du sie lesen wirst, spürst Du vielleicht, wie sehr wir einander verwandt sind und ich würde nun gern meinen Namen, den ich ja nie leiden konnte, mit „Karoline" vertauschen. Wenn ich Carola Rosenberg sage, stolpere ich immer über das Unmusikalische im Namen. Karoline find ich viel gewichtiger (Mittwoch nacht,1922). Dass sie nun in einer „Villa Luzifer" wohnt, berührt sie „seltsam", „weil ich in letzter Zeit so viel an die Dame Luzifer – die Karoline – gedacht habe. Das Haus steht in einem schönen Garten mit blühenden Bäumen, großen Rosenstöcken und Träuble [...] Ich bewohne allein den 2. Stock und zwar keinen Sarg, sondern ein großes freundliches Zimmer mit 2 Tischen, Wandschränken – den einen hatte meine Tante vollgefüllt mit lauter feinen Sachen – hinterm Ofen ein kleines Sofale, gebaut für 2!! [...] Das Schönste ist aber eine Plattform, die sich über meinem Zimmer befindet, auf der ich Sonnenbrände nehmen und Mondscheinnächte genießen kann [...]" (2.5.1922).

Ihr scherzhafter Umgang mit diesen Fragen ist auch Ausdruck ihrer zunehmenden Reife, in der das Nachdenken über sich und die Welt und das spontane Sich-dem-Leben-überlassen, das Nichtstun und Genießen alltäglicher Dinge, sich nicht gegenseitig bedrohen müssen. Doch wird die Forderung an sich, das nach ihren Kräften Bestmögliche zu erreichen, ihr Leben durchziehen; sie ist es sich selbst gegenüber schuldig, wie sie befindet. „Schuld" einem „Höheren, Außenstehenden" gegenüber gibt es für sie nicht, aber „gegen sich selbst", sowohl für Dinge, die man tun könnte, aber aus Bequemlichkeit unterlässt, wie für ein Handeln, für das man nicht die „volle Verantwortung [...] trägt und nicht dafür einsteht" (20.5.1922). Dieser persönliche Ethos beflügelt sie in ihren Erfolgen da, wo sie sich bewähren will und muss: bereits in der Schule, dann als „Führerin" im Neudeutschen Bund der Jugendbewegung in Heilbronn, später im Studium, in ihren diversen Berufspraktika und schließlich in ihrer Frauenarbeit an der Volkshochschule Stuttgart. Lustprinzip und Realitätsprinzip stehen sich zwar nicht mehr unversöhnlich gegenüber, aber bleiben in ihrer Spannung zueinander immer wieder schmerzlich wahrgenommene Begleiter ihrer ersten Lebensphase. Anders gesagt: ihr Ehrgeiz und Tatendrang, etwas „Großes" zu schaffen und ihre ebenso ausgeprägte Lebenslust und Sinnenfreude geben dem Konflikt zwischen Pflicht und Neigung immer wieder neue Nahrung. In exis-

---

[37] Caroline Schlegel(1763-1809), wichtige Frauengestalt der deutschen Romantik; Tochter des Göttinger Orientalisten Michaelis, in erster Ehe mit dem Bergwerksarzt Böhmer in Clausthal verheiratet. Nach dessen Tod sympathisierte sie mit den Jakobinern um Georg Forster in Mainz, was ihr 1793 die Gefangenschaft in Königstein/Taunus einbrachte. Freundschaft mit Friedrich Schlegel, Heirat mit dessen Bruder August Wilhelm Schlegel. In dritter Ehe verheiratet mit dem Philosoph Friedrich Wilhelm Schelling. Caroline Schlegel und ihr Haus waren Mittelpunkt der geselligen Geistigkeit des frühromantischen Jenaer Kreises.

tentieller Form erlebt sie ihn, bedingt durch die verschiedenen Arbeitsbereiche, in den Jahren der Trennung von ihrem Geliebten. In jenen Jahren, in denen sie ihr Frauenbild an den Erfahrungen misst, die sie nun selbst als Liebende macht.

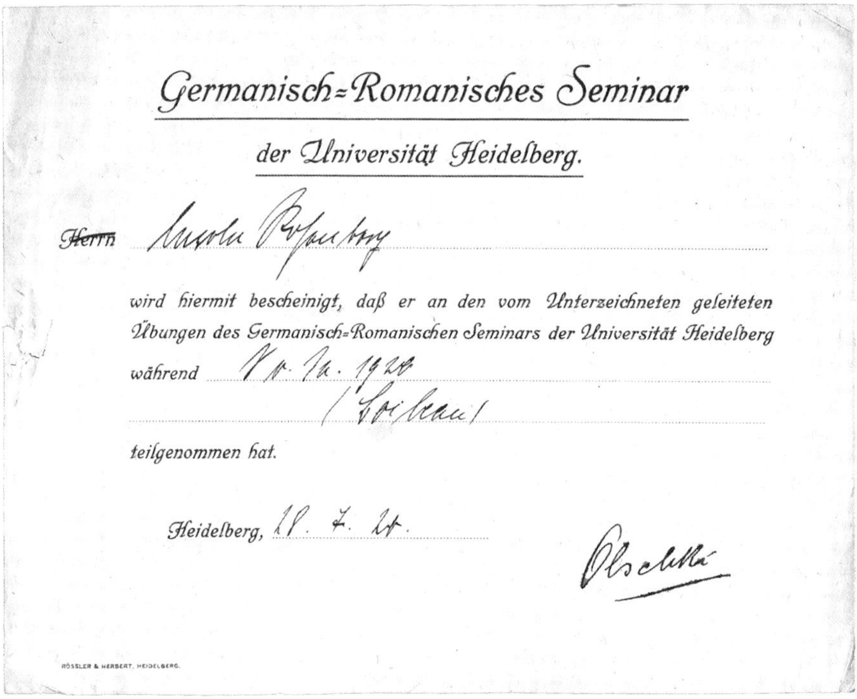
Germanisch=Romanisches Seminar

der Universität Heidelberg.

~~Herrn~~ Carola Rosenberg

wird hiermit bescheinigt, daß er an den vom Unterzeichneten geleiteten Übungen des Germanisch=Romanischen Seminars der Universität Heidelberg

während [illegible] 1920

(Boileau)

teilgenommen hat.

Heidelberg, 18. 7. 20.

Olschki

RÖSSLER & HERBERT, HEIDELBERG.

Abb. 19 Seminarschein zu "Boileau" bei dem bekannten Florentiner Romanisten Leonardo Olschki an der Universität Heidelberg
(Nachlass Rosenberg-Blume)

Studieren, dichten und leben

„Wie von unsichtbaren Geistern gepeitscht gehen die Sonnenpferde der Zeit mit unseres Schicksals leichtem Wagen durch, und uns bleibt nichts, als mutig gefasst die Zügel festzuhalten und bald rechts bald links vom Steine hier, vom Sturze da, die Räder wegzulenken. Wohin es geht, wer weiß es? Erinnert er sich doch kaum, woher er kam" (Goethe, Egmont).

Mit diesen Zeilen begrüßt Carola Bernhard, nachdem sie ihre beiden Berliner Semester abgeschlossen hat und in der Vorfreude auf München die Bewegtheit und Offenheit ihres Lebens genießt (3.4.1922). Noch ist sie unbeschwert von Trennungsschmerz und verzehrender Sehnsucht, die Entdeckung der Liebe noch in ihren eher freundschaftlich getönten Anfängen. Noch erzählt sie in ihren Briefen eifrig von ihrem menschlichen Umfeld, – den Eltern und ihren Bekannten, den Freunden, den Verwandten. Ein Jahr später muss sie mit der neu erwachten Gefühlswelt kämpfen. Nachdem sie wieder einmal im Hochgefühl ihrer Autonomie Heilbronn hinter sich gelassen hat und froh ist, endlich allein zu sein, klingt Leiden an der Einsamkeit durch. Sich unter solchen Bedingungen der geistigen Arbeit zu widmen, fällt ihr schwer. Sie berichtet von ihren verzweifelten Versuchen, „alles was herausblitzt an Leben hinunterzustopfen, damit das „Denken" komme, aber es kommt nicht, denn ich bin nicht bereit dazu; ich komme mir recht unglücklich und verlassen vor" (Sonntag,1923). Sehnsucht nach dem einfachen Leben packt sie: „Wäre ich eine einfache Tippmamsell, so könnte ich mit meinem Schatz am Arm jetzt spazierengehen. Lieber Bernhard, ich würde am liebsten jetzt losheulen und will deshalb aufhören [...] Ich habe ein klein wenig Hoffnung, dass Du nach München herüberfährst." Und als Anmerkung darunter: „Liebster! Ach weißt Du mir denn kein Mittel dagegen, oder hast Du auch schon so etwas Trostloses gehabt: ich sitze da wie mit Blei in allen Gliedern und kann nichts tun" (ebd.). Und in einem anderen Brief aus dem geheizten Institut der Münchener Universität: „Ich habe so große Lust, Dir recht viel zu schreiben, nun geht es nicht, weil ich mitten im Denken bin." Nur über eins kann sie noch schreiben – ihr Gefühl der Verlassenheit in der großen Stadt:

> „Als ich neulich nacht um 12 Uhr ankam (der Zug hatte 1 ½ Stunden Verspätung in Plochingen) ließ man mich ¾ Stunden rufen und draußen stehen, obgleich alle Hunde im Haus mich gräßlich ankläfften. All dies, dazu noch ein ungeheiztes Zimmer, die bayrischen und auch die ausländischen Gesichter – all dies macht, dass ich mich noch recht unglücklich fühle und etwas traurig und verlassen herumlaufe" (Montag,1923).

Carola kommt nach München zurück, nachdem sie in ihren vielseitigen Studien in Heidelberg, München und Berlin ihre Schwerpunkte in Pädagogik, Psychologie, Philosophie und Germanistik gefunden hat, mit zwei Lebensprojekten im Gepäck: ihrem Arbeitsziel, oder der festen Entschlossenheit, ein solches zu finden, und ihrer Liebe. Von beidem ist sie gleich stark erfasst, beides trifft ihren Lebensnerv im Innersten. Nachdem sie sich in der „Villa Luzifer" häuslich eingerichtet hat, schreibt sie an Bernhard angesichts der Freundin Maria, die auf der „Plattform" mit ihr „Reigen tanzen" will wie in ihren jugendbewegten Zeiten: „Meine Sehnsucht danach ist vorbei; sie gehört Dir und der Erfüllung einer Aufgabe, die mir – wie ich immer noch hoffe – gegeben ist. Ich sprach heute mit Fischer über eine eventuelle Dr. Arbeit [...]" (2.5.1922). Ihr Energien sind einerseits absorbiert von spannenden Seminardiskussionen wie die über Sigmund Freud und Jaspers Forderung, „dass die Psychoanalyse auch auf Freud selbst angewandt werden solle, da diese Persönlichkeit selbst völlig undurchsichtig sei; ein verstehender Psychologe, der im Gegensatz zu allen großen verstehenden Psychologen sich selbst versteckt halte. Er sehe oft treffend, was durch Verdrängung der Sexualität entstehe, aber er frage nicht einmal, was durch Verdrängung des Geistes ent-

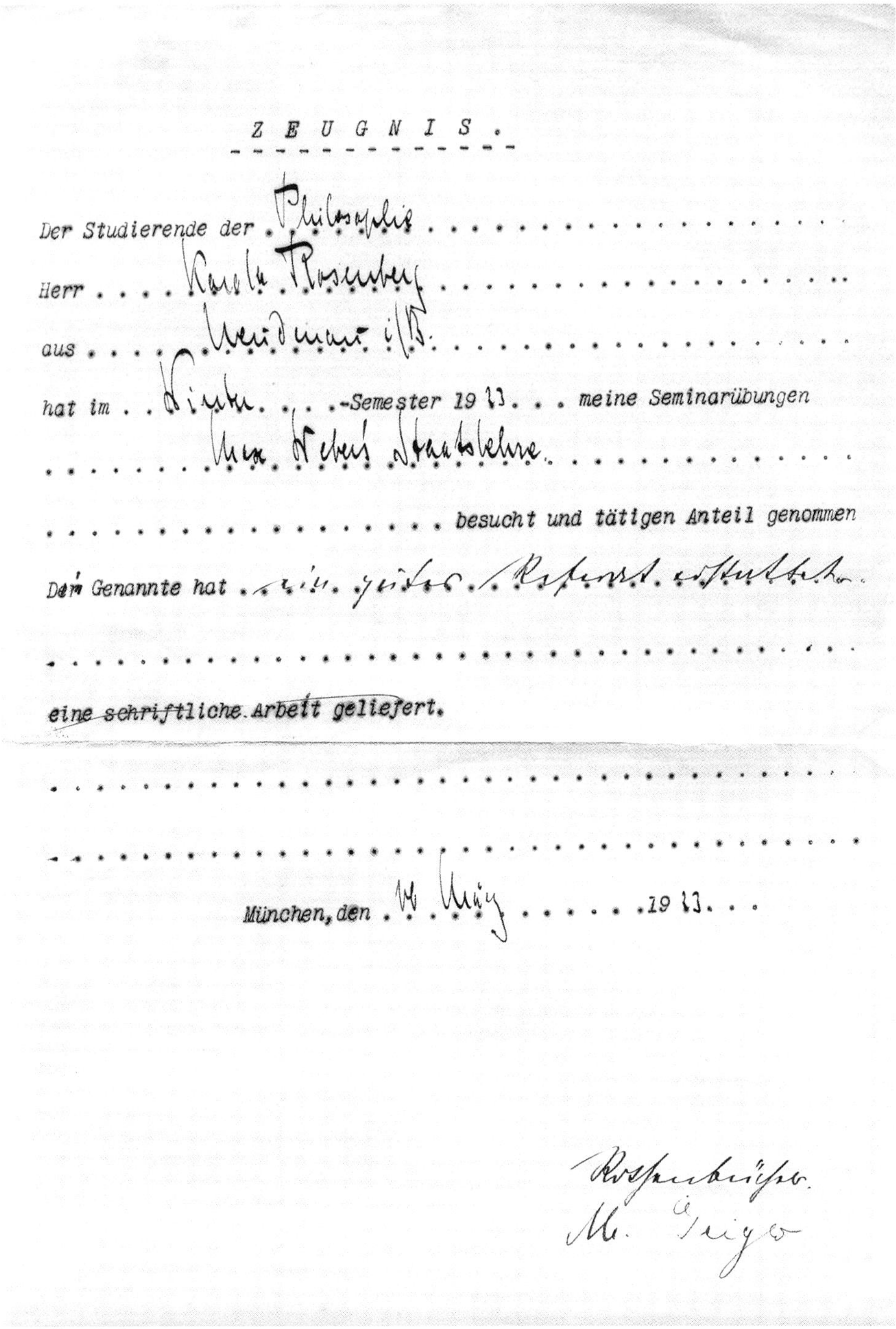

ZEUGNIS.
- - - - - - - - - -

Der Studierende der *Philosophie* . . . .

Herr . . . . . *Karl Rosenberg* . . . .

aus . . . . . *Weidenau i/B.* . . . .

hat im . . *Winter* . . . . -Semester 19 *13* . . . . meine Seminarübungen

. . . . *über Webers Staatslehre* . . . .

. . . . besucht und tätigen Anteil genommen

Der Genannte hat . *ein gutes Referat erstattet* . . . .

. . . .

eine schriftliche Arbeit geliefert.

. . . .

. . . .

München, den . *16. März* . . . . .19 *13* . . .

Rosenbücher
M. Weber

Abb. 20 Seminarschein zu "Max Webers Staatslehre", Universität München
(Nachlass Rosenberg-Blume)

stehe" (9.12.1922). Andererseits halten sie die komplizierten Treff-Arrangements mit Bernhard in Atem, der in Tübingen studiert. In souveräner Unbekümmertheit wirft sie ihm ihre leicht fahrigen Pläne hin:

"Also ich habe vor: Freitag mit dem 6 Uhr (20?) Eilzug abzufahren. Wann ich in Stuttgart bin, das weiß ich nicht, Du mußt da selbst nachschauen. Ich weiß auch nicht, wann Du kommst; ich glaube, um 2 Uhr, kannst Du mir dies nicht noch einmal mitteilen? Ich hoffe, dass ich Dich abholen kann; sollte mich dummerweise irgendeine amtliche Person um diese Zeit abhalten, so lasse ich mein Verweilen bei Wiedtberg im Kaffee Königsbau, wo die Buchhandlung anzutreffen ist, zurück; oder im allerschlimmsten Fall schaue ich auf der Landesbibliothek nach Dir" (Montag, 1923).

Auf die Beschäftigung mit den Weiblichkeitstheorien der Zeit und die Frage, ob sich der Wert der Frau an der Existenz weiblicher Genies messen lässt, konzentriert sie sich mit derselben Verve wie auf die Begutachtung von Bernhards Szenenentwürfen und Romanfragmenten, die bereits während der Studienzeit entstehen und auf deren kritische Lektüre durch Carola er großen Wert legt: "[...] denn ich halte von Deinen Fähigkeiten, Kunstwerke zu erfassen, viel" bescheinigt er ihr. Kein Stück, keine Erzählung, die nicht Carolas ästhetisches Urteil passiert hätten! Mit Hingabe geht sie auf seine dichterischen Projekte ein. Bernhard sucht ihren Rat (nicht ohne die den beginnenden Dichter schützende Selbstironie): "Nebenher bin ich sehr mit Vorarbeiten zu meinem großen Roman beschäftigt; wenigstens zu den ersten beiden Bänden; ich habe mir einen ausführlichen und genauen Plan gemacht, alles ist fertig, glänzend gebaut, nur die Zeit fehlt – ich bin auch so schwerfällig! Ich habe drei Mottos (oder sagt man Motti?): Einmal Nietzsche: <Solchen Menschen, die mich etwas angehen, wünsche ich Leiden, Verlassenheit, Krankheit, Mißhandlung, Entwürdigung [...]>Zweitens das Goethesche <Stirb und werde!>. Zuletzt den Spruch des Novalis <Wohin gehen wir? Immer nach Hause>" (28.4.1922). Daraufhin Carola ermunternd:

"Die drei Mott(os)(i)? gefallen mir sehr gut; besonders schön ist der Spruch von Novalis. Ich spüre, dass Du jetzt Gutes schreiben könntest. Gelt, lasse Dich durch Dein Examen nicht abhalten, wenn Du das Bedürfnis zum Schreiben hast. Du machst trotzdem Dein gutes Examen, lasse mich aber darin mitleben. Ich glaube nämlich, dass es gut ist, wenn Du heute schon den 1.Band schreibst, weil Du vielleicht später zu sehr darüber stehen könntest. Heute lebst Du noch darin und hast doch schon viel Kraft zu formen, zu gestalten. Ich meine so, dass vielleicht später die Probleme, die Dir heute wichtig sind, an Gewicht verlieren und sie deshalb zu kurz kommen, vielleicht aus diesem Grunde bei so vielen zu kurz kamen und die Jungen (Freideutschen) bis jetzt nur gefaselt haben" (29.4.1922).

Ihr Kommentar über einen Szenenentwurf zu dem Stück "Fahrt nach der Südsee"[38] zeigt die Kombination aus Naivität und Sachverstand, die Bernhard so sehr an ihr schätzt:

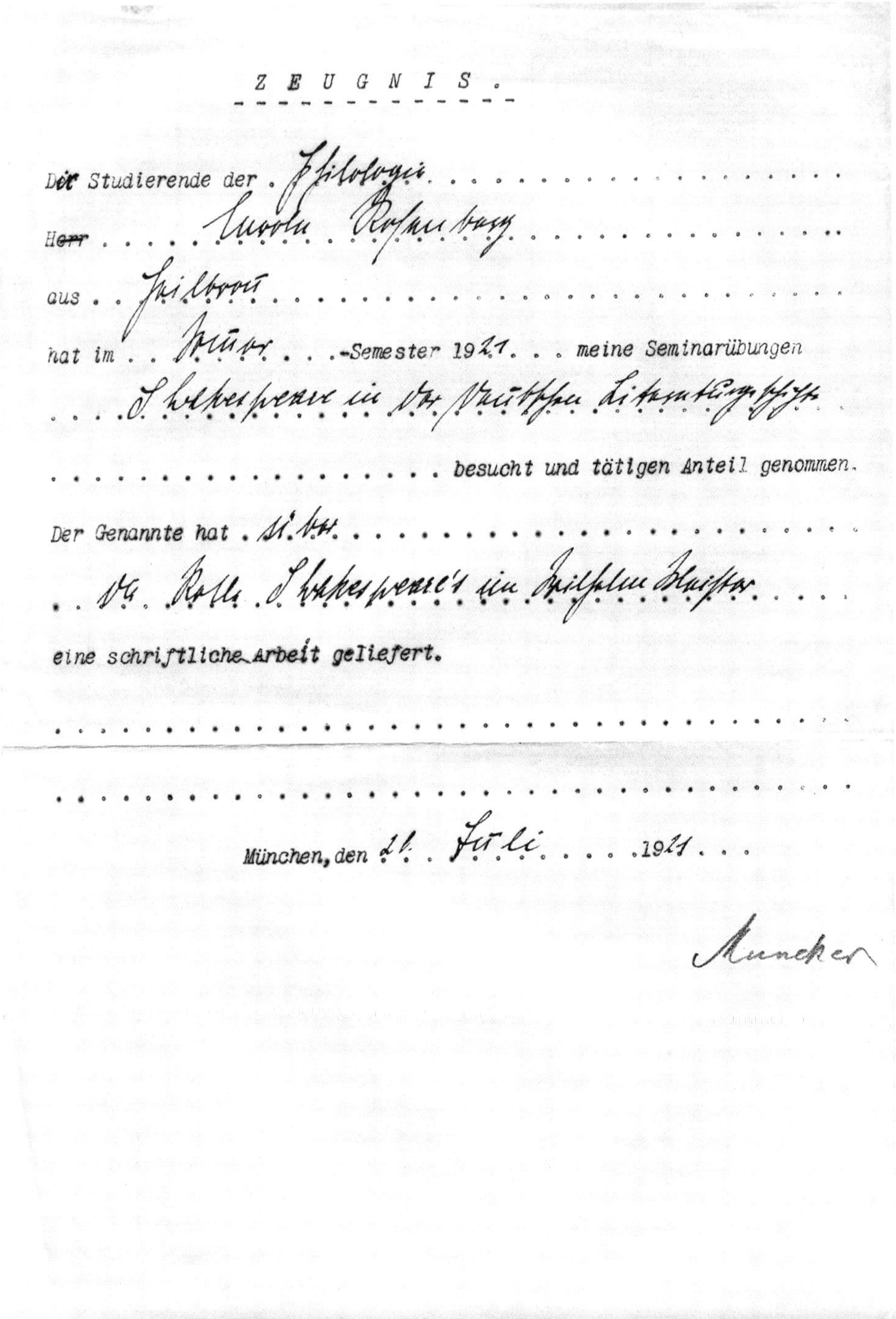

Z E U G N I S .

Die Studierende der Philologie

~~Herr~~ Carola Rosenberg

aus Heilbronn

hat im Sommer-Semester 1921 meine Seminarübungen

Shakespeare in der deutschen Literaturgeschichte

besucht und tätigen Anteil genommen.

Der Genannte hat über

die Rolle Shakespeare's in Wilhelm Meister

eine schriftliche Arbeit geliefert.

München, den 21. Juli 1921

Muncker

Abb. 21 Seminarschein zu "Der junge Goethe" bei dem Germanisten Franz Muncker, Universität München
(Nachlass Rosenberg-Blume)

„Nun will ich aber vor allem über die Szene schreiben; ich habe mich sehr darüber gefreut; sie ist sehr gut. Ich glaube schon, dass Dir dies schwer gefallen sein muß; gerade wie Megor (eine Figur des Stücks, Anm.d.Verf.) auftaut; es ist (ich empfinde es so) ein Gemisch aus Mitleid, sich Hineinsteigern, bewußter und unterbewußter Lüge, Sehnsucht nach dem Megor ohne Uniform [...] Einsatz im Presto, der Konflikt in Megor kommt dann sehr gut heraus [...] Ein guter Schauspieler hat sehr viele Möglichkeiten hier. Es ist gar nichts papieren, alles muß gespielt werden; weißt Du, das Feine ist dass Du ganz um die Menschenseele herumgehst und doch kein psychologisches Drama oder sogen. Problemdrama gibst. Gelt, schicke mir auch das andere, was Du noch hast, wenn Du es nicht abschreiben willst, kann ich es Dir ja wieder schicken" (6.11.1923).

Sie verlangt nach seiner Dichtung wie nach einem Geliebten: „[...] und dann, bitte, bitte, bitte, schicke mir doch irgendeine Szene von Deinem Stück, ich verlange so danach!" (9.11.1923). Ein von Bernhard geplantes „Lied vom Mann auf der Straße"[39] kommentiert sie ganz in der Szene lebend: „Die neue Fassung finde ich ganz ausgezeichnet. Die Stimmung ist noch viel grausiger wie bei der ersten, mir standen beinahe die Haare zu Berge, schade ist, dass Du die Kriegsleute mit den Schürzen und Biergläsern nicht mehr hereinbringst (das fand ich sehr gut), ich glaube, man braucht wieder so etwas zur Erleichterung. Aber unbedingt mußt Du von dem Trauermarsch in das Scherzo „Springt, hüpft und singt etc. (das ist sehr gut!) mit einem Sprung, das heißt mit einem kurzen Ausruf hineinhopfen [...] (Doch ist dies noch nicht rhythmisch genug). Es muß nämlich sein wie wenn der Severin einen Purzelbaum schlagen würde. Gelt! Jetzt lachst Du und denkst, nun will sie mich auch noch das Dichten lehren [...]" (Sonntag,1923).

Im Gegenteil, sie will, wie sie scherzend bemerkt, sich an seiner Sprache schulen und ihren Stil verbessern, weshalb sie auch einige wesentliche Passagen der Dissertation mit Bernhards Hilfe korrigiert. Ein weiterer willkommener Grund für die Lektüre seiner Entwürfe oder gar das Vorlesen durch ihn selbst, „denn dann," so frohlockt sie, „bekomme ich ungefähr mit dreißig Jahren auch einen guten Stil, besonders aber, wenn Du oft kommst oder mir wenigstens viele Briefe schreibst, denn im Grunde bin ich gelehrig!" (27.7.1923).

---

[38] „Fahrt nach der Südsee", ein Stück in drei Akten. (München: Georg Müller); Erstaufführung im Nationaltheater Mannheim und im Staatstheater Berlin, 1925.

[39] Ein erster Entwurf zu dem späteren Stück „Im Namen des Volkes!" (Stuttgart und Berlin: Chronos Verlag); Erstaufführung an den Städtischen Bühnen Leipzig, 1930.

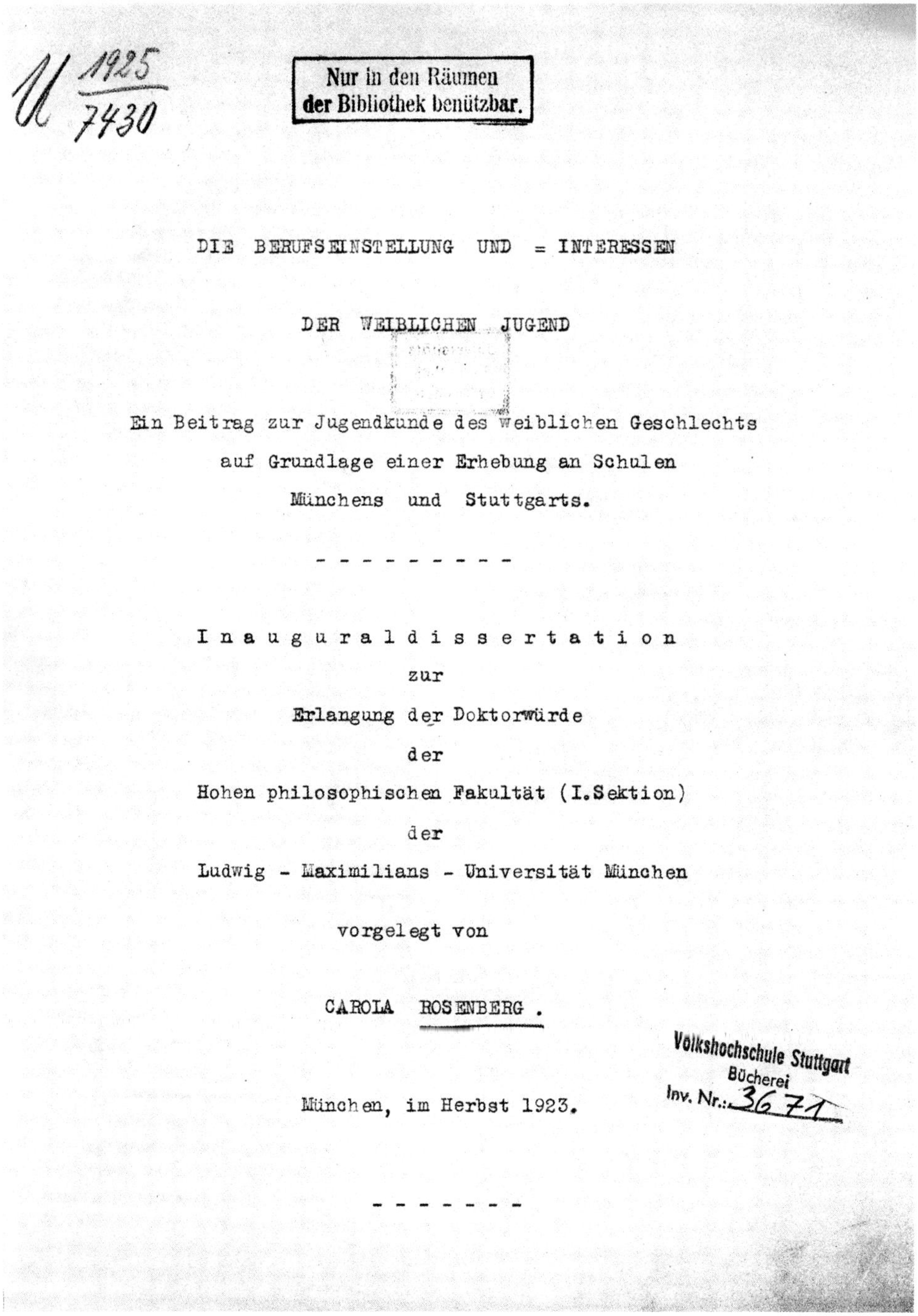

DIE BERUFSEINSTELLUNG UND = INTERESSEN

DER WEIBLICHEN JUGEND

Ein Beitrag zur Jugendkunde des weiblichen Geschlechts
auf Grundlage einer Erhebung an Schulen
Münchens und Stuttgarts.

- - - - - - - -

Inauguraldissertation

zur

Erlangung der Doktorwürde

der

Hohen philosophischen Fakultät (I.Sektion)

der

Ludwig - Maximilians - Universität München

vorgelegt von

CAROLA ROSENBERG .

München, im Herbst 1923.

- - - - - -

Abb. 22 Deckblatt der Dissertation
(Original: Bayrische Staatsbibliothek München, Kopie: Archiv der vhs stuttgart)

Die Dissertation

Auseinandersetzung mit den Weiblichkeitstheorien der Zeit

„Mein erstes Ziel ist nun, die Sinn- und Wertrichtungen der weiblichen Seele zu erforschen [...]"
(TAGEBUCH, 5.7.1922)

Mit ihrem Forschungsschwerpunkt „Frauenfrage" rücken die beiden Grundpfeiler ihres Lebens, Liebe und Arbeit, näher aneinander, wie sie an Bernhard schon schrieb: „Du kannst Dir denken, dass sie (ihre Forschungsarbeit, Anm.d.Verf.) mich sehr nachdenklich macht, was mein Sein und mein bisheriges Leben betrifft (20.5.1922)." Ihr „Sein" und ihr „bisheriges Leben": hier deutet sie an, dass die Auseinandersetzung mit den verschiedenen Positionen zur Frauenfrage tief in ihr Selbstverständnis eingreift und ihr zugleich die Möglichkeit gibt, ihre Erfahrungswerte aus den Jugendjahren, das von ihr selbst „Erarbeitete", in ihre Überlegungen mit einzubeziehen. Diese eigene Arbeit an sich selbst erweist sich mit zunehmender Beschäftigung mit ihrem Thema als sehr konsistent. Sie stellt fest: „Literatur gibt es nur schlechte darüber, so ist jede Arbeit, die man da leistet, nicht überflüssig" (ebd.). Überhaupt – ihr Interesse, in die theoretische Debatte einzusteigen, hält sich in Grenzen, auch wenn sie in ihrer ersten Begeisterung über das endlich gefundene Forschungsgebiet in ihr Tagebuch schreibt: „Im Gegensatz zu früher ist mir jetzt auch das Theoretische Bedürfnis. Es ist bei mir eher so – alles wirkliche Dasein will ich umfassen und bejahen, Leib und Seele, das Praktische und das Theoretische [...]" (5.7.1922). Schon der Bericht von einem ersten Gespräch mit ihrem Doktorvater über die Fragestellung ihrer Arbeit weist auf ihr praxisbezogenes Erkenntnisinteresse hin. Im Mittelpunkt soll stehen – noch etwas vage in Anlehnung an die Max Webersche Theorie vom Idealtypus[40] formuliert –
„der Typus der heute vorkommenden Frau," den sie in einem ortsbezogenen Umfeld – der Stadt Heilbronn – auch mit Hilfe dortiger Bildungsinstitutionen wie der Volkshochschule und ihrer „Führer" untersuchen will. Hier sieht sie Möglichkeiten zu „praktischen Ausführungen". Wichtige Gesichtspunkte sind für sie die Einwirkungen durch „gewisse Bildungsmächte wie Schulen oder Kirchen" und die „materiellen Einflüsse" durch die berufliche Arbeit. Als Beispiele nennt sie „die Telefonistin", die Kontoristin",

83

---

40   Im „Idealtypus" als theoretischem Konstrukt werden die Zusammenhänge widerspruchslos gedacht. Nach Weber vereinigt er „bestimmte Beziehungen und Vorgänge des historischen Lebens zu einem in sich widerspruchslosen Kosmos gedachter Zusammenhänge." Vgl. Horst-Jürgen Helle, Verstehende Soziologie, München/Wien 1999, S. 123

„die Fabrikarbeiterin" [...] Sind diese Erscheinungen wünschenswert – welches wäre ein Idealtypus? Wie verhalten sich die Bildungseinrichtungen? Was für Einrichtungen müssen wir verlangen? Das wäre der Gedankengang und mir deshalb sympathisch, weil er mich tief herein in die ganze Frauenbewegung und Frauenerziehung führen würde, weil er nicht eine Arbeit hinter dem Schreibtisch ist, sondern Beobachtung, Berührung mit allen Ständen erfordern würde und weil er – was für mich wichtig und entscheidend ist – nach Beendigung nichts von mir losgelöstes wäre, sondern mich auf die praktische spätere Arbeit hinweist. Es handelt sich selbstverständlich um kein Gedankengebäude, sondern es muß wirkliches Material zusammengeschafft werden [...] Ich wäre froh wenn Du mir schriebst, was Du darüber denkst. Das Ganze wird nämlich eine heillose Arbeit" (2.5.1922).

Zu diesem Zeitpunkt ist offenbar die konkrete Fragestellung ihrer Arbeit noch nicht ausgereift. Es ist anzunehmen, dass sich erst nach mehrmonatiger Beschäftigung mit dem sehr allgemein gehaltenen Arbeitstitel „Die Kulturaufgaben der Frau als Norm für das weibliche Bildungsideal" (der sogar hier und da in den Dokumenten als Titel der Doktorarbeit erscheint) das eigentliche Thema der Arbeit im Dialog mit ihrem Doktorvater herauskristallisiert: „Die Berufseinstellung und Interessen der weiblichen Jugend. Eine empirische Untersuchung an Münchener und Stuttgarter Schulen."[41] Ihre ersten Arbeitsschritte finden Fischers Zustimmung. Alois Fischer gehörte zu jenen Hochschullehrern, die sich der Frage der Geschlechterdifferenz und der Frauenfrage in der Zeit der Weimarer Republik zunehmend zuwandten. Das Forschungsinteresse konzentrierte sich in jenen ersten Pionierjahren verständlicherweise auf die Geschichte und Entwicklung der Frauenfrage. Umso innovativer ist der Schritt zu einer empirischen Untersuchung auf diesem neuen Forschungsgebiet zu beurteilen, u.z. im Hinblick auf beide Beteiligten: Lehrer wie Schülerin. Die empirischen Forschungen kamen sowohl Carolas praxisbezogenem Forschungsinteresse wie dem wissenschaftspolitischen Ansatz Fischers entgegen. Er bezeichnet die Arbeit in seinem Empfehlungsschreiben als „wertvollen Beitrag zur Klärung der äußerst wichtigen und schwierigen Fragen zur Berufspolitik der Gegenwart".[42] Gleichwohl hatte ihr Fischer in der Orientierungsphase auch die Option für eine historische Aufarbeitung der Frauenfrage als Thema offengelassen. Aber dazu hatte sie keine Lust, das war ihr nicht nahe genug „am Leben" und hatte wenig praktischen Nutzen für das, was sie sich als berufliche Tätigkeit in der Zukunft vorstellte.

Zufrieden und ganz erfasst von ihrer Aufgabe trägt sie ins Tagebuch ein:

---

[41] Die Dissertation befindet sich in der Bayrischen Staatsbibliothek München. Eine Fotokopie wurde dem Nachlass hinzugefügt.

[42] (Nachlass Rosenberg-Blume)

„Fischer Disposition gezeigt, die ihn sehr befriedigte: Fragebogenmethode. Mein erstes Ziel ist nun, die Sinn- und Wertrichtungen der weiblichen Seele zu erforschen, Menschenkenntnis, Menschendeutung ist das erste für mich und dann will ich Wege weisen zum höheren Leben [...] Aber nicht mit gierigem Hunger, sondern alles muß sich in fragloser Harmonie einfügen (5.7.1922).

Offenbar hatte sie auch gute Aussichten für eine Dissertation bei ihrem Germanistikprofessor und Goethe-Spezialist Muncker, dessen biographistische Stoffhuberei ihr aber gründlich zuwider ist. Das lange Leben Goethes füllt die Seminarthemen und Carola klagt: „den Goethe schleppe ich mit mir herum, wenn er nur bälder gestorben wäre, jetzt bin ich erst im Jahr 1773" – abgesehen davon, dass sie für Goethe „große Hochachtung" empfindet, aber „lieben" kann sie ihn nicht (Montag, August 1923). Eine Arbeit bei Muncker stellt sie sich „entsetzlich" vor.

„Heute im Seminar sagte er, er wolle selbstverständlich nur das Historische bei Goethe behandeln, ja nichts was seine Weltanschauung betreffe, denn das führe immer nur zur Phantastik; dann teilte er Arbeiten aus wie z.B. die Liebe Goethes zu Ännchen Schönkopf, zu Friederike u.s.w. Gott, Bernhard! Werde ja nicht berühmt, sonst machen sie einmal eine Seminararbeit „Die Liebe Bernhard Blumes zu Carola Rosenberg in ihrer historischen Tatsächlichkeit" und dann kämen Dinge heraus --- oder meinst Du, die philologische Methode reiche vielleicht doch nicht aus ---? Deshalb darfst Du aber trotzdem an Deinem Roman weiterschreiben"(2.5.1922).

Schaut man sich an, in welcher Thematik das Forschungsprojekt sich letztendlich konkretisiert hat, so wird deutlich, dass Carola mit Erfolg ihr pädagogisch-praktisches Interesse in die Fragestellung eingebracht hat. Auch muss sie sich ihrer Chancen für eine Mitarbeit der Schulen in München und Stuttgart recht sicher gewesen sein. Ohne Kontakte zu kooperativen Lehrkräften in den zahlreichen Schulen wäre ihre Arbeit undenkbar gewesen. Mit einem freundlichen, das Projekt erläuternden Begleitschreiben Fischers wendet sie sich an die jeweiligen Schulleiter/innen. So sind die Sommermonate 1922 ausgefüllt mit der Ausarbeitung der Fragebögen und der Kontaktaufnahme zu den Schulen, die ihr Projekt fördern.[43]

---

[43]   Die Untersuchung wurde an folgenden Schultypen durchgeführt: Höhere Mädchenschule, Frauenschule, Mittelschule, Volksschule, Fortbildungsschule. Testschulen in Stuttgart waren: Katharinenstift und die Allgemeine Abteilung des Katharinenstifts; hier hatte die Leiterin, Frau Dr. Dieterle, Carolas Arbeit aktiv unterstützt; Oberrealschule; Mädchengymnasium (Abteilung des Realgymnasiums Stuttgart); Humanistisches Gymnasium (Gymnasialabteilung). In München: Angerkloster; Höhere Mädchenschule St. Anna und die Allgemeine, Kindergärtnerinnen- und Hauswirtschaftliche Abteilung von St. Anna; Humanistische Abteilung vom Angerkloster; Humanistische Abteilung der Luisenschule; Knaben-Neurealgymnasium; Mädchenvolksschule und Knabenvolksschule.

Unterstützung erhält sie aber auch von hochkarätiger Seite. Eine Teestunde „ganz allein" bei Georg Kerschensteiner, dem berühmten Pädagogen und Erneuerer des deutschen Grund- und Berufsschulwesens, hält sie in ihrem Tagebuch fest:

„Ein glücklicher Tag bei Kerschensteiner. Zwei Stunden in wundervollem Verständnis. Kerschensteiner meint noch, es sei Unsinn, von den Kulturgütern auszugehen, ich soll meinen Ausgangspunkt von den Lebensformen nehmen. Welches ist die spezifische Lebensform der Frau? Von da aus zu den Kulturaufgaben, von da zur Bildungseinrichtung. Auch er ist gleich mir der Meinung, dass es weder spezifisch männliche noch spezifisch weibliche Werte, auch keine spezifisch weibliche oder männliche Kultur gebe, sondern nur Werte an sich, Kultur an sich" (2.6.1922).

Carola sieht sich in ihrem induktiven Vorgehen durch Kerschensteiner bestätigt. Statt von der theoretisch aufwendigen Definition der „Kulturgüter" (Marianne Weber) auszugehen, will sie die „Lebensformen" der Frau zum Ausgangspunkt machen. Ihre Seminare bei Eduard Spranger in ihren beiden Berliner Semestern, über die sie sich wiederholt begeistert äußert, haben sie mit dessen „Philosophie der Lebensformen" vertraut gemacht. Nach Spranger sind Lebensformen „gedanklich entworfene Strukturen des individuellen Bewußtseins, die sich ergeben, wenn ein Wert im Leben als das Beherrschende gesetzt wird". So gibt es nach Spranger den „theoretischen, den ökonomischen, den ästhetischen, den sozialen, den religiösen und den Machtmenschen."[44]

Für Carola gilt es zu entdecken, ob der Frau nur die soziale Lebensform, also die sozial-mütterlichen Berufsorientierungen, zuzuordnen seien, oder ob sich nicht auch andere Lebensformen, etwa die ökonomische, ästhetische oder theoretische in den Berufswünschen der Mädchen und jungen Frauen herausschälen ließen. Die „Kulturaufgabe" der Frau ergibt sich dann in Carolas Konzept aus dem Beruf, den sie als eine „Verwirklichung von Werten" versteht, die zur Gesamtkultur einer Gesellschaft ihren Beitrag leisten. Carolas Interesse an einer solchen Arbeit weist deutlich über das Bestehende hinaus, nämlich die Festlegung und Eingrenzung der Frau auf die von der Mutterrolle sanktionierten Tätigkeiten. Aber sie wird in ihrer Hoffnung enttäuscht; auch wenn offensichtliche Begabungen für ästhetische, ökonomische oder andere Bereiche vorhanden sind, werden sie von den Mädchen selbst als unrealistisch für eine berufliche Verwirklichung eingeschätzt; die Berufswünsche, oder besser die Berufsfindung, der Mädchen und jungen Frauen bewegen sich alle in dem von der Gesellschaft gesetzten Rahmen der sozialen Frauenberufe. Zudem zeigt die Untersuchung in erdrückender Weise, dass individuelle Begabungen ohne den entsprechenden sozialen Familienstatus keine Chancen haben. Carola macht sich hinsichtlich nicht tradierter

---

[44] Eduard Spranger, Lebensformen. Ein Entwurf. Halle 1914

und sanktionierter „Lebensformen" für die Frau auch keine Illusionen mehr. Schon nach einiger Zeit schreibt sie an Bernhard:

> „[...] das Dumme ist: meine Arbeit finde ich gar nicht mehr wichtig [...] Die Gedanken sind mir schon alltäglich und dazu: das Resultat ist ja auch ein ganz negatives [...] Als ich die Arbeit begann, hatte ich einige Hoffnungen mehr, war ich männlich (damit meint sie kämpferisch, den status quo herausfordernd, Anm.d.Verf.) eingestellt; jetzt denke ich wie die, die ich angreifen wollte und bin etwas traurig darüber" (Sonntag, 1923).

Carola berichtet auch von zwei Besuchen bei Marianne Weber in Heidelberg. Sie sucht das Gespräch mit Experten und Expertinnen der beiden Fachrichtungen, die für ihre Arbeit in Frage kommen: Pädagogik und Frauenbildung. Sie will sich ihres Vorhabens bzw. ihrer Ergebnisse vergewissern. Zwei Briefe, einer zu später Stunde auf der Heimfahrt von Heidelberg nach Heilbronn im 4.-Klasse-Abteil verfasst, geben Auskunft hierüber. Ihren ersten Besuch fand sie „recht erhebend" und sie fühlte sich „wieder gestärkt" obwohl sie „keine Stärkung nötig hatte", wie sie im Hochgefühl ihrer nun geistig ausgelasteten Fähigkeiten anmerkt. „Ich bin überhaupt vergnügt – seelenvergnügt. Jetzt freu ich mich schon wieder auf Dich – wenn es nur nicht so kurz wäre" (11.10. 1922). In den Positionen Marianne Webers zur Frauenfrage findet Carola eine wertvolle Argumentationshilfe in der Auseinandersetzung mit den Weiblichkeitstheorien der Zeit. Aber nicht nur in den Positionen. Auch die Persönlichkeit Marianne Webers hat sie tief beeindruckt, der es gelungen war, sich durch Eigenstudium systematische Kenntnisse in Philosophie und Kulturgeschichte anzueignen und sich neben ihrem berühmten Mann eine erfolgreiche Karriere als Politikerin, Frauenrechtlerin und Publizistin aufzubauen. Anzunehmen ist, dass die beiden Frauen nicht nur Theoriedebatten miteinander führten, sondern sich auch über ganz persönliche Fragen ausgetauscht haben.[45] Carola lernt durch Marianne Weber auch die Schriften von Georg Simmel kennen[46], mit dem sie sich intensiv beschäftigt. Sie begegnet hier wieder – nun in theoretisch differenzierter und weniger ungenierter Form als bei Hans Blüher – den Kategorien „Sein" (der Frau zugeordnet) und „Werden" (dem Mann zugeordnet) als Wesensmerkmale der Geschlechterdifferenz, die ihr Nachdenken über den Unterschied zwischen Mann und Frau schon in ihren letzten Schuljahren begleitet hatten. Sie hatte sich

---

[45]   Hier ein Detail: Das Paar Max und Marianne Weber erregte immer wieder Anstoß mit seinem unkonventionellen Lebensstil inmitten der etablierten Gesellschaft der Universität (in den Jahren 1897-1903 in Heidelberg). Nicht zuletzt, weil Max das frauenpolitische Engagement seiner Frau unterstützte. Als der Philosophieprofessor Arnold Ruge die Frauenbewegung und damit auch Marianne als Ansammlung von „alten Mädchen, sterilen Frauen, Witwen und Jüdinnen" bezeichnete, verlangte Max Weber eine öffentliche Entschuldigung. Es kam zum Prozess, sogar zu einer Duellforderung (vgl. Eva Tenzer, Mein Weg mitten durch die Welt, in: Frankfurter Rundschau, 13.2.1999).

[46]   Georg Simmel (1858-1918), Philosoph und Soziologe. Gehört zu den Begründern der formalen Soziologie.

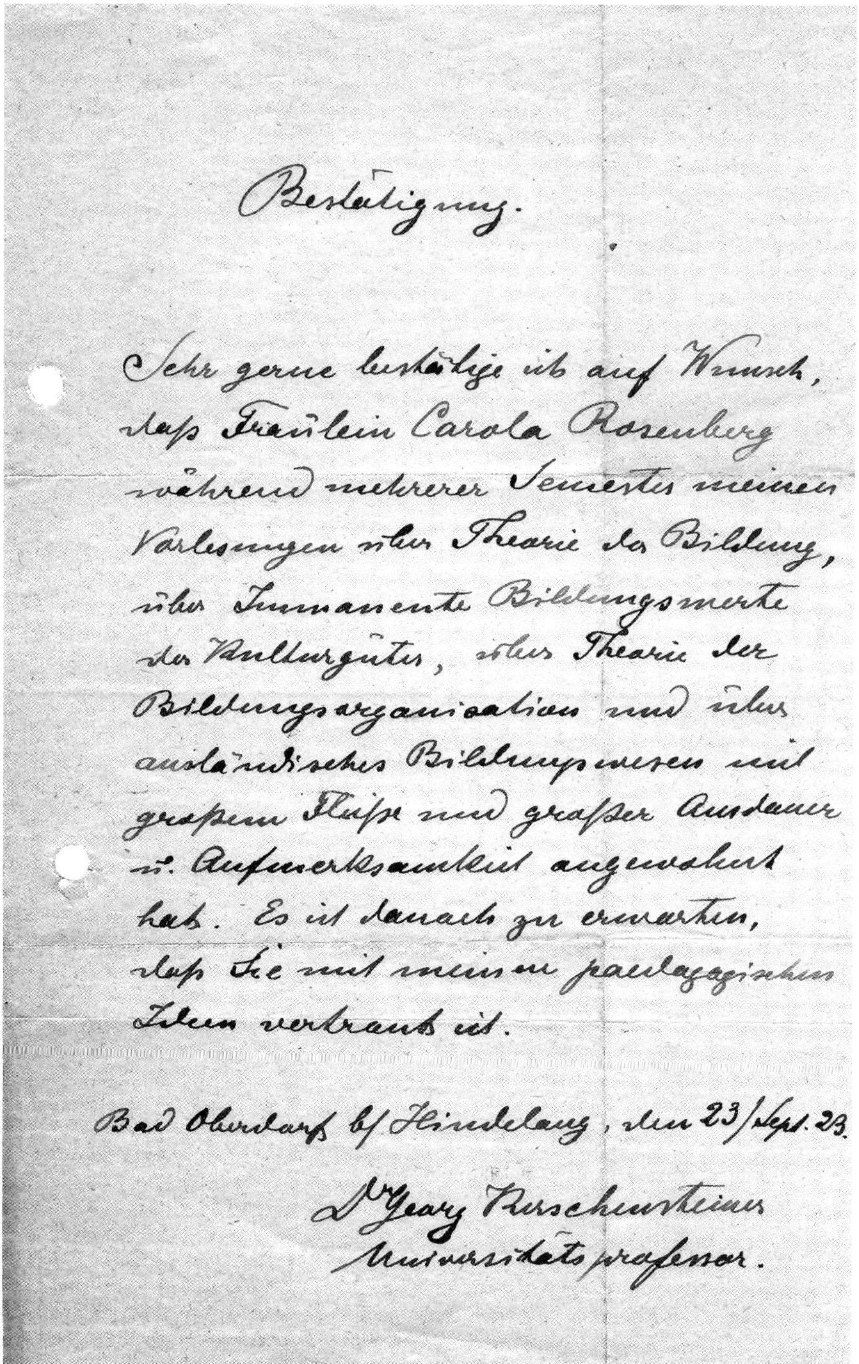

Bestätigung.

Sehr gerne bestätige ich auf Wunsch, daß Fräulein Carola Rosenberg während mehrerer Semester meinen Vorlesungen über Theorie der Bildung, über Immanente Bildungswerte der Kulturgüter, über Theorie der Bildungsorganisation und über ausländisches Bildungswesen mit großem Fleiße und großer Ausdauer u. Aufmerksamkeit angewohnt hat. Es ist danach zu erwarten, daß Sie mit meinen paedagogischen Ideen vertraut ist.

Bad Oberdorf bf. Hindelang, den 23/Sept. 23.

Dr Georg Kerschensteiner
Universitätsprofessor.

Abb. 23 Gutachten von Georg Kerschensteiner für Carola Rosenberg
(Nachlass Rosenberg-Blume)

damals in ihrem spontanen Empfinden dagegen gewehrt, dass dem „Werden", also der dem Mann zugeordneten Kategorie, ein eigenständiger „Wert" zugesprochen werden sollte, dem „Sein" aber nur insofern, als es auf den Mann bezogen ist. „Doch was ist Wert? Das Sein oder das Werden? Ich glaube, dass jedes Ding seinen Wert in sich trägt [...]", hatte sie 1920 in ihr Tagebuch geschrieben. Das „Sein" der Frau besaß für sie damals schon einen eigenen, nicht über den Mann definierten Wert, das sich auch in eigener Leistung verwirklichen ließe. Folgerichtig stand auch das Nachdenken über die Frage „Was ist die Frau an sich, also ihr Wert für sich allein?" in ihrem kleinen Manifest zur Gründung der Mädchengruppe im Neudeutschen Bund an erster Stelle, um herauszufinden, welchen spezifisch weiblichen Beitrag die Mädchen im Leben des Bundes leisten könnten. Aber in dem betreffenden Tagebucheintrag stellt sie noch eine Frage – an sich selbst, an die Theorie? -, in der sich Zweifel an diesen – wie sie findet – willkürlichen Zuordnungen ankündigen: „Der Gedanke, den der Mann schöpferisch entwickelt nach außen [...] das Weib, das gar nicht nötig hat, ihn zu entwickeln, weil er schon in ihr ruht? [...]". Sie fragt sich, wieso der Frau diese hohe Würde zugeschrieben wird (ihr Freund Max hatte sie „ihre angestammte Heiligkeit" genannt), ohne dass man von ihr verlangt, diese konkret unter Beweis zu stellen. Carola weiß einfach aus eigener Erfahrung, dass der „schöpferische Gedanke", wenn er „ruht", auch im Nichtstun verkommen kann und nur dann zu einem solchen wird, wenn er sich nach außen, im Tun, manifestiert, unabhängig davon, ob es sich um Männer oder um Frauen handelt. Jetzt entwickelt Carola diese Gedankengänge weiter in der Auseinandersetzung mit den Schriften von Georg Simmel. Bei Simmel findet sie sich in ihrer „autonomen" Auffassung von der den Frauen zugeschriebenen Kategorie des „Seins" bestätigt, denn auch Simmel löst die Frau von ihrer Fremdbestimmung über den Mann und stellt sie als Absolutes neben ihn, aufgrund ihrer radikalen Gegensätzlichkeit zum Mann. Jedoch fehlt auch der Simmelschen Wesensbestimmung der Frau die Dimension der Leistung, des Tuns. Carola argumentiert in der Einleitung ihrer Dissertation folgendermaßen:

> „Während es nach Simmel die Bestimmung des Mannes ist, die Spaltung von Sein und Idee zu durchleben und als Schöpfer der objektiven Kultur das allgemein Menschliche aus sich herauszustellen, ist es die Bestimmung der Frau, die verborgene Einheit des Seins vor seiner Spaltung in die Vielzahl der Dinge, in das Seiende und das Gesollte, darzustellen und damit ein Symbol der Welttotalität zu sein."

Um die Frau aus dieser metaphysischen Definition in die konkrete Welt des Handelns zu überführen, bezieht sich Carola auf Marianne Weber: diese weist darauf hin, dass der Frau auf diese Weise nicht nur der Status „übergeschlechtlicher Objektivität", sondern im Grunde auch „das Streben, sich in jene Welt zu erheben," verweigert würde; denn dies würde sie auf denselben Weg führen wie den Mann:

> „[...] in den Dualismus zwischen Subjektivem und Objektiven, zwischen Sein und Sache, in den Kampf des Werdens". Ein

LUDWIG-MAXIMILIANS-UNIVERSITÄT MÜNCHEN

Philosophische Fakultät I. Sektion

Auszug aus der Dissertation:

Die Berufseinstellung und Interessen der weiblichen Jugend

von Carola Rosenberg.

Referent: Prof. Dr. Alois Fischer.

Tag der mündlichen Prüfung: 27. Oktober 1923.

Zum Druck genehmigt: 6. März 1925.

Professor Dr. Heisenberg p. d.

Die Aufgabe lautete: Welche Berufe entsprechen der inneren Lebensform, bezw. den Neigungen und Interessen der Frau (w)? Diese führte
zu den Voruntersuchungen: Welches ist die Abhängigkeit der Berufseinstellung der weiblichen Jugend a) von allgemeinen Entwicklungs-
gesetzen, b) vom Milieu? Die Untersuchung wurde auf empirischem
Wege bei 1520 Schülerinnen und zum Vergleich bei 220 Schülern im
Alter von 10—19 Jahren an folgenden Schulen Münchens und Stuttgarts
durchgeführt: Höhere Mädchenschule, Frauenschule, Mittelschule, Volks-
und Fortbildungsschule. Wir erfuhren die Berufseinstellung mit Hilfe
eines Fragebogens aus einem Fragekomplex, der die Frage nach dem
allgemeinen Berufsgrund, nach dem Lieblingsberuf und Motiv zu diesem,
nach dem Beruf, der in Wirklichkeit ergriffen wird, bezw. ergriffen
wurde, und Motiv zu diesem, ferner die Frage nach den Hemmungen,
die dem Lieblingsberuf im Wege stehen, umfaßte. Die Intensität des
Interesses ergab sich aus der Frage nach der Lieblingsbeschäftigung,
die Dauer aus der Frage nach dem Beibehalten des Berufs im Falle
einer Ehe. Wohnort, Alter, Schulort, Zugehörigkeit zu einer Jugend-
vereinigung, Beruf der Eltern wurden ohne Namen angegeben. Durch
einige allgemein gehaltenen Fragen konnte das allgemeine Niveau der
Schülerin festgestellt werden. Bei den jüngeren Schülerinnen wurde
der verkürzte Fragebogen, bezw. ein Aufsatz: „Was möchtest du am
liebsten werden?" und „warum gerade dies?" benützt.

Der erste Teil der Arbeit ist deskr.ptiv. Wir gaben — durch viele
Beispiele unterstützt — die typische Berufseinstellung jeder Klasse aller
von uns untersuchten Schulen wieder. Der zweite Teil der Arbeit ist

1

Abb. 24 Auszug aus der Dissertation "Die Berufseinstellung und Interessen der weiblichen
Jugend" von Carola Rosenberg
(Nachlass Rosenberg-Blume)

Teil der Frauen habe „nun aber einmal den Drang und auch die Fähigkeiten, nicht nur zu sein, sondern auch etwas zu leisten, und unser modernes Leben hat die Erscheinung hervorgerufen, dass der größte Teil des weiblichen Geschlechts sich innerlich und äußerlich genötigt fühlt: nicht nur gelegentlich, sondern systematisch, berufsmäßig an jener sachlichen Welt mitzuarbeiten."

Wie soll man dann solche Frauen einschätzen? fragt sich Carola.

„Sie wären dann – auf Grund der metaphysischen Formel – keine eigentlichen Frauen und es bedarf daher einiger Hilfskonstruktionen, um aus ihnen eine Art drittes Geschlecht: weibliche Menschen mit männlichen Eigenschaften, zu konstruieren." Jeder Schritt der Frau in die Sphäre übersubjektiver Sachlichkeit bedeute dann im Grunde eine Entfernung von ihrer „wahren Bestimmung, einen Abfall von ihr selbst, bestenfalls eine <Not>, aus der sich aber keine Tugend machen läßt."[47]

Auch die These von einer „Kulturbereicherung" durch „die Nuance des Weiblichen" lehnt sie in Übereinstimmung mit Marianne Weber ab. Von ihrem zweiten Besuch bei Marianne Weber, etwa ein Jahr später, erfahren wir mehr: Sie will nicht nur ihre Ergebnisse mit Marianne Weber diskutieren, sondern auch mögliche berufliche Perspektiven abklären.

„Ich war 3 Stunden bei Marianne Weber, sie sagt, meine Arbeit sei hervorragend, außerordentliche Leistung. Wichtig war mir, dass sie meine Einstellung (die außerwissenschaftliche) und meine Wertungen vollständig teilt; auch ihr habe ich meinen Beruf ans Herz gebunden" (9.8.1923).

Mit der „außerwissenschaftlichen Einstellung" meint Carola vermutlich mehrerlei: das Festhalten an einer emanzipatorischen Vision der Frau trotz des „negativen" Ergebnisses (Carola) der Untersuchung, d.h. trotz der Bestätigung des status quo, der Festlegung der Frau auf die „soziale Lebensform"; immerhin hatte die Arbeit bewiesen, dass sich bei den jungen Frauen und Mädchen Wunsch und Begabung auch auf andere „Lebensformen" konzentrierten (ökonomische, wissenschaftliche, ästhetische u.s.w.), diese aber nicht für realisierbar gehalten wurden. Zum anderen meint Carola hier auch die Priorität ihres praktischen Ansatzes und den Verzicht auf ein Fortführen der theoretischen Debatte. Sie schreibt in der Tat in ihrer Einleitung: „Dieses Hin und Her der Meinungen zeigt deutlich die Unmöglichkeit auf Grund einer Geschlechtermetaphysik – man mag zu ihr stehen wie man will – eine wissenschaftliche Arbeit aufzubauen." Den Kontakt zu Marianne Weber kann Carola in ihrer zukünftigen Frauenarbeit nutzen. Fünf Jahre später wird sie die bekannte Frauenrechtlerin als Referentin im inneren Führungsgremium der Frauenabteilung, dem „Frauenkreis", zum Thema „Sexuelle Fragen" einladen.

---

[47] Carola Rosenberg, Über die Berufseinstellungen und – interessen der weiblichen Jugend. Eine empirische Untersuchung. Dissertation München 1923, S. 2ff.

Sie wendet sich an diese beiden Kapazitäten in ihren jeweiligen Forschungsschwerpunkten – Kerschensteiner und Weber – im Vollgefühl ihrer Leistung, die ihr kurz vorher von ihrem Doktorvater bestätigt worden war. Sie schreibt an Bernhard: „Fischer habe ich das Wichtigste aus meiner Arbeit vorgelesen, er ist restlos begeistert. Ich soll es gleich tippen lassen, und er will die Arbeit auch veröffentlichen" (27.7.1923).

Praktika

Carola bemüht sich auch zielgerichtet um für sie passende Praktika in den Semesterferien bzw. nach Studienende zur Überbrückung der Zeit bis zur Berufstätigkeit. Hier kann sie ihre Fähigkeiten in der Arbeit mit Kindern testen (Kinderheime) und Einblick bekommen in die Sozialarbeit auf dem Jugend- und Wohlfahrtsamt von Heilbronn. Mehrere Briefe geben Aufschluss über die Bedeutung dieser Arbeit für ihre spätere berufliche Tätigkeit, die u.a. ihr Ziel festigt, eine Frauenschule ins Leben zu rufen. Aus dem Kinderheim Wolfratshausen bei München schreibt sie:

„Am 10. August habe ich eine Stelle im Kinderheim in Wolfratshausen angenommen [...] Das Ganze ist für mich ein Versuch, wie weit ich mich einem größeren Ganzen einzuordnen vermag und wie weit ich meine Theorie in die Wirklichkeit umzusetzen vermag. Es ist der erste Schritt meines Plans, so weit wie möglich mit jeder fraulichen Tätigkeit vertraut zu sein, um dann den Plan einer Frauenschule (Aufbau auf die Grundschule) aufzustellen, die ich dann auch ins Leben rufen werde" (3.8.1922).

Wie sicher sie sich ihres Ziels ist! Und wie konsequent sie es verfolgt, bis kurz vor seiner Verwirklichung acht bis zehn Jahre später in ihrer Volkshochschultätigkeit in Stuttgart.

Ein weiterer Brief an Bernhard zeugt von ihrem durch die praktische Tätigkeit gewachsenen Selbstbewusstsein und ihrem aufmerksamen Blick für weibliche Problemfelder:

„Ich habe hier ein weites Arbeitsfeld und Gelegenheit, meine ganze Kraft zu erproben. Ich tue so etwas gern. Ich staune oft selbst, wieviel ich eigentlich zu leisten vermag (schon rein physisch: ununterbrochene Arbeit von 6Uhr bis 11Uhr abends) [...] Weißt Du, ich spüre eben, dass ich unbedingt pädagogisch veranlagt bin. Mein Verhältnis zu den Kindern ist eine ganz große Selbstverständlichkeit und es ist ganz gleichgültig, ob ich mit ihnen spiele, Gymnastik treibe, Theater spiele, sie dusche [...] Immer erreiche ich sie unbewußt dabei. Die Kinder sind von 6-16 Jahre, Buben und Mädels; [...] recht traurig bin ich über einen gewissen, innerlich ganz leeren Backfischtypen, der reichlich vertreten ist. Ob da wohl die Erziehung schuld ist, oder ob die Mädels im Durchschnitt wirklich reine Nullen sind? Ich hatte noch nie einen Jungen, der Langeweile hatte, die Mädels haben sie meistens [...] Dagegen habe ich hier einige reife Frauen gefunden, die mir viel gaben. Wahrscheinlich ist es so, dass es mehr feine Jungens als Mädels gibt, aber mehr feine Frauen als Männer. Doch alles einzelne wirst Du ja von mir erzählt bekommen" (18.8.1922).

Sie macht hier eine Beobachtung, die ihr aus eigener Erfahrung mit dem Kampf um Selbstdisziplin gegen die Verlockungen des Sichgehenlassens nicht fremd war: einen Hang zu Trägheit und Passivität bei den Mädchen, dem sie mit verschiedenen pädagogischen Initiativen gegenzusteuern versucht. Gegenüber früheren Briefen wird hier auch deutlich, dass durch die Selbsterfahrung im praktischen Tun das „Sichgehenlassen" seine bedrohliche Dimension für sie verloren hat: sie erlebt jetzt ganz konkret, dass sie zu einer disziplinierten Lebensführung fähig ist. Dazu schreibt sie in einem weiteren Brief:

„[...] aber weil ich mir hier und besonders den verwöhnten Kindern Ordnung, Zucht und Selbstdisziplin beibringen will, so hab ich schon sehr viel zu tun. Doch bekommt mir dies gesundheitlich sehr gut. Weniger gut bekommt mir manchmal der moralische Katzenjammer über den Zustand dieser jungen Generation – den verwöhnten, verhätschelten, reich beschenkten Kindern! Ich möchte den Rabeneltern am liebsten eine Bombe in ihr goldenes Reich werfen [...] Eine meiner Lieblingsbeschäftigungen ist das Theaterspielen mit den Kindern. Letzten Sonntag führten wir zugunsten der neuen Bibliothek, die ich gegründet habe (ich ließ mir von jedem Kind 1 Bücherzettel dazu schreiben, das fiel recht interessant aus) den Schweinehirt von Andersen auf. Es machte mir sehr viel Spaß, besonders das Neuhinzuerfinden [...]" (ebd.).

Nach ihrem Studium bekommt sie in dem Kinderheim ein Stellenangebot: „[...] den ganzen pädagogischen Betrieb dürfte ich frei gestalten und hätte herrlich Gelegenheit, meine organisatorischen Fähigkeiten zu erproben [...]" (27.7.1923).

In seinem Empfehlungsschreiben für ihre Praktika auf den Ämtern hebt der Doktorvater Alois Fischer ihre speziellen Begabungen hervor:

„[...] Auch außerhalb der Hörsäle habe ich Gelegenheit gehabt, ihre Begabung, ihr wissenschaftliches Interesse und ihre herzhafte Bereitwilligkeit zu sozialer Hilfsarbeit kennen und schätzen zu lernen [...] Ihre Dissertation ist mir in ihrem Werdegang genau bekannt [...] Ihre wesentlichen Vorzüge: eine scharfe Erfassung der Einzelprobleme, eine sorgfältige Gliederung des gesammelten empirischen Materials und eine besonnene Auseinandersetzung mit der einschlägigen Literatur machen die Dissertation zu einem sehr wertvollen Beitrag zur Klärung der äußerst wichtigen und schwierigen Fragen der Berufspolitik der Gegenwart. Ich habe keinen Zweifel, dass Fräulein Rosenberg ihr Ziel erreichen wird und gebe der Überzeugung Ausdruck, dass sie nach wissenschaftlicher Vorbildung, persönlichem Einsatz und warmherziger Tatkraft ausgezeichnet für die Tätigkeit in einem Jugendamt, in der Berufsberatung, in der Fürsorgeerziehung oder einem verwandten Gebiet der sozialen Wohlfahrt geeignet ist. Ebenso ist sie durchaus befähigt und vorbereitet für das Lehramt an höheren Mädchenschulen oder einer sozialen Frauenschule [...]" [48]

Nach ihrer Prüfung Ende Oktober 1923 arbeitet sie auf dem Heilbronner Jugend- und Wohlfahrtsamt. Hier erwarten sie – im Vergleich zum Kinderheim – sehr viel schwierigere Erfahrungen, hier wird sie mit dem Elend der Unterschichten konfrontiert. Sie schreibt aus Heilbronn:

„Heute mußte ich wieder sehr Häßliches durchmachen. Eine Mutter, bei der ich wegen Diebstahls des Sohnes war, hat bei einem geringen Anlaß (ich sagte, sie sei zu nachsichtig gegen diesen) einen hysterischen Schreikrampf vollführt, ist in die Küche gestürzt, hat sich eingeschlossen und den Gashahn aufgedreht; ich wusste, dass sie ihn, bevor sie sterben würde, sicher wieder zudreht; aber es war doch scheußlich für mich; und noch peinlicher war die Verhandlung mit den Söhnen, weißt Du, der eine 22, der andere 18; arbeitslos, verstockt, groß und stark; ich hab es nicht fertiggebracht, zu sagen, sie sollen keine Kartoffeln stehlen; ich fand auch, dass ich sehr jung sei, viel zu jung für all dies; ich komme mir aber nach aller Erfahrung wieder recht gereift vor [...]".

Entschlossen trifft sie darauf die Entscheidung:

„[...] doch gehe ich nun nicht mehr auf diese Station, sondern schaue, dass ich woanders hin komme" (9.12.1923). Zur Orientierung in ihrem neuen Arbeitsfeld befasst sie sich intensiv mit der gerade erschienen „Psychopathologie" von Karls Jaspers, über die sie an Bernhard schreibt: „Du mußt übrigens auch mal in das Buch hineinschauen, nicht in den wissenschaftlichen Teil obwohl der hervorragend ist (Spranger ist ein ABC-Schütze dagegen). Du mußt da einfach Krankheitsfälle, Selbstberichte von „Kranken" lesen. Du wirst über die Eigenart und Fülle von Seelischem, von dem wir keine Ahnung haben, staunen" (4.12.1923).

Sie erlebt ihre jugendliche Hilflosigkeit auf diesem Gebiet als hemmend:

„Da bekomme ich die schwierigsten und interessantesten Fälle vorgelegt, die ich behandeln muß. Ich habe in diesen wenigen Tagen das Leben von der allerhäßlichsten Seite kennen gelernt. Das Schlimmste: wenn man so im Protokoll eine Familie über viele Jahre verfolgt, da sieht man, wie wenig man gegen all dies tun kann und wie notwendig ein Übel aus dem anderen folgt; oder anders: wenn ich einen ganz häßlichen Fall behandle, bei dem eben doch die Minderwertigkeit klar zutage tritt, da denke ich: warum soll man so viel Mühe und Mittel für etwas

---

[48] München, 20. Sept. 1923. Prof.Dr. A. Fischer o. Professor der Pädagogik an der Universität München

verwenden, das doch nie etwas Rechtes ist, während so viel wirklich gutes Leben verkümmert. Die Wohnungen sind auch manchmal sehr dramatisch, da wohnen z.B. in 1 Zimmer mit 3 Betten 8 Leute. Das Sitzen im dumpfen Amtszimmer ist häßlich. Ich bitte auch den lieben Gott darum, dass er mir keinen solchen Beruf zuteil werden lässt" (ebd.).

Der liebe Gott war ihr insofern gnädig, als er ihr die Frauenbildungsarbeit in Stuttgart zuteil werden ließ, hat es sich aber nicht nehmen lassen, sie mit einer ähnlichen Realität in ihrer Arbeit mit den erwerbslosen Frauen zu konfrontieren und ihr in ihrem späteren Frauenleben in der Emigration doch noch einen „solchen Beruf zuteil werden zu lassen" – als psychologische Expertin für jugendliche Randgruppen und Kriminelle in den entsprechenden Ministerien verschiedener US-Bundesstaaten.

Eine frauenfreundliche wissenschaftliche Betreuung

Carolas erfolgreiche Arbeit an der Universität verdankt sich nicht zuletzt der kontinuierlichen und aufmerksamen Begleitung durch ihren Doktorvater Alois Fischer. In ihren Briefen erwähnt sie immer wieder das gute menschliche Einvernehmen mit ihm, das ihr Selbstvertrauen stärkt und ihr Mut macht. Aber sie weiß auch ganz genau, dass dieses Verhältnis durch ihre erotische Ausstrahlungskraft bereichert wird. Nichts liegt ihr ferner als der akademische Männerfang, doch genießt sie sehr bewusst einen von erotischer Spannung belebten geistigen Austausch. Und später, als sie mit ihm über die Drucklegung ihrer Dissertation von Stuttgart aus korrespondiert, schreibt sie an Bernhard: „Fischer hat einen goldigen Brief geschrieben. Ich bin wieder so versöhnt, dass ich kein Mann bin; da wäre es ja nicht gegangen, dieses goldige Einvernehmen!" (23.2.1925). Alois Fischer und Georg Kerschensteiner sind die beiden Lehrer, an die sie sich in hohem Alter in besonderer Weise erinnern wird. Im Nachlass befindet sich eine Nummer der Zeitschrift „Deutscher Volksgeist" vom Mai 1940, auf deren Titelblatt Carola in ihrer runenhaften Altersschrift geschrieben hat: „Inside: my teachers Kerschensteiner and Alois Fischer." Neben zwei Beiträgen – eine Erinnerung an Alois Fischer und die Besprechung einer Biographie über Georg Kerschensteiner – enthält das Heft auch die Photographien von Portraitgemälden der beiden Männer. Irgendein Freund aus der alten Zeit mag es ihr als einer ehemaligen Doktorandin von Fischer und einer Schülerin von Kerschensteiner in die Neue Welt geschickt haben. „My teachers" – „Meine Lehrer" – von allen sind ihr offenbar diese beiden die wichtigsten gewesen, an deren wegweisende Bedeutung für ihre berufliche Laufbahn sie sich nun, als über Achtzigjährige, erinnert.

Den genannten Beiträgen nach zu urteilen müssen beide über eine starke menschliche Ausstrahlungskraft verfügt haben, die besonders junge Menschen in ihren Bann zog. Sie beruhte auf einer glücklichen Mischung aus wissenschaftlichem Ethos und menschlicher Zuwendungsfähigkeit, so dass sich die Lernenden persönlich beachtet und in ihren eigenen Gedanken und Vorstellungen ernstgenommen fühlten. Beiden Lehrern war der akademische Dünkel fremd; als passionierte Pädagogen waren beide von der Bildungsfähigkeit eines jeden Menschen überzeugt, unabhängig von seinem „Stande", und setzten sich, jeder auf seine Weise, für eine verbesserte Volksbildung ein, die als erstes Ziel eine Reform der deutschen Volksschule und der Volksschullehrerbildung anstrebte. Pädagogisches Ethos, Bildung des Menschen „von unten", individuelle Verantwortung am „Ganzen", der „Volksgemeinschaft" – das sind die Ziele, für die sich Carola begeistern kann, weil sie übertragbar sind ins praktische Leben. In den Seminaren dieser beiden Pädagogen hat sie zudem das große Glück, an ihr Engagement in der Heilbronner Jugend- und Volksbildungsbewegung anknüpfen zu können. Sie, die sehr sensibel auf Menschen reagierte und intuitiv ihr Gegenüber in seinem Wesen erfasste, muss mit dieser Lehrerkonstellation in ihren letzten Semestern sehr glücklich gewesen sein. Die heitere, bisweilen euphorische Grundstimmung schwingt auch durch die Briefe jener Zeit. Ihre Sensibilität für „feine Menschen" – wie sie sich auszudrücken pflegte – ist sicher durch Fischers Persönlichkeit besonders angesprochen worden. Da gerade für Frauen im männlich dominierten Wissenschaftsbetrieb die begleitende Bezugsperson in ihrer fachlichen wie menschlichen Kompetenz von großer Bedeutung war, seien aus der Schilderung von Fischers Persönlichkeit durch seine Schüler einige Charakterzüge genannt, in denen sich Carola wiedererkennen konnte, und die auf diese Weise Grundlage einer erfolgreichen durchaus libidinös besetzten wissenschaftlichen Arbeit wurden.

„[...] Wohltuend wirkte die selbstsichere gelassene Ruhe, die von ihm ausströmte und sich den anderen mitteilte [...] Er wollte nicht lehren, wie erzogen werden soll, sondern er wollte zunächst nur erkennen, wie erzogen wird [...] In seinem Verhältnis zu seinen Studenten war Fischer stets der ältere Freund und Berater, der auf sie einging, der überall das Wertvolle an ihren Leistungen suchte, der ihnen half, das, was sie erst unklar-ahnend in sich trugen, zu klarem Bewußtsein und Verständnis zu heben [...] Sein Hauptziel [...] war die gedankliche Vertiefung, die Einführung in die Methode des wissenschaftlichen Denkens. Niemals verlangte oder wünschte er, dass ein Schüler eines seiner Urteile unbesehen übernehmen solle, im Gegenteil, eine selbständige Meinung, die man begründen konnte, war ihm auch dann erwünscht, wenn sie der seinigen widersprach [...]"[49]

---

[49] Karl Kreitmaier, Aloys Fischer. Dem Andenken meines verehrten Lehrers zu seinem 60.Geburtstag am 10.April 1940, in: Deutscher Volksgeist, 40. Jahr, Mai 1940, S.76

Liebe und Dichtung

„Ich hab ein wildes heißes Herz, das mir keine Ruhe lässt [...]"
(AN BERNHARD, 23.6.1923)

Und die Liebe? Wie gestaltet sie sich in den Zeiten des Studiums, der Konzentration auf ihr Arbeitsprojekt? Sie beflügelt – und quält zugleich. Bernhard wird mit zunehmender Reife der wichtigste Mensch in ihrem Leben, die einzige Referenz, die wirklich zählt. Auch für Bernhard gilt diese Entwicklung in seinem Gefühl für Carola. Der gegenseitige Austausch über ihre Arbeit, ihren Alltag, ihre Lektüre, über ihre Familien und ihre Träume entwickelt sich im Laufe der Zeit zu einer kaum nachvollziehbaren Intensität; zeitweise schreiben sie sich zwei bis drei Mal täglich. Deutlich zeichnen sich in der Korrespondenz die einzelnen Phasen ihrer Beziehung ab: die Anfänge, in denen sie sich spontan begegnen und sich langsam aneinander herantasten; und sehr bald die Zeit der Entscheidung füreinander, in der sie sich als Person dem Gegenüber vorbehaltlos öffnen und Krisen bewältigt werden müssen; und schließlich die Phase des „Faktischen", in der die Klärung dessen, was das Gegenüber und man selbst ist, im wesentlichen abgeschlossen ist. Carola schöpft aus ihrer Liebe Kraft und Energie für ihre Arbeit, und umgekehrt fließt ihre erfolgreiche Arbeit, die sie als Person stärkt und festigt, in ihre Gefühle für Bernhard ein. Und doch leidet sie auch an dieser Liebe, vor allem in den ersten Jahren, in denen sie noch um die Erkenntnis ihrer Gefühlswelt als Frau ringt. Sie sieht, wie Bernhard, unbeirrt durch Gefühlsstürme und Liebesqualen, seinen Weg geht – zielstrebig, autonom, realistisch – nur selten wirklich verzweifelt. Sie könnte es nicht. Weil sie eine Frau ist? Eine Krise in der Beziehung, ausgelöst durch die existenzielle Bedeutung der Dichtung für Bernhard, lässt sie nachdenklich ins Tagebuch schreiben:

> „Die Tragik von Mann und Frau ist, dass Gott verschiedene Notwendigkeiten gab, jedem ein anderes Gesetz, dem er gehorcht, einen anderen Gott. Was steht höher? Soll das Gesetz oder soll ein Menschenherz gebrochen werden? [...] Helene Lange sagt, der Mann ist geistig schöpferisch, die Frau ist es seelisch. Dies ist fein ausgedrückt" (24.9.1922).

Dieser Eintrag kreist wieder um das Thema Logos-Eros, mit dem sie sich einige Jahre zuvor so intensiv auseinandergesetzt und sich dagegen verwehrt hatte, als Frau vom Logos ausgeschlossen zu sein. Nun erlebt sie sozusagen am eigenen Leibe, in der Person ihres Geliebten, diesen Logos in der geistig-schöpferischen Dimension, der sich der dem Eros eigenen, gefühlsmäßigen verschließt und nur das eine will: seinem Ziel zustreben, ohne sich durch emotionale Befindlichkeiten beeinflussen zu lassen. Carola lernt nur langsam, in einem oft schmerzlichen Prozess, dass sie nicht erwarten kann, ihre Gefühlswelt, den ganzen Nuancenreichtum ihrer Emotionalität, in Bernhard wiederzufinden. Vor diesem Hintergrund mag ihr der Satz von Helene

Lange, die Frau sei seelisch schöpferisch, eine Art Trost gewesen sein, mit dem sie sich aber immer nur momentan arrangieren konnte. Umso rückhaltloser gibt sie sich den Glückserfahrungen hin:

„Wenn es noch geht, komm doch über Pfingsten hierher und ins Gebirge. Ich habe so große Sehnsucht nach Dir. Geld habe ich genügend [...] Du brauchst nur Deine Ankunft mitzuteilen, für alles andere sorge ich." (30.5.1922). „Ehe ich wieder zu arbeiten anfange, muß ich geschwind zu Dir, Du Lieber, sonst kann ich nicht los von Dir, denn ich leb ja ganz in Dir, wie noch nie; Dein Brief hat mich so gefreut; ich habe ihn immer wieder durchgelesen und wenn ich am Ende war, wieder vorn angefangen [...]" (15.6.1923). Wie auch Bernhard: „Liebe Frau, ich komme also am Samstag, ich kann nur noch nicht genau sagen wann [...] Ach, ich sollte ja gar nicht kommen, denn ich habe so viel zu arbeiten, und ich komme mir auch recht unmännlich(!) vor; aber ich halte es kaum aus ohne Dich und ich freue mich unsäglich, bis ich bei Dir bin." (12.7.1923)

Wie Carola, die sich das Alleinsein „so schön vorgestellt" hatte und nun „schon nicht mehr aushält", so stellt auch Bernhard bald fest: „Ich bin recht traurig, dass wir uns jetzt so lange nicht sehen und habe mir doch immer so viel auf meine Unabhängigkeit eingebildet" (29.4.1922). Auch bei Bernhard bewirkt die „cristallisation" – jener Prozess der Besetzung aller Dinge und allen Geschehens mit der geliebten Person – eine gewisse und bewusste Selbstisolierung im studentischen Umfeld und eine ebenso tiefreichende „Fixierung" auf Carola, wie es umgekehrt der Fall ist. Diese starke gegenseitige „Besetzung" ihrer Personen wird andauern und sich in jenen Jahren verstärken, in denen sie wie nie zuvor aufeinander angewiesen sein werden: in ihrem neuen Leben in Amerika. Auch Bernhards Hinwendung zu Carola ist ohne Vorbehalt – alles fließt in sie ein, was ihn existentiell bewegt; Fragen nach Lebenssinn, nach seiner künstlerischen „Bestimmung", nach dem „Werk", verweben sich, und klären sich in der Beziehung auf sie. Er schreibt aus Tübingen:

„Ich lebe augenblicklich in einem Zustand nachdenklicher Einsamkeit. Heute lag ich den ganzen Tag auf einer Wiese am Bismarckturm in Emil Ludwigs und Julius Babs Goethebiografien vergraben. Ich ringe wie noch nie um den Sinn dieses großen Lebens [...] Heute abend habe ich ein paar Stunden an meinem Roman geschrieben. Ich weiß nicht, ob er „gut" wird, vielleicht ist es nicht wichtig; ich will auch nur das eine: ein Stück Welt schaffen, wo ich der liebe Gott bin [...]" (29.4.1922). Und ein Jahr später: „Ich finde es oft beschämend, wie sehr alle meine Gedanken immer um den einen Punkt kreisen (seine künstlerische Berufung, Anm.d.Verf.). Doch ich kann mich so skeptisch betrachten wie ich will, ich finde keinen anderen Sinn für mein Leben [...] Ich weiß freilich auch das eine: dass ich von dieser Idee besessen oft lieblos und gegen Menschen gleichgültig bin, und es könnte sein, dass das Schicksal noch anderes mit mir vorhat, und die Idee mir noch zerbrechen wird, damit ich die Liebe lerne [...] Ich möchte Dir noch viel mehr schreiben, wie lieb ich Dich habe und dass ich Dich immer lieber habe; Du mußt es Dir eben denken" (7.6.1923).

Die sich in diesen Jahren formende dichterische Begabung Bernhards ist ein Prozess, an dem Carola mit absoluter Hingabe teilnimmt, umsomehr, als sie seine künstlerische Entwicklung von Beginn an miterlebt. Sie erfasst seine Fähigkeiten sofort und unterstützt ihn im kritischen, aber immer am zukünftigen Gelingen orientierten Dialog, vor allem über die Jahre der schwierigen Anfänge hinweg – sowohl durch die detaillierte Erörterung seiner Entwürfe wie durch kluges und findiges Mitdenken, wenn es darum geht, Fürsprecher, Verlage und Bühnen für die Veröffentlichung und Aufführung seiner Werke ausfindig zu machen.

Nun ist es nicht so, dass Carola durch ihre Liebe zu Bernhard die Dichtung entdeckt, wie ja Liebesbeziehungen häufig neue Interessenwelten erschließen. Carola bringt ihre Begeisterung für die Dichtung aus ihrer Jugendzeit mit, aus Schule, Jugendbewegung und Elternhaus. In den letzten Klassen des Heilbronner Gymnasiums hatte sie das Glück eines guten Deutschunterrichts bei dem weltoffenen Dr. Fischer genossen, der als ihr großer Schwarm Eingang in ihr Tagebuch findet und mit dem der Kontakt auch später nicht abreißt. Ebenso förderte das Ambiente der Jugendbewegung, in dem sie sich bewegte, die Sensibilisierung für die Kunst: das intensive Erleben in der Natur, „auf Fahrt", und der emotional wie intellektuell nachhaltige Austausch unter den jungen Leuten, weckten ein lebhaftes Interesse an Dichtung und Musik. In der Korrespondenz mit den Freunden teilte man sich seine Leseerlebnisse mit. Zu den Gemeinschaftsveranstaltungen wurden Dichtungen rezitiert und Theater gespielt. Auf der Bühne fühlte sich Carola in ihrem Element. Nach einer erfolgreichen Aufführung von Gutzkows Lustspiel „Zopf und Schwert"[50] in der Rolle der Wilhelmine machte sie mit der Theatergruppe einen Ausflug, dessen Echo im Tagebuch nachklingt. Ihre „Franziska" in der Aufführung von Lessings „Minna von Barnhelm" hatte ihr großes Lob in der Heilbronner Presse gebracht:

„Hinreißend und herzlich zugleich war Carola Rosenberg; ein sonniges, schelmiges treues Frauenzimmerchen."[51] Und nicht zu vergessen ist ihre Kindheit in einem Elternhaus, in dem die Beschäftigung mit Literatur und Dichtung einfach zum Leben gehört hatte. Ästhetisch-literarische Bildung richtete sich als produktiv gewordenes Wissen auf die Welt, auf die Dinge, mit denen wir umgehen. Von Vater Rosenberg heißt es, in seinem Kontor hätten mehr deutsche Klassiker gestanden als Rechnungsbücher. Und er scheint auch nicht selten seine Rechnungen ohne Kontoangabe verschickt zu haben

---

[50] Zeitungsausschnitt vom 14.5.1917. Karl Gutzkow (1811-1878), Schriftsteller und Journalist. Sein umfangreiches Werk ist geprägt von seinem Kampf gegen die politische Reaktion. Zählte zu den Programmatikern des „Jungen Deutschland" und bot als solcher den jungen Neudeutschen zahlreiche Anknüpfungspunkte.

[51] Zeitungsausschnitt o.D.

„dann darf er sich auch nicht wundern, dass er kein Geld bekommt",
wie Bernhard einmal bemerkt. Im Hause Rosenberg wurde viel gelesen
und viel erzählt. Man las gemeinsam Kleist, Goethe, Schiller, Shakespeare, Rilke u.a. Es herrschte eine offene, gastfreundliche Atmosphäre, denn die Freunde, später in alle Winde verstreut, erinnerten
sich gern an die gemeinsamen Abende. „Innig dankbar gedenke ich
der gütigen Menschlichkeit in Ihrem Elternhause und der klugen, lieben Caro [...]", schrieb später einmal Carolas Deutschlehrer Dr. Fischer
(17.11.1920). Außerdem gab es eine „Lesegesellschaft" unter den
Freunden, die sich regelmäßig zu Lesenachmittagen traf; man las hier
Rilke, Grillparzer, Hebbel, Werfel und Lessing. Akribisch zählt die stolze Schülerin die Mitglieder der Gesellschaft in ihrem Tagebuch aus
der Schulzeit namentlich auf und als letztes: „und Ich natürlich",
wobei das große „I" in beredter Weise auf die hohe Einschätzung dieses
Ichs hindeutet (Contobuch, Ferien 1916).

Offensichtlich förderte die Zugehörigkeit zu diesem Kreis
ihr Selbstbewusstsein. Sie nahm als einziges junges Mädchen (neben
zwei erwachsenen Frauen) eine exponierte Stellung ein, die durch ihre
Intelligenz und ihre persönliche Ausstrahlungskraft noch unterstri-
chen wurde. Die Eintragungen ins Tagebuch vermitteln in ihrer
begeisterten Eilfertigkeit etwas von Carolas kulturellen Identifikati-
onsmustern: es sind mit der Literatur und Dichtung der deutschen
Klassik und Romantik, aber auch der Moderne, die Traditionen des
deutschen Bildungsbürgertums, die ihre geistige Entwicklung in jenen
Jahren prägten. Der Horizont wird sich später durch ihren Dialog mit
Bernhard auf die europäische Literatur, vor allem die französische
Aufklärung, erweitern. Ihren größten geheimen Wunsch in jener Zeit
vertraute Carola ihrem Tagebuch an: „Wenn ich nur dichten könnte!",
wünschte sie sich, und der Seufzer ergoss sich über eine ganze Seite.
Die Bedeutung von Dichtung im Weltbild und Empfindungsleben
Carolas kann gar nicht hoch genug eingeschätzt werden.

Daher ist es nicht verwunderlich, wenn sie sich später –
beflügelt durch das Glück, einen Mann zu lieben, der dichtet – seinem
Projekt verschreibt. Mit Haut und Haaren. Carola kann auf diese Weise, neben ihrer Lust am Schöpferischen im Sozialen, auch ihrer Lust
am künstlerischen Schöpfertum leben, denn der Geliebte kann das,
was ihr versagt ist: dichten! Hier ist der Grund, wo ihre Liebe Anker
wirft. Und sie entwirft zukünftige Szenarien:

„Ich bin stolz auf Deine Dichtung [...] und es wird unsag-
bares Glück für mich sein, wenn die Menschen von Dir wissen
werden und „ja" zu Dir sagen. Ich vergesse dann, dass ich selbst
etwas wollte. Ich will, dass Du ganz groß wirst, ich will Dich immer lieb behalten und Du sollst mich immer lieb haben. Später
sollst Du nur noch dichten brauchen, nicht Schule halten; ich
will arbeiten und Geld verdienen für uns zwei" (26.11.1923).

Die Dichtung ist das Band ihrer Leidenschaft, der Lebens-
entwurf mit all den Abgründen und Risiken, aber auch all den Schön-
heiten und der Extase ihres gemeinsamen Erlebens. Carola entdeckt
eine mögliche Seelenverwandtschaft mit Marianne Willemer, der jun-

gen, künstlerisch begabten Frau, in deren Heim, der Gerbermühle bei Frankfurt, Goethe zu Gast ist und sie zum eigenen Dichten inspiriert:

> „Interessant war mir, was ich über Marianne Willemer gelesen habe; dass sie durch die Liebe Goethes so mächtig mitgerissen wurde, dass seine Gedichte die gleich starke dichterische Antwort von ihr erhielten. Weißt Du, so möchte ich einmal durch Dich – nicht gerade dichten können, aber doch so wie Du schaffen können, dass ich vielleicht all die vielen Pläne, die Du wohl nicht alle ausführen kannst, weil Deine Dichtung vorgeht, mit ausführen könnte. Lieb genug hätte ich Dich schon dazu" (23.8.1923).

Carola imaginiert sich nicht nur als von Bernhard inspirierte Dichterin, sondern auch als „all-round-Managerin" seiner literarischen Karriere. Beide machen mit wenigen Monaten Abstand 1923 ihr Examen. Carola kann Bernhard nach langem Antichambrieren bei den zuständigen Professoren Tag und Termin ihrer „Doktorprüfung" ankündigen – endlich wieder eine Gelegenheit, sich mit Bernhard zu treffen!

> „Also wenn Du Donnerstag kommen willst [...] falls ich in der Prüfung bin, bin ich nicht an der Bahn, sondern Maria oder Fritz. Ich freue mich schon auf die Prüfung, weil Du hierunter kommst. Fritz hat gesagt, er habe selbst Bettwäsche für Dich (Montag, Oktober1923).

An die „Bettwäsche" denkt sie trotz intensiver Examensvorbereitung; „Hausfrauentugenden" sind ihr wichtig, und ohne jeglichen Selbstzweifel fühlt sie sich auch für diese kleinen alltäglichen Dinge zuständig, um so mehr als es Bernhard am Sinn fürs Praktische mangelt. Bei all ihrem zu leichter Chaotik neigenden Temperament lässt sie größte Sorgfalt walten, wenn es um die kleinsten organisatorischen Fragen geht. So vergisst sie auch nicht, an Bernhards knappe Kasse zu denken. Vor allem dann, wenn dadurch ein eventuelles Treffen in Frage gestellt ist:

> „Wenn Deine Eltern Dich wegen des Geldes nicht fortlassen wollen, so kannst Du ruhig sagen, dass ich geschrieben habe, eigentlich hätte ich Dir gerne 1 Buch zu Deinem Examen geschenkt, aber da ich sehr egoistisch bin, so schicke ich Dir lieber eine Fahrkarte nach München in Form eines Dollars, damit ich auch etwas von dem bestandenen Examenskandidaten hab." (19.10.1923).

Scherzend gibt sie zu bedenken, dass sie äußerlich, so kurz vor der Prüfung, nicht gerade in bester Form ist, was ihrer geistigen Verfassung aber keinen Abbruch tut:

> „Allerdings ist es für 1 Frau, die mitten im Examen steht, sehr unklug, ihren Liebsten zu empfangen; denn während des Examens hat sie schauderhafte Beine, ferner sind jegliche Hausfrauentugenden verschwunden etc. Allerdings hat besagte Frau schon so viel klägliche Examenskandidaten gesehen, dass sie mit sich im Großen und Ganzen immer noch zufrieden ist" (ebd.).

Bernhard stärkt sie, indem er ihr aufgrund seiner eigenen Erfahrungen taktische Ratschläge für die Prüfung gibt:

„[...] Ich habe den Eindruck gewonnen, dass es weniger auf Kenntnisse ankommt (denn was man gefragt wird weiß man fast alles), sondern darauf, das was man weiß, möglichst rasch und geschickt an den Mann zu bringen. Dazu muß man einen ganz frischen und unbelasteten Kopf haben, im Examen gilt nur das, was man formulieren kann, nicht das, was man weiß. Dann das Auftreten: so sicher als möglich, man muß das Examen zu einer Unterhaltung machen, mit einer gewissen Naivität die Sprache auf das bringen, was man weiß. Ich glaube, dass aus diesen Gründen meine Anwesenheit in München während Deines Examens gar nicht störend sein wird, sondern dass ich Dir vielmehr noch die Letzte Ölung geben kann. Im übrigen werde ich bis zum Examen ganz brav sein, und allen Deinen Anordnungen, Ge- und Verboten strikte Folge leisten. Das wird sehr schön für Dich sein [...]"

Zu Carolas Freude kann er die Fertigstellung des ersten Akts eines neuen Stückes („Taifun") ankündigen, das er zum Vorlesen mitbringen will (20.10.1923).

Stellensuche

Carola macht eine glänzende Prüfung. Während ihrer Tätigkeit auf dem Heilbronner Jugendamt schaut sie sich nach beruflichen Möglichkeiten um. Mädchenbildung, Frauenbildung, Erwachsenenbildung sind die anvisierten Arbeitsgebiete. Sie denkt zunächst an eine Stelle im Schul- und staatlichen Bildungsbereich, denn sie bewirbt sich bei der damaligen Schulrätin von Württemberg und ersten Frau in dieser Position, Vera Vollmer. Diese gibt ihr aber nach anfänglichem Entgegenkommen und deutlich signalisiertem Interesse eine ausweichende Antwort, die sie auf andere Stellen vertröstet. Die eigentlich angestrebte und ausgemachte Stellung wird scheinheilig, so erscheint es Carola, nicht erwähnt. Für sie gibt es nur eine Erklärung: ihr Jüdischsein. Schon Bernhard hatte ihre Aussichten, in Württemberg angestellt zu werden, skeptisch beurteilt; antisemitische Haltungen in den Ämtern seien hier wie überall stark ausgeprägt, zudem habe sie mit ihrer in Bayern abgelegten Abschlussprüfung weniger Chancen in Württemberg. Carola verwindet diesen Schock, der da zum ersten Mal vehement in ihr Leben einbricht, nur langsam. Tagelang ist sie wie gelähmt.

Abb. 25   Theodor Bäuerle (1882-1952), mit Robert Bosch Gründer des Vereins zur Förderung der Volksbildung und dessen Geschäftsführer bis 1936; 1936–1946 Leiter der von der Firma Bosch geförderten ”Forschungsstelle für Arbeitskunde”; Kontakte zur Bekennenden Kirche und zum regimekritischen Kreis um Robert Bosch, Hans Walz und Karl Goerdeler; 1947-1951 Kultminister von Württemberg-Baden
(Archiv der vhs stuttgart)

Sie schreibt:

„Lieber Bernhard, ich bin seit gestern totunglücklich. Im Brief vom Kultusministerium teilt man mir mit, im Lehrerinnenseminar sei keine Stelle für mich frei – und bei allen anderen Stellen schweigt man sich aus, weil ich da „verfassungsmäßig" genommen werden müßte. Dabei hatte ich mich um eine Stelle im Lehrerinnenseminar gar nicht beworben! Und dann fügt man auch noch das Zukkerle hinzu, dass es immerhin <nicht ganz ausgeschlossen> sei, eine nebenamtliche Stelle an einer Fachschule zu bekommen. Und das alles nur, weil ich Jüdin bin!

103

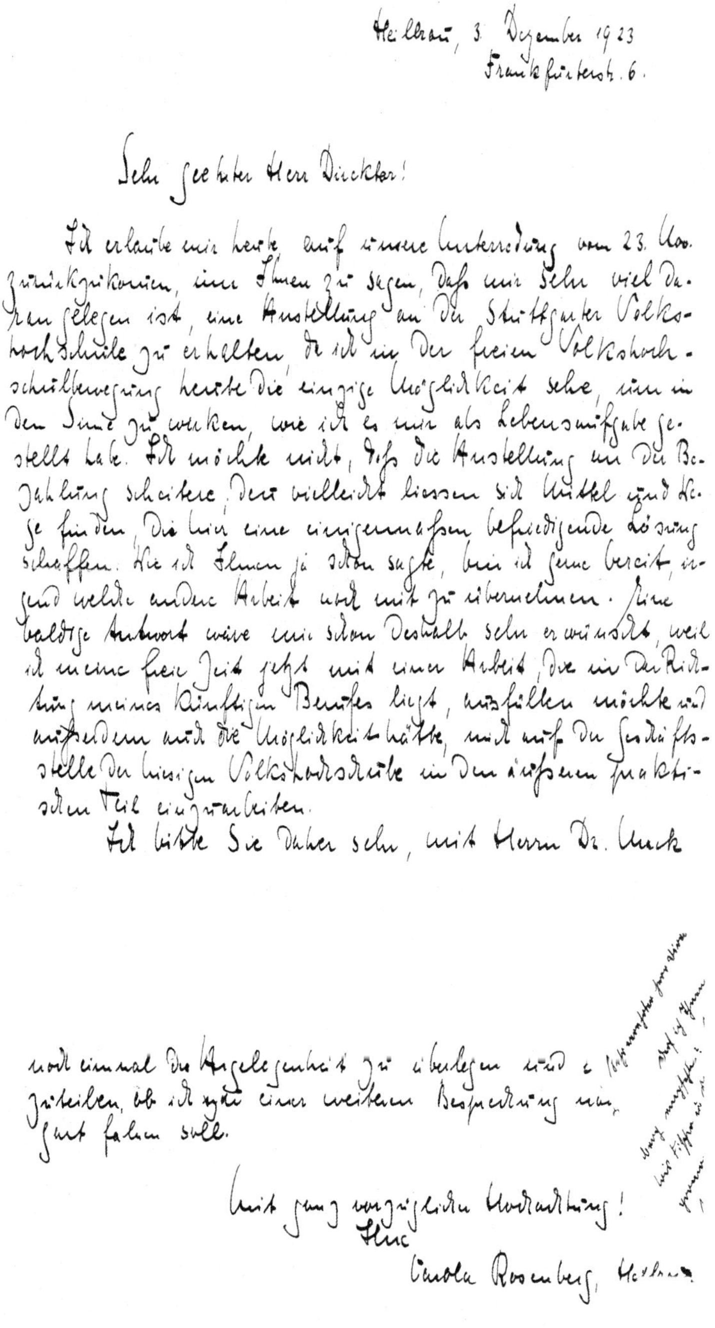

vorne

Heilbronn, 3. Dezember 1923
Frankfurterstr. 6.

Sehr geehrter Herr Direktor!

hinten

Mit ganz vorzüglicher Hochachtung!
Ihre
Carola Rosenberg, Heilbronn

Abb. 26 Bewerbungsschreiben von Carola Rosenberg an Theodor Bäuerle
(HStAS)

Oh! Ich bin so bitter wie noch nie in meinem Leben!"
(12.10.1923).

Aber sie lässt sich mit ihrem vorwärtsgerichteten Temperament auf Dauer nicht entmutigen und sucht weiter. In dieser Zeit
hat sie sich auch mit Theodor Bäuerle, dem Geschäftsführer des Vereins zur Förderung der Volksbildung und Vorgesetzten des Leiters der
Volkshochschule Stuttgart,[52] in Verbindung gesetzt, der sie zu einem
persönlichen Gespräch im Beisein des damaligen Leiters der Volkshochschule Dr. Mack einlädt. Er möchte die Frauenbildung innerhalb
der Volksbildungsarbeit des Vereins etablieren, ist aber noch nicht
sicher, ob das Projekt finanzierbar ist und er die Unterstützung des
Vereinsvorstands dafür erhält. Diese noch offene Frage verheimlicht
er auch gegenüber Carola nicht. Zehn Tage später ergreift Carola, hartnäckig ihr Ziel verfolgend, eine weitere Initiative: sie schreibt einen
Brief an Bäuerle, in dem sie sich zu dieser Arbeit noch einmal mit
Leib und Seele bekennt:

„[...] da ich in der freien Volkshochschulbewegung die einzige Möglichkeit für mich sehe, um in dem Sinne zu wirken, wie
ich es mir als Lebensaufgabe gestellt habe."

Da „eine Anstellung nicht an der Bezahlung scheitern" solle,
erklärt sie sich bereit „irgendwelche anderen Arbeiten mitzuüberneh-
men", um sich „auf der Geschäftsstelle der hiesigen Volkshochschule
in den äußeren praktischen Teil einzuarbeiten." Selbstbewusst bittet
sie Bäuerle, „mit Herrn Dr. Mack noch einmal die Angelegenheit zu
überlegen" und ihr mitzuteilen, ob sie „zu einer weiteren Besprechung
nach Stuttgart fahren soll." Eine Woche später, am 11.12.1923, teilt
ihr Bäuerle mit großem Bedauern die finanziellen Gründe für eine
Absage mit, rät ihr aber, sich „in das Problem und in die Praxis der
modernen Volksbildungs- und Volkshochschularbeit gründlich einzuarbeiten: einmal, weil es pädagogisch außerordentlich wertvoll ist,
so dann, weil ich persönlich der Überzeugung bin, dass die Erwachsenenbildung eine große Zukunft hat." [53] Nun hat Bäuerle zweimal
abgewunken und trotzdem versucht es Carola ein drittes Mal. Sie bietet ihm an, ein halbes Jahr ehrenamtlich zu arbeiten, „um zu bewei-
sen", was sie „im Sinn hat" – so erinnert sich später die 87-jährige
Carola, die sich im Rückblick auf diesen entschiedenen Schritt der jun-

105

---

[52]   Der Verein zur Förderung der Volksbildung wurde am 1. Mai 1918 von
Robert Bosch und Theodor Bäuerle mit der tatkräftigen Unterstützung des
Württembergischen Kultministeriums und des Stuttgarter Oberbürger-
meisters Karl Lautenschlager gegründet. In dem Verein wurden auch die
meisten bestehenden Initiativen, Projekte und Institutionen im Bereich
der bisherigen Erwachsenenbildung zusammengefasst. Bäuerle als
Geschäftsführer gliederte den Verein in einzelne Abteilungen: Volkshochschule Stuttgart, Bücherei, Musik, Theater, Bildende Kunst, Presse, Licht-
bild, Verlag Silberburg, Heimvolkshochschule Denkendorf,
Frauenabteilung, Heimvolkshochschule Comburg. Weitere Informationen
bei: Christel Pache, Theodor Bäuerles Beitrag zur deutschen Erwachsenenbildung, Stuttgart 1971; Anne-Christel Recknagel, 70 Jahre Volkshochschule Stuttgart 1919-1989, Neue Folge der Flugschriften, Band. 5,
Stuttgart 1989

[53]   HStAS Q1/21 Bü 36

gen Carola selber wundert und ihr offenbar ein wenig fremd gegenübersteht: „Ich verstehe heute nicht mehr, wie ich den Mut hatte,
Bäuerle daraufhin zu schreiben, dass mir sein Interesse genüge, um
diese Arbeit in Angriff zu nehmen" (Brief an die Verf., 16.10.1986).

Sie beginnt im Februar 1924 mit ihrer ehrenamtlichen
Tätigkeit an der Volkshochschule Stuttgart, im Herbst desselben Jahres wird sie fest angestellt und legt bereits einen Arbeitsplan der
„Abteilung für Frauenbildung" vor, „selbst gesetzt und gedruckt", wie
sie auf ihrem aufbewahrten Exemplar handschriftlich vermerkt.

Ans Werk

Die Frauenabteilung der Volkshochschule Stuttgart

„Es gilt die Erziehung und Bildung eines neuen Geschlechts [...]"
(ILSE WOLFF)

„Die Leiterin muß Mittelpunkt, Herz und nie versiegendes Schwungrad des Volkshochschullebens sein; sie muß eine feste sichere Stellung zur Welt und zu ihrer Arbeit haben, ein großes Feingefühl und einen nicht erlernbaren Spürsinn für alles, was vorgeht und die geistige Beweglichkeit, sich dem anzupassen. Ich kann mir nicht denken, dass aus der Abteilung für Frauenbildung der Volkshochschule Stuttgart das hätte werden können, was sie heute ist, wenn sie nicht in der Persönlichkeit von Frl. Dr. Rosenberg eine Leiterin hätte, die diese Eigenschaften in reichem Maße besitzt." So äußert sich die Mitarbeiterin Ilse Wolff über Carola.[54]
Es ist Februar 1924: Carola hat ein Zimmer bei Frau Schnell in der Schwabstraße 120 in Stuttgart gemietet und macht sich ans Werk – mit jenem Feuer der Tatkraft und Leidenschaft, das der Freund Heinz einst in ihren Augen hatte leuchten sehen: „Höhenfeuer" hatte er es genannt, das immer dann loderte, wenn sie eine Sache zu der ihren machen konnte. Sie wird von Dr. Mack eingearbeitet (13.2.1924) und hat ein halbes Jahr Zeit, den Vereinsvorstand davon zu überzeugen, dass die Entwicklungschancen einer Frauenbildungsarbeit in Stuttgart die Einrichtung einer Frauenabteilung an der Volkshochschule rechtfertigten. Als eine Art freiwillige Hilfskraft an der Volkshochschule hat sie weder Büro noch Sekretärin, (worum sie auch später nach Etablierung ihrer Arbeit noch kämpfen muss), kann aber die vorhandenen Hilfsmittel wie Telefon und Schreibmaschine mitbenutzen. Von einem kleinen „wüschten" (Carola) Raum in der Bosch-Villa Hölderlinstraße 57[55], der Geschäftsstelle der Volkshochschule, spinnt sie die Fäden nach allen Richtungen und knüpft Kontakte zu möglichen Kursleiterinnen (die sie nicht selten persönlich aufsucht), zu Berufsverbänden, Gewerkschaften, Schulen, Jugendgruppen und Betrieben.

---

[54] Maschinenmanuskript o.D. von Ilse Wolff, zunächst Praktikantin, dann führende Mitarbeiterin der Frauenabteilung. <Mappe Frauenabteilung>

[55] Ursprünglich „Villa Dillmann", die Robert Bosch der Volkshochschule Stuttgart für einen symbolischen Mietpreis zur Verfügung stellte. Bis 1992 Sitz der Geschäftsstelle.

Konzeption der Arbeit

Die drei ersten Programme als Spiegel der Entwicklung

Carolas erster „selbst gesetzter und selbst gedruckter"
Arbeitsplan vom Herbst 1924, der noch nicht im offiziellen Volkshochschulprogramm erscheint, gültig für ein Trimester mit 15 Kursen
in verschiedenen Stadtteilen und im Zentrum mit je zwanzig Teilnehmerinnen, ist das Ergebnis dieser intensiven Vorarbeit, das offensichtlich auch den Verein von ihrer Qualifikation und dem für die
Frauenbildung noch zu erschließenden Potenzial überzeugt. Sie wird
im Herbst 1924 hauptamtlich als Leiterin der Frauenabteilung eingestellt. Die Schwierigkeiten dieser Anfänge erläutert Carola rückblik-
kend in einem Vortrag, den sie vier Jahre später zum zehnjährigen
Bestehen des Vereins zur Förderung der Volksbildung halten wird:
„Direktor Bäuerle erteilte mir im Frühjahr 1924 den Auftrag, die Bedürfnisse nach Frauenbildungskursen zu erforschen,
einen Bildungsplan aufzustellen und gegebenenfalls die Arbeit
neu zu beginnen. Diese Arbeit war nicht leicht. Waren sich die
maßgebenden Frauengruppen auch einig, dass diese nötig und
nur zu begrüßen sei, so fehlte doch in der arbeitenden weiblichen Bevölkerung das Interesse. Uns war dies nur ein Ansporn:
also mußte das Interesse erst geweckt werden, also war die Belastung durch den Beruf für diese Frauen so drückend, dass man
ihren Blick erst wieder weiten und lebendige Kräfte in ihnen
wachrufen mußte. Dies waren die Gedanken, unter denen wir im
Herbst 1924 den ersten Arbeitsplan für Frauen herausgaben, der
15 verschiedene Kurse enthielt. Die 300 Frauen, die sich an diesen ersten Kursen beteiligten, kamen alle durch persönliche
Werbung und Aufforderung in die Kurse. Wie viele Hemmungen
und Vorurteile mußten da beseitigt werden, wenn man bedenkt,
dass seit 1926 sich jährlich etwa 6.500 Frauen an diesen Kursen
beteiligen."[56]
Bereits ab Januar 1925 beginnt die zweite Phase für die
Frauenabteilung, für die ein offizieller Arbeitsplan erstellt wird, der
erhalten ist. Mit einer Annonce in der Tageszeitung „Schwäbische
Tagwacht" vom 28. Januar 1925 wirbt der Verein zur Förderung der
Volksbildung zum ersten Mal für den Beginn seiner Frauenbildungskurse am 2. Februar 1925 in der Stuttgarter Öffentlichkeit. Von dem
hierauf folgenden Sommertrimester erschien offenbar kein Sonder-
ausdruck, dafür präsentiert sich die inzwischen zu Ansehen und Erfolg
gekommene Frauenabteilung im Herbst 1925 mit einer eigenen Broschüre in pergamentähnlichem Cover, die eine beeindruckende Vielfalt an Themen, Kursformen und Kooperationsmodellen beinhaltet.

---

[56] Wege und Aufgaben der Frauenvolkshochschule Stuttgart, Maschinenmanuskript o.D. 1928. Vortrag zum zehnjährigen Bestehen des Vereins
zur Förderung der Volksbildung. Auch in: Stuttgarter Neues Tagblatt
Nr.17, Beilage „Die Frau", 1928. <Mappe Frauenabteilung>.

In der Broschüre wird auch die „Herbsteröffnungsfeier" mit dem Vortrag der Kursleiterin Dr. Vilma Kopp „Der Kampf der Frau um sich selbst" angekündigt, mit dem zugleich die Frauenabteilung offiziell eingeweiht wird. Ein Brief an Bernhard zeigt, wie Carola selbst diesen Augenblick erlebt. Sie ist stolz über den Erfolg und voller Bewunderung für ihre Referentin, die in Stuttgart als frauenrechtlich engagierte Kommunalpolitikerin und als Ehefrau des bekannten Degerlocher Stadtpfarrers Hermann Kopp, ebenfalls Kursleiter an der Volkshochschule, ein hohes Ansehen genießt; Carola fühlt sich ihr gegenüber noch klein und unsicher und hat selbst noch „schreckliche Angst" vor ihrem eigenen öffentlichen Auftreten. Sie schreibt an Bernhard:

> „48 Kurse sind glücklich unterwegs, bis die vollends alle geboren sind! Gestern hatte ich einen glücklichen Eröffnungsabend, dicht besetzter Saal. Dr. Kopp hielt einen in Aufbau und Form wundervollen Vortrag <Vom Kampf der Frau um sich selbst> (ich selbst hatte bei meiner winzigen Ansprache schreckliche Angst [...])" (8.10.25).

Ein Blick auf die Vorworte der ersten drei Arbeitspläne zeigt den Entwicklungssprung, den die Leiterin in dem einen Jahr gemacht hat. Nicht nur quantitativ – von 15 Kursen im Herbst 24 auf 27 in dem darauffolgenden Wintertrimester und auf 48 Kurse im Herbst 1925 – sondern auch unter dem Gesichtspunkt der thematischen und organisatorischen Ausdifferenzierung des Angebotes. Im Herbst 1924 heißt es noch etwas hölzern:

> „Die Abteilung für Frauenbildung der Volkshochschule Stuttgart will durch Abhaltung von Kursen, Aussprachen und Arbeitsgemeinschaften Mädchen und Frauen, die durch Berufsarbeit und häusliche Pflichten sehr in Anspruch genommen sind, Gelegenheit zur Vertiefung ihres Menschen- und Frauentums geben. Der Unterricht geht von dem Lebenskreis (Beruf oder Familie) der Teilnehmerinnen aus, dringt aber von hier zu all den Kultur- und Wissensgebieten vor, die den Interessenkreis der berufstätigen Frau berühren [...]"

Im Frühjahr 1925 werden die Zielgruppen konkret genannt:

> „Die Frauenkurse der Volkshochschule sind in erster Linie für die Frauen bestimmt, die am stärksten in ihrem Frauentum durch die Not unserer Zeit betroffen werden: die Arbeiterinnen, die weiblichen Angestellten, die berufstätigen Hausfrauen. Sie sind aus der Erwägung und Hoffnung heraus entstanden, dass auf unseren Frauen die eigentliche Zukunft unseres Landes ruht. Daher ist [...] alles das zu finden, was die Frau in ihrem Menschentum vertieft, ihre Anschauungen erweitert und sie fähig macht, ihren Lebenskreis mit seinen Aufgaben zu erfüllen. Im Unterschied zu den Volkshochschulkursen können alle Kurse auch für einen Betrieb nach der Arbeitszeit oder für eine Vereinigung eingerichtet werden [...]"

Im Herbst 1925 werden bereits gesellschaftliche Aspekte und didaktische Inhalte miteinbezogen:

Goethe. — Mikroskopische Beobachtungen. Lichtbilder. Sterngänge auf die Höhen von Stuttgart.

W o l f f. Montags 8½ Uhr. Beginn 6. Oktober. Falkertschule, Saal 55. Preis 4 M.

31.
Arbeitsgemeinschaft Bäuerle.

Fragen des Gemeinschaftslebens: Einzelner und Gemeinschaft — Autorität und Freiheit — Berufe, Stände, Klassen — Volk und Völker; Nationalismus und Internationalismus; Gewalt und Gewaltanwendung.

Montags 8¼ Uhr. Hölderlinstraße 50, Zimmer 1. Beginn 13. Okt.

VIII. Besondere Veranstaltungen.

Die Volkshochschule ist bestrebt, für M i t g l i e d e r d e s V o l k s - h o c h s c h u l b u n d e s gemeinsame Veranstaltungen (Vorträge, Musikabende, Schauspiele) einzurichten. Die jeweiligen Veranstaltungen werden durch Rundschreiben in den Kursen und durch Anschläge bei den Buchhandlungen Lindemann, Lucke und Wildt und am Dürerhaus bekannt gegeben.

Die Akademie der bildenden Künste

hat sich bereit erklärt, Mitgliedern der Volkshochschule Atelierbesuche bei verschiedenen Künstlern zu erlauben. Wer davon Gebrauch machen will, möge sich in der Geschäftsstelle der Volkshochschule melden.

Abteilung für Frauenbildung.

Arbeitgeber, weibliche Angestellte und Arbeiterinnen, vor allem auch Angestelltenverbände und die Gewerkschaften machen wir auf unsere Abteilung für Frauenbildung aufmerksam. Sie arbeitet aus demselben Geiste heraus wie die Volkshochschule, doch hat sie ihre Wurzel in der besonderen Not der berufstätigen Frau und nimmt deshalb auch Rücksicht auf ihre Lebenslage. Die Kurse selbst finden nach der Arbeitszeit in den Betrieben oder in dem Verbandslokal statt.

Auskunft über Kurspläne, Lehrkräfte sowie Anmeldungen beim Verein zur Förderung der Volksbildung, Abt. Frauenbildung, Hölderlinstraße 50.

Die Bücherei der Volkshochschule

leiht am 1. und 3. Samstag jeden Monats von 4—6 Uhr Bücher aus an die Volkshochschüler. Hölderlinstraße 50.

11

Abb. 27 Erste Ankündigung der Frauenabteilung im Arbeitsplan (Herbsttrimester 1924) der Volkshochschule Stuttgart
(Archiv der vhs stuttgart)

„Worin liegt unsere besondere Eigenart? Sie liegt schon äußerlich darin, dass wir uns nur an Frauen wenden – an alle Frauen, ohne Unterschied des Alters, des Berufs und der Vorbildung, vor allem jedoch an solche Frauen, die die Not, in der wir berufstätige Frauen uns heute fast ohne Ausnahme befinden, drückend empfinden. Wir sehen diese Not vor allem in der seelischen Verengung und in der Einschränkung des gesamten weiblichen Lebens durch den Beruf. Dieser Not abzuhelfen ist unser erstes Ziel. Wir wollen in unseren müden Frauen die Sehnsucht wecken, ganze Menschen zu sein, und durch das, was in ihrer besonderen Kraft liegt, unserem Volk zu dienen. Wir wollen sie innerlich lebendig machen und sie befähigen, ihren Lebenskreis auszufüllen [...]

Die Stoffwahl [...] In der ersten Gruppe von Kursen findet man die praktischen Grundlagen, die nötig sind, um ein gesundes Familienleben aufzubauen. Diese Kurse eignen sich besonders für werktätige Frauen in Betrieben, denn erst, wenn diese Frauen von den dringendsten alltäglichen Sorgen befreit sind – wozu diese Kurse verhelfen sollen – werden sie den Blick für andere Werte bekommen. In der zweiten Gruppe werden vor allem Fragen aus dem Seelenleben der Menschen [...] behandelt. Sie alle dienen der Vertiefung und Verinnerlichung fraulichen Lebens. Die dritte Gruppe will die Frau über ihr eigenes Ich hinausheben und ihren Blick für die großen Fragen der Allgemeinheit öffnen: ihr Verhältnis zum Berufs-, Staats-, und Rechtsleben, ihre Pflichten und Rechte kommen zur Sprache. Die vierte Gruppe kommt einem besonderen Bedürfnis der berufstätigen Mädchen entgegen. Diese wollen nach ihrer eintöniger Arbeit sich freuen, und „etwas von ihrem Leben haben" [...]

Der erste Arbeitsplan appelliert noch ganz allgemein an „Frauen und Mädchen", die als Ausgleich zur beruflichen und häuslichen Arbeit Besinnung suchen, „eine Vertiefung ihres Menschen- und Frauentums" und eine Heranführung an die Kultur- und Wissensgebiete ihrer Zeit. Die Konzeption der neuen Erwachsenenpädagogik, im Unterricht von den Alltagserfahrungen der Menschen in ihrem jeweiligen sozialen Gefüge, den sogen. „Lebenskreisen" auszugehen, scheint durch den Text hindurch. „Die Verflechtungen des Alltagslebens in die sozialen Zusammenhänge" zu verdeutlichen und ein Verständnis bei den Frauen für ihre Zeit zu wecken, ist das übergreifende pädagogische Ziel.[57] Im Vorwort zum zweiten Arbeitsplan treten bereits deutliche Differenzierungen auf: Es werden nun gezielt bestimmte Gruppen von Frauen angesprochen, und zwar Gruppen berufstätiger Frauen: als erstes „die Arbeiterinnen", dann die „weiblichen Angestellten" und die „berufstätigen Hausfrauen".

---

[57] Carola Rosenberg-Blume, Bildungsaufgaben der Frau und Bildungswege von heute. Vortrag 2.10.1928 <Mappe Frauenabteilung>

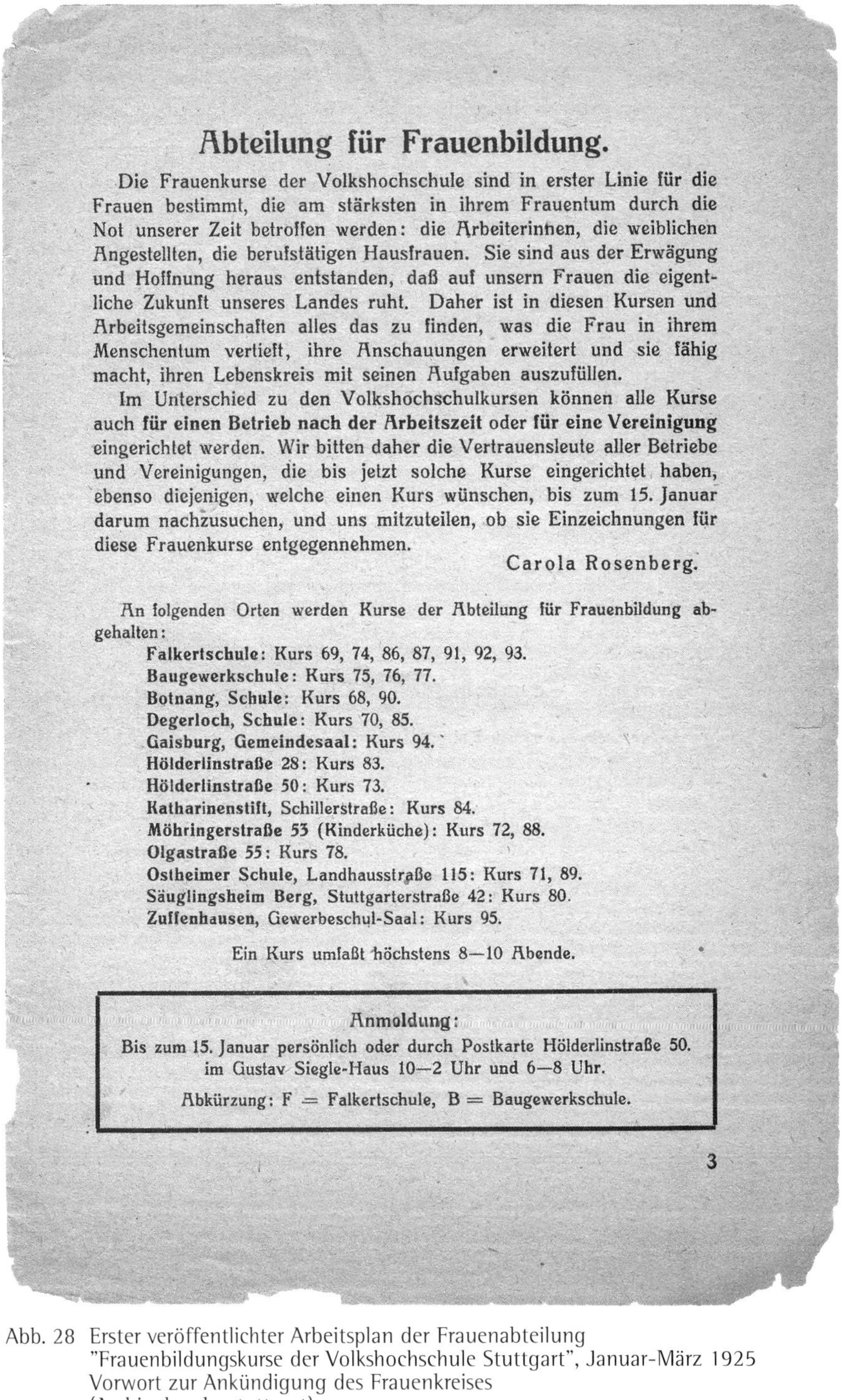

Abteilung für Frauenbildung.

Die Frauenkurse der Volkshochschule sind in erster Linie für die Frauen bestimmt, die am stärksten in ihrem Frauentum durch die Not unserer Zeit betroffen werden: die Arbeiterinnen, die weiblichen Angestellten, die berufstätigen Hausfrauen. Sie sind aus der Erwägung und Hoffnung heraus entstanden, daß auf unsern Frauen die eigentliche Zukunft unseres Landes ruht. Daher ist in diesen Kursen und Arbeitsgemeinschaften alles das zu finden, was die Frau in ihrem Menschentum vertieft, ihre Anschauungen erweitert und sie fähig macht, ihren Lebenskreis mit seinen Aufgaben auszufüllen.

Im Unterschied zu den Volkshochschulkursen können alle Kurse auch **für einen Betrieb nach der Arbeitszeit** oder **für eine Vereinigung** eingerichtet werden. Wir bitten daher die Vertrauensleute aller Betriebe und Vereinigungen, die bis jetzt solche Kurse eingerichtet haben, ebenso diejenigen, welche einen Kurs wünschen, bis zum 15. Januar darum nachzusuchen, und uns mitzuteilen, ob sie Einzeichnungen für diese Frauenkurse entgegennehmen.

Carola Rosenberg.

An folgenden Orten werden Kurse der Abteilung für Frauenbildung abgehalten:

Falkertschule: Kurs 69, 74, 86, 87, 91, 92, 93.
Baugewerkschule: Kurs 75, 76, 77.
Botnang, Schule: Kurs 68, 90.
Degerloch, Schule: Kurs 70, 85.
Gaisburg, Gemeindesaal: Kurs 94.
Hölderlinstraße 28: Kurs 83.
Hölderlinstraße 50: Kurs 73.
Katharinenstift, Schillerstraße: Kurs 84.
Möhringerstraße 53 (Kinderküche): Kurs 72, 88.
Olgastraße 55: Kurs 78.
Ostheimer Schule, Landhausstraße 115: Kurs 71, 89.
Säuglingsheim Berg, Stuttgarterstraße 42: Kurs 80.
Zuffenhausen, Gewerbeschul-Saal: Kurs 95.

Ein Kurs umfaßt höchstens 8—10 Abende.

Anmeldung:

Bis zum 15. Januar persönlich oder durch Postkarte Hölderlinstraße 50.
im Gustav Siegle-Haus 10—2 Uhr und 6—8 Uhr.

Abkürzung: F = Falkertschule, B = Baugewerkschule.

3

Abb. 28 Erster veröffentlichter Arbeitsplan der Frauenabteilung
"Frauenbildungskurse der Volkshochschule Stuttgart", Januar-März 1925
Vorwort zur Ankündigung des Frauenkreises
(Archiv der vhs stuttgart)

Carola will ihr Programm auf die Bedürfnisse dieser Frauen einstellen. Anhand von Kontakten mit dem Arbeitsamt, mit Betrieben (Vertrauensleute, Betriebsrätinnen), aber auch durch viele private Gespräche mit Frauen hat sie sich ein erstes Bild von dem gemacht, was zeitgemäße Frauenbildung in einer Großstadt sein kann. In ihrem Text formuliert sie es als hohen politischen Anspruch: da die eigentliche Zukunft der Gesellschaft auf den Frauen ruhe, müssten sie auf ihre Aufgabe vorbereitet werden: durch Bildung = „Anschauungen erweitern", durch Erarbeitung und Festigung ihres Selbstverständnisses = „Vertiefung ihres Menschen- und Frauentums" und durch Bewusstmachung ihrer Stellung in Beruf und Familie und damit auch in der Gesellschaft = „ihren Lebenskreis mit seinen Aufgaben erfüllen".

Die Abendkurse sind bereits auf fünf weitere Stadtteile (Degerloch, Botnang, Gaisburg, Berg, Zuffenhausen) und auf dreizehn Schulen in der Innenstadt verteilt. Fabrikkurse werden in vierzehn Großbetrieben Stuttgarts angeboten, u.a. bei Bosch, Breuninger, Waldorf Astoria, Lang und Bumiller, Lemppenau, Jose del Monte, Haueisen, Scheuing, Sigle Kornwestheim.

Kreis für Frauenfragen

Eine Institution der inneren Führung

Bereits zu diesem Zeitpunkt ruft Carola den „Kreis für Frauenfragen" ins Leben, der sich vierzehntägig trifft: eine Arbeitsgemeinschaft von Kursleiterinnen und führenden Frauen aus den kooperierenden Verbänden und Organisationen und der Abteilungsleiterin. So lädt Carola im ersten publizierten Arbeitsplan (Jan.1925) zur Mitarbeit im Frauenkreis ein:

„Wir wollen eine Arbeitsgemeinschaft von Frauen der verschiedenen Kreise bilden, die gemeinsam die wichtigsten Fragen durcharbeiten, die heute die Frauen bewegen. Die Ergebnisse wollen wir zur Prüfung und Anregung an offizieller Stelle weitergeben; es können daher nur solche Frauen aufgenommen werden, die bereit und imstande sind, an der Hebung der geistigen, politischen und sozialen Lage der Frau mitzuarbeiten."

Die Schaffung dieser Institution der „inneren Führung" beweist den organisatorischen Weitblick Carolas. Hier stehen die inhaltliche Programmatik und die allgemeinen Rahmenbedingungen der Frauenabteilung in regelmäßigen Sitzungen zur Diskussion. Als eine Art Forum für Organisations- und Qualitätsentwicklung könnte es heute bezeichnet werden. Dass ab 1928 das Thema „Volksbildungsfragen im Hinblick auf den Ausbau einer Frauenvolkshochschule" und Arbeitsgruppen „zur Erarbeitung des Lehrguts und der Methoden der Frauenvolkshochschule" auf der Tagesordnung stand, beweist den Stellenwert, den die Frauenabteilung in der Volkshochschularbeit

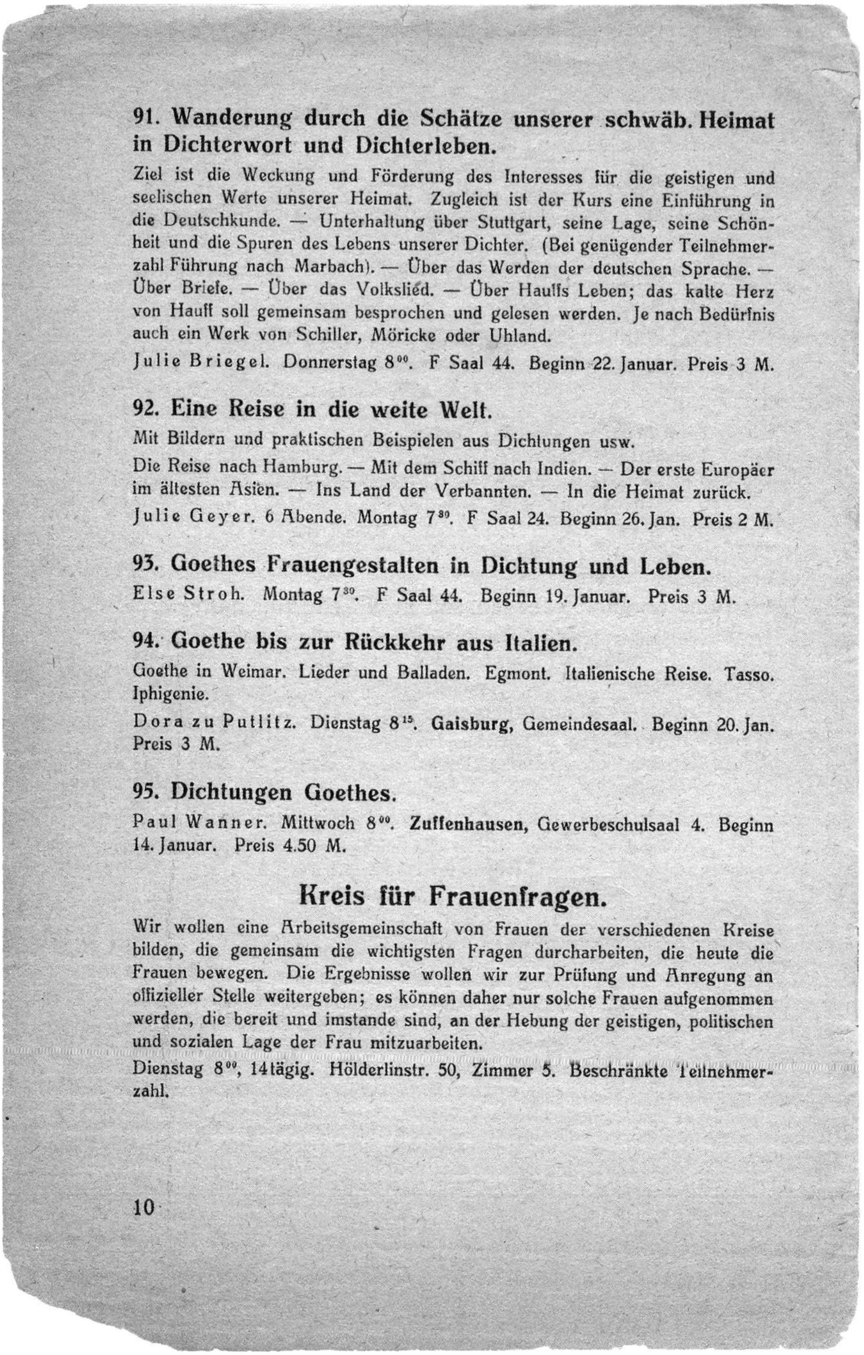

91. Wanderung durch die Schätze unserer schwäb. Heimat in Dichterwort und Dichterleben.

Ziel ist die Weckung und Förderung des Interesses für die geistigen und seelischen Werte unserer Heimat. Zugleich ist der Kurs eine Einführung in die Deutschkunde. — Unterhaltung über Stuttgart, seine Lage, seine Schönheit und die Spuren des Lebens unserer Dichter. (Bei genügender Teilnehmerzahl Führung nach Marbach). — Über das Werden der deutschen Sprache. — Über Briefe. — Über das Volkslied. — Über Hauffs Leben; das kalte Herz von Hauff soll gemeinsam besprochen und gelesen werden. Je nach Bedürfnis auch ein Werk von Schiller, Mörike oder Uhland.

Julie B r i e g e l. Donnerstag 8⁰⁰. F Saal 44. Beginn 22. Januar. Preis 3 M.

92. Eine Reise in die weite Welt.

Mit Bildern und praktischen Beispielen aus Dichtungen usw.

Die Reise nach Hamburg. — Mit dem Schiff nach Indien. — Der erste Europäer im ältesten Asien. — Ins Land der Verbannten. — In die Heimat zurück.

Julie G e y e r. 6 Abende. Montag 7³⁰. F Saal 24. Beginn 26. Jan. Preis 2 M.

93. Goethes Frauengestalten in Dichtung und Leben.

Else S t r o h. Montag 7³⁰. F Saal 44. Beginn 19. Januar. Preis 3 M.

94. Goethe bis zur Rückkehr aus Italien.

Goethe in Weimar. Lieder und Balladen. Egmont. Italienische Reise. Tasso. Iphigenie.

D o r a z u P u t l i t z. Dienstag 8¹⁵. Gaisburg, Gemeindesaal. Beginn 20. Jan. Preis 3 M.

95. Dichtungen Goethes.

Paul W a n n e r. Mittwoch 8⁰⁰. Zuffenhausen, Gewerbeschulsaal 4. Beginn 14. Januar. Preis 4.50 M.

Kreis für Frauenfragen.

Wir wollen eine Arbeitsgemeinschaft von Frauen der verschiedenen Kreise bilden, die gemeinsam die wichtigsten Fragen durcharbeiten, die heute die Frauen bewegen. Die Ergebnisse wollen wir zur Prüfung und Anregung an offizieller Stelle weitergeben; es können daher nur solche Frauen aufgenommen werden, die bereit und imstande sind, an der Hebung der geistigen, politischen und sozialen Lage der Frau mitzuarbeiten.

Dienstag 8⁰⁰, 14tägig. Hölderlinstr. 50, Zimmer 5. Beschränkte Teilnehmerzahl.

10

Abb. 29 Ankündigung des Frauenkreises im Arbeitsplan der Volkshochschule, Mai-Juli 1925 (Archiv der vhs stuttgart)

bereits erreicht hatte und das durch die erfolgreiche Arbeit gewachsene Selbstverständnis der beteiligten Frauen. Carola weiß auch sehr
gut um die hohe, ja entscheidende Bedeutung eines funktionierenden
Mitarbeiterinnen-Teams. Auch das hat sie durch ihre Gruppenarbeit
in der Jugendbewegung und ihren verschiedenen Tätigkeiten im
sozialen Bereich erfahren. Carola sorgt für regen Austausch unter den
Kolleginnen. Regelmäßige Rundschreiben deuten darauf hin, dass
inhaltliche und organisatorische Transparenz angestrebt wurde und
dass die Mitarbeiterinnen immer wieder auf die allen Lehrinhalten
zugrundeliegende pädagogische Grundkonzeption verpflichtet werden sollten: von der persönlichen Hilfe zur Bewusstseinsbildung, von
der individuellen Situation zur gesamtgesellschaftlichen Lage.

Themen des Frauenkreises waren u.a.: Die gesundheitlichen
Schädigungen der Frau in den Betrieben (Dr. Hilde Adler, Ärztin und
Frauenrechtlerin); Die Berufsfrage (Dr. Carola Rosenberg); Bericht
über die Tagung des Bundes deutscher Frauenvereine in Dresden (Dr.
Hilde Adler);); Die Rechtsstellung des unehelichen Kindes (Dr. Luise
Rehm, Juristin); Sexuelle Fragen (Marianne Weber); Haben proletarische und bürgerliche Schichten eine andere Ethik oder andere Sit-
ten? (Dr. Hilde Adler); Die Frauenbeilagen der Tageszeitungen (Dr.
Vilma Kopp).[58] Besondere Erwähnung verdient Dora zu Putlitz, Nichte
des damaligen Kultministers Heimann, die als Kunsthistorikerin und
Literaturexpertin eine Kursleiterin der ersten Stunde war. Mit Angeboten von „Literatur zum Anfassen" in Gestalt von Fahrten und Wanderungen in die „schwäbische Dichterheimat" unterrichtete sie auch
an der Allgemeinen Abteilung der Volkshochschule und in den beiden
Heimvolkshochschulen Denkendorf und Comburg. Im Frauenkreis
war sie mit dem Thema „Die Frau und die Sittlichkeit im neuen Russland" vertreten. Eugen Eberle, langjähriger linker Gemeinderat in
Stuttgart und als junger Arbeiter Teilnehmer ihrer Kurse, erinnert sich
in einem Interview[59] begeistert an die fesselnden Diskussionen, die
Dora zu Putlitz nach ihrer Reise in das revolutionäre Russland 1921
und ihren dort geknüpften Kontakten mit der jungen russischen
Avantgarde unter den Teilnehmern zu entfachen verstand.

In den Themen spiegeln sich die Arbeitsschwerpunkte der
Frauenabteilung: es geht primär um soziale und rechtspolitische Fragen der Frauen, um ihre Gesundheit, um ihre Absicherung im Beruf
und um Hilfe bei Familienproblemen. Um die ganz alltäglichen Sorgen
und Nöte, über die man die Frauen erreichen kann und denen nur
beizukommen ist, wenn man, wie Carola es tut, das Credo der Neuen
Volksbildung ernst nimmt, nämlich Bildung mit „unmittelbarer Wirkung ins tägliche Leben" (Fritz Klatt) zu betreiben. Diesen Bezug zur

115

---

[58] Weitere Themen des „Frauenkreises" waren z.B.: Frauenfrage und Femi-
nismus (Dr. Luise Rehm); Die Psychologie der Mode (Dr. Alice Nägele-
Nördlinger, Ehefrau des Stuttgarter Malers Reinhold Nägele); Die Frau im
Wirtschaftsleben der Gegenwart (Theodor Bäuerle); Wegweiser für die
intelligente Frau zum Kapitalismus und Sozialismus (Dr. Elisabeth Frank,
Volkswirtschaftlerin).

[59] Interview d.Verf. mit Eugen Eberle am 22.6.1988.

Praxis hebt Carola auch als „das besondere an der Frauenabteilung von Beginn an" hervor: „Der Aufbau der Arbeit ist nicht aus einer Theorie heraus entstanden [...] Die Kurse wurden nicht ausgeschrieben und man wartete auch nicht bis die Teilnehmerinnen sich meldeten, sondern man wandte sich jeweils an die Gruppen von Frauen, deren weibliche Kräfte am meisten bedroht waren und knüpfte mit der Arbeit an der jeweiligen Lebenssituation an."[60]

Dabei fehlt die Rückkoppelung der Arbeit an den Stand der allgemeinen Diskussion in der Frauenbewegung nicht. Sowohl im Kursangebot wie im Themenrepertoire des Frauenkreises ist diese immer wieder präsent. So ist z.B. die „Geschichte der Frauenbewegung, ihre Probleme und Aufgaben in der Gegenwart" integriert in einen Kurs über den „Wandel des Frauenideals", den Carola im Herbst 1926 selbst anbietet. In ihrem letzten Rechenschaftsbericht vor der Entlassung[61] stellt sich ihr der „Frauenkreis" als die Institution dar, die brennpunktartig die wesentlichen Aspekte ihrer Bildungsarbeit beinhaltete: hier trafen sich Frauen unterschiedlicher Generationen und Weltanschauung,

„aus den verschiedensten Berufen, Betrieben, Ämtern, Verbänden, Verheiratete und Ledige", um an einem gemeinsamen Projekt zu arbeiten. „Hier lernte die Akademikerin von der Arbeiterin, und hier konnte die Hausfrau, die früher einmal berufstätig war, ihre Erfahrungen einer größeren Allgemeinheit zugute kommen lassen." Wichtig ist auch die Anbindung der Arbeit vor Ort an überregionale Kriterien der Frauenarbeit. Daher die wiederholte Teilnahme von Kursleiterinnen und der Abteilungsleiterin an den großen Tagungen der Erwachsenenbildung in Deutschland und an Kongressen im Ausland. Bei diesen Gelegenheiten wird deutlich, dass die Frauenabteilung der Stuttgarter Volkshochschule bereits großes Ansehen erworben hat. Carola schreibt an ihre Mitarbeiterinnen am 17. Juni 1930: „Ich komme eben von verschiedenen Tagungen zurück (Köln, Dresden) und kann Ihnen voll Freude berichten, mit welch großem Interesse man in allen führenden Frauenkreisen unsere Arbeit in Stuttgart verfolgt. Eine solch starke Anteilnahme verpflichtet uns natürlich auch zu immer besserer Ausgestaltung unserer Arbeit [...] Es drängt mich [...], Ihnen von Herzen für Ihre Aufopferung und Mühe zu danken, mit der Sie alle – wie es sonst in keiner Stadt geschieht – sich an dieser Arbeit beteiligen [...]"[62]

---

[60] Rechenschaftsbericht 1933, Mappe Frauenabteilung.
     Auch: HStAS Q1/21 Bü 154
[61] HStAS Q1/21 Bü 154
[62] HStAS Q1/21 Bü 161

Erster Arbeitsplan

Schwerpunkte (Januar 1925)

Der Arbeitsplan umfasst folgende Schwerpunkte: Die arbeitende Frau (zunächst als Arbeiterin und als Hausfrau: Lebensfragen, Zeitmanagement, Altersprobleme, Generationskonflikte, Gesprächskreis für junge Arbeiterinnen); Bildung und Selbsterziehung (Besinnung auf eigene Kräfte, zielgerichtetes Leben); Die Frau und ihr Selbstverständnis (Naturbestimmung des Weibes? Verhältnis zu Geisteskultur und Technik; Stellung in der Gesamtkultur); Mutter und Kind (Mutterschaft und Kindschaft, Seelenleben des Kindes, geistige Entwicklung des Kleinkindes, Ziel der Erziehung); Gymnastik und Körperkultur; Ärztliche Frauenfragen; Häusliche Krankenpflege; Praktische Kunstpflege (Gestaltung des häuslichen Umfelds, Kleidung, Handarbeit, Basteln); Literatur.

Carola selbst wird sich als Kursleiterin vor allem im Bereich „Die Frau und ihr Selbstverständnis" engagieren. Sie muss zu Beginn ihrer Arbeit zunächst das neue Terrain abtasten. Das tut sie, indem sie sich zum einen an den Frauenkursen orientiert, die die Volkshochschule in den ersten beiden Jahren nach der Gründung angeboten hatte, zum andern, indem sie sich in Kursangebot und Teilnehmerorientierung zunächst einmal an das Programm der Allgemeinen Abteilung anlehnt. So hält sich der erste Arbeitsplan noch vergleichsweise „gedeckt". Mit zunehmender Einarbeitung in ihren Aufgabenbereich jedoch entwickelt sie sehr schnell die Fähigkeit – und den Mut -, die in ihren Lehr- und Wanderjahren gesammelten Erfahrungen in ihrer konzeptionellen und organisatorischen Aufbauarbeit zu verwerten. Nicht zuletzt kommt ihr in diesem neuen Arbeitsgebiet ihr seit jeher aufs Praktisch-Pragmatische gerichtete Temperament und die in ihrer Beziehung mit Bernhard gewachsene nüchtern-realistische Einschätzung der Dinge zugute. Das zeigt sich immer wieder an ihrer Bereitschaft, Themen, die an ihrem eigenen Bildungsweg orientiert sind, zugunsten der alltäglich-praktischen Bedürfnisse der Teilnehmerinnen zu verändern oder aufzugeben. Das geschieht z.B. mit dem Kurs: „Von solchen, die das Leben meisterten", von dem nach zweimaliger vergeblicher Ausschreibung niemand etwas wissen wollte. Oder auch zuweilen mit Kursen über die Geschichte der Frauenbewegung. Diese kann dagegen erfolgreich im Rahmen ganz konkreter alltäglicher Themen behandelt werden. Das bringt Carola hier und da kritische Stimmen aus der Frauenbewegung ein, denen das Programm der Frauenabteilung zu stark an den Alltagssorgen der Frauen orientiert ist. Sie vermissen mehr Grundsätzliches über die Frauenbewegung. Ihnen hält Carola entgegen, dass die Fragen und die „Haltung" der Frauenbewegung sehr wohl Eingang in den Lehrplan fänden, aber nicht als abstraktes Thema, sondern in der Weise, dass sie „für die Interessierten an brennenden Tagesproblemen aufgerollt" würden. Als Beispiele nennt sie „§ 218; Doppelverdiener; das

Abteilung für Frauenbildung.

Eine unerwartet große Zahl von Mädchen und Frauen (über 700) haben dieses Wintertrimester an den Frauenbildungskursen teilgenommen. Der Wille, nicht stehen zu bleiben und sich zu vertiefen, muß in diesen Frauen schon stark gewesen sein, wenn man an die Schwierigkeiten denkt, die sie zu überwinden hatten: Wir meinen vor allem die verlängerte Arbeitszeit und die doppelte Belastung der Frau durch Beruf, Familienpflichten und Haushalt. Der besondere Zweck dieser neu eingerichteten Abteilung besteht jedoch gerade darin, daß sie mithelfen will, die Schwierigkeiten und Nöte der berufstätigen Mädchen und Frauen zu erleichtern. Daher ist in diesen Kursen und Arbeitsgemeinschaften alles das zu finden, was die Frau in ihrem Menschentum vertieft, ihre Anschauungen erweitert und Kräfte weckt, die unter dem Druck der einseitigen Berufsarbeit nicht zur Entfaltung kommen. Die meisten Kurse wollen nicht ein bestimmtes Wissen vermitteln, sie wollen vielmehr die Frauen fähig machen ihren Lebenskreis richtig auszufüllen. Sehr viele Kurse wurden in die äußeren Bezirke verlegt; viele wurden in den Großbetrieben Stuttgarts und Umgebung nach der Arbeitszeit eingerichtet oder auf Wunsch im kleinen Kreise für irgend eine Vereinigung gegeben.

Zum weiteren Ausbau brauchen wir aber Hilfskräfte. Wir richten darum an alle die Menschen, die sich in einem Bezirk (Vorort), in einer Vereinigung, in einem Betrieb für die menschliche Lage der weiblichen Angestellten und Arbeiterinnen verantwortlich fühlen, die Aufforderung, sich an uns wegen der Einführung einzelner Kurse zu wenden oder doch die Aufgabe zu übernehmen, zur Beteiligung an den im Plan verzeichneten Kursen aufzufordern und Listen zur Einzeichnung aufzulegen.

Der vorliegende Plan ist der Jahreszeit halber und wegen der Ferienwochen, die wir im Lauf des Sommers einrichten wollen, verkürzt. Doch zeigt er als Neues dieses: die Einstellung auf den jungen Menschen. Die jungen Arbeiterinnen und Angestellten, die jetzt zu uns kommen, sollen den Grundstock bilden, auf dem sich eine Jugendvolkshochschule aufbauen wird.

Carola Rosenberg.

18

Abb. 30 Erste eigene Programmbroschüre der Frauenabteilung, Oktober-Januar 1925/26
(Archiv der vhs stuttgart)

Recht der Frau auf Arbeit; das gesamte Problem Mutterschaft und Beruf; das gesamte Familienproblem; das sexuelle Problem; unser zugkräftigster Titel: Frauen in Not – Volk in Not."[63] Und fügt als letzte und überzeugendste Begründung hinzu: „Beweis für die Unzulänglichkeit der Kritik ist, dass die oben genannten (d.h. von der Frauenbewegung gewünschten allgemeinen Themen) keine Hörerinnen finden."

Diese Argumente sind Teil einer „unvollständigen Skizze" zum Thema „Die Frauenbildung innerhalb der Volkshochschule", die sie der „Deutschen Schule für Volksforschung und Erwachsenenbildung" in Berlin zur Vorbereitung einer Tagung vorlegt.[64] In dieser Skizze äußert sie sich in vieler Hinsicht ganz unkonventionell: z.B. weist sie auf die Notwendigkeit einer Männerbildung hin, einer „Erziehung der Männer zur Ehe und Vaterschaft und zum Verständnis für den Haushalt", dessen Bedeutung als Arbeit oft unterschätzt werde. Als Beispiel nennt sie „die zentrale Arbeit der Hausfrau, das Kochen," an dem das Eingebundensein einer scheinbar privaten Tätigkeit in allgemeine gesellschaftliche Prozesse verdeutlicht werden könne „volkswirtschaftlich (das Problem der Ein- und Ausfuhr, Kapitalnot); politisch (Beziehung zum Ausland, Zollfrage, Erziehung zur Verantwortlichkeit usw.), gesundheitlich (die Vitaminfrage, überhaupt die Verantwortung der Frau für die Gesundheit der Familie), und schließlich künstlerisch (Weckung der Phantasie bei der Gestaltung eines abwechslungsreichen Küchenzettels)." Als „allgemeines pädagogisches Ergebnis" hält sie die gesellschaftliche Aufwertung der Hausarbeit und damit auch des Selbstwertgefühls der Haufrauen fest: „Die Hausfrau, die sehr oft an Minderwertigkeitsgefühlen leidet, [...] weil man nur sieht, dass sie „kocht", sieht auch diese Arbeit in einen größeren Zusammenhang eingereiht und spürt hier einen Wert und eine Aufgabe." Woraufhin ihr Eduard Weitsch, ein führender Erwachsenenbildner der Weimarer Zeit und Leiter des Volkshochschulheims Dreißigacker, anerkennend schreibt: „Sehr geehrte Frau Doktor! Ich habe heute mit großem Interesse Ihren Entwurf über das Lehrgut für die Frauenbildung der Deutschen Schule gelesen, was für mich entgegen anderen Entwürfen eine wahre Erholung war. Ich folge dem Impulse, Ihnen schriftlich mein Kompliment zu machen und begrüße Sie herzlich [...]" (7.10.1931).

Aus dem Kursangebot ihres ersten öffentlichen Programms ist ersichtlich, dass mit „arbeitender Frau" neben den unverheirateten

---

[63]   Diese Veranstaltung lief als Arbeitsgemeinschaft im Herbsttrimester 1930 unter der Leitung von Anna Blos. Hier sollte das *„Bevölkerungsproblem[...]nicht einseitig, sondern vielseitig vom politischen, volkswirtschaftlichen, gewerbehygienischen, medizinischen, kulturellen und historischen Standpunkt aus betrachtet und gleichzeitig von Frauen und Männern der verschiedensten Richtungen beleuchtet werden."* U.a. sind hier vertreten: der Arzt und kommunistische Schriftsteller Friedrich Wolf, Herr Hofstetter vom Arbeitsamt, Ilse Joseph von der Arbeiterjugend, Rechungsrat Ohngemach vom Wohlfahrtsamt, Alice Nägele-Nördlinger als Ärztin.

[64]   Die Frauenbildung innerhalb der Volkshochschule, Maschinenmanuskript 7.10.1931, <Mappe Frauenabteilung>. Auch: HStAS Q1/21 Bü 154

VHS+

Volkshochschule
Stuttgart

Kurse für
Frauenbildung

Jahresplan 1925/26

Abb. 31 Erste eigene Programmbroschüre der Frauenabteilung, Oktober–Januar 1925/26
(Archiv der vhs stuttgart)

berufstätigen Frauen alle Frauen angesprochen sind, die als Hausfrau und Mutter entweder „nur" zu Hause oder zusätzlich in einem Beruf tätig sind. Hausarbeit und Berufsarbeit werden gleich gewichtet. Auch ist nie von „arbeitslosen", sondern immer nur von „erwerbslosen" Frauen die Rede. Carolas große sozialpädagogische Errungenschaft gegen Ende der Zwanziger und in den ersten Dreißiger Jahren nennt sich nicht „Arbeitslosenbetreuung und -schulung", sondern „Erwerbslosenbetreuung" oder „Volkshochschule für Erwerbslose."[65]

Die arbeitende Frau

Hausfrau, Mutter und Erzieherin, Arbeiterin und ledige berufstätige Frau

Es liegt nahe, dass dieser Bereich sehr schnell wächst und durchstrukturiert ist. Zum einen hat Carola hier eine größere Auswahl an Lehrkräften – Hauswirtschaft war damals neben der „Sozialen Wohlfahrt" die am häufigsten wahrgenommene berufliche Qualifikationsmöglichkeit für Frauen. Auch Hebammen, Kindergärtnerinnen und Kinderärztinnen, ebenfalls bereits etablierte oder neu eroberte Frauenberufe, konnten eingebunden werden. Zum andern ist bei den Frauen, so die Zeitzeugin Annemarie Boeck, die selbst Kursleiterin war,[66] ein großes Bedürfnis nach bewusster Organisation des Haushalts im Interesse einer für sich zu gewinnenden Eigenzeit vorhanden; damit auch nach ästhetischer Gestaltung des eigenen Heims, die – ganz im Trend der Zeit – sich lossagt von unnötigem „Plunder" und mit den modernen Kriterien von Funktionalität und Schönheit vertraut machen will. Groß ist das Interesse der Frauen an den Fragen der Kindererziehung – bis zu Beginn des Jahrhunderts noch das Privileg begüterter Schichten – nun, in den Zwanziger Jahren mit den Nachwirkungen der Jugendbewegung und der breitenwirksam werdenden Reformpädagogik – eine das Bewusstsein der Menschen zunehmend bewegende Frage. Von den vier Angeboten im ersten Frauenprogramm: „Die zweckmäßige Haushaltsführung in heutiger Zeit"; „Mutter und Kind I u. II" und „Wie beschäftige ich mein Kind?"

[65] In einem Bericht über die Frauenabteilung wird die positive Auswirkung dieser Terminologie bei den Kursteilnehmerinnen hervorgehoben: „Als positives Ergebnis aller Tagheim- und Kursusbemühungen darf wohl auch gewertet werden, dass die große Mehrzahl der Frauen, die wir kennen lernen, erklärt, nur e r w e r b s l o s, nicht aber a r b e i t s l o s zu sein. Und ohne Verkennung der schwierigen inneren und äußeren Lage der Erwerbslosen[...]kann doch das vorhandene Bewusstsein, wenigstens und trotz allem sinnvoll tätig zu sein, von einer Stelle aus zur Aktivität geführt zu werden, als unbestreitbarer Erfolg gewertet werden." In: Mitteilungen des Vereins zur Förderung der Volksbildung E.V. Stuttgart, Nr.5, Juni 1931, S.83

[66] Gespräch mit Annemarie Boeck am 23.6.1987.

erweitert sich der Bereich „Familie/Haushalt" auf zwölf Kurse im nächsten Trimester. Einige Beispiele zur Veranschaulichung:

„Welche Kenntnisse erleichtern der berufstätigen Frau die Führung des Haushalts? Der Kurs ist [...] für Frauen gedacht, die durch zweckmäßiges Wirtschaften ihren Haushalt mit möglichst geringem Zeit- und Geldaufwand durch die Schwierigkeiten der Gegenwart hindurchführen und Kraft für ihre sonstigen Aufgaben übrig behalten wollen". „Kinderpflege. Die Mutter als Pflegerin und Erzieherin auch in den einfachsten Verhältnissen; praktische Übungen sollen ein Gefühl von Sicherheit, auch dem kranken Kind gegenüber, geben und sie befähigen, ärztliche Anordnungen gut und gewissenhaft auszuführen [...]"

Neue Themen kommen hinzu: „Der Säugling. Gesunder Körper, Lebenskraft, Lebensfreude – Besprechung grundlegender Fragen, die wichtig sind, wenn ein Leben beginnt. Natürliche Ernährung, Gefahren der künstlichen [...]" Kursleiterin ist die Ärztin Dr. Mathilde Salzmann; „Pflege und Ernährung des Kindes"; „Ärztliche Frauenfragen" (drei Kurse bei den Ärztinnen Dr. Hilde Adler und Dr. Marga Wolf). „Frauenfragen im Licht der sozialen Frage" (Dr. Hilde Adler); „Häusliche Krankenpflege" (zwei Kurse bei der Oberin Margarete Seyffardt).

Der „Hausfrau" wird ein Semester später eine eigene Rubrik gewidmet (Arbeitsplan 1926/27). Die in Stuttgart bekannte und geschätzte Ordensfrau Marie Cauer,[67] langjährige Mitarbeiterin der Frauenabteilung, bietet an:

„Neuzeitliche Haushaltsführung mit praktischen Übungen. Längst wäre es, da mehr und mehr Frauen mit ihrem Beruf als Hausfrau und Mutter auch noch Erwerbstätigkeit verbinden müssen, wünschenswert, dass Zeit und Kräfte der Hausfrau möglichst geschont werden [...] Der Kurs will für diese Umgestaltung Richtlinien geben [...] außerdem unmittelbare praktische Anweisungen für eine plan- und zweckmäßige Ausführung häuslicher Verrichtungen ohne kostspielige Neuanschaffungen [...]"

Die in den ersten Frauenkursen der Volkshochschule (1919 bis 1921) engagierte Berta Werth hält einen Kurs über

„Die Frau und ihr Haushalt. Je mehr Frauen Hausarbeit und Erwerb verbinden müssen, desto mehr ist eine gut durchdachte, praktisch vereinfachte Hausarbeit nötig [...] Themen: Bisherige Erledigung der Hausarbeit; moderne Hilfsmittel; die Haushaltskasse; der gute Einkauf: Ausverkäufe, Reklame, Zeitungsanzeigen; die wirtschaftliche Bedeutung der Frau als Käuferin [...]" (Arbeitsplan 1926/27).

---

67 Oberin Cauer leitete zwanzig Jahre (1894 bis 1914) das „Deutsche Kaiser-Friedrich-Krankenhaus" in San Remo. Ab 1918 lebte sie mit der schwäbischen Dichterin Anna Schieber in Stuttgart-Degerloch. Von dort aus entfaltete sie ihre weitverzweigte Tätigkeit auf dem Gebiet der sozialen Fürsorge, der politischen Arbeit, der Jugendpflege und der schriftstellerischen Tätigkeit. Vgl. Stuttgarter Neues Tagblatt, Beilage <Die Frau>, Nr.1, 14. Januar 1931

Die Heimgestaltung, im Kern enthalten in dem umständlich benannten Kurs „Handfertigkeitsübungen und praktische Kunstpflege" des Eröffnungsprogramms (vier Kurse zu jeweils anderen Zeiten und an unterschiedlichen Orten) findet auch in den folgenden Trimestern ihre Fortsetzung und wird zunehmend ausgebaut. Es kommen hinzu:

„Kunst oder Kitsch? Eine Anleitung, Wertvolles und Wertloses in der Kunst und im täglichen Leben unterscheiden zu lernen." Kursleiter ist Wolfgang Pfleiderer. Weiterhin: „Grundlagen zur Handfertigkeit und Geschmacksbildung. Für Anfänger und Fortgeschrittene; Anleitung zur Herstellung einfacher kunstgewerblicher Arbeiten, die [...] dem heutigen Bedürfnis entsprechend hergestellt werden können [...] Wollstickereien auf Gmindner Leinen, Bastarbeit: Flechten und Knüpfen [...], einfache Batikversuche, Bänderweben auf dem Handwebebrett, u.a [...] Es soll zum guten Geschmack erzogen und der Sinn für künstlerische Gestaltung der eigenen Umgebung geweckt werden." (1925/26)

In diesem Zusammenhang gehört ein Angebot der Kunstgewerblerin Johanna Haug, das ab dem Winter 1928 im Frauenprogramm an den verschiedensten Kursorten in der Innenstadt, in Untertürkheim, in Wangen und später im Tagheim für erwerbslose Frauen in der Marienstraße zu finden ist:

„Künstlerische Frauenkleidung. Beratung und Ausführung künstlerischer und persönlicher Frauenkleidung. Kenntnisse im Nähen sind erwünscht." Johanna Haug veröffentlicht auch regelmäßig ihre Entwürfe für Frauenkleider in der „Württemberger Zeitung".

Im Herbst 1927 gibt die große Werkbundausstellung „Die Wohnung" in Stuttgart den Impuls zu neuen Kursen: „Die neue Wohnung und der neue Lebensstil" bei Wolfgang Pfleiderer. Und „Die neue Wohnung, Arbeitsgemeinschaft mit Führungen und Lichtbildern" bei Vilma Kopp. Vilma Kopp hatte bereits zwei Jahre zuvor das Thema aus sozialpolitischer Sicht in dem Kurs behandelt:

„Die Volkswohnung in Stadt und Land. Wie sie sich gewandelt hat im Laufe der letzten Jahrhunderte, wie sie jetzt ist, und wie die Frau dazu helfen kann, das Wohnhaus und seine Einrichtung zweckentsprechend und schön zu gestalten."

Über das eigene Ich hinaus

Auch im Themenbereich Haushalt/Familie wird Carolas Bildungsziel deutlich: von den „ganz alltäglichen Fragen und Nöten" auszugehen und „im Kleinen und am Kleinsten" zu arbeiten, um von da zu allgemeinen Fragestellungen und „zu den allerletzten Fragen" vorzudringen, wie sie betont: Fragen der persönlichen und sozialen Ethik, Fragen des gesellschaftlichen und politischen Lebens der

Gegenwart, die die Frauen, wie sie im Vorwort zum Arbeitsplan 1925/
26 betont, „über das eigene Ich hinausheben [...]"[68]. So wird der pra-
xisbezogene Anteil der Kurse zunehmend durch themenbezogene
übergreifende Fragestellungen ergänzt. Schon ab dem dritten Programm im Oktober 1925 erscheint ein Kurs über „Die Rechtsstellung
der Frau" bei Dr. Emmy Rebstein, der über drei Trimester läuft. Er
behandelt: „Familienrechtliche Bestimmungen des BGB, Vergleiche
mit außerdeutschen Ländern, Besprechung von Fällen aus dem täglichen Leben; wichtige Einzelfragen für Frauen außerhalb des Fami-
lienrechts; Einstellung der Frauen zu Recht und Rechtspflege."

Es kommen hinzu: „Die wichtigsten Rechtsfragen im Leben
der Frau" bei der Sozialbeamtin Christine Evert („[...] außer den grundlegenden Fragen kommen die einschneidendsten Gesetze aus dem
Strafgesetzbuch, Bürgerlichen Gesetzbuch, besonders des Familien-
rechts, zur Sprache [...]" Herbst 1927). Gleichzeitig läuft ein Kurs über
„Die Rechtsstellung der Frau im privaten und öffentlichen Leben" bei
Regierungsrätin Dr. Luise Rehm (Herbst 1927). Der Kurs „Praktische
Rechtsfragen aus dem täglichen Leben der Frau" bei Dr. Ilse Beiß-
wanger (Winter 1928) will namentlich „täglich vorkommende Rechts-
geschäfte – Kauf, Miete, Dienstvertrag usw. und [...] vor allem die
vermögensrechtliche Stellung der Ehefrau" behandeln. Zu mehr
öffentlichem Engagement ermuntert Vilma Kopp die Frauen in ihren
Kursen: „Der Einfluss der Frau im Leben des Staates und der Gemeinde.
Soll die Frau sich um das öffentliche Leben kümmern? Einflußmög-
lichkeiten der Frau in Sitte und Recht. Was muß die Frau vom politischen Leben, insbesondere von der deutschen Reichsverfassung
wissen?" Zur Teilnahme an dieser Veranstaltung, die in zwei Arbeitsgemeinschaften laufen soll, werden die Teilnehmerinnen aus zwei
anderen Kursen angesprochen, die Vilma Kopp zu ähnlichen über-
greifenden Fragestellungen anbietet:

„Wie kann die arbeitende Frau ihre Zeit wertvoll ausnützen? Freie Zeit und menschliche Gemeinschaft: Beteiligung der
Frau am Vereinsleben [...] Die arbeitende Frau als Kämpferin um
ihren Feiertag. Arbeitsüberlastung der Frau in Arbeit und Beruf.
Wege zur Befreiung [...]" und „Wie kann die Frau ihre Berufsarbeit wertvoll gestalten? Beruf und Berufswahl; Frauenberufe
[...]; der wirtschaftliche Kampf, der seelische Kampf; Erwerbs-
beruf und Ehe; Berufsfragen der Hausfrau. Hausfrauenarbeit als
Beruf. Besondere Berufsschwierigkeiten der Hausfrau [...] Haus-
haltsplan, Zeiteinteilung, Weiterbildung [...]"

Vilma Kopp kündigt auch einen Kurs zum Thema „Führerinnen" an: „Lebensbilder von Frauen, die uns helfen können, unser
eigenes Leben zu gestalten." (Arbeitsplan 1925/26). Sie greift in ihrer
Kursarbeit auch die „Krise der Familie" auf. In einer Arbeitsgemeinschaft sollen „die Kräfte" aufgezeigt werden, „die in unserer Zeit auf
die Verkümmerung und Zerstörung der Familie hinwirken zugunsten

---

[68] Wege und Aufgaben der Frauenvolkshochschule Stuttgart,
Maschinenmanuskript 1928. <Mappe Frauenabteilung>.

kollektiver Lebensgestaltung." Es soll weiter erörtert werden, „ob und wie die heutige Familie sich wieder zu einer kulturell bedeutungsvollen Form verwandtschaftlicher Lebensgemeinschaft zu entwickeln vermag. Es wird damit eine der wichtigsten Fragen des Frauenlebens zur Aussprache gebracht." (Herbst 1927).

Die Ökonomin Dr. Elisabeth Frank ist im Winter 1828 mit einem Kurs über den „Alltag und seine volkswirtschaftlichen Probleme" vertreten. Hautnah gestaltet sie ihr Thema: „Die Gegenstände, die uns täglich im Haushalt und in der Arbeit umgeben, sind voll von volkswirtschaftlichen Problemen. Es sollen die Dinge in ihrer Entstehung und Bedeutung volkswirtschaftlich betrachtet werden. Dabei werden wir [...] auf wichtige Fragen kommen, wie Lohn und Arbeit, Handelspolitik, Monopol, Geld und Währung, Mode u.a."

Elisabeth Frank verdeutlicht in ihren Kursen immer wieder den Zusammenhang zwischen dem eigenen individuellen Tun und dem größeren wirtschaftlichen und politischen Kontext, in dem es steht. So in ihren Kursen:

„Die Textilarbeiterin und ihre Arbeit. Ausgehend von dem Betrieb, in dem die Kursteilnehmerin beschäftigt ist, soll über die in dem betreffenden Industriezweig verwendeten Rohstoffe, über den Arbeitsgang vom Rohstoff zum fertigen Erzeugnis und über die Verwendung und Bedeutung des fertigen Erzeugnisses gesprochen werden [...] Besonders soll erörtert werden [...] die sehr starke Abhängigkeit der Textilindustrie von der Mode und der guten oder schlechten Wirtschaftslage des Landes und die Bedeutung dieser Abhängigkeit für die Arbeiterschaft [...]" (Herbst 1927).

Man merkt – die Kursleiterin hat ihren Marx gelesen und versucht, durch Aufklärung über die Zusammenhänge, in denen die Arbeiterinnen produzieren, der Entfremdung entgegenzusteuern. Ebenso beispielhaft ihr Kurs:

„Die Verkäuferin und ihre Waren. Die Aufgabe des Handels ist es, die Ware vom Erzeuger zum Verbraucher zu bringen. Die Verkäuferin ist das letzte Glied auf diesem Wege. Je weiter, zeitlich und örtlich, Erzeuger und Verbraucher voneinander getrennt sind, desto wichtiger ist es, dass die Verkäuferin Auskunft über den Wert ihrer Waren geben kann. Das kann sie nur, wenn sie selbst Herstellung und Herkunft ihrer Waren sowie die Bedürfnisse ihrer Kunden kennt [...] Auch soll die eine oder andere Produktionsart in einer Fabrik besichtigt werden [...]" (1927).

„Die Frau und der Einkauf. Die Hausfrau, durch deren Hand ein großer Teil des Volkseinkommens fließt, muß es zweckmäßig verwenden. Sie muß das, was sie einkauft, kennen und seinen Wert einschätzen können. Um eine solche Kenntnis zu ermitteln und zu entwickeln, soll an Hand vieler Proben von Bekleidungs- und Nahrungsstoffen die Entstehungs- und Herstellungsart, die Verwendbarkeit und die Haltbarkeit dieser Stoffe besprochen werden. Zur Veranschaulichung sollen einige Fabriken besichtigt werden [...]" (Herbst 1927).

Die Frau im Beruf

Hier findet ebenfalls eine schnelle Ausdifferenzierung des Angebots statt. Im Programm von 1926/27 lesen wir z.B. unter dem Ausschreibungstitel: „Berufsarbeit und Menschentum. Vom Sinn der Arbeit. Aus der Geschichte der menschlichen Arbeit, mit besonderer Berücksichtigung der Frauenarbeit. Der Beruf der Kontoristin, Beamtin, Verkäuferin, Arbeiterin etc. nach seinen äußeren und inneren Voraussetzungen, [...] für die Berufszugehörigen und für die Gesamtheit [...]" Kursleiter ist Theodor Bäuerle in Zusammenarbeit mit Carola Rosenberg. Im Programm vom Herbst 1927 wird angeboten: ein „Lehrgang für Verkäuferinnen", der im darauffolgenden Sommer sich in folgende Kurse gliedert: „Verkaufs- und Warenkunde"; „Der Beruf der Verkäuferin"; „Die Frau im Erwerbsleben der Gegenwart"; „Frau und Beruf"; „Die volkswirtschaftlichen Zusammenhänge: Berufs- und Warenkunde; Verkaufspraxis." Im Herbst 1927 finden weitere Lehrgänge für Büroangestellte und Motornäherinnen statt. Ab Oktober 1930 bietet die erfahrene Sozialarbeiterin Ilse Wolf eine Arbeitsgemein-schaft über „Frau und Beruf" an, deren Ausschreibung die damalige Kursarbeit lebendig werden lässt:

Abb. 32 Dora zu Putlitz,
Kursleiterin für Literatur und Kunstgeschichte an der Frauenabteilung und der Allgemeinen Abteilung der Volkshochschule Stuttgart von 1924-1932
Fotograf: Zeisig, Retzin / Prignitz;
Geschenk an die vhs stuttgart aus dem Archiv Prof. Dr. B. von Barsewisch,
Nymphenburger Str. 43, München
(Archiv der vhs stuttgart)

„Stellung der Frau zum Beruf einst und jetzt, in den verschiedenen Lebensstufen, in den verschiedenen Berufen; Beruf und Ehe; was der Beruf geben kann und was nicht. Wege zur Berufs- und Lebenserfüllung. Diese und andere Fragen sollen vor allem auch an Hand der Literatur, vorwiegend der modernen Literatur, beleuchtet werden [...]"

Vor allem werden hier die Arbeiterinnen angesprochen. Sind sie noch in der allerersten Phase Adressatinnen für die Vermittlung von humanistischen Bildungsinhalten, so werden sie sehr bald durch das besondere Engagement Carolas in dieser Frage eine der wichtigsten Zielgruppen der Frauenabteilung. Über ein Netz von Kontakten, das sie mit zäher Energie knüpft, können die bedürfnisorientierten Kurse für Arbeiterinnen in den Betrieben organisiert werden. Auch hierzu einige Beispiele für die geleistete Arbeit: Im Arbeitsplan des letzten Trimesters 1930 weist die Leiterin unter der Rubrik „Kurse für Betriebe nach der Arbeitszeit" auf die Möglichkeit der „Beratung für Betriebsleiter, Arbeiterinnen und Angestellte während der Pausen oder nach der Arbeitszeit" hin und empfiehlt als „wichtig für alle Frauen: Gesundheitsfragen (persönliche, häusliche und Betriebshygiene), Gymnastik, Fragen der Haushaltsführung und Ernährung." Im Kursangebot erscheinen ab Herbst 1927 Veranstaltungen für eine besondere Zielgruppe unter den Arbeiterinnen: die Textilarbeiterinnen. Diese Arbeit wird vernetzt mit einem Vortrag der Frauen- und Jugendsekretärin des Deutschen Textilarbeiterverbands Else Niwiera aus Berlin, der im dichtbesetzten Vortragssaal des Gustav-Siegle-Hauses stattfindet. In den folgenden Semestern wird eine kontinuierliche Arbeitsgemeinschaft zum Thema: „Mein Arbeitstag – mein Wochenend" angeboten, die Carola selbst leitet. Das Thema orientiert sich an einer Veröffentlichung des Textilarbeiterverbands, in der die Arbeiterinnen von ihrem beruflichen und privaten Alltag berichten.[69] Die Zusammenarbeit mit dem Verband beinhaltet auch die Betreuung einer Jugendgruppe des Verbandes und die Organisation von Ferien- und Schulungstagen auf der Comburg, der Heimvolkshochschule für junge Arbeiter, die der Volkshochschule Stuttgart angeschlossen ist (1930).

Carola als Frau im Beruf

Carola spricht im Geleitwort zu ihrem dritten Programm (1925/26) zu den Frauen – und sie schließt sich selbst ein – von der „drückenden Not, in der wir berufstätigen Frauen uns heute fast ohne Ausnahme befinden." Diese Not liegt für sie vor allem „in der seelischen Verengung und in der Einschränkung des gesamten weiblichen Lebens durch den Beruf [...]" Und dann ein emphatischer Aufruf: „Wir wollen in unseren müden Frauen die Sehnsucht wecken, ganze Menschen zu sein [...] Wir wollen sie innerlich lebendig machen und sie befähigen, ihren Lebenskreis auszufüllen [...]"

„Seelische Verengung und Einschränkung des gesamten weiblichen Lebens durch den Beruf [...]" – begibt sie sich nicht hier ins Lager der Männer, die das schon immer gewusst haben? Zunächst ist zu sagen: Carola, die in dieser Zeit intensiv mit der Einrichtung von Betriebskursen beschäftigt ist, argumentiert hier erst einmal aus ihren Erfahrungen mit den Fabrikarbeiterinnen: Es treten ihr müde, von eintöniger und schwerer Arbeit zermürbte Frauen gegenüber, auf

---

[69] Die Berichte waren in Form eines Preisausschreibens durch den Verband entstanden. Die Arbeiterinnen wurden darin aufgefordert, „wahrheitsgetreu und ausführlich den Verlauf eines Arbeitstages und eines Wochenendes" zu beschreiben. Daraus ergab sich, dass diese Frauen durchschnittlich einen 14-stündigen Arbeitstag hatten, der um 5.45. begann, bis mindestens 22.00 Uhr andauerte und von höchstens drei kurzen Pausen unterbrochen war (vgl. M. Eggemann 1997, S. 57).

deren Arbeitsabläufe sie keinen Einfluss hat, denen sie aber helfen will, zur Besinnung zu kommen, den Rest an Leben, der ihnen in Familie und Freizeit bleibt, nützlich für sich selbst und ihre Familie zu gestalten, „[...] vom Dunklen ins Helle zu streben", wie es in einem Praktikantinnenbericht aus der Arbeiterinnenbildung heißt. Aber in diesem Geleitwort spricht noch etwas anderes mit: die Erfahrung mit sich selbst: „[...] unglaublich viel Kraft nimmt das in Anspruch [...]" (an Bernhard, 1925)

Permanente Übermüdung und totale Erschöpfung ist ein Grundtenor ihrer Briefe an Bernhard aus jener Zeit. Am Abend der Gründung des „Frauenkreises" schreibt sie:

„Ach, ich bin wieder so müde, wenn die Arbeit so weiter geht, kann ich nicht lange so fort machen [...] Gestern abend kam ich um 2 Uhr ins Bett. Da hatten wir mit allen führenden Frauen einen Kreis für Frauenfragen (Führerinnenkreis) gegründet." (8.1.1925)

Und zwei Tage später:

„Weißt Du, dieser Beruf nimmt eine seelische Kraft in Anspruch, die ich eigentlich erst mit 40 Jahren haben kann; unglaublich viel Kraft nimmt das in Anspruch [...]"(10.1.1925)

Sie wird sich der zwei Welten bewusst, ihrer privaten und ihrer beruflichen, die in Konflikt miteinander geraten: „Mein Leben mit Dir und mein Leben in der Volkshochschule bei Direktor Bäuerle passen nicht zusammen. Kann ich aber heute weg? Habe ich eine andere Möglichkeit? Ich glaube nicht" (ebd.). Dass sie in ihrer beruflichen Arbeit durchhalten und dieser erst einmal den ganzen Platz in sich einräumen will, deutet sie auch als „mögliche leise Angst" vor ihrer Selbstaufgabe in der Liebe:

„[...] wenn ich mich ganz diesem Quell in mir hingebe, bricht mir jeder Wille zu der anderen Arbeit zusammen. Und Du weißt, ich würde nie diese andere Arbeit leisten können, wenn nicht doch – während ich sie tue – mein ganzer Mensch dabei wäre" (ebd.).

Sie sieht sich in der Zukunft schon an einem Scheideweg, an dem sie sich jedoch später anders entscheiden wird als sie es jetzt vermutet, zu Beginn einer über alle Maße kräftezehrenden Arbeit:

„Ich weiß auch ganz gut, dass ich die beiden Möglichkeiten in mir habe, auf der einen Seite in wenigen Jahren schon eine der führenden Frauen zu sein, bin aber Dein Weib. Ich habe Dich gewählt. Wenn die Zeit für uns reif ist, werde ich diesen Beruf aufgeben und mein Geld durch eine andere Arbeit verdienen" (10.1.1925).

Sie wird es nicht tun, denn ihre Kräfte wachsen mit der Arbeit, und diese selbst wird handhabbarer mit zunehmender Erfahrung. Doch bewegt sie sich auch dann immer wieder an der Grenze der Überforderung. 1928 muss sie einen „Nachurlaub" auf dringendes Anraten der Ärztin Auguste Hohlbaum beantragen, die ihr rät, das kräftezehrende Baden in der Nordsee zu reduzieren, der Ruhe zu frönen und vor allem „Volkshochschule Volkshochschule" sein zu lassen

(24.8.1928). Die Anfänge aber sind begleitet von dem Gefühl, noch zu jung zu sein an Erfahrung und an emotionaler Stabilität:

> „Ich bin sehr unzufrieden mit mir, weil nicht nur mein Kör-per, sondern auch meine Stimmung immer Purzelbäume schlägt [...] ich habe mich viel zu wenig in der Hand, das ist nicht schön; ich kann mich nicht ausstehen und habe eine Wut auf mich, mehr als auf alle anderen Leute [...]" (8.2.1925).

Zwei Monate später:

> „Eben komme ich von der Arbeit: es geht dieses Mal gar nicht vorwärts bei mir; ich habe größere Hemmungen denn je. Auch wird die Arbeit immer schwieriger [...] Gestern habe ich bei Bäuchle (Graphologieexperte aus dem Umkreis Bäuerles, Anm.d.Verf.) sogar geheult, dummerweise [...] Mein großes schönes Schiff wird nicht die Volkshochschule sein, ich bin ja noch viel zu jung; es ist ein hohler Raum zwischen dem, was ich sein kann und sein soll" (23.4.1925).

Oft kommt Carola erst am späten Abend nach einem Zwölf-stundentag in ihr ungeheiztes und ungemütliches Pensionszimmer. Die vor Kälte steifen Finger bringen eine kaum noch leserliche Schrift zustande (ihre Schrift ist schon im Normalzustand nur unter größter Mühe entzifferbar – nicht nur für die Verfasserin, sondern auch für ihre Freunde und vor allem für Bernhard, dessen ganze Klaviatur von empörten und witzigen, erzürnten und ironischen Ermahnungen nie etwas gefruchtet hat). Dann ist sie nicht selten so erschöpft, dass sie mit letzter Kraft versucht, ihre Gedanken zu formulieren – und es ent-stehen rudimentäre, gestammelte Sätze, die nur noch eines ausdrük-ken: ihre Sehnsucht nach Ruhe, Zuwendung, Aufgehobensein.

> „Du mußt bedenken, wenn ich zum Schreiben an Dich komme, dann habe ich schon 10-12 Stunden geschafft und mein Zimmer ist kalt (ich bin froh, wenn ich das Loch vor dem Schla-fengehen nicht heizen muß) und da sind wohl auch die Finger steif und zu [...] Das ist sehr komisch. Ich gebe Dir, wenn Du hier bist, eine Schriftprobe von mir aus der Arbeitszeit: völlig anders, ganz mit Wille und Verstand durchsetzt; wenn ich aber nur 1 Stündlein bei Dir bin, da bin ich so ganz in Dich hineinversun-ken – aller Wille weg, nur noch Sehnsucht und viele Liebe da, dass ich oft gar nichts mehr denke und nur hier und da 1 Buch-stabe aufs Papier hüpft" (22.2.1925).

> „Heute bin ich sehr schwach. Vermutlich hat der liebe Gott (Codewort für Menstruation, Anm.d.Verf.) verbunden mit Über-arbeitung schuld – jedenfalls habe ich eine starke Sehnsucht, dass Du bei mir wärst und ich mich an Dir halten könnte; es tut mir da vieles weh, ich spüre, wie so manches im Geschäft mei-nem Wesen feindlich ist [...] Es ist auch bei mir so, immer muß ich „Haltung" haben – nie ein Mensch um mich, wo ich sein darf [...]" (22.1.1925).

Die 26jährige muss „Haltung" zeigen, muss ganz „von Wille und Verstand" geleitet sein, denn sie gehört nun zum Führungsteam der Volkshochschule, im Team mit Theodor Bäuerle als dem Chef des

129

ganzen Volksbildungsunternehmens in Stuttgart und Württemberg und Wolfgang Pfleiderer als dem Leiter der Gesamtvolkshochschule und der Allgemeinen Abteilung.

Das Berufskorsett

Die Anpassung an bürgerliche Konventionen

Carola muss sich auch bürgerlichen Konventionen beugen und ihre Beziehung zu Bernhard Blume verheimlichen. Ein „Fräulein" mit einem „Verhältnis" war in dieser Position – auch wenn sie offiziell verlobt war – undenkbar, sowohl für die Institution wie für das Publikum. Wie zum Beispiel diese Briefstelle bezeugt: „Bäuerle sagte mir gestern, als es sich um die Neuanstellung einer Frau handelte, die könne er nicht einstellen, die hätte ja einen Verlobungsring angehabt." (8.1.1925) Auch bei der Zimmersuche als selbstverständlich „solide Dame" und der kontrollierenden Neugier der diversen Pensionswirtinnen hat sie viel zu erdulden. Doch macht sich das heimliche Paar auch seinen Spaß daraus. In den vielen Jahren ihrer getrennten Existenz haben sie gelernt, die Hürden bürgerlicher Moralvorstellungen immer wieder listenreich und gelassen zu überspringen. Ihrem Bericht über das Gründungstreffen des Frauenkreises fügt Carola verschmitzt hinzu: „Manchmal dachte ich dabei an Dich, da musste ich innerlich lachen. Bei all denen bin ich unmöglich, wenn sie wissen, dass ich's mit Dir habe" (ebd.).

Abb. 33 Anna Blos
(HStAS und Archiv der
vhs stuttgart)

Haltung muss sie auch zeigen gegenüber den meist älteren Kolleginnen der Abteilung und so mancher renommierten Kursleiterin, die mit dem Gang an die Öffentlichkeit droht, wenn sie keinen Lehrauftrag von Carola erhält. In dieser Weise handelt Anna Blos, führende Sozialdemokratin in Württemberg als Mitglied des Landevorstands und Ehefrau des ersten württembergischen Staatspräsidenten der Weimarer Republik. Als ehemaliges Mitglied des Pädagogischen Gründungsausschusses der Volkshochschule Stuttgart hatte sie sich dort bereits für die Frauenbildung als Grundpfeiler der neuen Erwachsenenbildung eingesetzt. Sie selbst ist im Oktoberprogramm 1925 als Kursleiterin aufgeführt (der Kurs ist aber nicht ausgeschrieben), erst 1930 hält sie wieder Kurse über die Frauenbewegung und eine erfolgreiche Arbeitsgemeinschaft zum Thema „Frauen in Not – Volk in Not." Anna Blos war als exzentrische und „schwierige" Frau bekannt – auch in ihrer Zusammenarbeit mit Klara Zetkin bei der Herausgabe der SPD-Frauenzeitschrift „Gleichheit". Carola kann sich allein den Drohungen der bekannten Frau nicht

erwehren und bittet beim Leiter um Unterstützung. Sie schreibt an
Bernhard:

> „[...] heute erlebe ich „nur“, dass die Staatspräsidentin Blos
> in schnaubender Wut angeläutet hat, weil ich sie – da sie doch
> ein hysterisches Weibsbild ist – zu keinem Kurs aufgefordert ha-
> be. Und was das schönste ist – weswegen sie die Öffentlichkeit
> informieren und die Zeitung anrufen werde. Pfui Deibel! Jetzt

VOLKSHOCHSCHULE STUTTGART
Tagblatt-Turm 1.Stock.
Tel. 23334 .

                Im Rahmen des Goethe-Bundes hält der Dichter

                    Bernhard B l u m e
        am Samstag , 22. Oktober 16.30 Uhr im gr. Hörsaal der
        Technischen Hochschule, Keplerstr. 10 einen Vortrag zur
        Feier des 70. Geburtstages von

                    G e r h a r t H a u p t m a n n
                    =====================================

        Der Eintritt ist frei!
                    Wir empfehlen unseren Hörern den Besuch
        dieses Vortrages.

                    VOLKSHOCHSCHULE STUTTGART.

Abb. 34 Ankündigung eines Vortrags über Gerhart Hauptmann von Bernhard Blume
(Nachlass Rosenberg-Blume)

werd ich noch von so einem Weib in der Öffentlichkeit herun-
tergemacht. Herr Professor Pfleiderer hat nun einen Brief an sie
geschrieben, ich werde mit dem Schmutz nicht fertig“ (ebd.).

Die „seelische Verengung“ durch den Beruf erlebt Carola
durch die totale Vereinnahmung ihrer Person, durch einen gnaden-
losen Zeitplan, dem sie nicht entrinnen kann. Sie wehrt sich gegen
diese „Durchorganisiertheit des Lebens bis in die Fingerspitzen“. Sie
möchte kein „Berufsdrachen“ werden, einer von diesen „vertrockne-
ten weiblichen Fach- und Organisationsmenschen, für die außer ihrer
Arbeit alle anderen wichtigen Lebensbezirke überhaupt nicht mehr
da sind“ – wie sich Vilma Kopp in ihrem Einführungsvortrag zur Eröffnung der Frauenabteilung ausgedrückt hatte. Auch dieses Ausgelie-
fertsein an die von der männlichen Arbeitswelt vorgegebenen

Zeitstrukturen bringt eine Differenzierung in ihre immer wieder
anders formulierten Geleitworte zu den Arbeitsplänen der Frauenabteilung. Da heißt es:

„[...] diese Zeit des Übergangs verlangt immer wieder die
Besinnung der Frau auf ihre eigentlichen Aufgaben und Fähigkeiten. Bedeutet doch das heutige Leben für sie vielfach eine
starke seelische und körperliche Überbelastung. Es verlangt von
ihr einerseits das Hineinwachsen in die Öffentlichkeit, ein Sich-
einfügen in den Rhythmus des vom Mann geprägten Berufsle-
bens, und andererseits ein volles Bewahren ihrer weiblichen
Grundkräfte" (Arbeitsplan 1926/27).

Welche Lösungsmöglichkeiten können in diesem Konflikt
der Frau angedacht werden? Hat die Frau überhaupt eine Wahl zwischen Vereinnahmung durch die männlich geprägte Arbeitswelt und
„Weiblichkeit"? Carola sagt nein, der Verzicht auf „Weiblichkeit" ist
vorprogrammiert, sie setzt aber zugleich auf die Bewusstmachung dieses Konflikts, auf die „Hilfe in dieser Not", die sie mit ihrem Programm
anbietet und durch die die Frauen neue Ressourcen in sich entdecken
können. Keine leeren programmatischen Erklärungen, sondern ein
Lehr- und Lernangebot, das thematisch den unterschiedlichen sozialen „Ständen" und den „jeweils anders gearteten Bedürfnissen" der
Teilnehmerinnen entgegenkommt. Jedes Lebensgebiet der Frau findet
in den Kursen seine theoretische Behandlung und, soweit dies im Stoff
begründet ist, die Anleitung zur praktischen Durchführung.

„Hierin liegt die Eigenart und Stärke der Frauenabteilung:
sie stellt sich ganz auf die Verschiedenartigkeit der Bedürfnisse
ein, nach Stoff und Arbeitsweise" (Arbeitsplan von 1926/27),
denn „[...] die Lebenssituation und der Ansatzpunkt zu einer
fruchtbaren Arbeit sind doch jeweils verschieden bei der Arbeiterin, der Angestellten, der Mutter und Hausfrau [...]"[70]

Wie geht sie nun selbst mit dieser „seelischen Einengung"
durch die berufliche Arbeit um? Sie hält fest an der alten Sehnsucht
nach Freiheit und Selbstbestimmung, nach schöpferischem Eigenle-
ben; wie sie es auch in ihrer Liebe zu Bernhard erfährt, von wo ihr
immer wieder neue Impulse zuwachsen. Nicht nur für ihre Arbeit in
der Volkshochschule, auch für seine Arbeit an der Dichtung. Nur so
ist begreiflich, dass sie bei ihrem Zehn- bis Vierzehnstundentag mit
Planungs- und Kurstätigkeit, Wochenendveranstaltungen, Tagungen
und in den ersten Monaten den Arbeiten zur Drucklegung ihrer Dissertation noch die Energie findet, sich zeitweise intensiv seinen Thea-
terstücken und Novellen, deren Korrekturlesen und Veröffentlichung
bzw. Lancierung an den großen deutschen Bühnen zu widmen. Zu
einem Novellenmanuskript, das ihr Bernhard geschickt hat, überlegt
sie:

„Wo willst Du es veröffentlichen – Simplicissimus ist wohl
zu rechts. Wenn es der Neue Merkur nicht nimmt, so wäre am

---

[70]   Wege und Aufgaben der Frauenvolkshochschule [...]
       Maschinenmanuskript 1928

besten eine sozialistische gute Zeitschrift [...] Eventuell die Frankfurter Zeitung [...] wenn die es aus politischen Gründen nimmt. Die Novelle wirkt ungemein aufreizend. Das ist so fein. Sie gefällt einem, wie einem 1 Kunstwerk gefallen muß. Darüber hinaus wirkt sie weiter in uns, man muß über all das nachdenken. Und der „Verlorene Sohn"? Wolltest Du ihn nicht Bab[71] geben als Umarbeitung Deines ersten Stücks? [...] Ich glaube nämlich, dass ihm die ethische Einstellung gefällt [...] Über Babs Eintreten für Dich bin ich sehr froh. Du wirst sehen, es wird besser gehen als wir in unserer (Deiner) Bescheidenheit ahnen." (8.1.1925)

„Mit Bab mußt Du noch versuchen, ob er im Stuttgarter Tagblatt oder sonst wo für Dich eintritt. Das „Antippen" hilft nichts, frisch, fromm, frei und frech auf Dein Ziel losgehen!!" (22.4.1925)

Weiterhin hält sie Augen und Ohren offen nach Publikationsmöglichkeiten für Bernhard und macht Verlage ausfindig, die junge, noch unbekannte Autoren herausgeben. Wieder einmal von einem anstrengenden Arbeitstag und einem Abendkurs zurückgekehrt, fühlt sie sich elend – sie hat Bauchschmerzen, „was wohl von der psychischen Überlastung herrührt", wie sie vermutet. Sie ist zu müde, um auf seine Bitte um eine kritische Einschätzung der Zuckmayer-Kritiken über die an den Berliner Bühnen gespielten Stücke (Bernhard steht mit Zuckmayer in freundschaftlichem Austausch) einzugehen. Aber sie fügt hinzu: „Ich freue mich, bis wir später, wenn wir uns sehen, die Kritiken vergleichen können" (19.2.1925). Neben Kursplanung, Organisation, Unterricht, volkshochschulinternen Besprechungen, Tagungsvorbereitungen, Sprechstunden, Betriebskontakten, Ferienlagern, Wochenendseminaren [...] bleibt ihr die Energie für die Kunst, das große gemeinsame Lebensprojekt.

133

Liebe auf Distanz

Bernhard ist in jener Zeit (Januar bis Oktober 1925) in Berlin, dem Brennpunkt des deutschen Theaters, um sich mit der Szene vertraut zu machen und als noch junger unbekannter Autor die unverzichtbaren Verbindungen für die Aufführung seiner Stücke zu knüpfen. Sein erstes Stück „Fahrt nach der Südsee" ist vom Staatstheater angenommen worden, allerdings noch ohne terminliche Festlegungen. Die Briefe berichten von seinem frustrierenden Kampf um ein Gespräch mit dem Intendanten Dessner, der sich mit der Aufnahme des Stücks in den Spielplan nicht binden will. Die Alternative zu dem demütigenden, immer wieder erfolglosen Antichambrieren wäre eine

---

[71]   Julius Bab (1880-1955), Schriftsteller und bekannter Theaterkritiker in der Weimarer Zeit. Herausgeber der „Dramaturgischen Blätter der Volksbühne", emigrierte 1933.

Anbiederung an eine der sich gegenseitig bekämpfenden Parteien der allmächtigen Theaterkritik, wozu Bernhard nicht bereit ist. Nach drei Monaten erfolglosen Einzelkämpfertums in Berlin haben andere Theater das Stück entdeckt und stellen seine Aufführung in Aussicht – da plötzlich klappt es auch in Berlin. Die „Fahrt nach der Südsee" erlebt gleich zwei vielbeachtete Erstaufführungen 1924 in Mannheim und Berlin. Carola legt großen Wert darauf, über alle Einzelheiten dieser Odyssee informiert zu werden; die täglichen Schilderungen Bernhards lassen sie sein menschliches Umfeld und das komplizierte hochpolitische Wechselspiel zwischen Spielplanstrategie und Theaterkritik miterleben, als ob sie selbst dabei wäre. Sie bezieht auch hier immer klare Positionen. Mit Bernhards Überlegung, das Stück im Schillertheater einzureichen, ist sie gar nicht einverstanden: „Was Du mir vom Schillertheater schreibst, gefällt mir nicht. Versuch doch a l l e s, laufe Sturm bei Dessner! Unverschämt, er muß jetzt einfach da sein [...] hak Dich ein, [...] also bewirke doch, dass es im Staatstheater gespielt wird, das m u ß noch gehen; wenn Du nach der „Katalaunischen Stadt" gespielt wirst, so ist das nicht so schlimm, trotzdem versuch was Du kannst" (12.1.1925).

In seiner fatalistischen Stimmung nach der kritischen Beurteilung einer eingereichten Arbeit richtet sie ihn wieder auf: „Ich glaub an Dich" (20.5.1925). Seinen pessimistisch-resignierten Zukunftsprognosen hält sie in ihrem unverwüstlichen Zukunftsoptimismus entgegen:

„[...] und schließlich ist es auch ein schöner Gedanke, wenn der liebe Gott für Dich sorgt; wenn er es vorher zu rasch getan hat, so muß er halt jetzt ein wenig bremsen. Wahrscheinlich sind die Herren Literaten so eingestellt, dass sie grundsätzlich das für schlecht halten, wofür sich ein Dichter selbst bewirbt und nur für gut, was sie selbst entdecken. Hol sie alle der T[...] aber schließlich in ein paar Jahren schaffen wir's und da sind wir immer noch jung" (17.1.1925).

Und sie hat die richtige Intuition. In ihrem Heimatidiom kommentiert sie Bernhards erste gute Nachricht aus Berlin – die „Südsee" wird in den Spielplan aufgenommen – „du wirscht sehen, mit dem Märzenwind dräht sich das Fähnlein [...]" (26.2.1925). Mit gespannter Aufmerksamkeit verfolgt sie Bernhards Berichte über die Entstehung seines „Bonaparte" während der Berliner Zeit, einem seiner großen Erfolgsstücke, das auf allen bekannten deutschen Bühnen gespielt werden wird. Sie ist Mitdenkende, Mitfühlende, Mitleidende eines im Detail geschilderten Schaffensprozesses:

„Liebste! Dieser Napoleon lässt mich nicht mehr los. Er würgt mich ab, wenn ich nicht mit ihm fertig werde. Ich habe kaum geschlafen heute nacht. Ich bin wie im Fieber, alle Menschen, Dessner, die „Südsee", alles ist mir gleich. Ich weiß nicht, wo ich anfangen soll, Dir zu schreiben. Ich möchte bei Dir sein, Dir erzählen. Ich zittere vor dem unerhörten Wagnis, noch bin ich nicht entschlossen, mich dem Sturzbach anzuvertrauen, hier handelt es sich um keine Talentprobe mehr, wenn ich nicht stark genug bin, dann stürzt der Koloss auf mich und erschlägt mich. Es ist eine Arbeit von Monaten erforderlich, um nur den Stoff zu übersehen; aber erwarte kein „historisches" Schauspiel; eine szenische Ballade, das kolossale Leben eines absolut Einzelnen ohne Volk, ohne Bindung, ohne Moral, ohne Gesetz außer dem in seiner Brust, in dem rasenden Ablauf eines Schicksals [...]" (7.2.1925).

Carola steigt ein:
„Dein Napoleonbrief gibt mir ein Bild [...] Ich habe übrigens in Heidelberg im ersten Semester ein glänzendes Kolleg über Napoleon bei Oncken[72] gehört. Und habe mir (da ich fest Quellen las) sogar Napoleons Briefe persönlich angeschafft. Du bekommst sie geschenkt [...]" (16.2.1925). Er schickt ihr seine Szenenentwürfe zur Beurteilung: „[...] laß Dich ja nicht abhalten, Einwände, die Du selbst machst, mir zu schreiben, das kann sehr wichtig für mich sein, da Du gefühlsmäßig ebenso zu dem Stoff stehst wie ich [...]" (18.2.1925). Im Herbst 1925 ist der „Bonaparte" fertig, eine ausführliche Würdigung des Stücks durch Julius Bab erscheint in den von ihm herausgegebenen „Dramaturgischen Blättern" und ist bereits bei mehreren großen Bühnen für die Erstaufführung im Gespräch. Sie werden im Laufe des folgenden Jahres gleichzeitig in München, Stuttgart, Wiesbaden und Hannover stattfinden.

Abb. 35 Paul Wanner, Schriftsteller, Bühnenautor, Gymnasiallehrer, langjähriger Kursleiter der Volkhochschule Stuttgart und Freund des Ehepaars Blume (Archiv der vhs stuttgart)

Bernhard erhält im gleichen Jahr noch eine Anstellung als Dramaturg in Beuthen/Oberschlesien, unendlich weit weg vom vertrauten Schwabenland. Dafür aber ist „die Schlacht geschlagen": Bernhards Stücke erleben eins nach dem andern den großen Durchbruch auf den deutschen Bühnen. „Er gehörte nun zu den großen „B's" der Zwanziger Jahre – Brecht, Bronnen, Barlach, Bruckner – welche die Zukunft des deutschen Theaters zu sichern schienen. Eine Aufführung eines Stückes von Bernhard Blume bedeutete Erfolgsgarantie. Aktuell und modern in Stoff, Figuren, Szenen mit raffiniertem Geschick gebaut. Sie sicherten spannungsreiche Theaterabende mit

---

[72] Hermann Oncken (1869-1945), Historiker; Professor in Heidelberg (u.a.) von 1907-1923.

ernstem Hintergrund und boten exzellente Rollen an. Sie entstanden in rascher Abfolge, ohne dass ihr Autor sich in Stoffen und Formen wiederholte."[73] Die „Schlacht" ist nun geschlagen, von der Bernhard schon zwei Jahre zuvor geschrieben hatte, in der Vorahnung dessen, was an künstlerischer Arbeit – und noch weit aufreibender – an „promotionaler" Eigenleistung – auf ihn zukommen würde: „[...] die Schlacht muß noch geschlagen werden [...]" (9.12.1923).Und Carola hat sich mit ins Schlachtengetümmel gestürzt und mitgekämpft, mitgerissen von ihrer Teilhabe an diesem dichterischen Projekt. Und bestürzt stellt sie fest, dass sie zeitweise ihre eigene Arbeit darüber vergisst: „Mein ganzer Ehrgeiz, den ich für mich habe, verschwindet, wenn ich an Dich denke und ich bin nur noch ehrgeizig, machtlos ehrgeizig für Dich, damit wir die große Schlacht schlagen"(4.1.1925). Die Schlacht seines dichterischen Erfolges auf der Bühne.

Da die Beuthener Theaterarbeit keine Zukunftschancen bietet, werden Möglichkeiten in Stuttgart gesucht. Carola versucht, Bernhard für Lesungen in der „Schwäbischen Bücherstube"[74] und Vorträge bzw. Kurse an der Volkshochschule zu erwärmen. „Die Stuttgarter wären doch sicher arg froh, wenn sie wieder einmal einen Dichter hätten" scherzt sie (7.11.1925). Seine unveröffentlichten Novellen möchte sie in Paul Wanners[75] Literaturkursen in der Volkshochschule, „die ja antikapitalistisch eingestellt ist," wie sie schreibt, lesen lassen (10.1.1925). Bernhard winkt ab – zu mehr als zu einem Vortrag über Adalbert Stifter, dessen „Witiko" er in seiner Examensarbeit behandelt hatte, kann er sich im Moment nicht entschließen. Das Publikum ist ihm zu bürgerlich, zudem mag auch eine gewisse Scheu mitgespielt haben, als „Schützling" der bekannten Leiterin der Frauenabteilung aufzutreten. Später, nach seiner Verheiratung mit Carola und seiner Niederlassung als freier Schriftsteller in Stuttgart, wird ihm ein solches Angebot nur willkommen sein.

Arbeit und Liebe

Eine Zerreißprobe

Carola ist in Zeiten langer Trennungen innerlich sehr zerrissen – zwischen Hingabe an ihre Arbeit und deren Wertschätzung

[73] Fritz Martini, Egon Schwarz: Nachwort zu B. Blume, Narziss mit Brille, S. 298

[74] Buchhandlung in der Charlottenstraße Stuttgart. Der Eigentümer Fritz Schneider gehörte zum Freundeskreis von Carola und Bernhard, „ein feinsinniger Beurteiler von literarischen Werken" (P. Wanner) und selbst Verfasser von modernen Kurzgeschichten. In: Paul Wanner, Mein Lebensbericht, Stuttgart 1990, S.111.

[75] Paul Wanner (1895-1992), Gymnasiallehrer, Schriftsteller, Bühnenautor, langjähriger Kursleiter an der Volkshochschule Stuttgart. Ihn verband eine lebenslange Freundschaft mit Bernhard und Carola Blume.

als seelische und charakterliche Stütze und deren Verfemung als Grund allen Trennungsschmerzes, aller Erschöpfungszustände und allen Überdrusses. Einerseits: ein nasser nebliger Sonntag, Schmutzwetter: „An so einem Sonntag [...] merke ich erst, wie froh ich sein kann, eine <Tätigkeit>" zu haben. Ich meine damit etwas Geregeltes, das ganz unabhängig von den eigenen Stimmungen weitergeht" (18.1.1925).

„[...] heute habe ich nichts zu schaffen, da werde ich melancholisch und denke: wenn Du jetzt bei mir wärst. Ja, die Arbeit ist ein Segen" (19.9.1925) Andererseits Überdruss an der Arbeit, Überdruss am Kämpfen: „Wie schwer es doch ist, zusammenzukommen, wie abhängig sind wir doch, immer und überall. Manchmal bin ich so rebellisch. Heute auch. Fortlaufen möchte ich. Durchgehen. Verein zur Förderung der Volksbildung. Wie ich das alles hasse. Der Beruf ist doch nichts für die Frau. Entweder muß man kämpfen, wie ich es tu, und das zerreißt einen oder man wird unterdrückt. Ob man besser wird durch Kampf? Wachsen möchte ich doch noch und ganz reif und schön sein. Und dann [...] Dich lieb haben, Dich fressen vor Lieb. Die Deine" (2.11.1925).

Doch die Arbeit bleibt das Gerüst in ihrem Leben, das mit Hingabe erstrebte und im Bau befindliche „Werk" – es gibt ihrem leidenschaftlichen, im tiefsten romantischen Wesen einen Halt. Sie weiß es sehr gut, auch aus ihren Erfahrungen in der Studienzeit. Aber zugleich gibt sie der Sehnsucht nach dem ganz „Anderen" Raum in sich, der Sehnsucht danach, sich den Triebkräften ihres Frauseins hinzugeben und Visionen von Glück zu besitzen, die nur momentweise verwirklicht werden können. So wie sie auch in ihrem Programm der „Sehnsucht der Frauen, ganze Menschen zu sein" den ihr gebührenden Raum geben will (Vorwort zum Arbeitsplan 1926/27).

Weitere Themenschwerpunkte des Frauenprogramms und deren Ausdifferenzierung: Gymnastik und Körperkultur

Hier gehen Carolas eigene Erfahrungen und Passionen eine ganz besonders glückliche Verbindung mit den emanzipatorischen Strömungen jener Zeit ein: sie hatte an ihrem eigenen Leibe die befreiende, energiespendende Wirkung der Bewegung erlebt, sei es auf ihren großen Wanderungen, beim Tanzen oder, wie sie später vermerkt beim Ausprobieren von gymnastischen Übungen zu Hause. Sie war dabei der geheimnisvollen Wechselwirkung zwischen körperlicher Bewegung und Willenskraft auf die Spur gekommen. Sie war fest davon überzeugt, dass Training des Körpers eine der wichtigsten Methoden war, ihrem Ziel von der „Erziehung der Frau" näher zu kommen. Nun bietet sich ihr mit der allgemeinen Entdeckung der „Körperkultur" in jenen Jahren, vor allem deren Eroberung durch die Frauen, die große Chance, im Wechselgespräch mit den neu entstehenden gymnastischen Schulen diesen Bereich in ihrem Programm zu verankern und auszubauen. Darüber hinaus bedeutet Gymnastik für Frauen die Befreiung von einengenden und krankmachenden gesellschaftlichen Konventionen – in der Kleidung wie im ganzen Verhaltenskodex. Es beginnt mit drei Veranstaltungen im Herbst 1925. Die Kurse präsentieren sich folgendermaßen:

„Die ethische und soziale Bedeutung der Körperkultur, Gymnastik und Anstandlehre. Mit praktischen Übungen.

1. Zur Gesundheitspflege (Körperpflege, gymnastische Übungen zur Regelung von Körperfunktionen [...])

2. Zur Persönlichkeitsstärkung (Willensstärkung, Abhärtung, Beherrschung der Gedanken, Affekte und Handlungen [...])

3. Zur Veredlung der Körperfunktionen (Rhythmische und harmonische Bewegungsübungen; Tastgefühl und Gedanken; Phantasie und Geschmack).

4. Zur Gemeinschaftspflege (Gemeinsame Übung, Geselligkeit und Fest als Band unter den Menschen; Rückwirkung auf die Alltagsarbeit und die soziale Organisation)".

„Freie Gymnastik (Bode Schule) Gründliche Durchbildung des Körpers. Spannungs- und Entspannungsübungen zur Kräftigung des Körpers und Lösung von Hemmungen. Ausdrucksübungen zur Entfaltung und Erweiterung künstlerischer Ausdrucksfähigkeit. Einführung in das künstlerische Verständnis durch musikalische Ergänzung und Bildbetrachtung."

In den folgenden Trimestern sind bereits neben der Bode Schule zwei weitere gymnastische Richtungen der Zeit vertreten: die Loheland-Gymnastik und die Mensendieck-Gymnastik. Im Herbst 1927 laufen sieben Gymnastikkurse in der Innenstadt (Falkertschule, Reformrealgymnasium, Königin-Katharinen-Stift), weitere Kurse in den „Vororten" Botnang, Heslach, Degerloch.

Ein Kurs „Über Köperbildung" mit Lichtbildern wird über drei Abende bei der Ärztin Dr. Mathilde Salzmann angeboten: „Kraft, Leistungsfähigkeit und Schönheit sind weitgehend Folgen unserer Lebensgewohnheiten. Diese können wir zwar nicht beliebig festsetzen; wir können aber die Schäden, die infolge von Unwissenheit, Bequemlichkeit und Beruf auf uns einwirken, in weitestem Maße verhüten oder ausgleichen." (Herbst 1927). Später wird zu Beginn des Trimesters eine Beratung angeboten, denn „die Gymnastikkurse sind verschieden für Jugendliche, für berufstätige Frauen und Mütter, für Menschen mit vorwiegend geistiger oder vorwiegend körperlicher Tätigkeit. Das System, das für den einen recht ist, kann für den anderen geradezu falsch sein. Wer daher zum ersten Mal einen Gymnastikkurs besucht, lasse sich auf der Geschäftstelle beraten, welcher Kurs seinen Bedürfnissen am meisten entspricht." Für Betriebe werden besondere Kurse in Betriebsgymnastik (Ausgleichsgymnastik) nach und während der Arbeitszeit unter ärztlicher Führung eingerichtet (Arbeitsplan, Oktober bis Dezember 1930).

Die Ferienangebote

Carola gibt sich mit der im städtischen Umfeld und in geschlossenen Räumen stattfindenden Bewegung nicht zufrieden. Für sie soll Bewegung auch da möglich sein, wo sie es selbst erlebt hat – in Sonne und Luft, bei Wind und Wetter in der freien Natur. Aber noch etwas spricht in ihrem Konzept für die Ferienangebote: Sie helfen ganz entscheidend, jene „menschlichen Beziehungen" zwischen Lehrenden und Teilnehmerinnen herzustellen, ohne die ihre Bildungsarbeit weitgehend erfolglos bliebe. Sie empfiehlt daher „stärkste Einbeziehung der Freizeiten, Wochenenden, Ferienwochen u.s.w. in die Methodik der Frauenbildung."[76] Ihr besonders gutes Einvernehmen mit der Bode-Gymnastiklehrerin Getrud Ostermayer muss es ermöglicht haben, dass letztere ihr gerade fertiggestelltes Ferienhaus bei Gaienhofen am Bodensee ab Sommer 1928 der Frauenabteilung für „Ferienlager" zur Verfügung stellte. Es werden u.a. angeboten:

„Frühsommer-Gymnastikferienlager am Bodensee. Das Ziel dieser Ferienwoche ist: richtig ausgenützte Ferien. Die Bode Gymnastik, das Schwimmen, Wandern, Musizieren nehmen einen breiten Raum ein. Teilnehmerinnen anderer Gymnastiksysteme können aber gut mitkommen, da die Gymnastik durchaus dienend sein wird [...] Wir wollen uns aber außerdem noch mit der Dichtung und der Kultur am Bodensee beschäftigen und, soweit persönliche Fragen auftauchen, zur Klärung derselben kommen" (Frauenprogramm Juni 1928).

„Ferienwoche auf der Comburg. Das Ziel dieser Ferienwoche ist in erster Linie: Erholung und Ausruhen der Teilnehmerinnen von Beruf und Stadt. So werden Wanderungen in die schöne und an alten Kunstschätzen reiche Umgebung der Comburg im Vordergrund stehen. Einige Aussprachen über Fragen der Gegenwart, die jeden jungen Menschen heute beschäftigen – z.B. Stellung zum Beruf, zur Arbeit, zur Freizeit; Umgang mit Menschen; heutige Formen der Geselligkeit u.a. – werden sich in den Rahmen dieser Woche eingliedern lassen und sollen zu einer Festigung und Klärung der Persönlichkeit verhelfen" (ebd.).

Die Ferienwochen werden auch gemeinsam mit Männern angeboten, die in der ersten Hälfte der Freizeit teilnehmen können. Sie werden dementsprechend in Zusammenarbeit mit männlichen Kollegen Carolas – z.B. mit Wolfgang Pfleiderer oder auch gelegentlich mit Theodor Bäuerle – gestaltet. Ein handgeschriebener Bericht über eine solche Freizeit erzählt:

„Ein Tag vom Ferienlager der Volkshochschule Stuttgart am Bodensee: Um halb acht wird angetreten zur Gymnastik und zur allgemeinen Säuberung des in den Strohsäcken gefangenen Drecks. Unsere Arme und Beine sitzen jetzt schon ziemlich „lok-

---

[76] Die Frauenbildung innerhalb der Volkshochschule, Maschinenmanuskript 7.10.1931. <Mappe Frauenabteilung>. Auch: HStAS Q1/21 Bü 154

Abb. 36 Ferienfreizeiten der Frauenabteilung im Ferienhaus der Kursleiterin Gertrud Ostermayer
bei Gaienhofen am Bodensee
(Nachlass Rosenberg-Blume)

ker". Es gongt zum Frühstück. Noch schnell eine Dusche oder einen Schwimm. Ein herrliches Frühstück, schon deshalb, weil man hungrig ist. Wir singen und bringen noch unsere Tischdienste hinter uns und inzwischen ist es ziemlich spät geworden am Morgen. Die Sonne kommt, schnell an den Strand. Dass zwei Paddelboote da sind, ist geradezu fabelhaft. Bald ist nicht eines mehr da, das nicht paddeln kann, oder das herrliche Gefühl, von Wellen getragen zu werden, nicht kennt. Nun – heute statteten wir der Schweiz, deren Ufer uns geradezu lockt, einen Besuch ab [...] Mit Gondel und Paddelbooten wird gestartet. Es ist schönster Sonnenschein und Millionen Sonnenstrählchen hüpfen ihren Reigen auf den kaum merklichen Wellen an unseren Booten entlang. Wir sind Frau Sonne dankbar, dass sie all ihre Kinderchen aus den Betten gejagt hat, nicht nur wegen der Sonnenbrände, die wir alle bekommen wollen, sondern auch weil sie gestern etwas launisch waren. Und vor uns liegt die Insel Reichenau. Wir erkennen genau das Kloster, das diesem Eiland und auch uns Deutschen seine Geschichte gegeben hat [...]"[77]

Carola organisiert nicht nur das Ganze, sie leitet diese Wochen oft selbst zusammen mit Getrud Ostermayer. Sie kann sich für diese Mischung aus gemeinsamem Lernen und sportlicher Betätigung, gegenseitigem Austausch und Besinnung in der freien Natur, begeistern; es ist ihre Gruppenerfahrung aus der Zeit ihres Engagements in der Jugendbewegung, welche die Verwirklichung dieses Projekts insgeheim steuerte. Ihr entgehen dadurch natürlich auch mögliche Ferienzeiten mit Bernhard, und der Verzicht darauf zugunsten der Arbeit fällt ihr schwer; doch will sie offenbar noch bei allem die Fäden selbst in der Hand halten, insbesondere bei Prestige-Angeboten, wie es die Ferienwochen ganz sicherlich waren. Von ihrem Kompromissangebot aber, das sie sich – unbeschwert von taktischen Überlegungen – für ihren Liebsten ausdenkt, nämlich mitzuwandern, ist dieser nicht allzu begeistert. Bernhard spricht zwar nicht von mangelnder Lust, sondern von anderen Vorhaben in dieser Zeit; doch mag ihn die Aussicht, nur unter volksbildungsbeflissenen Frauen zu wandern, doch leicht geängstigt haben.

Carola nutzt auch die anderen ländlichen Bildungsstätten der Volkshochschule, um die teilnehmerinnenarme Sommerpause für die Frauen attraktiv zu machen: außer der erwähnten Heimvolkshochschule auf der Comburg bei Schwäbisch Hall die Heimvolkshochschule für junge Frauen im ehemaligen Kloster Denkendorf. Auch mit der Villa Vopelius in Bad Boll[78] setzt sie sich in Verbindung. Von zwei Ferienwochen, einer in Denkendorf, die sie noch vor ihrer festen Anstellung in der Volkshochschule organisiert, und einer späteren Woche in Bad Boll, sind zwei besonders wertvolle Dokumente erhalten, die Einblick geben in den Verlauf und die pädagogische Ziel-

---

[77] Schreiben einer Teilnehmerin o.D. <Mappe Frauenabteilung>.
[78] Die Villa Vopelius führte das Ehepaar Eduard und Elisabeth Vopelius (geb. Blumhardt) als Gästehaus und Tagungsort. Die Villa war von Eleonore Vopelius, der Mutter von Eduard Vopelius, 1891 erbaut worden.

Das Volkshochschulheim mit Klosterkirche (Südseite)

VOLKSHOCHSCHULHEIM DENKENDORF

Wer sich über das Volkshochschulheim Denkendorf unterrichten will, soll zuerst erfahren, wie es entstanden ist. Es war nicht der zufällige Einfall ihrer Gründer, der die verschiedenen Volkshochschulheime nach dem Krieg ins Leben rief. Sie sind aus einem bestimmten Zeitbedürfnis heraus entstanden. Wir leben in einer Zeit des Übergangs. Alte Bindungen, Bräuche, Gesetze und Ideale fallen, Neues will werden. Mehr als je wird die junge Generation genötigt, aus eigener Verantwortung zu handeln. Was not tut, sind nicht Stätten der Belehrung allein, sondern der Klärung, Stätten an denen junge Menschen ihr Denken schulen, sich im Austausch mit Menschen anderer Lebenskreise und anderer Richtungen bilden können. Sie sollten auch der

3

Abb. 37 Kloster Denkendorf bei Esslingen, Sitz der Heimvolkshochschule für junge Frauen des Vereins zur Förderung der Volksbildung
(Archiv der vhs stuttgart)

setzung solcher Wochen. Die Arbeiterin Anna Hansza erzählt von ihrer Freizeit in Bad Boll in einem Brief an die Leitung der Volkshochschule, der die Aktivitäten in einer solchen Ferienwoche und in anrührender Weise die menschliche Ausstrahlungskraft Carolas schildert:

> „[...] Frln. Rosenberg Leiterin der Frauenabteilung in der Volkshochschule begleitete uns, es war allerliebst mit ihr zusammen zu sein [...] In Göppingen angekommen gaben wir unser Gepäck auf der Post ab, gingen den Weg singend und schwätzend 1 ½ Stunden zu Fuß durch Wald, Wiesen und Feldern [...] In Bad Boll führte uns Frln. Rosenberg in eine Villa mitten in einem schönen Park, von uns Märchenschloß genannt, Besitzer Herr und Frau Vopelius, dieselben öffneten 10 Arbeiterinnen, welche ihren Urlaub nicht daheim im Alltag verbringen wollten, ihr Haus [...] An der Tafel wurden wir unter die anderen gesetzt, die Unterhaltung auf uns eingestellt, nach unserer Arbeit gefragt, und durch das Interesse das sie an der Art und Weise unserer Akkordarbeit zeigten, fühlten wir, dass es edeldenkende Menschen sind und den Arbeiter nicht als Maschine und Arbeitsmaterial ansehen [...] der Sonntag Mittag ging mit schlafen Kaffeetrinken im Garten und wieder einen kleinen Spaziergang herum [...] Frln. Rosenberg las uns Märchen vor, wie dieses Frln. an uns gearbeitet und gewirkt hat, will ich Ihnen erzählen, möchte zwar nicht bei Ihnen in Verdacht kommen, ihr zu schmeicheln, denn das wäre ja ganz gegen meinen Charakter, nur was wahr ist muß wahr bleiben, das Frln. hat jede Viertelstunde uns gewidmet, gymnastische Übungen, Vorlesungen, Sprechen über Themen, Spielen, über Fragen was in der Volksgeschichte am nötigsten ist, da kamen wir überein mit Selbsterziehung u. Bildung, dass jede Mutter sich bewusst ist, ihr Kind auch geistig zu erziehen. Frln. Rosenberg wollte jedem von uns was mitgeben, für unser geistiges Leben, was uns nützlich ist, wollte unseren Urlaub nützlich ausfüllen und jedem gerecht werden, was zum Teil recht schwer war [...] gerade diese Ärgernisse machen einem idealen Menschen wie Frln. Rosenberg die Aufgabe, welche sie sich selbst stellt, oft recht schwer. Ich wünsche ihr, sie möge immer die Kraft und den Mut behalten, solche Ärgernisse zu überwinden [...] Bei Frln. Rosenberg u. den Herren von der Volkshochschule will ich mich nochmals bedanken für die schöne Zeit in Boll. Stuttgart, 28.6.25 Hanna Hansza."[79]

Ein ähnliches Zeugnis ist der Dankesbrief, den die Arbeiterin Luise Gehrung nach ihrer Ferienwoche in Denkendorf an Carola schreibt:

> „Frl. Dr. Rosenberg! [...] In der letzten Nacht im Kloster träumte ich, unsere Zeit in Denkendorf war abgelaufen und wir mußten wieder hinaus ins tägliche Leben. Doch überall war es

143

---

[79] <Mappe Frauenabteilung>

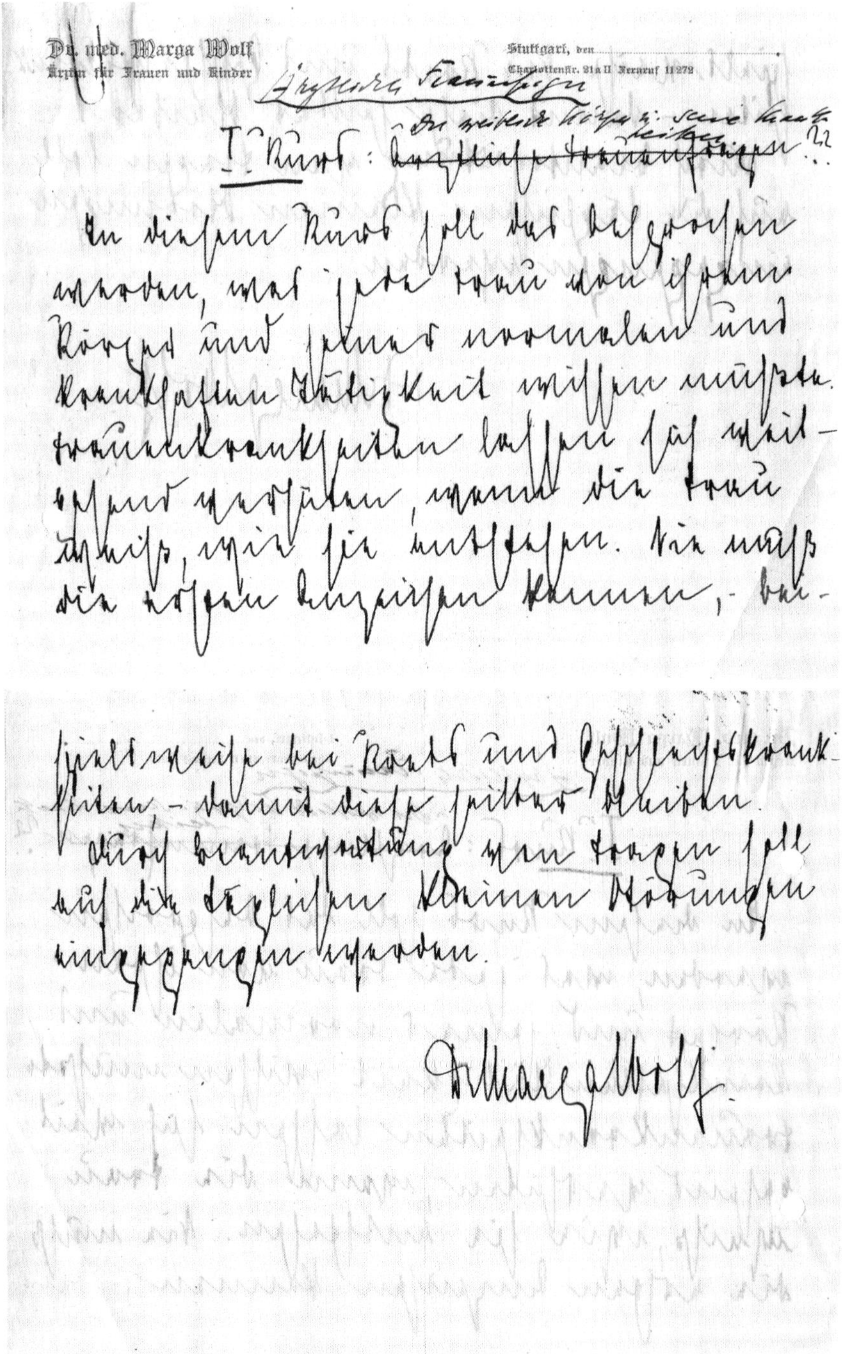

Dr. med. Marga Wolf
Ärztin für Frauen und Kinder

Stuttgart, den ....
Charlottenstr. 21a II Fernruf 11272

Ärztliche Frauenfragen

I. Kurs: ~~Ärztliche Frauenfragen~~ Der weibliche Körper u. seine Krankheiten ??

In diesem Kurs soll das besprochen werden, was jede Frau von ihrem Körper und seiner normalen und krankhaften Tätigkeit wissen müßte. Frauenkrankheiten lassen sich weitgehend verhüten, wenn die Frau weiß, wie sie entstehen. Sie muß die ersten Anzeichen kennen, – beispielsweise bei Krebs und Geschlechtskrankheiten – damit diese seltener bleiben.

Durch Beantwortung von Fragen soll auf die täglichen kleinen Störungen eingegangen werden.

Dr. Marga Wolf

Abb. 38 Kursvorschlag der Ärztin Dr. Marga Wolf zum Thema "Ärztliche Frauenfragen" im Kursangebot der Frauenabteilung (Nachlass Rosenberg-Blume) so schmutzig u. häßlich. Die Menschen sah ich sich den Lastern hingeben und andere verfolgten uns. Da flohen wir wieder zurück u. wollten in dem Kreis in dem wir uns so wohl gefühlt haben, für immer bleiben. Das wäre gewiß schön, aber schöner ist doch, dass wir wieder hinein dürfen in die Arbeit, in den Kampf des Lebens und weitergeben können, was wir während unserer Denkendorfer Woche geschaut und erlebt haben. So können wir auch andere darauf hinweisen, was es doch Schönes und Edles gibt und was erst den Menschen zum Menschen macht. Herr Dr. Mack (erster Leiter der Volkshochschule. Anm.d.Verf.) hat uns vorgelesen aus Mörike mit einer Kunst, dass man auch merkte, was der Dichter damit sagen wollte, dass man das Wesen des Dichtens spürte. Frl. Ostermaier wollte, dass wenn durch ihre Gymnastik unsere Körperteile gelenkiger u. gelöster werden, wir auch innerlich gelöster und freier werden u. wagen, auch aus uns herauszugehen [...] Eine schöne Stunde bereitete uns Frl. Schaller mit ihrem Violinspiel. Sie versuchte uns die Musik zu erklären [...] Wie sie sich Mühe gab und uns richtig singen lehrte. Ein Lied zu singen muß man lernen. Wir merkten, wie da die Lieder neu wurden u. lebten, wenn sie richtig gesungen werden. Allen, die dazu beigetragen haben, uns die Denkendorfer Ferienwoche zu ermöglichen und reich zu gestalten, möchte ich herzlich danken. Ganz besonders aber Ihnen Frl. Doktor für Ihre uneigennützige Aufopferung. Am besten können wir Ihnen wohl dadurch danken, dass wir die Hoheit des Lebens pflegen in unserer eigenen Familie und sie hinaustragen auch in unsere Arbeitsstätten in der Fabrik. 27.Juli.1924, Luise Gehrung."[80]

Mit wachsendem Angebot der Ferienwochen und Freizeiten übernehmen auch engagierte Kolleginnen unter den Lehrkräften deren Leitung: wie die erfolgreiche Kursleiterin Dr. Franziska Lambert und die Fürsorgerin u. Wohlfahrtspflegerin Heidi Denzel. Beeindruckend ist das Angebot an Ferienwochen und „Volkshochschule-Wochenenden" im Sommer 1928: Zwei „Ferienlager" am Bodensee, drei Wochenenden auf der Comburg (darunter auch für Jugendliche), ein Wochenende für Mitarbeiterinnen der Frauenabteilung und „solche, die es zu werden beabsichtigen", ein Wochenendausflug mit den Kursen von Heidi Denzel.

Ärztliche Frauenfragen

Ein weiterer zukunftsträchtiger Schwerpunkt sind die „Ärztlichen Frauenfragen". Auch nach dem Wissen um den weiblichen Körper besteht ein hoher Informationsbedarf bei den Frauen „aller Schichten" jener Zeit. Auch hier wird der Blick „über das eigene Ich hinaus" in die Gesellschaft berücksichtigt. Die Ärztin Hilde Adler,

---

[80]   <Mappe Frauenabteilung>

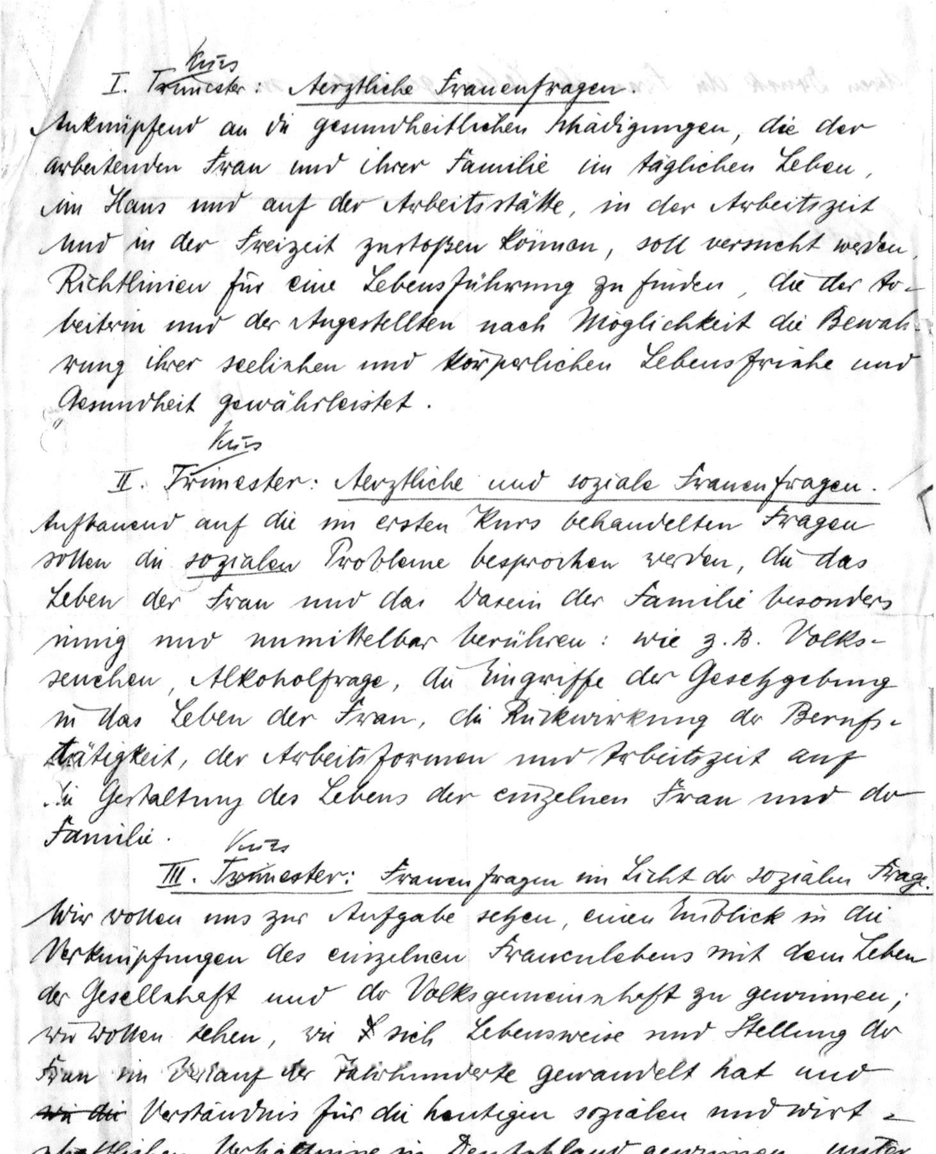

I. Trimester: Aerztliche Frauenfragen.

Anknüpfend an die gesundheitlichen Schädigungen, die der arbeitenden Frau und ihrer Familie im täglichen Leben, im Haus und auf der Arbeitsstätte, in der Arbeitszeit und in der Freizeit zustoßen können, soll versucht werden, Richtlinien für eine Lebensführung zu finden, die der Arbeiterin und der Angestellten nach Möglichkeit die Bewahrung ihrer seelischen und körperlichen Lebensfrische und Gesundheit gewährleistet.

II. Trimester: Aerztliche und soziale Frauenfragen.

Aufbauend auf die im ersten Kurs behandelten Fragen sollen die sozialen Probleme besprochen werden, die das Leben der Frau und das Dasein der Familie besonders innig und unmittelbar berühren: wie z.B. Volksseuchen, Alkoholfrage, die Eingriffe der Gesetzgebung in das Leben der Frau, die Rückwirkung der Berufstätigkeit, der Arbeitsformen und Arbeitszeit auf die Gestaltung des Lebens der einzelnen Frau und der Familie.

III. Trimester: Frauenfragen im Lichte der sozialen Frage.

Wir wollen uns zur Aufgabe setzen, einen Einblick in die Verknüpfungen des einzelnen Frauenlebens mit dem Leben der Gesellschaft und der Volksgemeinschaft zu gewinnen; wir wollen sehen, wie sich Lebensweise und Stellung der Frau im Verlauf der Jahrhunderte gewandelt hat und wir die Verständnis für die heutigen sozialen und wirtschaftlichen Verhältnisse in Deutschland gewinnen, unter

Abb. 39 Kursvorschlag der Ärztin Dr. Auguste Hohbaum zum Thema "Ärztliche Frauenfragen" im Kursangebot der Frauenabteilung (Nachlass Rosenberg-Blume)

zuständig für diesen Bereich, betont die gesellschaftspolitische Seite dieses Fachgebiets. Sie nennt als erstes Ziel,

„eine hygienische Gesinnung hervorzurufen, nicht nur eine individual-hygienische, sondern auch eine sozial-hygienische, [...] so dass der Kurs einer sozialpolitischen Willensbildung in der Bevölkerung dient. Frauen haben eine unmittelbare Einsicht in die individuelle Bedeutung des psycho-physischen Zustandes. Indem ihnen die Verflechtung des individuellen Gesundheitszustandes in die allgemeinen sozialen Zusammenhänge dargelegt wird, gewinnen sie auf die anschaulichste [...] Weise Interesse und Verständnis für soziale Fragen; deren Bedeutung die Arbeiterin und die Angestellte am eigenen Leib evtl. schon erfahren hat [...]"[81]

Die „sehr wichtige Besprechung" von Fragen der Sexualhygiene werden in die „allgemeinen hygienischen Fragen eingeordnet" und – so wird mit Blick auf die allgemein herrschende Prüderie betont – „dürfen in keiner Weise dem Sensationsbedürfnis Rechnung tragen" (ebd.). Die ganze Thematik ist naturgemäß eng verknüpft mit der „Körperbildung" und „Körperkultur", so dass eine gute Zusammenarbeit zwischen den Kursleiterinnen beider Bereiche entsteht. Sie erscheinen demgemäß auch zunehmend unter einer Rubrik: Grundlagen der Gesundheit und Körperbildung.

Auch für die „Ärztlichen Frauenfragen" findet Carola in kurzer Zeit qualifizierte und in der Frauenbewegung engagierte Mitarbeiterinnen, darunter vor allem die promovierten Ärztinnen Hilde Adler, Auguste Hohbaum, Mathilde Salzmann und Marga Wolf, die das Programm der Frauenabteilung bis zum Schluss mittragen. Marga Wolf muss als Jüdin nach achtjähriger Unterrichtstätigkeit an der Volkshochschule 1933 ihre Praxis schließen und wird vom Killesberg nach Auschwitz in den Tod deportiert.[82] Marga Wolf leitet auch den ersten Kurs der Frauenabteilung über „Ärztliche Frauenfragen für die arbeitende Frau". Noch ist die Ausschreibung sehr knapp gefasst, im folgenden Programm wird sie bereits differenzierter: die mit Schwangerschaft und Geburt zusammenhängenden Fragen sollen gemeinsam besprochen werden. In den weiteren Trimestern behandelt Marga Wolf den gesamten Themenkomplex in verschiedenen Kursen: „Der weibliche Körper und seine Krankheiten" und „Schwangerschaft, Geburt und Wochenett", die später zum Standardangebot der Frauenabteilung werden. Über diese Themen laufen gleichzeitig Kurse in der Innenstadt und in den „Vororten" und „Außenbezirken". Erfolgreich und mehrfach fortgesetzt ist auch der Kurs über „Nervöse Störungen der Frau" bei Auguste Hohbaum:

„Durch den Beruf und durch die Gestaltung unseres modernen Lebens ist die Frau fast immer in ihrer Nervenkraft über-

---

[81] Maschinenmanuskript o.D., <Mappe Kursvorschläge>
[82] Biographische Notizen über Marga Wolf in: Stuttgarter Frauenmuseum e.V., Stuttgart für Frauen, hrsg. von der Gleichstellungsstelle der Landeshauptstadt Stuttgart 1992, darin: Jetti Fern, Verkannte Bürgerinnen – verschwiegene Schicksale. Jüdische Frauen in ihrer Stadt Stuttgart.

anstrengt. Die besondere Artung der Frau in körperlicher und seelischer Beziehung setzt sie, im Gegensatz zum Manne, nervösen Schädigungen in höherem Maße aus. Eingehend wird die Bekämpfung der Nervosität besprochen: Körperpflege, Selbsterziehung [...] Geübt werden Entspannungen [...]" (Herbst 1927).

Die Ärztin Hilde Adler sieht, wie oben schon gezeigt, die gesundheitlichen Fragen im sozialen und politischen Kontext. Schon im Herbst 1925 erscheinen ihre zwei Kurse unter dem Titel:

„Ärztliche und soziale Frauenfragen. Aufbauend auf dem ersten Kurs sollen die sozialen Probleme besprochen werden, die das Leben der Frau und das Dasein der Familie besonders innig und unmittelbar berühren, wie die Alkoholfrage, die Eingriffe der Gesetzgebung in das Leben der Frau, die Rückwirkung der Berufstätigkeit, der Arbeitsformen und Arbeitszeit auf die Gestaltung des Lebens der einzelnen Frau und der Familie."

Und:

„Frauenfragen im Licht der sozialen Frage. Wir wollen [...] einen Einblick in die Verknüpfungen des einzelnen Frauenlebens mit dem Leben der Gesellschaft und der Volksgemeinschaft gewinnen; wir wollen sehen, wie sich Lebensweise und Stellung der Frau im Verlauf der Jahrhunderte gewandelt hat und Verständnis für die heutigen sozialen und wirtschaftlichen Verhältnisse in Deutschland gewinnen, unter denen die Frau ihr Leben gestalten muß."

Im Jahr 1926/27 hat sie folgende Schwerpunkte in ihren Kursen über „Lebensfragen aus dem Interessenkreis der arbeitenden Frau":

„Die junge Arbeiterin; die Hausfrau und Mutter; die alternde Frau; Alkohol und Volksseuchen." Eine Arbeitsgemeinschaft für Teilnehmerinnen aus früheren Kursen weist auf das starke Interesse der Frauen an diesen Themen, aber auch an dieser Kursleiterin hin (Programm 1926/27). Als Betriebskurs im Herbstprogramm 1925 wird ihre „Gesundheitslehre für Frauen" angeboten: „Der Kurs soll mit den praktisch wichtigsten Fragen zugleich auch das Verständnis für die allgemein wichtigen sozial-hygienischen Fragen wecken. Dabei soll der Frau auch nahegebracht werden, wie eng verflochten ihr eigenes gesundheitliches Schicksal mit dem der Gemeinschaft und der Gesellschaft ist, in der sie lebt. Im Anschluß an diese Kurse werden Gymnastikkurse erteilt." Der Zugang zu den Arbeiterinnen ließ sich am besten über die Gesundheitslehre mit anschließender Gymnastik erreichen – „die unangreifbarste Form" – und auch die direkteste – „des Betriebskurses." [83]

---

[83]   Die Frauenbildung innerhalb der Volkshochschule[...]
       <Mappe Frauenabteilung>

Häusliche Krankenpflege

Die an Umfang zunehmenden Kurse über „Häusliche Krankenpflege" – bereits im allerersten Programm angeboten – werden
wechselnd dem Gesundheitsbereich oder dem Bereich „Haushalt/
Familie" zugeordnet. Sie werden von der Oberin Schwester Margarete
Seyffardt (Säuglingsheim Berg, Cannstatt) und der Fürsorgerin Gertrud Finckh betreut. Die Kursarbeit muss über die Jahre intensiv und
motivierend gewesen sein, denn aus ihr geht eine Broschüre mit dem
Titel „"Häusliche Krankenpflege" hervor, 1931 von der Frauenabteilung der Volkshochschule Stuttgart herausgegeben wird. Getrud Finckh schreibt im Geleitwort:

„Herausgewachsen aus den Kursen an der Volkshochschule
Stuttgart möchte dieser Leitfaden für die häusliche Krankenpflege, der in erster Linie das in den Stunden Besprochene befesti-
gen soll, ein Ratgeber sein für jede Frau, die im Kreis ihrer
Familie oder gerufen von einem Hilfsbedürftigen, an Kranken-
betten steht."

Hier ist eine kleine vergnügliche Randnotiz angebracht:
Carola bietet ein zeitgemäßes Frauenprogramm von beeindrukkender
thematischer Vielfalt, aber an allem kann ihr Herz nicht hängen, manchen Fachgebieten steht sie innerlich eher distanziert gegenüber. So
ist es vermutlich auch mit den „Ärztlichen Frauenfragen." Die Kin-
derärztin Hilde Saenger, ehemalige Kursleiterin in Untertürkheim von
1927 bis 1929 schreibt in Erinnerung an Carola:

„Eine nette Sache will ich Ihnen noch erzählen: Wie wenig
Carola trotz ihrer Intelligenz und Bildung, „Frau Doktor", über
die biologischen Verhältnisse bei Frauen im Bilde war, geht aus
folgendem hervor: Sie, Leiterin der Frauenabteilung, hatte ihren
Vetter bestellt, an dem für die Niederkunft ausgerechnetem Datum bereit zu sein, um sie ins Krankenhaus zu bringen. Als aber
der kleine Erdenbürger in spe sich Zeit ließ und nicht auf Pünkt-
lichkeit achtete, wurde Carola ängstlich und furchtbar aufge-
regt, und ich wurde beauftragt, sie zu beruhigen, trösten und
aufzuklären über die Vorgänge der Natur" (Brief an die Verf.,
21.2.1988).

Die hier zitierte Hilde Saenger und Carola kannten sich noch
aus der Heidelberger und Münchener Studienzeit; über Hilde Saenger
hatte Carola auch die Praktikumsstelle im jüdischen Kinderheim in
Wolfratshausen erhalten, dessen leitendem Arzt sie bei „seinen psychologischen Forschungen" über Kinder behilflich war, „zur großen
Befriedigung für beide Teile", wie Frau Saenger sich erinnert. So hat
sie nach 68 Jahren die junge Carola in Erinnerung: „Ich spürte damals,
dass Carola Rosenberg etwas Besonderes war, mit Energie und begeis-
terungsfähig, aber wir kamen nicht zusammen, jedes war mit sich und
seinem Aufgabenkreis und auch Freundeskreis voll ausgefüllt." Jahre
später treffen sich die beiden Frauen bei einem Vortrag Bäuerles wieder: „Es fing damit an [...] dass mich Frau Blume bei einem Vortrag
von Theodor Bäuerle (den mein Mann und ich sehr schätzten und kei-

149

Abb. 40 Häusliche Krankenpflege
herausgegeben von der Frauenabteilung der Volkshochschule Stuttgart, 1931
(HStAS und Nachlass Rosenberg-Blume)

nen Vortrag von ihm ausließen) an der Volkshochschule erkannte.
Nach dem Vortrag gab es ein freudiges Begrüßen und Frau Blume
forderte mich auf, Vorträge an der Frauenabteilung zu halten. Dies
tat ich ca. von 1927-29 und hatte auch nach Untertürkheim zu fahren,
um in Abendkursen zu den Fabrikarbeiterinnen zu sprechen" (ebd.).
Hilde Saenger, Jüdin, emigrierte mit ihrem Mann, ebenfalls Kinder-
arzt, 1935 nach Palästina.

Selbstverständnis der Frau

„Eine Betrachtung der Frau abseits der allgemeinen Wertung"
(BRIEF AN BERNHARD, 1925)

Dies ist Carolas ureigenstes Interessengebiet, hier tritt sie
als Kursleiterin auf. Sehr schnell hat sie für diesen Bereich, für den
sie sich aufgrund ihrer ganz persönlichen und ihrer Bildungsgeschichte zuständig fühlt, eine eigene Rubrik im Programm geschaffen: Sie
heißt: „Wege der Frau zu sich selbst", oder später: „Vom Wesen und
Wirken der Frau." Hier wird das Thema der Selbstreflexion – bis hin
zur Erkundung eines „weiblichen Charakters" und dessen „Mängel
und Vorzüge" bei Vilma Kopp – durch eine Vortragsreihe mit
anschließenden Arbeitsgemeinschaften ergänzt. Themen sind z.B.:
„Die schöpferische Frau; Die soziologische Leistung der Frau; Die Frau
und die Wissenschaft (1926/27).
Carolas drei erste Kurse im ersten Programm (Herbst 1925):
„Formen des Frauentums und Probleme des Frauenlebens entwickelt
am Leben bekannter Frauen"; „Wandel des Frauenideals und Problematik der Frau in der Gegenwart" und „Über das Wesen der Bildung
und Selbsterziehung" werden über die folgenden Jahre in abgewan-
delter Form, doch mit ähnlicher inhaltlicher Zielsetzung, angeboten.
Ein Jahr später tritt zu den „Fragen der Selbsterziehung" das „Seelenleben des Menschen"; im darauffolgenden Trimester (Herbst 1927)
werden „Frauenfragen der Gegenwart" als Arbeitsgemeinschaft angeboten („Von Lebensinhalt, Lebensform und Lebensstil der heutigen
Frau").
In ihrem ersten Kurs („Formen des Frauentums [...]") will
sie „wichtige Frauengestalten der verschiedenen Kulturepochen" vorstellen und sie sowohl in ihrer geschichtlichen Bedingtheit wie in ihrer
zeitlosen Bedeutung für die gegenwärtige Frauengeneration herausarbeiten. In einem zweiten Schritt will sie vom Idealbild zur „normalen" Frau in ihrem Alltag in den verschiedenen Epochen kommen.
Die historische und subjektbezogene Betrachtung soll in die Behandlung der Frauenbewegung ab Ende des 18. Jahrhunderts münden.
Betont wird in der Ausschreibung: „Bei allen Fragen suchen wir, die
Beziehung zur Gegenwart und zu unserem Leben herzustellen" (wobei
Carola ihr Anliegen in einer einfachen und zugänglichen Sprache formuliert).

Es überrascht nicht, dass Carola ihren Einstieg als Kursleiterin mit der Dichtung beginnt. Sie steht an erster Stelle ihrer Tätigkeit. Zur Vorbereitung ihrer Kursarbeit wendet sie sich an „ihren" Dichter: „[...] mein Kurs beginnt morgen [...] und ich habe noch keine Ahnung, wie ich dieses schwierige Thema anpacken werde. Kannst Du mir noch einige feine Frauengestalten aus der Dichtung oder einige lebende oder jetzt gestorbene mit Tagebuch und Briefen vorschlagen? Mein Ziel wird sein, den Kursleuten das Verständnis und Begreifen für Menschen und ihre Schicksale, abseits der allgemeinen Wertung, beizubringen. Die Paula Modersohn[84] werde ich [...] auch drannehmen" (4.2.1925). Der Malerin, die damals mit ihren Bildern und ihrem ungewöhnlichen Schicksal als verheiratete Frau und Künstlerin allgemeines Aufsehen erregt, wird auch ein Diskussionsabend im „Frauenkreis" gewidmet. Allerdings hat Carola eine Befürchtung: „Vermutlich sind die Frauen, die kommen werden, sehr spießig" (ebd.). Mit dem Thema Erotik und Sexualität steht Carola vor einem doppelten Problem: sie selbst vertritt hier infolge ihrer Jugenderfahrungen, ihrer Vertrautheit mit der Geschlechterdebatte ihrer Zeit und vor allem durch ihre an Toleranz und Offenheit orientierten Beziehung mit Bernhard eine entschieden emanzipatorische Position, die sie auch in ihre Programminhalte aufzunehmen versucht. Sie trifft aber bei ihren Teilnehmerinnen und, wie erwähnt, auch bei Kollegen und Vorgesetzten, noch auf Mentalitäten, die ganz dem überkommenen bürgerlichen Moralkodex verhaftet sind. Sie bewegt sich auf dem schmalen Grat zwischen ihrem eigenen Erfahrungshorizont, ihrem „anti-bürgerlichen" Denken und ganz subjektivem Lebensgefühl auf der einen Seite und den möglichen traditionalistischen Wertvorstellungen sowohl ihrer Mitarbeiterinnen wie ihrer Teilnehmerinnen aus den verschiedenen sozialen Milieus auf der anderen. Was kann sie ihnen an Themen zumuten? Was stößt auf Ablehnung und Befremden und zeitigt daher auch keine Wirkung, die Carola ja erreichen will? Der erste Kursabend bestätigt ihre Befürchtungen: „Ich komme eben von meinem Vortrag, er gefiel allerseits. Du meine Güte! Die Jüngste ist 34, sonst alle ehrsame Jungfern über die 40." Carola ist 26! „Ich kam sehr in Verlegenheit, als ich bei der Erklärung, was die „Dame" sei, kein anderes Wort für „Erotik" fand. Ich werde dieses Wort in diesem Kreis nie mehr benutzen und will daher in der nächsten Stunde die Iphigenie behandeln. Die hat Wanner in seinem letzten Kurs schwer keusch gemacht" (5.2.1925).

---

[84] Paula Modersohn-Becker(1876-1907) hat in ihrer Ehe mit dem Maler Otto Modersohn um Selbständigkeit und eine eigene künstlerische Form gerungen.

Abseits der allgemeinen Wertung

Auch bei sich selbst?

Wie gingen Carola und Bernhard mit dieser Frage um? Die Briefe, das wahrhaftigste Dokument über einen Menschen, der nicht die Publikation im Hinterkopf hat, sprechen eine klare Sprache. Ihr Lebensstil, ein jedes mit seinem Arbeitsschwerpunkt in einer anderen Stadt, oft durch große geographische Distanzen voneinander getrennt, konfrontiert sie sehr bald mit der heikelsten Frage einer Liebesbeziehung, der gegenseitigen Treue: wie sie zu verstehen sei, wie sie lebbar sei. Im Versuch, auch hier „bürgerliche" Normen aufzubrechen und sich neuer Freiheiten zu vergewissern, spiegeln sich die gesellschaftlichen Aufbruchsjahre der Weimarer Zeit. In den Jahren ihres Studiums sind sie voneinander so erfüllt und besetzt, auch sind die Möglichkeiten des Wiedersehens nicht unüberwindbar, dass die Frage der Treue sich nicht ernsthaft stellt. Doch Gelegenheiten gibt es immer wieder, um über das heikle Thema nachzudenken. Nach einer mehrtägigen Wanderung im Frühjahr 1924 mit dem befreundeten Paar Fritz und Maria, dem Eigentümer der „Schwäbischen Bücherstube" und Carolas Studienfreundin, und dem Freund und Kollegen Paul Wanner,[85] war es offenbar durch eine zweideutige Wette, die Maria mit Bernhard eingehen wollte, zu Spannungen gekommen. Ein intensiver Briefwechsel über den Vorfall gipfelt schließlich in dem gemeinsamen Bedürfnis, sich über die eigenen ethisch-moralischen Maßstäbe klarzuwerden. Es geht u.a. für Carola um die Frage, wie sie auf eine eventuelle sexuelle Begegnung zwischen Bernhard und Maria reagieren würde. Ihre Überlegungen enden in einer Aporie: dem, was die Vernunft billigt und für ethisch vertretbar hält, kann das Gefühl nicht folgen. Was

Abb. 41 Carola Rosenberg-Blume, 1929
vor der Geburt ihres ersten Sohnes Michael
(Nachlass Rosenberg-Blume)

153

---

[85] Von dieser Wanderung vom Bodensee über die Alb sagt Paul Wanner in seinem „Lebensbericht": „Ich habe nie eine vergnügtere Wanderung mitgemacht." Von Bernhard heißt es, er sei „entschieden der Mittelpunkt" gewesen, „zugleich Liebling der Frauen." P. Wanner, 1990, S.111.

hingegen ethisch für sie nicht akzeptabel ist, kommt dem Gefühl entgegen.

Mit ihren Worten:

> „Maria hat gesagt, Du habest mit ihr gespielt. Wenn Du sie genommen hättest, um zu zeigen, dass Du stark bist, oder wenn Du – was anzunehmen ist – sie Dir noch holen wirst, um Deine Kraft zu zeigen, so muß ich dies von meinem ethischen Standpunkt aus verurteilen. Verstehe mich recht: bei dieser Art Kampfspiel nimmst Du mir nichts weg (ich habe auch gesagt und halte dies aufrecht, ich habe nichts dagegen, wenn Du es tust), aber Du kennst meine gesamte Einstellung bei dem Verhalten von Mann und Frau; der Mann muß auch an die Frau denken, er muß sie lieb haben und ihr nachher etwas sein; wenn Du Dir die Maria jetzt vom Fritz wegholst, und nicht bei ihr bleibst, so wird sie garantiert daran zugrunde gehen. Anders ist es, wenn es sich nicht nur um ein Kräftespiel handelt, wenn Du aus Bejahung ihres Seins Dich ihr – so gut Du es kannst – hingibst. Dagegen kann ich nichts einwenden. Ob allerdings mein Gefühl mittun würde, das weiß ich noch nicht. Doch Dir ist diese ganze Einstellung von mir nicht neu; Du hast sie öfters von meinem Standpunkt verstanden, doch von Deinem aus abgelehnt; aber vielleicht ersiehst Du, dass ich einerseits etwas ethisch ablehne, was Dich mir gar nicht nehmen würde; dagegen nichts einwende gegen etwas, was Dich mir nimmt. Das Gefühl verhält sich eben umgekehrt" (Ostermontag 1924).

Dann folgt die Zeit der Reife. Carola beginnt mit ihrer beruflichen Arbeit in Stuttgart, Bernhard geht nach Berlin. Nach anfänglicher Isolation taucht er für eine Weile ein in das Künstlermilieu Berlins und sein Nachtleben: jeden Abend Theaterbesuche, Erstaufführungen an den großen Berliner Häusern. Sie haben ihre nächtlichen Folgerituale in Kneipen und Cafés und enden regelmäßig in Trink- und Saufgelagen. Bernhard wird mitgerissen:

> „[...] hier schwimmt man wie ein kleiner namenloser Punkt und wird so herumgespült, man weiß gar nicht recht von wem. Zum Arbeiten komme ich auch nicht, ich habe jetzt gerade einen Monat verpulvert, aber es hat gar keinen Sinn zu produzieren, solange ich jeden Abend Theater sehe und jeden Abend woandershin geworfen werde" (22.4.1925). Er erzählt von den Frauen: „[...] Ich hab auch schon ein paar nette Mädel in Berlin gesehen [...], meistens in der Untergrundbahn, ferner in meinem Stammlokal eine Jüdin, offenbar Zionistin, jüdische Jugendbewegung, saß mit einem Trottel da; ich mag aber an keine hin. Mitunter sichtet man sehr mondäne Weiber, von fern, und wünscht sich ein paar Tausendmarkscheine, um einen noch unbekannten Erdteil zu erforschen" (10.1.1925).

In einer der vielen durchzechten Nächte lernt Bernhard eine der großen Schauspielerinnen auf den damaligen Bühnen, Gerda Müller, kennen, mit der wiederum Zuckmayer befreundet ist; diese Begegnung stellt das Freiheitsideal in der Liebe auf eine harte Probe. Wie eine solche Nacht aussehen und was sie mit sich bringen konnte, schildert er so:

„Liebe Carola, es fing so an: als ich, wie ausgemacht, in die kleine Kneipe kam, saßen da Zuckmayer, der Regisseur Hilpert ein Monokel im Auge und der Dr. Seeler [...] der Leiter oder Direktor der Jungen Bühne ist [...] Mit Ausnahme Zuckmayers waren alle schon stark besoffen [...] Dann faßt der Regissuer Hilpert Zuckmayer durchs Monokel scharf ins Auge und sagte: „Zuckmayer, Du bist ein falscher Hund. Erkläre mir, woher es kommt, dass jedermann in Berlin Dich für einen falschen Hund hält.“ Darüber war der Zuckmayer sehr wütend. Die Gerda Müller aber erklärte es für ihn und sagte: „Ja, Zuckmayer, du bist ein falscher Hund. Ich, ich bin östlich: wenn ich Ja sage, dann tue ich auch Ja, aber du sagst Ja und tust Nein.“ Sehrrr rrussisch sagte sie das, denn sie ist aus Ostpreußen, ihr Vater ist ein Litauer und sie gefiel mir sehr gut. Weil sie fürchterlich traurige Augen hatte und nicht angemalt war, wie sonst die Theaterweiber [...] Nach 12 Uhr brach man auf. Zuckmayer besorgte ein Auto für sich und Gerda Müller und drückte mir die Hand. Die Gerda Müller aber sagte, ich solle mitfahren, man wolle bei ihr weitertrinken. Hier ahnte ich schon düster das Weitere, aber der Stein war im Rollen. Bei ihr zu Hause ließ sie das Grammophon laufen und war sehr traurig, ein überhitzter, übersteigerter Weltschmerz, der sehr rührend war und gut zu trösten. Man trank noch Kaffee, Likör und Sherry, eine Flasche voll. Von da ab war ich auch besoffen, aber dabei völlig klar im Kopf und ganz bei Bewußtsein. Die Gerda Müller hatte nur noch ein Pyjama an, es wäre aber nicht mehr nötig gewesen. Gegen 3 Uhr packte sie der Zuckmayer und trug sie ins Schlafzimmer. Sie wehrte sich aber, schlug ihn und er sie, dabei floss viel Blut, denn sie trat mit dem nackten Fuß in die Scherben eines zerbrochenen Glases [...] dann schrie sie nach mir. Auch kamen zwei Bedienungsfrauen und wischten das Blut in mehreren Zimmern auf. Heulend lag sie im Bett, der Zuckmayer wurde hinausgeworfen und mein Gott, erschrick nicht, ich schlief eben bei ihr. Ich schreibe Dir das nicht gern, weil ich weiß, dass Du jetzt traurig sein wirst und sehr unruhig; aber ich kann nicht – ich kann so nicht leben. Ich will noch Frauen kennen lernen, und ich habe Dir das immer gesagt, und wir waren uns in der Theorie ja einig, weil praktisch der Fall ja so gut wie nie eintrat. Bitte sei mir nicht bös; es ist eine sehr saubere Frau und sie hat einen wundervollen Körper, ich kann es nicht bereuen“ (27.1.1925).

Nun ist es so weit. Wie reagiert Carola? Ihre Antwort:

„Das Schreiben fiel mir gestern schwer und ich kann auch nicht viel sagen heute, es ist eine große Wunde in mir, die heilt manchmal zu, aber heute ist sie wieder aufgegangen und aller Schmerz tropft nach innen. Es ist nicht deshalb weil Du bei der Gerda Müller geschlafen hast, Bernhard, das hab ich ja gewußt; [...] dass Du bei einer so schönen Frau schlafen kannst, ist schön

155

Vom Wesen und Wirken der Frau
Allgemeine Frauenfragen
(185—195).

185—187. Wandel des Frauenideals und Frauenfragen der Gegenwart

185. Die Verkörperung der Frau in der Dichtung.

Wir wollen aus den großen Dichtungen aller Zeiten die wichtigsten Frauen=
gestalten herausarbeiten und feststellen, was an diesen das Bleibende ist, und
was wir nur im Zusammenhang mit der jeweiligen Zeit verstehen können.
Einige Beispiele: Die „Heldin" im germanischen Epos; die „Heilige" in den
Volkslegenden; die „Dame" im Minnesang; die „Hausfrau" in der Reforma=
tion (das „böse Weib" bei Hans Sachs); die „Schäferin" und die „Empfind=
same" des Rokoko; die „schöne Seele", die „Priesterin" (Iphigenie), die „Ge=
liebte" bei Goethe. Darstellung des Problematischen und Tragischen in der
Beziehung zwischen Mann und Weib bei Hebbel; die „Frau als Spielzeug"
bei Ibsen; das „schöne Tier" bei Wedekind usw. Selbstverständlich kann die
eingehende Behandlung dieses Themas nicht in einem Kurs zum Abschluß ge=
langen. Je nach der Zusammensetzung der Teilnehmerinnen werden wir uns
mehr auf die eine oder andere Zeit, auf den einen oder anderen Dichter be=
schränken.

186. Selbstdarstellung des weiblichen Wesens in Briefen,
Tagebüchern und Lebensbeschreibungen.

Aus dem, was Frauen aus Tagebüchern und in Briefen uns sagen, wollen wir
versuchen, eine Ethik der Persönlichkeit zu entwickeln und wollen im besonderen
uns in das Wesen und in die Aufgaben der Frau versenken. Wir werden nicht
nur vorbildliche Gestalten und Engel ohne Fehler behandeln, sondern wollen uns
auch von den unheimlichen Tiefen der menschlichen Seele erschüttern lassen.
Vorschläge: Frau Rat Goethe — Karoline Humboldt, Karoline Michaelis=
Schelling, Rahel Varnhagen — Malvida von Meysenburg — Paula
Modersohn=Becker — Rosa Luxemburg, Frida Duensing, Helene Lange. Die
Auswahl richtet sich nach der Zusammensetzung des Kurses.

187. Die Geschichte der Frauenbewegung, ihre Probleme
und Aufgaben in der Gegenwart.

Das Historische in den beiden vorhergehenden Kursen wird für uns vielfach nur
den Anlaß bilden, um über Erscheinungen des Frauenlebens der Gegenwart

16

Abb. 42 Aus dem Arbeitsplan der Frauenabteilung, 1926/27
(Archiv der vhs stuttgart)

zu sprechen. Daraus wird sich mit innerer Notwendigkeit eine eingehende Betrachtung über die Geschichte der Frauenbewegung, ihre Probleme und Aufgaben der Gegenwart ergeben.

Carola Rosenberg.

*188. Frauenfragen der Gegenwart
Arbeitsgemeinschaft

In diesem Kurs soll in Form der Arbeitsgemeinschaft versucht werden, die inneren Zwiespältigkeiten im Frauenleben der Gegenwart aufzuweisen und Wege zu finden, die aus diesen inneren Nöten herausführen können. Damit soll gleichzeitig die Frage aufgeworfen werden, wie sich Frauenart und Kultur zueinander verhalten und welche geistigen Werte die Frau dem kulturellen Leben des Volkes zu geben hat.

Vilma Kopp.

*189–195. Die schöpferische Frau

In einer Reihe von Vorträgen soll im Laufe des Jahres die Frage nach dem schöpferischen Anteil der Frau an unserer Kultur aufgeworfen werden. Auf den Gebieten der Malerei, Dichtung, Wissenschaft, Politik usw. soll der positive Ertrag weiblicher Leistung an einzelnen Personen und Werken dargelegt und der Zusammenhang zwischen weiblicher Lebenshaltung und objektiver Leistung und deren Problematik beleuchtet werden.

Jedes Gebiet wird an mehreren Abenden behandelt. Jede Vortragsreihe ist in sich abgeschlossen und kann also einzeln besucht werden; aber bei dem engen Zusammenhang dieser Gebiete ist der Besuch aller empfehlenswert.

Die Vortragsreihen Nr. 189 und Nr. 190 finden im Herbsttrimester mit je fünf Abenden statt, die übrigen im Laufe des Winters und Sommers.

189. Die Frau in der Malerei und bildenden Kunst

Hanna Binder. Mit Lichtbildern.

190. Die Frau als Dichterin

Klara Hähnle.

191. Die Frau und die Wissenschaft

Emmy Rebstein.

17

Abb. 43 Aus dem Arbeitsplan der Frauenabteilung, 1926/27
(Archiv der vhs stuttgart)

Angestellte:

Gewerkschaftsbund der Angestellten

210. Lebensfragen der berufstätigen unverheirateten Frau
1 Ausspracheabend.
Franziska Lambert: Dienstag, 14. Oktober, 20.00 Uhr.

Verband der weiblichen Handels- und Büroangestellten

211. Wie verhalten wir uns zum Kunstwerk?
Hanna Binder: Dienstag, 30. September, 20.00 Uhr.
Anschließend daran

211 a. Führung durch das Museum der bildenden Künste
Hanna Binder: Sonntag, 5. Oktober.

Zentralverband der Angestellten

212. Der Beruf der Verkäuferin
Elisabeth Frank: 1. Oktober 20.00 Uhr im kleinen Saal des Gustav-Siegle-Hauses.

214. Frauenabende:
1. Abend: 13. November: „Die weibliche Angestellte und ihre Stellung als Frau in der gemischten Verbandsgruppe".
Carola Blume: Lesezimmer des Metallarbeiterheims.

Beamtinnen:

Vereinigung württembergischer Verkehrsbeamtinnen

215. Aerztliche Frauenfragen
Marga Wolf: Freitag 19.15 Uhr, Oberpostdirektion. Preis 4 Mk. Beginn: 17. Oktober.

216. Lebensfragen der berufstätigen unverheirateten Frau
Franziska Lambert: 1. Ausspracheabend am Mittwoch, 24. September, 20.00 Uhr, Falkertschule, Saal 8.

Vereinigung staatlicher Kanzleibeamtinnen
Verein städtischer Beamtinnen

217. Bildungsfragen der Beamtin
Theodor Bäuerle: Freitag, 26. September, 20.00 Uhr.
In Vorbereitung: Kurse über Staats- und Verwaltungsrecht.

Hausangestellte

218. Aerztliche Fragen der weiblichen Hausangestellten. 6 Abende.
Hilde Adler: Freitag 20.00 Uhr, Torschule, Saal 5. Beginn: 10. Oktober. Preis 3 Mk., ermäßigt 1,50 Mk.

Verein der Freundinnen junger Mädchen

219. Gesundheitsfragen der Frau
Marga Wolf: Donnerstag, 18. September, 20.00 Uhr, Moserstraße 12.

14

Abb. 44 Aus dem Arbeitsplan der Frauenabteilung, 1930
(Archiv der vhs stuttgart)

220. Fragen der neuzeitlichen Haushaltführung und Heimgestaltung
A n n e m a r i e B o e c k : Donnerstag, 16. Oktober, 20.00 Uhr,
Moserstraße 12.

221. Weihnachtshandarbeiten
M a r i e R e i f f : 1. Abend: Donnerstag, 20. November, 20.00 Uhr,
Moserstraße 12.

Hausfrauen:
Berufsorganisation der Hausfrauen
Aussteuer- und Einrichtungsfragen. Siehe Nr. 193.

Das Preisausschreiben der Berufsorganisation der Hausfrauen über
„Die Wohnungsausstattung und die Aussteuer, wie sie heute sein
sollte" wird bei diesem Kurs ausgewertet.

222. Das Verhältnis der Hausfrau zur Hausangestellten
M a r i e C a u e r : 12. Januar 1931, 16.00 Uhr, Hindenburgbau.

Es ist vorgesehen, diese Frage in einem besonderen Kurs für Hausfrauen zu behandeln.

Lehrerinnen und Leiterinnen von Mädchengruppen
Sportliche Spiele. Siehe Nr. 181.

Aerztlich-pädagogische Fragen vom Standpunkte der Individual-
psychologie (früheste Kindheit, Schulalter, Pubertät). Siehe Nr. 203.

Schneiderinnen, Kunstgewerblerinnen, Direktricen
Nach Weihnachten: Grundlagen zum Entwerfen von Stoffen und
Textilien (Raumaufteilungsstudien, Farbenlehre, Ausführungen von
Arbeiten).
H i l d e g a r d F i e d l e r .

Sozialistische Arbeiterjugend
223. Gesundheitsfragen. 6 Abende.
H i l d e A d l e r : Am 1. und 3. Dienstag in jedem Monat, 20.00 Uhr,
Jugendhaus. Beginn: 7. Oktober.

223 a. Erziehung in den Jugendgruppen
F r a n z i s k a L a m b e r t : Donnerstag, 8. Oktober, 20.00 Uhr,
Jugendhaus.

Stuttgarter Mieterverein
224. Die rechtliche Stellung der Frau in Familie und Gesellschaft.
6 Abende.

Für die Frau ist es notwendig, daß sie über den Inhalt der Gesetze,
unter denen sie steht, und über deren Bedeutung Klarheit gewinnt.
Es kommen neben grundlegenden Fragen die wichtigsten Ab-
schnitte aus dem Strafgesetzbuch und aus dem Bürgerlichen Gesetzbuch (besonders das Familienrecht) zur Sprache.
C h r i s t i n e E v e r t : Montag 20.00 Uhr, Falkertschule, Saal 8.
Preis 2,50 Mk. Beginn: 6. Oktober.

15

Abb. 45 Aus dem Arbeitsplan der Frauenabteilung, 1930
(Archiv der vhs stuttgart)

für Dich, das ist es nicht, nein. Aber Bernhard, ich habe Angst; entsetzlich war das heute nacht, als ich von meinen Irrfahrten auf der Straße heimkam und ich noch wach lag bis heute morgen, da stieg das Grauen in mir auf, da spürte ich lauter Abgründe, ich sah das schmale Seil meines Schicksals, auf dem ich gehe, wenn ich die Augen aufmache, falle ich; überall die Abgründe, nur 1 kleinen Schritt. Oh Gott! Es ist nicht die Gerda Müller [...] Es ist diesmal nicht wie sonst, die Feierei, dass Du bei einer Frau geschlafen hast, es ist diesmal ein dunkles Gewitter und Entsetzen vor einer dunklen furchtbaren Zukunft. Als ich heute morgen einschlief, träumte ich von Gräbern."
(30.1.1925)

„Es ist nicht die Gerda Müller", sondern das, was mit ihrem Eintritt in ihrer beider Leben ausgelöst wird: die Frage nach der Bedrohung ihrer Beziehung durch die Diskontinuität eines der Kunst gewidmeten Lebens. „Abgründe" an beiden Seiten des „schmalen Seils", auf dem sie geht. Das Erlebnis mit Gerda weist über sich hinaus. Es wird zum Auslöser einer weit wichtigeren Frage, die an die Grundfesten ihrer Beziehung reicht: ist die Liebe in ihrem Bedürfnis nach Nähe, Kontinuität und Zukunftsentwürfen den Verwerfungen gewachsen, die ein Leben für die Kunst notwendig mit sich bringt? „Passen" sie eigentlich zusammen? Ist Carolas Integrität in dieser Beziehung nicht bedroht? Bernhard versteht das Traumbild sofort, für die „Abgründe" ist er verantwortlich: „[...] Daran bin ich schuld, dass es so ist" und er appelliert an sie, ihre Entscheidung für ihn als Lebenspartner noch einmal zu überdenken:

„Ich möchte Dich heute bitten, Carola: überlege Dir noch einmal ganz ernsthaft, ob das so weiter gehen kann. Denn was noch kommen kann, weiß niemand. Und ein Leben mit mir ist nicht leicht zu ertragen, ich weiß das. Viele Abgründe werden sich auch erst auftun. Heute könntest Du noch zurück. Denke bitte an Dich, nicht nur an mich. Mein Leben kann zerbrechen, viel Unglück wirst Du bei mir tragen müssen, viel leiden; ich möchte nicht, dass Du mir blind folgst. Man kann auch nicht wissen, ob das beste in Dir nicht bei mir verdorben wird, ob Du nicht ganz andere Menschen brauchst, um wirklich zur Entfaltung Deines Wesens zu kommen. Vielleicht siehst Du jetzt klarer über meine Natur; das wäre mir recht; besinne Dich, besinne Dich, ehe Du den nächsten Schritt tust, ob Du weiter mit mir gehen kannst. Du hast Angst, es graut Dir vor etwas Unbekanntem, Du hast ein Gefühl für solche Dinge, laß Dich warnen, solange es Zeit ist, ich bitte Dich, ich hab Dich ja so lieb, ich möchte nicht haben, dass Du Schaden nimmst" (1.2.1925).

Dann reflektiert er noch einmal seine existenzielle Situation als junger, um sich ringender, doch bereits erfolgreicher Bühnendichter und als Liebender, der sich über seine Erwartungen und Hoffnungen Rechenschaft zu geben versucht und der noch einmal, angesichts aller zukünftigen „Abgründe", die Brautfrage an Carola stellt:

„[...] mehr als je bin ich von meiner Aufgabe besessen. Sicherer als je weiß ich, dass es für mich nur eins gibt: das Werk, das ich schaffen werde. Sonst gibt es keine Rücksicht für mich, alles Unglück der Welt soll mich auspressen und ausquetschen bis auf den letzten Blutstropfen; wenn er in mein Werk hineinfließt, dann ist es gut. Aber auf dieser einen Karte steht auch alles: scheitere ich hier, dann bin ich fertig, dann gibt es keinen Trost sonst, keine Erlösung sonst [...] Ich bin mir in den letzten Wochen über das Schwankende, Waghalsige meiner Lage erschreckend klar geworden. Die Brücken sind wirklich abgebrochen, ich stehe ganz allein in Feindesland, [...] ohne Bundesgenossen, nur auf mich bin ich angewiesen, jeder Schritt breit muß erobert werden, es gibt kein zurück mehr, keine Kompromisse, ich muß siegen, oder ich bin in ein paar Jahren tot [...] Und nun frage ich Dich heute, ganz entscheidend, Carola: willst Du mein Kampfgenosse sein, mein Waffengefährte, mein Freund, meine Geliebte, ein Mensch, der mit mir geht auf Gedeih und Verderb. Mein Gefährte, der mich auch verbindet, wenn ich Wunden habe, bei dem ich ausruhen kann, wenn ich müde bin und zerschlagen, aber mit dem ich auch vorwärts gehe und mit dem ich zusammen meine Siege feiere. Mit dem ich alles teilen will. Mit dem zusammen ich vielleicht auch untergehe. Ich weiß, ich verlange Ungeheuerliches von Dir, aber Du bist der einzige Mensch, den ich habe, und glaube es, glaube es, Carola, ich werde Dich nie verlassen. Aber Du wirst es schwer haben. Kannst Du das, willst Du das, willst Du alles mit mir teilen, dann schreib mir gleich. Nein, überleg es Dir, überleg es Dir lange. Aber ich wäre namenlos glücklich, wenn Du weiter mit mir gehen wolltest [...] Siehst Du, ich schreibe Dir ja alles, was ich denke und erlebe, ich habe kein Geheimnis vor Dir, ich schreibe nichts ins Tagebuch mehr, seit ich in Berlin bin, weil ich alles Dir schreibe. Aber ich muß wissen, ob Du weiter zu mir gehörst" (ebd.).

Carola gehört weiter zu ihm:

„Du weißt ja selbst, dass ich Dich nie verlassen könnte, deshalb, weil Deine Zukunft so ungewiß, vielleicht sogar schlimm sein kann", antwortet sie. Aber sie macht ihm nun deutlich, dass sie von ihm – gerade weil als Künstler der konkreten Lebensplanung abhold – eine klare Antwort hierzu erwartet. Sie möchte wissen, woran sie ist. „[...] Willst Du mir das Gleiche geben wie ich Dir; willst Du so bei mir sein und mit mir, dass ich es spüre, meine Zuversicht und Stütze? [...] Aber führen wir denn ein Leben miteinander – Du da – ich dort? Ewig auseinandergerissen? Denn wir werden nicht miteinander leben können, auch wenn Du wieder hierher kommst; ich bin auf unabsehbare Zeit auf diese bürgerliche Stellung angewiesen und muß auch den Schein wahren [...] Und nun laß mich meine Befürchtungen vollends ehrlich sagen: Du kannst, wie Du es selbst einmal gesagt hast, noch zehn Jahre bis zu einer Ehe, d.h. bürgerlichen Sanktionierung warten; ja, es ist Dir lieber, je länger, je lieber,

161

und Du hast Angst davor. Und ich, Bernhard, ich will aus verschiedenen Gründen nicht zu spät heiraten: damit ich, wenn ich in meiner Stelle bleiben will, auch einmal öffentlich länger mit Dir leben kann; damit ich das frei bekennen kann, was ich bin, damit ich nicht zu verbraucht bin [...] aber Deine Geliebte bleiben, ohne ein Gefühl der bürgerlichen Sattheit, ohne Angst vor dem Alltag! Wirst Du diesen letzten Schritt, wenn ich es brauche [...] und die äußeren Voraussetzungen geschaffen sind, ganz freiwillig und freudig gehen?" (2.2.1925)

Von Anfang an war ihr das Janusköpfige in ihrer Beziehung zu diesem Mann bewusst. Sie liebt seine Kunst, die ihr zugleich zur „Rivalin" wird. Schon in den Anfängen ihrer Beziehung hatte sie in ihr Tagebuch geschrieben: „Er ist ganz besessen von seiner Dichtung. Ich bin glücklich und traurig darüber. Ich will, dass er mich lieb behält" (11.9.1922). Und in einer Briefstelle aus demselben Jahr klingt bereits an, was Bernhard in dem oben zitierten „Schicksalsbrief" beschwörend anspricht: „[...] Deine Erlösung ist Dein Werk", schreibt sie „vielleicht wurde ich auf einmal traurig, weil ich an mich dachte – heute bist Du so wie ich Dich will und deshalb wirst Du mir entgleiten und ich werde und darf Dich nicht halten [...] Ruhe in meinem eigenen Herzen finde ich wohl nie; mich wirft es immer wieder hinaus und ein Werk habe ich nicht" (Mittwoch, 1922). Das „Werk" aber und ihre Fähigkeiten, ein solches zu schaffen, wird sie für sich entdecken. Am 7. November 1924 schreibt sie an Bernhard auf einem dem Brief eigens beigefügten Zettel:

„Lieber Bernhard! Ich will Dir nur sagen, dass seit gestern Abend der schreckliche Druck und meine Schwachheit vorbei sind und ich wieder sehr stark und froh bin. Ich weiß nun auch, dass ich auch allein meine Welt aufbauen kann und Dir Deine lassen werde. Ich freue mich, bis Du am Montag kommst (zu essen kriegst Du etwas bei mir). Herzlich Deine Frau."

Die „Wunde" Gerda Müller heilt allmählich zu. Die folgenden Tage bringen melancholische Rückschau auf das heile Leben von „früher" und Nachdenken über sich selbst. Bei ihren Vorbereitungen für ihren Kurs „Wandel des Frauenideals" hat sie das Glück, auf eine Identifikationsfigur, auch jüdische Intellektuelle, zu stoßen: Rahel Varnhagen[06], von der sie sagt: „[...] die ist mir wohl von all den Frauen am ähnlichsten; auch so unruhig [...]" (31.1.1925). „Wenn Du je einmal Zeit zu solchen Dingen hast, dann lies sie bitte. Ihr Wesen gefällt mir unglaublich, ihr Schicksal greift mir oft mitten ins Herz" (15.2.1925). Als sie in deren Briefen eben jenen Vierzeiler Goethes entdeckt, den sie sich selbst einst als Leitspruch erkoren und auf die erste Seite ihres

---

[86]   Rahel Varnhagen, geb. Levin (1771-1833), entstammte einer jüdischen Kaufmannsfamilie in Berlin. Ihr Salon war Treffpunkt von bekannten Künstlern/innen und Schriftstellern/innen, von Politikern und Wissenschaftlern. Bereits zu Lebzeiten veranlasste sie die Veröffentlichung von Teilen ihrer Korrespondenz. Ihr Briefwechsel und ihre Erinnerungsblätter sind wichtige Dokumente der ausgehenden Romantik.

Tagebuchs geschrieben hatte, ist sie beglückt über so viel Seelenverwandtschaft:

Alles geben die Götter, die Unendlichen,
ihren Lieblingen ganz
Alle Freuden, die unendlichen,
Alle Schmerzen, die unendlichen, ganz.

Rahel ist ihr nahe, auch in der Beziehung zu ihrem Freund.
Einen ihrer Briefe an diesen, in ähnlicher Verfassung geschrieben wie
Carola sie gerade erlebt, schreibt sie für Bernhard ab, um so, in literar-
sicher Verfremdung, Auskunft über sich selbst zu geben. Bernhard
widmet seinem Antwortbrief viel Zeit und Sorgfalt. Er erzählt ausführlich von seinen Erlebnissen mit Dichtern, Regisseuren, Dienst-
personal und der Schauspielerin Gerda Müller, „außer Bab der einzige
Mensch in Berlin" wie er schreibt, „der mir ein menschliches Gesicht
zeigt." Und fügt vorsichtig hinzu:

„Ich weiß nicht, soll ich Dir nichts mehr von ihr schreiben,
vielleicht willst Du das nicht hören. Nur gehört das jetzt zu meinem Leben. Aber sage mir doch, ob ich überhaupt von ihr schreiben soll. Ich fürchte, ich verlange zu viel von Dir, wenn Du mir
hier zuhören sollst" (1.2.1925).

Carola will zuhören, sie will sich nicht abwenden, sondern
hinsehen und erinnert sich, die Schauspielerin schon einmal gesehen
zu haben:

„Dass Du mir über Gerda schreibst, ist mir sehr lieb. Ich
wollte Dich darum bitten, denn ich selbst kann mir bis jetzt noch
gar nicht eine solche Frau vorstellen – haben wir sie nicht einmal zusammen in Tollers „Masse Mensch" gesehen? Zu Hause
lag einmal ein Foto von ihr auf einem Prospekt und ich habe es
versteckt, bevor Du kamst [...] ich wollte nicht, dass Du sie siehst,
weil ich das alles ahnte. Dass sie Dich sehr reizt, begreife ich gut;
weißt Du, weniger der Gedanke, dass Du bei dieser Frau schläfst,
gefallen mir aber die „begleitenden Umstände" [...] und dass
Gerda auch trinkt, – weißt Du, nicht aus Spießigkeit, sondern
aus unserem Wandervogel heraus, möchte ich mein ganzes Leben lang den Rausch ohne Getränke behalten" (4.2.1925).

An eine eigene mögliche Initiative im Hinblick auf Männer
denkend, überlegt sie, dass sie über die meisten „Buben" in ihrem
Umfeld „hinausgewachsen" ist und sie die „feinen Männer" wohl
irgendwo „noch suchen muß". „Feine Frauen" – diese Bemerkung
kann sie sich nicht verkneifen – „gibt es genug" (ebd.). Carola begegnet in ihren jungen Berufsjahren auch keinem Mann mehr, der sie
wirklich interessiert. Den Aufforderungen Bernhards, sich mehr
gesellschaftliches Leben zu gönnen, hält sie ihren mit menschlichen
Kontakten überreich gefüllten Arbeitstag entgegen, der ihr nur eines
lasse: die Sehnsucht nach Ruhe und Besinnung. Zum Stuttgarter
Künstlerfest unter dem Motto "Zirkus" ist sie eingeladen – „aber ohne
die Gesellschaft, die ich will, mag ich nicht [...]", schreibt sie
(16.2.1925).

163

Carolas Briefe zeigen eine junge Frau an einem schmerzlichen Knotenpunkt ihrer Entwicklung; ihr tief verankertes Selbstbewusstsein ermöglicht ihr, ihre Forderungen an den Mann klar zu formulieren, aber zugleich Bereitschaft zu Verständnis und Toleranz zu entwickeln. Das alte Muster? Zumindest insofern nicht, als der Mann hier für sich in Anspruch nimmt, was er selbstverständlich auch der Frau zubilligt. Darüber kann im Falle Bernhards kein Zweifel bestehen – darin waren sie sich einig. Die Frau Carola aber hat kein Interesse daran. Ihr Gefühl, ihre ganze Libido ist auf den gerichtet,

Abb. 46 Zeichnung zur Hochzeit Carola Rosenbergs mit Bernhard Blume
Text: "Auf dem Meer, was nicht geheuer, sitzt Carola ruhig am Steuer, es stört nicht "Silla", nicht "Charybdis", wenn man in seinen Mann verliebt ist."
(Silla war das Dienstmädchen der Eltern, das im Haushalt Blume nach der Geburt der Kinder arbeitete)
(Nachlass Rosenberg-Blume)

den sie liebt. „Die Frau ist für den Mann Bewegung zu Neuem, Ungeahnten, der Mann ist für die Frau alles?" so hatte sie sich schon fragend ihrem Tagebuch aus der Münchener Zeit anvertraut (24.9.1922). „Der Mythos von Mann und Frau, der mir im Kopf herumgeht, muß noch einmal aufgeschrieben werden. Oh Gott! Es ist eine große Klage gegen Dich." Sie aber sucht ihren Weg, wenn auch steinig, außerhalb des Mythos: in ihrer eigenen weiblichen Kraft: „Dagegen gibt es nur eines: Weib hilf dir selber!", hatte sie schon einmal in ihr Tagebuch geschrieben (23.9.1922). Carola hilft sich selber, indem sie „die Gerda Müller" nicht ignoriert oder verdrängt, sondern sich mit ihr beschäftigt. Und: indem sie in der Volkshochschule „schafft". „Von Mutter erhielt ich einmal ein sehr schönes Bild von ihr – leider habe ich es nicht mehr im Kopf, könntest Du mir nicht einmal eines schicken?" fragt sie Bernhard. (4.2.1925) „Sie ist oft in Frankfurt halb

Bernhard Blume

Dr. Carola Blume

geb. Rosenberg

Vermählte

Stuttgart-Degerloch · Michaelstraße 16

Abb. 47 Vermähltenkarte
(Nachlass Rosenberg-Blume)

betrunken auf die Bühne gekommen. Das ist wirklich nicht schön; das ist es, was ich gegen sie habe [...] Hältst Du sie übrigens für aufrichtig oder glaubst Du, dass sie auch lügt? Ich hätte sie gern einmal kennengelernt; ich stehe ihr ziemlich fassungslos gegenüber [...]" (11.2.1925). Aber ebenso wichtig ist ihr Bernhards Arbeit am „Napoleon": „Schreibe mir viel über den Napoleon. Soll ich etwas über ihn lesen, damit ich auch von ihm weiß? Oder meinst Du, es wäre besser, wenn ich ganz unvoreingenommen drangehe?" (ebd.). Mit den letzten Februartagen ist auch die Affäre Gerda zu Ende: „[...] ich muß jetzt viel zu sehr an Dich denken. Du brauchst keine Angst zu haben, ich bin jetzt nicht ver4bar, ich bin Dir 3", scherzt Bernhard in Carolas üblicher Schreibweise (24.2.1925).

Carolas freier Geist formt auch ihr Auftreten und ihre äußere Erscheinung; in das konventionell „Damenhafte" schlüpft sie nur dann, wenn der gesellschaftliche Rahmen es erfordert. Da lässt sie sich im Hinblick auf Berlinbesuche und Uraufführungen von Bernhards Stücken von der im Elternhaus engagierten Schneiderin einen eleganten Wintermantel nähen, oder auch ein Kostüm, das sie zur Aufführung der „Südsee" tragen will: „Es ist arg schön, besonders die Brüstle – ich werde also kommen" (14.3.1927).

Eher liegt ihr eine sportliche Nonchalance, was sich in ihrer Vorliebe für Hosen zeigt:

„Ach Gott, gestern Abend marschierte ich die Hände in den Hosentaschen auf die Straßenbahn zu und pfiff das feine Lied von Brecht [...] und gerade auf den Direktor Bäuerle und seine Gattin los. Er sah mich entsetzt an und ich wollte die Situation retten und sagte Jesses (das war ein Fehlgriff, dieses Wort). Jetzt müssen Sie mir gerade begegnen! Dann stiegen wir in die Straßenbahn ein, denn wir wollten beide ins Siegle-Haus zu einem Volkshochschulvortrag" (5.2.1925). Carola trägt auch mit Vorliebe „Baretts" statt Hüte. Hilde Saenger erinnert sich: „Als wir uns mal in München begegneten, wahrscheinlich zwischen zwei Kollegs, sagte sie: Meine Mutter hat mir Geld geschickt, damit ich mir einen richtigen Hut kaufe; ich habe mir auch Mühe gegeben, aber es ist doch wieder ein Mützle draus geworden [...]" (Brief an die Verf., 21.2.1988).

Nun zurück zu ihrem Kurs über den „Wandel des Frauenideals" und zu ihrer Aufgabe, sich auf die Hörerinnen einzustellen, aber doch nicht darauf zu verzichten, ihre eigenen Positionen zumindest als eine andere Denk- und Lebensmöglichkeit ins Spiel zu bringen.

Abb. 48 Carola Rosenberg-Blume
mit ihrer Familie, 1934
(Nachlass Rosenberg-Blume)

Die in den bewegten Jugendjahren kultivierte Verachtung für den „Spießbürger" sitzt zu tief, als dass sie diesem Typus von Mensch, diesem „schmalbrüstigen Ableger" des Bürgertums, entgegengekommen wäre. Am „Spießbürger" entwickeln die jungen Leute ihre eigenen Positionen, das kann bis hinein in die Interpretation von Literatur gehen: „Die Spießbürger glaubten, man müsse Dante <auf sich wirken lassen> und die Schönheit der Sprache von Dante vor allem mitnehmen [...]", berichtet ihr Bruder Ernst entrüstet über die impressionistische Herangehensweise an Dantes Text in einer „literarische Arbeitsgemeinschaft" aus dem Neudeutschen Bund; er hält dagegen, dass man auch die Inhalte seiner Dichtung aus der Philosophie und Geschichte seiner Zeit studieren müsse (Sonntag, o.D.1921). Carola behält das Problem offenbar auch nicht für sich und möchte es zum Thema machen. Sie kann den Leiter Wolfgang Pfleiderer für ihr Anliegen gewinnen: „Ich habe [...] Pfleiderer meinen Vorschlag unterbreitet, in unseren öffentlichen Mittwochabenden über den „Spießbürger" zu reden. Aber im Ernst! Ich will sehen, ob er es tut." Und sie fügt befriedigt hinzu: „Feines Thema" (5.2.1925).

„Abseits der allgemeinen Wertung", wie sie an Bernhard geschrieben hatte, so möchte sie mit den Teilnehmerinnen die Frau betrachten, sowohl in der Dichtung wie im Leben: wie sie zu jeweils verschiedenen Zeiten als „Heldin", als „Heilige", als „Dame", als „böses Weib", als „Priesterin" als „Geliebte" oder auch als „Spielzeug" und „schönes Tier" von den männlicher Dichtern beschrieben wird. Und wie sie sich selbst sieht in der Realität eines gelebten Lebens in Briefen und Tagebüchern von Karoline Schelling, Rahel Varnhagen, Malvida von Meysenbug[87], Rosa Luxemburg, Helene Lange[88] u.a. – alles Frau-

---

[87] Malvida von Meysenbug (1816-1903) bekannte sich zum revolutionären Ideengut von 1848, wurde 1852 aus Berlin verwiesen; pflegte freundschaftliche Beziehungen zu Wagner, Nietzsche, Liszt, Garibaldi. Ihre „Memoiren einer Idealistin" (1875) und ihr „Lebensabend einer Idealistin" (1898)gehörten zum Stoff der Kurse.

en, die Carolas geistige Entwicklung begleitet haben. Das Ziel ist die Erweckung der eigenen Betroffenheit bei den Teilnehmerinnen: „aus dem, was die Frauen [...] uns sagen, wollen wir versuchen, eine Ethik der Persönlichkeit zu entwickeln [...] und uns im besonderen in das Wesen und in die Aufgaben der Frau zu versenken".
(Arbeitsplan 1925/26)

Die berufstätige unverheiratete Frau

In Carolas Bildungskonzept wird dieser Zielgruppe zunehmende Aufmerksamkeit geschenkt. Noch herrscht ein allgemeines gesellschaftliches Klima, das wie eine Dunstglocke über dem Leben alleinstehender Frauen hängt und jegliche Versuche der Selbstbehauptung und Entfaltung erschwert. Beispielhaft soll hier die Arbeitsgemeinschaft „Fragen aus dem Leben der berufstätigen unverheirateten Frau" unter der Leitung von Franziska Lambert im Sommer 1930 genannt werden. Als Ziel nennt die Kursleiterin in ihrem Bericht die „Bewußtmachung unserer eigenen Situation", aus der dann „eine neue Haltung versucht werden soll, die vielleicht zu neuen Leistungen für die Gesamtkultur führen kann." Voraussetzung sei die „Bereitwilligkeit, den eigenen persönlichen Problemen ins Auge zu sehen und die persönliche Situation zu erkennen", um daraus das „Gemeinsame" aller betroffenen Frauen zu entwickeln. Auf diese Weise könne neben dem subjektiven auch das objektive Ziel einer „Befreiung von persönlichen Schwierigkeiten durch offene Aussprache und Versachlichung dieser Schwierigkeiten" erreicht werden. Das reiche Stoffgebiet wird in drei Punkte gegliedert:

1. alle Fragen, die sich um das Problem „unverheiratete Frau und Beruf" gruppieren;
2. die soziale Stellung der unverheirateten Frau;
3. die Stellung der unverheirateten Frau zum Mann.

Der Bericht zeigt, wie differenziert die Frauen trotz aller persönlich bedingter Schwierigkeiten diskutiert und sich auch der Frage gestellt haben, ob sie als gesellschaftliche Gruppe bereits so „geformt" seien, dass sie einen eigenen „Lebensstil" für sich in Anspruch nehmen könnte, „der ebenbürtig neben dem Lebensstil der verheirateten Frau zu stellen" sei. Weiterhin wird betont, dass „mit dieser AG keinesfalls die Absicht der <Tröstung> des Einzelnen verbunden" sei: „Wir brauchen keine Tröstung als berufstätige unverheiratete Frauen." Als ein weiteres wichtiges Ziel in dieser Arbeit nennt Carola in ihrem Vortrag

---

[88]   Helene Lange (1848-1930), Führerin der deutschen Frauenbewegung, Gründerin des „Allgemeinen deutschen Lehrerinnenvereins" und der Zeitschrift „Die Frau" (1893). Ihre „Lebenserinnerungen" (1921) wurden in den Kursen thematisiert.

zum zehnjährigen Bestehen des Vereins zur Förderung der Volksbildung „das Zusammengehen und Einanderhelfen der verheirateten und unverheirateten Frauen [...] Frauen aus den verschiedensten Verhältnissen und Lebensformen sollten sich ergänzen oder doch wenigstens verstehen lernen, dass sie erkennen, wo gemeinsame Aufgaben zu bewältigen sind [...]" Die oben genannte Arbeitsgemeinschaft ist ein Beispiel für das hohe Reflexionsniveau und die Modernität der Frauenbildung in Stuttgart und kann auch unter heutigen Gesichtspunkten als fortschrittliche Erwachsenenbildung gelten.[89]

[89]   HStAS Q1/21 Bü 153

Arbeiterinnenbildung

„Bei Bosch habe ich einen Sturmangriff gemacht"
(BRIEF AN BERNHARD, 1925)

Ihre zweite Veranstaltung in diesem ersten offiziellen Trimester (Januar 1925) der Frauenabteilung widmet sie ihrem Leitthema
„Selbsterziehung"; genauer Titel: „Über das Wesen der Bildung und
über Selbsterziehung (für Arbeiterinnen)".

Hier heißt es: „Bei einer mechanischen Arbeit vergessen wir
leicht, wie viel ungeahnte Kräfte in uns schlummern [...] wir
wollen uns auf diese Kräfte besinnen. Wir wollen uns fragen,
ob wahre Bildung nur das Vorrecht weniger Menschen ist und
welches menschliche Ziel die einfache Frau anstreben soll und
anstreben kann [...]"

Auch hier trifft ihre persönliche Ethik auf ein neues Arbeitsfeld, denn sie will speziell Arbeiterinnen damit ansprechen. Auch diese Entscheidung entspringt einer Herzenssache: die Arbeiterinnenbildung ist für Carola zu Beginn ihrer Tätigkeit das wichtigste Anliegen. Zum einen wirkt hier ihr Engagement im sozialen Bereich während ihrer Jugend- und Studienzeit weiter, zum andern mag eine
gewisse Abneigung gegenüber der etablierten Gattin des Stuttgarter
Bürgertums als Kursteilnehmerin eine Rolle gespielt haben. „In der
Allgemeinen Abteilung der Volkshochschule war der <gehobene>
Mittelstand vertreten" schreibt sie rückblickend.[90]. Sicher aber setzt
sie diese Priorität aus einer, wenn auch diffusen, politisch linken Einstellung heraus und ihrer Nähe zu den linken Intellektuellen und
Künstlern jener Jahre, mit denen auch Bernhard verkehrt. Als Referent
für eine Freizeit lädt sie den bekannten kommunistischen Schriftsteller und Arzt Friedrich Wolf[91] ein. Gefördert werden diese persönlichen
Kompetenzen und Neigungen durch Theodor Bäuerles Überzeugung
und umgesetzte pädagogische Praxis, dass die Arbeiterbildung, neben
der Frauenbildung, die großen Aufgaben des Jahrhunderts seien.

169

[90] Brief an die Verf., 16.10.1986. In der Tat betrug der Anteil der Angestellten, Beamten und höheren Berufe in der Teilnehmerschaft der Allgemeinen Abteilung 52%, der Hausfrauen und Haustöchter 20% und der
Arbeiter/innen 28%. Berücksichtigt man jedoch die starke Beteiligung der
Arbeiterinnen an den Angeboten der Frauenabteilung und der Arbeiter in
der Heimvolkshochschule Comburg, so kann sehr wohl von einer hohen
Akzeptanz der Volkshochschule in der Arbeiterschaft gesprochen werden
(entgegen den üblichen Einschätzungen in der Literatur; vgl. M. Eggemann 1997).

[91] Friedrich Wolf (1888-1953), Stuttgarter Arzt und Schriftsteller, Mitglied
der KPD, emigrierte 1933, schrieb im Sinne seiner These „Die Kunst als
Waffe" u.a. engagierte Zeitstücke gegen den Abtreibungsparagraphen
(Cyankali, 1929) und die Judenverfolgung (Professor Mamlock, 1935).
Wolf wurde mehrfach von der Volkshochschule Stuttgart zu Vorträgen
und Kursen über Volksgesundheit eingeladen. In der Heimvolkshochschule auf der Comburg war er eine Woche zu Gast und erarbeitete mit
der Laienspielgruppe der Volkshochschule Szenen aus seinem Stück
„Cyankali".

Bereits 1919, noch vor der Gründung der Volkshochschule, hatte der Verein zur Förderung der Volksbildung Frauenkurse ins Leben gerufen. In Stuttgarter Großbetrieben durchgeführt, wurden sie aber nach Weggang der beiden führenden Frauen eingestellt. Als Carola kommt, sind diese Initiativen eingeschlafen. Sie muss von vorne anfangen, hat aber durch die tatkräftige Unterstützung Bäuerles günstige Startbedingungen für ihre Arbeit. Schwer und aufreibend ist sie dennoch, denn die Klientel muss für die Volkshochschule erst gewonnen werden.

In Erinnerung an diese Zeit schreibt die 87 Jährige:

Abb. 49 Robert Bosch (1861-1942), intensives Interesse an den Fragen der Volksbildung; Bekanntschaft mit Theodor Bäuerle; 1918 Gründung des Vereins zur Förderung der Volksbildung mit Theodor Bäuerle; kontinuierliche finanzielle Förderung des Vereins bis 1936; Ablehnung einer Zusammenarbeit mit den Nationalsozialisten und Auflösung des Vereins
(Bosch-Firmenarchiv 51/14 und Archiv der vhs stuttgart)

„Es lag mir zunächst daran, an die Frauengruppen heranzukommen, die nicht oder kaum in den Kursen der Volkshochschule vertreten waren. Dies waren vor allem die Arbeiterinnen aus den zahlreichen umliegenden Fabriken. Ich fand aber bald heraus, dass dies auch der Fall für die Verkäuferinnen in den großen Warenhäusern war [...] So gingen wir, speziell ich, in die zahlreichen Großfabriken in Stuttgart und Umgebung und sprachen zu allen interessierten Arbeiterinnen(oft mit Hilfe der Fabrikpflegerin oder Arbeiterrätin, oder auch nur durch Anschlag am Ankündigungsbrett) über unsere Arbeit. In der darauffolgenden Aussprache wurden dann, meistens anschließend an die Arbcitszcit, 1 2 Kurse entweder in der Fabrik oder in der Nachbarschaft organisiert."[92]

Dies geschieht beispielsweise bei Firmen wie Bosch, Breuninger, Waldorf Astoria, Lang+Bumiller, Sigle Kornwestheim, Lemppenau u.a. Im ersten Halbjahr 1925 laufen in vierzehn Großbetrieben Stuttgarts Frauenkurse. Im folgenden Jahr werden neunzehn Betriebskurse in der Frauenabteilung organisiert. Wie kamen diese Kurse zustande? Wo lagen ihre besonderen Schwierigkeiten – oder auch Chancen? Carola berichtet dazu:

---

[92] Brief an die Verf., 16.10.1986

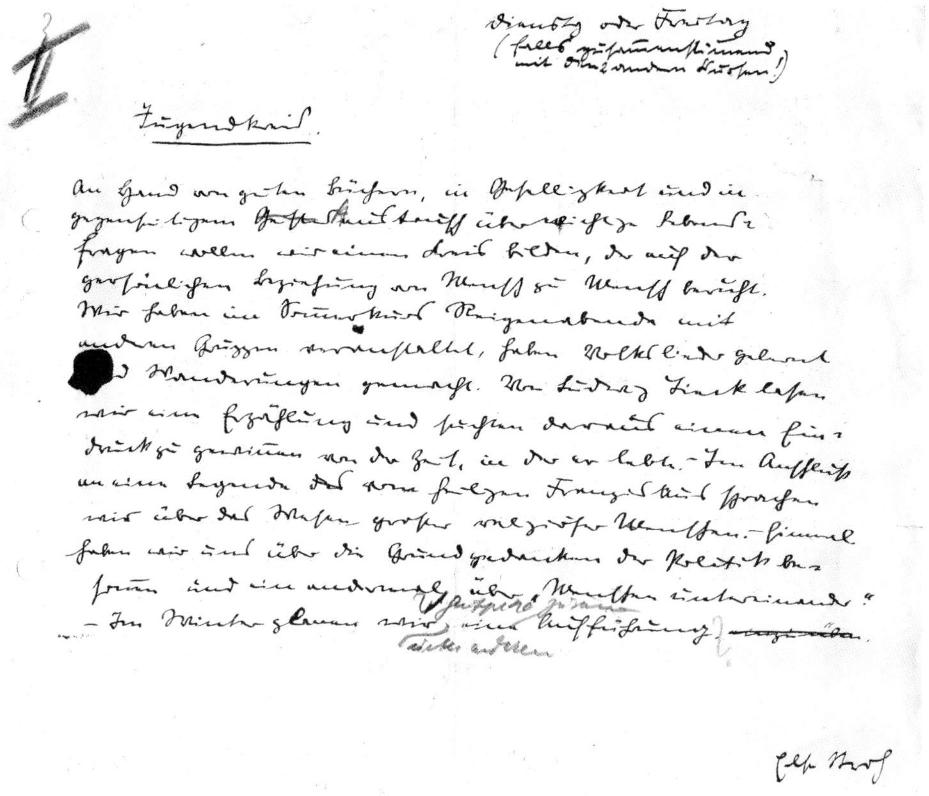

Abb. 50 Kursvorschlage der Kursleiterin Else Stroh für die "Einführung in das Verständnis unserer Zeit" für Jungarbeiterinnen
(Nachlass Rosenberg-Blume)

„[...] es gelang uns, das Mißtrauen der Arbeiterinnen und den Mangel an Zeit, den sie hatten, zu überwinden. Verschiedene Faktoren haben hierzu beigetragen: die persönliche Werbung (statt des gedruckten Arbeitsplans, mit dem die Arbeiterinnen nichts anfangen konnten); die Verlegung der Kurse an den Arbeitsplatz (im Betrieb) oder in die Vororte (wo die Arbeiterinnen meistens wohnten); die ihnen gemäße Art und größere Lebensnähe des Stoffes (Gesundheitsfragen, Säuglingspflege, Hausgestaltung, Nähen, Kochen u.a.); die Auswahl geeigneter Lehrkräfte, die fähig sein mußten, die Arbeiterinnen durch eine warme und persönliche Art der Darbietung und des gemeinsamen Gesprächs innerlich anzusprechen. Es waren meist verheiratete Frauen, die selbst von den Schwierigkeiten des Frauenlebens etwas wußten."[93]

---

[93] Rechenschaftsbericht 1933, <Mappe Frauenabteilung>.
Auch: HStAS Q1/21 Bü 154

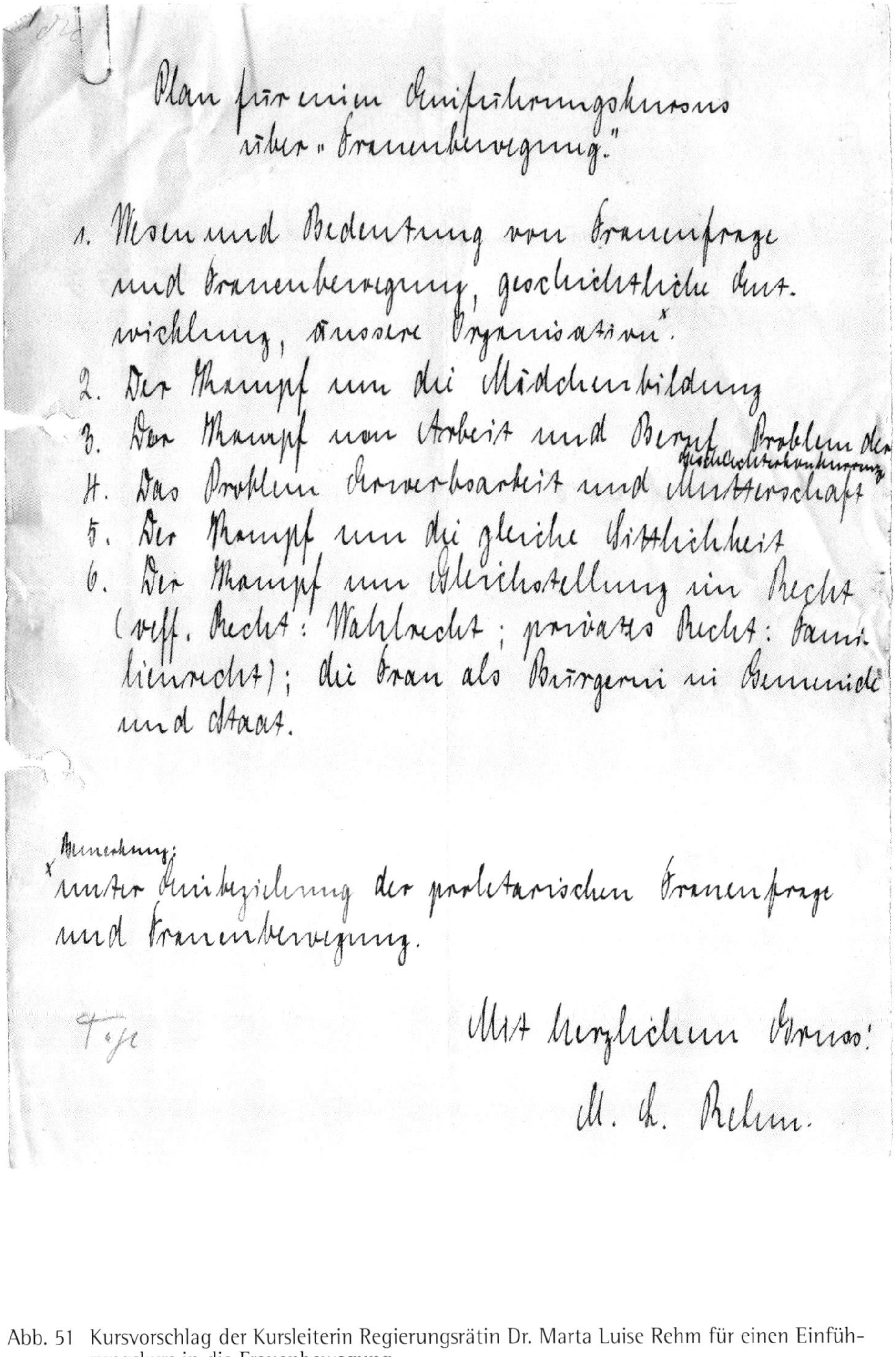

Plan für einen Einführungskursus
über „Frauenbewegung."

1. Wesen und Bedeutung von Frauenfrage
und Frauenbewegung, geschichtliche Entwicklung, unsere Organisation.ˣ
2. Der Kampf um die Mädchenbildung
3. Der Kampf von Arbeit und Beruf. Problem der Geschlechtererziehung
4. Das Problem Erwerbsarbeit und Mutterschaft
5. Der Kampf um die gleiche Sittlichkeit
6. Der Kampf um Gleichstellung im Recht
(öff. Recht: Wahlrecht; privates Recht: Familienrecht); die Frau als Bürgerin in Gemeinde
und Staat.

Bemerkung:
ˣ unter Einbeziehung der proletarischen Frauenfrage
und Frauenbewegung.

Mit herzlichem Gruss!
M. L. Rehm.

Abb. 51 Kursvorschlag der Kursleiterin Regierungsrätin Dr. Marta Luise Rehm für einen Einführungskurs in die Frauenbewegung
(Nachlass Rosenberg-Blume)

Mitten aus dieser Arbeit heraus erzählt sie Bernhard beinahe überschwänglich von ihrem Erfolg:

„[...] ferner warte ich die Vesper- und Mittagspausen der Fabriken ab, dringe in die Kantine ein (sehr schwierig!) wo mir die große Aufgabe bevorsteht, sämtlichen Misstrauenskundgebungen, die ich zuerst hingeworfen bekomme, mit einem Blick und einem Tonfall zu widerstehen [...] Abends gehe ich in die Wohnungen der Arbeiterinnen, die ich kenne, und schließe v.a. Freundschaft mit ihren Männern.[94] Die Kurse beginnen nächste Woche, ich werde Dir auch einen Arbeitsplan schicken und ein rotes Plakat. Bei Bosch habe ich einen Sturmangriff gemacht und er hat mir 500 Pläne Frauenbildungskurse auf seine Kosten zur Verteilung an seine Arbeitergemeinde bewilligt. So einen schicke ich Dir auch" (17.1.1925).

Wie ein solcher Arbeitstag in jener Zeit aussehen konnte, schildert sie zwei Tage später:

„Heute habe ich wieder sehr geschafft. Zuerst um 8 Uhr in einer Fabrik in Gablenberg bei den Arbeiterinnen Wahlreden für meine Kurse gehalten – mit Erfolg. Plötzlich fingen alle Maschinen an zu fahren, ich mußte fürchterlich brüllen. Dann war ich noch in anderen Fabriken. Als ich auf die Geschäftsstelle kam, erwarteten mich 4 Telefongespräche und 2 Lehrkräfte. 1 Gespräch war von Bosch, die 4 Kurse in ihrer Fabrik in Feuerbach von mir einrichten lassen. Hierauf gab es wieder ein Rennen nach 4 guten Lehrkräften. Dann Essen und ½ Stunde Bett; dann wichtige Besprechung mit Bäuerle und Pfleiderer; plötzlich ist s 4.10 – um 4.30 war ich zum Teuffel (Stuttgarter Betrieb) in Berg bestellt. Ich mußte hin und hielt wieder 1 Rede bis 5 Uhr. Um 1/2 6 kam der 2. Schub Arbeiterinnen, worauf ich wieder 1 Rede hielt – alles aus dem Stegreif. Was ich Aufregendes sagte, weiß ich nicht mehr. Jedenfalls bemerkte ich plötzlich im Hintergrund 1 Aufpasserin [...] Am Abend fuhr ich noch mit der Straßenbahn zu 1 Lehrkraft, um sie für den Boschkurs zu gewinnen. Die war aber nicht da [...]"

Carola macht sich zwei Stunden später noch einmal auf den Weg zu ihr: „Nach langen Überredungskünsten habe ich sie zu einem weiteren Kurs bekehrt; dann habe ich froh gepfiffen" (19.1.1925).

„Dann habe ich froh gepfiffen" – wer das kann nach einem solchen Arbeitstag, muss schon von einer schier unerschöpflichen Energie und Schaffensfreude beseelt sein! Diese braucht sie vor allem für ihre Werbearbeit; nach einigen Monaten berichtet sie wieder:

„Bei mir geht s wieder toll her; ich bin von früh bis nachts auf den Beinen: Werbearbeit (aber es ist sehr beglückend, wie in den Fabriken bei meinem Eintreten oft ein Freudenstrahl bei den Leuten ausbricht). Zum Privatleben reicht´s nicht mehr [...]"

---

[94] Carola machte die Erfahrung, dass die Frauen in ihrer Entscheidung meistens vom Wohlwollen ihrer Männer abhingen. Wurden diese gewonnen, so hatte ihre Kurswerbung Erfolg.

(8.9.1925). „Ich bin so müd – kaum zum Sagen [...] von morgens bis abends in der Heslacher Gegend in den Fabriken [...] Morgen Abend, Samstag, habe ich alle Boller Arbeiterinnen zu mir eingeladen" (29.9.1925).

Die „Boller Arbeiterinnen" sind junge Teilnehmerinnen einer Arbeiterinnenfreizeit in Bad Boll im Juni 1925, aus deren Kreis der bereits zitierte Brief einer Teilnehmerin stammt. Es ist bei der Freizeit nicht geblieben. Die Teilnehmerinnen haben so intensiv miteinander gearbeitet, dass im darauffolgenden Herbst (1925) eine „Arbeitsgemeinschaft der Boller Ferienwoche" unter Carolas Leitung angeboten wird. Folgender Text lädt zum Mitmachen ein:

„Da durch das stete Zusammensein viel in uns aufgewühlt wurde, haben wir beschlossen, in einer Gemeinschaftsgruppe zusammen zu bleiben und gegenseitig an uns zu arbeiten [...] Das Bedürfnis aller richtete sich zuerst auf eine Arbeitsgemeinschaft über „Seelenkunde und Selbsterziehung. Das Ziel soll sein, das Seelenleben der Menschen kennen zu lernen, um an uns selbst praktisch zu arbeiten. Indem wir uns selbst besser verstehen lernen, werden wir auch Menschen in anderen Verhältnissen besser begreifen."

Ebenso spricht Carola liebevoll von „meinen Arbeiterinnen", für die sie im Gustav-Siegle-Haus einen Heimatabend organisiert (Brief o.D.)

Auseinandersetzung mit proletarischen Zielen

Carola wird auch zu Beginn ihrer Tätigkeit zur Mitarbeit in der Durchführung von Arbeiterkursen in der Allgemeinen Abteilung hinzugezogen. Bäuerle versucht, für seine Arbeitsgemeinschaften auch Arbeiter zu interessieren, was ihm zeitweise gelingt. Die Arbeiterbildung, die an der Abendvolkshochschule der Allgemeinen Abteilung nur mäßigen Erfolg hat, wird hingegen mit der Eröffnung der Heimvolkshochschule auf der Comburg unter der Leitung von Karl Küssner (1926-1933) eine große Blüte erleben. Er selbst kennt sich als ehemaliger Erster Vorsitzender des Evangelischen Arbeitervereins mit der Materie und dem Publikum gut aus, eine erste Arbeitsgemeinschaft kommt auch zustande. Er bittet Carola hinzu und überträgt ihr die Fortführung der Arbeitsgemeinschaft. Mutig nimmt sie sich „die Frauenfrage" als Diskussionsthema vor, nicht ahnend, dass sie sich hiermit auf ein schwieriges Unterfangen eingelassen hat. Den Grund berichtet sie „abends 11 Uhr" in einem Brief an Bernhard:

„Ich komme eben heim, sehr müde zwar, von einer Arbeitsgemeinschaft Bäuerles mit fast lauter älteren Arbeitern, Schlagwortmenschen, und auch Frauen aller Berufe. Ich habe sie rasch übernehmen müssen, denn Bäuerle mußte verreisen und habe als Thema „die Frauenfrage" gewählt (ohne Vorbereitung, da bis ½ 8 in Feuerbach tätig). Es ging beinahe blutig her; denn die

Sozialisten meinten, die Frauenfrage sei nur eine wirtschaftliche Angelegenheit und ich behauptete, dass es außerdem noch tiefere Probleme gäbe. Da man aber in solchen Diskussionen immer das Gefühl hat, das geht nur mich an und die anderen verstehen es nicht, so schweigt man und ist unbefriedigt [...]" (9.2.1925).

Carola, mit ihrer Skepsis gegenüber Theoriedebatten und ihrer Vertrautheit mit der „seelischen Not" der Arbeiterinnen, kann derartigen Debatten nicht viel abgewinnen: sie sind in ihren Augen unproduktiv, wenn sie nicht an der konkreten Hilfe für die Betroffenen orientiert sind. Diesen in der Literatur als „bürgerlich" oder auch als „karitativ" kritisierten Ansatz in ihrer Arbeit[95] muss sie in der Auseinandersetzung mit den linken Konzepten in der damaligen Frauenbildung verteidigen.

Einen Einblick in die Beziehungen zwischen Volkshochschule und Arbeiterorganisationen vermittelt ein Protokoll von einem „Reichsjugendtreffen" der Textilarbeiterjugend, das im Sommer 1930 in Stuttgart stattfindet. Die Volkshochschule Stuttgart ist aufgrund ihrer von Carola initiierten Zusammenarbeit mit dem Verband beteiligt. Unter anderem ist eine Gymnastikgruppe von Textilarbeiterinnen unter der Leitung der erfolgreichen Kursleiterin Getrud Ostermayer mit beeindruckenden Darbietungen vertreten: „[...] die 15-19jährigen Textilarbeiterinnen hatten fast alle noch nie Gymnastik getrieben u. leisteten in gymnastischer Beziehung, besonders in dem Gelöstsein, überraschend viel", heißt es in einem Protokoll.[96] Vonseiten der Gewerkschafterin und Verbandsleiterin Else Niwiera kommt der Einwand, die Aufführung der Stuttgarter Gruppe habe einen zu „bürgerlichen Charakter" getragen. Sie vermisse Darstellungen mit „kollektivem Charakter" und Gesang. Für sie waren die von den verschiedenen gymnastischen Schulen und Stilen geprägten Darbietungen der Jugendlichen, die „im Geist der Jugendbewegung [...] hier zu Wort kamen," zu sehr am individuellen Ausdruckstanz orientiert. Darauf folgt eine Aussprache bei einem geselligen Beisammensein der weiblichen Delegierten über grundsätzliche Fragen: inwieweit die Volkshochschule überhaupt Aufgaben für die Gewerkschaften zu erfüllen habe und welcher Art diese Aufgaben seien. „Sie muß auf den Gebieten einsetzen, wo das Proletariat noch keine Zeit und noch nicht die Fähigkeit besitzt, für sich selbst tätig zu sein, nämlich den verschiedenen Gebieten der Kultur."

So lange die Gewerkschaften vorwiegend noch politische Ziele verfolgen müssen („Kampf um den Einfluß der Arbeiterschaft"), können sie sich nicht ausreichend um ihre kulturellen Aufgaben kümmern („Erziehung zu einer neuen kollektivistischen Haltung, Wohnkultur, Festkultur u.a."). Damit aber, so wird betont, entsteht die Gefahr einer „Erstarrung der Arbeiterbewegung in nur politischer Zielsetzung". Man ist sich einig darüber, dass es „besonders notwendig"

---

[95]   M. Eggemann 1997, S. 129 u.140
[96]   Protokoll von Franziska Lambert, HStAS Q1/21 Bü 153

sei, „bei der jungen Arbeiterin zu beginnen." Aber – so erwartet es
die proletarische Seite – die Volkshochschule müsse „viel Takt und
Zurückhaltung" walten lassen, um „die Gefahr einer Verringerung der
Stoßkraft des Proletariats zu vermeiden." Auch müsse vonseiten der
Volkshochschule „offen zugegeben werden, dass diese Aufgaben für
sie nur eine vorläufige" seien (ebd.). Carola aber ist fest überzeugt
davon, dass die Frauenfrage nicht in die ideologischen Vorgaben einer
Partei gezwängt und schon gar nicht als programmmäßig abhakbarer
gesellschaftlicher Widerspruch behandelt werden kann; als „Neben-
widerspruch", der nach der Beseitigung des „Hauptwiderspruchs" Kapital und Arbeit an die Reihe kommt. Wenn sie „in solchen Diskussionen immer das Gefühl hat, das geht nur mich an und die anderen
verstehen es nicht," so stehen dahinter ihre ganz persönlichen Erfahrungen mit den Arbeiterinnen, an denen sie die Bedeutung des individuellen Eingehens auf die jeweiligen Probleme erkannt hat. Eine
mühevolle geduldige Kleinarbeit mit der entsprechenden Didaktik
sind gefragt und keine abstrakte Überstülpung von Thesen und
Kampfparolen.

Carola meint diese Erfahrungen, wenn sie rückblickend
sagt: „[...] die Lebenssituation und der Ansatzpunkt einer fruchtbaren
Arbeit ist bei unserem Frauenpublikum jeweils verschieden bei der
Arbeiterin, der Angestellten, der Hausfrau [...] Auch haben wir bald
eingesehen, dass man mit den allerletzten Fragen gar nicht beginnen,
ja nicht einmal daran rühren darf [...] Wenn es uns ernst war mit unserem Helfen, so mußten wir von unserem hohen Bildungsroß herab-
steigen [...]"[97]

Der Deutsche Textilarbeiterverband

Die Zusammenarbeit mit dem Deutschen Textilarbeiterverband nutzt Carola für beispielhafte Initiativen in ihrer Abteilung. Sie
selbst leitet ab Herbst 1930 über mehrere Trimester eine Arbeitsgemeinschaft, die sich im Anschluss an Else Niwieras Vortrag über „Die
Arbeiterin in der Textilindustrie" im Stuttgarter Gustav-Siegle-Haus
gebildet hat. Ausgangspunkt der gemeinsamen Arbeit ist die vom
Deutschen Textilarbeiterverband herausgegebene Broschüre „Mein
Arbeitstag, mein Wochenend", eine Umfrage unter Arbeiterinnen, die
die Lebensdefizite der Betroffenen in massiver Form, aber auch hier
und da ihre positiven, ganz persönlichen Gegenstrategien deutlich
macht. Das allen Berichten Gemeinsame wird herausgearbeitet: der
Zeitdruck beherrscht den Arbeitstag der Arbeiterin: an der Maschine
durch Akkordarbeit und die ständige Kontrolle der Vorgesetzten,
ebenso in den Pausen, die für das in Württemberg übliche Essen zu
Hause zu kurz sind und in denen die Arbeiterin, meistens verheiratet

---

[97] Wege und Aufgaben der Frauenvolkshochschule, Maschinenmanuskript
1928. <Mappe Frauenabteilung>

mit Kindern, die Hausarbeit erledigen will. Das Essen, meistens Aufgewärmtes vom Vortag, wird auf diese Weise zur hektischen Nahrungsaufnahme. Hier ist der Ansatzpunkt für die Kursarbeit: der krankmachende Zeitdruck muss reduziert, das Essen qualitätsvoller werden – vor allem bei durchgehender Arbeitszeit. Hieraus entwickelt sich dann in Zusammenarbeit mit den Kochkursen die Idee, ein „Arbeiterinnen-Kochbuch" zusammenzustellen, das speziell auf die schwäbische Arbeiterküche abgestimmt ist (s. nächstes Kapitel).

Mit den Berichten der befragten Arbeiterinnen über ihr „Wochenend" kann an eine bereits begonnene Arbeit der Frauenabteilung angeknüpft werden. Schon im ersten Trimester 1925 hatte Vilma Kopp einen Kurs mit dem Titel gehalten: „Wie kann die arbeitende Frau ihre freie Zeit wertvoll ausnützen?" Die Themenstellung zieht sich durch das Kursangebot der folgenden Jahre in leicht veränderter Formulierung und mit immer wieder neuen, sehr sorgfältig redigierten Ausschreibungen. Als thematische Ergänzung bietet Vilma Kopp ein Semester später den Kurs an: „Wie kann die Frau ihre Berufsarbeit wertvoll gestalten?" Die Arbeiterinnen werden zu diesem Thema gesondert angesprochen. So erscheint bereits im Programm vom Januar 1925 ein „Jungarbeiterinnenkreis", dessen Veranstaltungsort sich nach den „Wünschen der Teilnehmerinnen" richten will. Man möchte

> „miteinander gute Bücher lesen, durch die wir das Leben von den verschiedensten Seiten kennen lernen und anschließend daran den Sinn des Gelesenen herausarbeiten. Damit berühren wir zugleich auch die Fragen unseres eigenen Lebens."

Carola selbst engagiert sich in einem Lesekurs „Gemeinsame Lesestunden, die uns bewegen und anregen" (Winter 1928), der die gängige Trivialliteratur für Frauen den Werken des deutschen Realismus und der Moderne gegenüberstellt. Neben dieser Einübung ins Lesen sind die Wochenend-Unternehmungen der Arbeiterinnen Gegenstand der Diskussion in den Betriebskursen. Carola nutzt auch hier zielstrebig ihre auf überregionaler Ebene geknüpften Kontakte.

Sie lädt einen damals bekannten Vertreter der neuen Erwachsenenbildung und Freizeitpädagogen Fritz Klatt,[98] zu einem Vortrag über „Arbeitszeit und Freizeit" nach Stuttgart ein. Dieser Vortrag dient als Grundlage zu einer Veranstaltungsreihe über „Arbeitszeit-Freizeit" (letztes Trimester 1930).

---

[98]   Fritz Klatt, Gründer und langjähriger Leiter des in der Weimarer Zeit bekannten Volkshochschulheims in Prerow a.d. Darß. Klatt entwickelte als erster in Deutschland grundlegende Gedanken zur Freizeitpädagogik.

Abb. 52 Arbeiter! Seid fortschrittlich in der Ernährung!
Der Küchenzettel im schwäbischen Arbeiterhaushalt
herausgegeben von der Frauenabteilung der Volkshochschule Stuttgart, 1929
(HStAS und Nachlass Rosenberg-Blume)

Die Ernährungsfrage

Arbeit an der Basis

Wie sehr es Carola um „das Kleine und Kleinste" geht, aber – wie sich zeigt – auch das Lebensnotwendigste, beweist ihr Engagement für eine gesunde Ernährung der Arbeiterschaft und ärmeren Bevölkerungsschichten an ihrer Wirkungsstätte: in Stuttgart und Umgebung. Hier ist es wie bei den ärztlichen Frauenfragen: sie erfasst sofort die Bedeutung der Thematik für ihre Arbeit, ohne unbedingt selbst große Leidenschaft für Kochen und Küche mitzubringen. Elsbeth Yatras, die Nichte ihrer Pensionswirtin in den beiden Jahren vor ihrer Heirat, erinnert sich: „Von Haushalt, Kochen, Nähen verstand sie gar nichts. Am Abend vor ihrer Hochzeit las sie im Bett das Kienle Kochbuch."[99] Was wiederum bei Carolas älterem Sohn Michael einen Lachanfall auslöste, als ich ihm nach Carolas Tod diese Briefstelle mitteilte: „I thought the anecdote [...] about Mother reading a cook-book the night before her wedding was hilarious (I laughed loud when I read it and my wife came running into the room – I guess I don´t laugh that hard often enough)." Carola – in ihrer genialisch-chaotischen Art – entwickelte später trotzdem beachtliche Kochkünste, denn Micheal fährt fort: „Mother was an excellent cook. and basically a natural cook (i.e. she did cook without using any cook-book most of the time; she had a feel for what something would taste like on the basis of whatever ingredients she used. She often tried to do other things at the same time that she cooked, and she was famous for how many pots she burned – which would to have been cleaned by my brother or me."[100]

Das Ergebnis ihrer Arbeit im Ernährungsbereich mit Mitarbeiterinnen und Kursteilnehmerinnen ist eine von der Frauenabteilung herausgegebene Broschüre mit dem Titel: „Arbeiter! Seid fortschrittlich in der Ernährung! Der Küchenzettel im schwäbischen Arbeiterhaushalt." [101]. Der Titel ist werbewirksam, er überträgt einen

---

[99] Brief an die Verf., 7.3.19190. Elsbeth Yatras hatte Carola auf dem Höhepunkt ihrer Aktivität erlebt. Sie erzählt: „Ich war damals 14-16 Jahre alt, ich bewunderte Carola sehr und sie hatte einen großen Einfluss auf mich. Sie schenkte mir Gedichtbände – Storm, Mörike und gab mir Keller zu lesen. Beim Mittagessen erzählte sie von ihrer Arbeit und erweckte mein Interesse an der Sozialarbeit. Sie nahm mich einmal mit nach Denkendorf und einmal auf die Comburg [...]". Carola wohnte damals in der Pension von Marie Harburger in der Johannesstraße 74.

[100] „Ich fand die Geschichte von meiner Mutter, die am Abend vor ihrer Hochzeit ein Kochbuch liest, zum Lachen (ich lachte laut, als ich das las und meine Frau kam ins Zimmer gelaufen – ich glaube, ich lache nicht oft genug so sehr)[...]Mutter war eine hervorragende Köchin. Und im wesentlichen eine natürliche Köchin (d.h. sie kochte meistens ohne Kochbuch; sie hatte ein Gespür dafür, wie etwas schmecken würde unter Verwendung der verschiedensten Zutaten). Sie versuchte oft, beim Kochen noch etwas anderes zu tun, und sie war berühmt für die vielen angebrannten Töpfe – die dann mein Bruder oder ich wieder reinigen mussten." Brief des Sohnes Michael Blume an die Verf., 28.9.1993.

im Politischen angesiedelten zentralen Begriff auf den körperlich-vitalen Bereich des Essens. Weiterhin erwecken die Bilder auf dem Umschlag – zwei in einen Apfel und in ein mit Tomaten belegtes Brot beißende junge Proletarier – die Neugier der Leute, die mit solchen strammen Burschen normalerweise das schwäbische Vesper verbinden: deftige Sachen mit hohem Fettgehalt, wenig Vitaminen und relativ teuer. Wie es auch in der Einleitung hinsichtlich des schwäbischen Essens heißt: „Hervorstechend ist in fast allen Familien die große Bedeutung des Morgen- und Nachmittagsvespers, das meist aus Bier oder Most, aus Wurst, Käse und Brot oder Wecken besteht. Diese Vespermahlzeiten sind im Verhältnis zum Nährwert sehr teuer. Sie kosten bei vielen Familien über die Hälfte des Aufwands für die Ernährung."

Weniger aus den Fragebögen als aus mündlichen Besprechungen geht hervor, dass der größte Teil der Arbeiterinnen das Mittagessen unter Zeitdruck in der Kantine einnahm:

„Da in den Kantinen selten gekochtes Essen verabreicht wird, wärmen die Frauen dort das mitgebrachte Essen […] in dem viel zu heißen Dampfkesseln auf; dadurch erhalten sie selten ein vollwertiges Mittagessen. Aus den Fragebögen ergibt sich, daß das Mittagessen über viermal in der Woche Mehlspeisen enthält und fast viermal in der Woche Fleischspeisen […] Gemüse kommt selten auf den Tisch […] Obst wird wenig gegessen. Das Abendessen kommt fast überall zu kurz; vielfach gibt es nur Kaffee und Wekken oder Gewärmtes vom Mittag […] der schwäbische Arbeiter ißt sehr viel das teure Weißbrot (besonders Wekken) an Stelle des nahrhafteren und billigeren Schwarzbrots oder Vollkornbrots – es gibt Familien, die drei Viertel ihres Brotbedarfs mit Weißbrot dekken."

Ziel der Aufklärungsarbeit ist eine Veränderung der schwäbischen Eßgewohnheiten: weg von den kalorienhaltigen, fetten und teuren zu vitaminreicheren, fettarmen und billigeren Speisen. Die Broschüre sollte, wie es im Vorwort heißt, „Ratgeber für die Arbeiterfamilien sein und Anstoß für alle, die mit der Ernährungsfrage oder mit der Arbeiterfrage an verantwortlicher Stelle zu tun hatten, sich mit den großen Schwierigkeiten, die der Ernährung der Arbeiterfamilie im Wege stehen, zu befassen."

Die „Ausstellung für Ernährung und Körperpflege" in Stuttgart 1929 war für das Redaktionsteam der Broschüre ein zusätzlicher Ansporn, ihre bisherigen Arbeitsergebnisse in einer Veröffentlichung zu bündeln. Hilfe erhalten die Initiatorinnen von Kursteilnehmerinnen, Frauen aus Betrieben, den Arbeiterinnenverbänden, den Gewerkschaften und vor allem den Leitern und Mitgliedern des Deutschen Textilarbeiterverbandes. Welchen Bekanntheitsgrad die Ernährungs-

---

[101] Die Broschüre wurde herausgegeben von der Volkshochschule Stuttgart 1929, hier auch die folgenden Zitate. Eine lobende Besprechung der Broschüre und der ihr zugrundeliegenden wissenschaftlichen Methoden von Hildegard Grünbaum-Sachs erschien in der Zeitschrift: Soziale Praxis, 1930, XXXIX. Heft 22, S. 532.

broschüre erreichte (10.000 Stück, dann vergriffen), ist auch daran abzulesen, dass sich das Deutsche Hygiene-Museum in Dresden zwei Jahre später an Carola mit der Bitte um Unterlagen wendet. Professor Vogel, Wissenschaftlicher Direktor des Museums, schreibt:

„Sehr geehrte gnädige Frau! Mit größtem Interesse habe ich die Veröffentlichung „Der Küchenzettel im schwäbischen Arbeiterhaushalt" studiert und kann Sie dazu nur herzlichst beglückwünschen. Hier scheint mir wirklich ein sehr praktischer Weg gezeigt zu sein, wie wir zur Verwirklichung unserer theoretischen Forderungen kommen. Im kommenden Winterhalbjahr halte ich für die hiesige Volkshochschule einen Lehrgang über Ernährungsfragen [...] dazu wäre mir der von Ihnen herausgegebene Fragebogen sehr wertvoll, und ich wäre Ihnen dankbar für Zusendung eines Musters [...]" (22.9.1930).

Das Forschungsmaterial für die Broschüre wurde später als Dauerausstellung vom Hygiene-Museum übernommen.

Den verantwortlichen Mitarbeiterinnen aus der Frauenabteilung dankt Carola in ihrem Vorwort. Hier tauchen wieder die Namen der im Haushaltsbereich besonders engagierten Kursleiterinnen auf: Oberin Marie Cauer, die Ärztin Dr. Mathilde Salzmann, die Ökonomin Dr. Elisabeth Frank, die Hauswirtschaftslehrerin Elisabeth Koch. Carola hebt in ihrem Rechenschaftsbericht diese Arbeit besonders hervor, weil an ihr eine große Errungenschaft, nämlich der Projektcharakter ihrer ganzen Frauenbildungsarbeit, verdeutlicht werden konnte:

„Es bildeten sich jeweils für die einzelnen Arbeitsgebiete Arbeitsgruppen von Frauen, die sich in jeder Beziehung ergänzten. In diesen Gruppen wurden die Lehrpläne so ausgearbeitet, daß Theorie und Praxis eines wurden. In ihnen lernten sich die Mitarbeiterinnen so kennen, daß es möglich wurde, daß eine Unterrichtsstunde gemeinsam gegeben wurde oder daß eine Mitarbeiterin die Fortführung der Gruppe der andern übernahm. Als Beispiel einer solchen Arbeit seien die Vorarbeiten zu den Kochkursen genannt: In einer Gruppe, in der u.a. 1 Hauswirtschaftslehrerin, 2 Hausfrauen, 1 Wohlfahrtspflegerin, 1 Ärztin, 1 Fabrikpflegerin vertreten waren, wurde gemeinsam mit einer Gruppe von Arbeiterinnen die Frage bearbeitet: Was essen die schwäbischen Arbeiter? Wie ist sein Haushalt beschaffen? Darauf aufbauend: Wie sollte er essen? Wie sollte der Haushalt beschaffen sein? Daran anschließend wurde der Lehrplan für den Kochunterricht für Arbeiterinnen, wie er in den Betriebskursen und in den Erwerbslosenkursen erteilt wurde, aufgestellt. Das Ergebnis war u.a. die Broschüre „Arbeiter, seid fortschrittlich in der Ernährung".[102]

Die 87jährige Carola hat diese Arbeit noch so lebhaft in Erinnerung, dass sie auf die Entdeckung von Kochkursen in dem ihr

---

[102] Rechenschaftsbericht 1933, <Mappe Frauenabteilung>.
Auch: HStAS Q1/21 Bü 154

zugeschickten Volkshochschulprogramm vom Herbst/Winter 1986 sofort nach einer ähnlichen Bildungsarbeit wie der ihren in der heutigen Volkshochschule fragt. Die Ernährungsbroschüre, so schreibt sie, wurde der Ausgangspunkt für eine erfolgreiche Bildungsarbeit mit Arbeiterinnen, und sie könne sich denken, dass ein Vergleich der „Verköstigung, auch Gewohnheiten der Verköstigung von Fabrikarbeiterinnen" zwischen 1930 und 1985 zu „interessanten Ergebnissen" führen könnte. [103]

Betriebskurse „von innen"

Die Organisation und Betreuung der Betriebskurse ist arbeitsintensiv und aufreibend, zumal die Volkshochschule als eine neue, noch unbekannte und „bürgerliche" Institution vielfach als „Eindringling" in einen Bereich empfunden wird, der traditionsgemäß den Arbeiterorganisationen vorbehalten war. Auch im Bewusstsein der Arbeiter selbst, vor allem der Männer; weswegen Carola bei ihren Hausbesuchen der Arbeiterinnen zuerst die misstrauischen Männer im Visier hat, indem sie, wie sie schreibt, mit ihnen „Freundschaft schließt." Die Frauen dagegen sind offener, neugieriger und ansprechbarer, da vielen hier zum ersten Mal ein Bildungsprogramm angeboten wird, zu dem nur Frauen Zugang haben. Das ist neu – und darin liegt auch Carolas Chance. Ilse Wolff ist zu Beginn ihrer Tätigkeit in der Frauenabteilung als Praktikantin im Arbeiterinnenbereich tätig und berichtet sehr detailliert über ihre „Erfahrungen bei der Werbearbeit in Betrieben" in den Monaten April und Mai 1925:

„[...] der gute Wille ist bei vielen von diesen Frauen (Betriebsrätinnen) da. Aber da sie größtenteils die Kurse [...] nur wenig kennen, fehlt es ihnen an der Möglichkeit, für sie zu werben. Die meisten Betriebsrätinnen sind nicht mehr ganz jung, haben einen Haushalt zu versorgen, es fehlt ihnen also wirklich an der Zeit, und sie halten dann ihre Pflichten für erledigt, wenn sie die Verbandsnachrichten bekannt geben [...] Als das weitaus beste System der Werbung erwies sich das Sprechen im Betrieb mit der einzelnen Arbeiterin selber. Das Schwierige ist hauptsächlich, die Leute zu einer Zeit zu erfassen, wo sie Zeit haben und nicht irgendwie nach Haus drängen, denn sonst hat das Reden gar keinen Wert. Das Günstigste ist die Vesperpause, die aber nicht alle Betriebe eingeführt haben. Jeder Betrieb erfordert eben eine besondere Art von Behandlung, das ist gerade das Schwierige an der Arbeit, daß Erfahrungen zwar wertvoll sind, aber nicht unbedingt gleich für den nächsten Betrieb nutzbar gemacht werden können, weil dort die Situation ein ganz anderes Vorgehen verlangt." [104]

---

[103] Brief an die Verf., 23.10.1986

Konkrete Hindernisse sind z.B. die kurz vor Kursbeginn eingeführte Verkürzung der Arbeitszeit, so dass die Kursteilnehmerinnen früher nach Hause kommen und den Kursbeginn nicht abwarten wollen. In diesem Fall – es war die Firma Bachenheimer und Stern, Strick- und Wirkwaren – haben sich 38 Arbeiterinnen für einen Kurs „Ärztliche Frauenfragen" und zwanzig für einen Gymnastikkurs angemeldet. Andere Behinderungen entstehen durch das an die Werbenden gerichtete Verbot der Fabrikleitung, die Kantine zu betreten oder in einer Pause mit den Arbeiterinnen zu sprechen. Auch erweist sich in manchen Fällen das anfänglich große Interesse der Arbeiterinnen als Strohfeuer, so dass der Kurs letztlich nicht zustande kommt. Positives berichtet Ilse Wolf von der Firma Josef und Cie., Gardinenweberei, wo man bei den Arbeiterinnen einem lebhaften Interesse begegnet, so dass zwei Betriebskurse, „Häusliche Krankenpflege" mit 52 und „Gymnastik" mit 22 Teilnehmerinnen eingerichtet werden können. Erleichtert wird die Arbeit dadurch, dass eine der Direktricen sich sehr engagiert der Sache annimmt und für das pünktliche Erscheinen sorgt. Die Fabrikleitung zahlt die Hälfte des Kursgeldes und verfolgt mit Interesse diese Initiativen. Ebenso erfolgreich kann mit der Firma Eugen Lemppenau, Briefumschlag- und Papierausstattungsfabrik, zusammengearbeitet werden: Das persönliche Werben erübrigt sich hier, weil es von der Fabrikpflegerin in zuverlässiger Weise gehandhabt wird. Außerdem kennen die Arbeiterinnen dort die Frauenbildungskurse von verschiedenen anderen Betriebskursen und den Ferienwochen her. Hier kommt ein Betriebskurs in Gymnastik zustande. Es gibt auch den Fall, dass der Fabrikleiter persönlich zum ersten Kurstermin erscheint und den Teilnehmerinnen den Einstieg in die Kursarbeit mit Kaffee und Kuchen erleichtert. Ilse Wolff zieht Bilanz:

„Zusammenfassend ist zu sagen, daß ein Bedürfnis nach den Kursen – wenn auch vielfach unbewußt – vorhanden ist und daß man, wenn man genügend geeignete und zuverlässige Lehrer hätte, die Arbeit sicher noch ausdehnen und ausbauen [...] könnte." Die Kontinuität der Kurse ist jedoch nicht gewährleistet, und oft wird ein Kurs „aus Neugier oder durch ein Mißverständnis begonnen und dann abgebrochen." Es gibt aber Fälle, in denen man aus pädagogischem Interesse bereit ist, mit „einer kleinen Zahl anzufangen und zu warten, bis eine solche Gruppe sich durchsetzte."

Männliche Rivalitäten am Arbeitsplatz

Ein solcher Erfolg in so kurzer Zeit einer so jungen Frau – das stellt natürlich das Selbstverständnis der männlichen Kollegen auf eine harte Probe. Und so viele Kollegen gibt es da nicht, da sind nur

---

[104] Maschinenmanuskript o.D., hier auch die folgenden Zitate. <Mappe Frauenabteilung>

noch Bäuerle und Pfleiderer. Bäuerle als oberster Chef kann sich nur freuen über diese hochkompetente, erfolgreiche Mitarbeiterin, die seine Institution überregional und im Ausland bekannt macht. Er bescheinigt der Frauenabteilung, dass „die Volkshochschule Stuttgart durch die sozial- und arbeitspädagogischen Maßnahmen der Frauenabteilung weit über die Grenzen Württembergs hinaus geschätzt" wird.[105] Nicht nur das. In der Landeskonferenz über den „Stand der Volksbildungsarbeit in Württemberg" vom März 1930 stellt er fest, dass „die Mitarbeiterinnen der Frauenabteilung engagierter arbeiten als die Kollegen der Allgemeinen Abteilung."

Abb. 53 Wolfgang Pfleiderer,
Leiter der Volkshochschule
Stuttgart 1924-1931
(Archiv der vhs stuttgart)

Doch der von seinem Amt her als Leiter der Volkshochschule und der Allgemeinen Abteilung zwischen Bäuerle und Carola stehende Wolfgang Pfleiderer hat anfänglich Probleme mit der kometenhaften Entwicklung der Frauenabteilung – und vermutlich auch mit der selbstbewussten, modernen, „unbürgerlichen" Kollegin. Umgekehrt hat auch Carola mit ihrer offenen und spontanen Art Schwierigkeiten, die nötige Taktik im Umgang mit Abteilungsrivalitäten zu entwickeln und sich auf Pfleiderers Denkstil einzulassen. Bernhard teilt sie ihre Entdeckung von grundverschiedenen Temperamenten und Herangehens-weisen an die Bildungsarbeit mit:

„[...] ich hatte heute eine recht tiefwurzelnde Auseinandersetzung mit Pfleiderer, der völlig eingeschnappt ist. Er hatte nämlich bei der letzten Lehrerversammlung nach meiner Meinung sehr unfruchtbare Probleme gewälzt und ich bin etwas impulsiv entgegengetreten und habe scheinbar den Gegensatz sehr spüren lassen. Außerdem macht die Frauenabteilung von sich reden und seine Arbeit wird weniger hervorgehoben. Er sprach von offener Rivalität, die ich zeigte, Selbstüberhebung, Unbescheidenheit und vor allem: das Schlimmste sei die ungeheure Sicherheit, die ich an den Tag legte, er fühle sich gar nicht sicher, die ganze Arbeit sei ihm problematisch und mir müsse das auch sein. Ich sagte nämlich an jenem Lehrerabend, all die Probleme, die behandelt wurden, seien uns von der Frauenabteilung keine Probleme, alles sei einfach. Wenn jemand sich sicher fühlt, das erträgt er nicht, weil er so unsicher, richtig gebrochen ist. [...] Er warf mir meine Zufriedenheit mit meiner Abteilung vor – ich sei deshalb zufrieden, weil ich mir ein bescheidenes Ziel gestellt habe, das ich auch erreicht hätte [...] aber solche Ziele – wie er es tut – kann man einfach nicht aufstellen (hehre idealistische Ziele, Anm.d.Verf.) [...]

---

[105] Zeugnis des Vereins zur Förderung der Volksbildung für Dr. Carola Blume, 18.5.1933. <Mappe Frauenabteilung>

Sicher ist, daß es entsetzlich schwer ist, mit ihm auszukommen, da ich völlig anders eingestellt bin wie er; sicher ist aber auch, daß es für mich nichts Schlimmeres geben kann, als mich mit Pfleiderer zu verkrachen [...] Pfleiderer ist der Stärkere, der mir schaden kann. Ich bereue sehr, was ich gesagt habe, die Form und der Inhalt war jedenfalls für so ein Männlein verletzend, aber ich ertrug das Gewäsch nicht mehr" (30.10.1925).

Carola spielt hier auf einen bestimmten „menschelnden" und pathetischen Ton an, der sich in der „Volkshochschulgemeinde", vor allem in der für die humanistischen Fächer zuständigen Allgemeinen Abteilung, eingenistet hatte. Deutlicher sagt sie es nach einer Volkshochschultagung im hessischen Rothenburg:

„[...] ich habe wieder einige sehr nette Menschen kennen gelernt und habe viel von meiner Arbeit erzählen müssen. Ein solcher Kreis von Menschen wirkt sehr anregend auf mich, auf mein ganzes Temperament. Dagegen bin ich entsetzt über all die hochtrabenden Worte, die die Volkshochschulleute über das Ziel der „Volkwerdung", „Gemeinschaft" loslassen. Vor allem ist es Pfleiderer, der mir völlig auf die Nerven geht. Er hat nach einem Vortrag, den ich ablehnte, 1 Stunde auf mich hineingeschwätzt und ich habe nicht ein Wort verstanden [...]" (4.10.1925).

Doch hören mit gegenseitigem Sichkennenlernen und vor allem Pfleiderers entschiedenem Engagement in und für die Frauen-abteilung als Kursleiter, Mitorganisator von Freizeiten und Verfasser von Presseartikeln über die Frauenbildung[106] die Spannungen auf und lassen Raum für eine dauerhafte Freundschaft und viele gegenseitige Anregungen in den kommenden Jahren. Pfleiderer hat Carola gegenüber wohl die Rolle des väterlichen Freundes gefunden, denn angesichts ihrer Magerkeit und ihres gelegentlich besorgniserregenden schlechten Aussehens nimmt er sie „ins Gebet" und „erklärt, so dürfe" sie „nicht weiter machen". Weiter berichtet Carola, Pfleiderer sei „wie umgewandelt "zu ihr, „so nett" – aber, so vermutet sie, „schuld daran ist wesentlich mein neues Kleid" (24.9.1925). Carola hat auch in der Zwischenzeit gelernt, dass sie „mit Bescheidenheit" nicht weiterkommt und auch ihre Forderungen in bezug auf Ausstattung des Arbeitsplatzes und Gehalt offen äußern muss: „Ich habe es mir bei Bäuerle nicht bieten lassen, daß Pfleiderer eine vollständige Sekretärin hat und ich niemand und habe auch gesagt, ich hätte viel mehr zu arbeiten als die Allgemeine Abteilung. Außerdem möchte ich eben das, was ich leistete, etwas unterstreichen (mehr als meine Art ist), weil ich doch meine Gehaltsansprüche mit Bescheidenheit nicht durchsetzen kann" (30.10.1925).

185

---

[106] Frauen gehen wieder zur Schule – von der Stuttgarter Frauen-Volkshochschule, in: Stuttgarter Neues Tagblatt vom 23.4.1930. Pfleiderer sei „von der Idee einer Frauenabteilung begeistert" gewesen und habe ihre Arbeit „in jeder Weise unterstützt", so ist die überwiegend positive Erinnerung der 87 jährigen Carola (Brief an die Verf., 16.11.1986).

Das Team der Mitarbeiterinnen

„[...] denen der Gedanke der Schwesterlichkeit nahe liegt [...]"
(ILSE WOLFF)

„So ist wirklich die Volkshochschule mehr als alles andere eine Lehrerfrage, eine Frage nach den geistigen Führern. Die Frauenkurse haben darin leichteren Stand als die Allgemeine Volkshochschule – ihre natürlichen Mitarbeiter sind die in der Frauenbewegung stehenden jüngeren Frauen, denen der Gedanke der Schwesterlichkeit nahe liegt und die eine gewisse Einheitlichkeit der Gesinnung mitbringen [...] Frl. Dr. Rosenberg ist es auch vor allem zu danken, daß trotz der schon beschriebenen Schwierigkeiten sich immer mehr für die Arbeit begabte Frauen zur Mitarbeit bereit finden [...]"[107]

Eine solche Arbeit, die an Vielfalt, Umfang und Originalität ihresgleichen sucht, kann nur im Miteinander von Leiterin und Lehrkräften und deren Bereitschaft zu ganzem Einsatz aller Kräfte gedeihen: „[...] aus der Zusammenarbeit mit den besten unserer Frauen erwuchs eine Gemeinschaft, die es ganz ernst mit dieser Aufgabe nahm und die über die liebevolle Einzelarbeit hinaus Pionierarbeit leisten wollte [...]", so Carola über ihr Team.[108] Es sind Stuttgarter Frauen aus unterschiedlichen beruflichen, politischen und sozialen Gruppierungen, die durch persönliche Ansprache, durch Werbung oder Eigeninitiative für die Mitarbeit gewonnen werden. Nicht selten kommen sie nach Aussage mehrerer Zeitzeuginnen aus dem wohlhabenden Bildungsbürgertum mit dem Ziel, sich sozial zu engagieren. Außerdem erhalten qualifizierte Berufsfrauen hier eine zusätzliche

Abb. 54 Annemarie Boeck,
Kursleiterin für moderne Haushaltsführung,
mit ihrem Mann
(Archiv der vhs stuttgart)

---

[107] Ilse Wolff, Volkshochschule und Frau, Maschinenmanuskript o.D. <Mappe Frauenabteilung>
[108] Rechenschaftsbericht 1933, <Mappe Frauenabteilung>. Auch: HStAS Q1/21 Bü 154

Chance, ihr Können unter Beweis zu stellen. Angesichts der rasanten Entwicklung der Frauenabteilung richtet Carola eine Art Werbeforum ein in Gestalt von zwei über Jahre laufenden Veranstaltungen unter ihrer Leitung mit folgender Ausschreibung: „Seminar für Helferinnen der Volksbildungsarbeit. Damit aus unserer Frauenbildungsarbeit keine unpersönliche Organisation werde, damit sie vielmehr durch lebendige Beziehungen von Mensch zu Mensch getragen werde, brauchen wir Helferinnen [...] Jede Frau kann auf ihrem Posten, sei er noch so unbedeutend, Volksbildungsarbeit leisten. Ziel dieses Seminars ist eine Einführung in die Aufgaben und Probleme der Volksbildung in besonderer Hinsicht auf die Frauenbildung, verbunden mit der Anleitung zu praktischem Tun" (Arbeitsplan 1925/26).

Carola sorgt für einen regen Austausch unter den Kolleginnen, so weit das möglich ist. Mit regelmäßigen Rundschreiben an die Lehrkräfte strebt sie inhaltliche und organisatorische Transparenz an und bringt gleichzeitig immer wieder die für alle Lehrinhalte verbindliche pädagogische Grundkonzeption in Erinnerung: von der praktischen Hilfe zur Bewusstseinsbildung, von der individuellen Lage zur gesamtgesellschaftlichen Situation. Carola gelingt es sehr schnell, die Anzahl der Frauen unter den Mitarbeitern der Volkshochschule zu steigern, und zwar von sechs (von insgesamt 80) im Jahr 1919/20 auf 35 (von insgesamt 75) im Jahr 1925/26. 1931 beschäftigt die Frauenabteilung 81 Lehrkräfte, darunter elf Männer und 70 Frauen. Ein Beispiel für die Berufszugehörigkeit der Kursleiter/innen aus dem Jahr 1931 ergibt folgendes Bild: neun Ärztinnen, zwei Ärzte; drei Volkswirtinnen/Juristinnen, ein Volkswirt; 13 Hauswirtschaftslehrerinnen; fünf Hausfrauen; zwei Schneiderinnen; acht Gymnastiklehrerinnen; 13 Lehrer/innen aller Schultypen; sieben Wohlfahrtspflegerinnen.[109] Die 87jährige Carola schreibt hierzu rückblickend: „Wir hatten in ver-

Unterth. Zeitg. 14. Nov. 3 21

Aufruf!

Wieder naht die Weihnachtszeit, das Fest der Kinder, aber für viele der Kleinen droht es nicht die Weihnachtsfreude zu bringen, sondern bittere Enttäuschung und fühlbare Not. Noch mehr als im letzten Jahr ist es diesmal notwendig, daß alle, die es können, jonders bittere Weihnachten, glückliche Kindergesichter beim Weihnachtsbaum zu finden sind. Deshalb rufen wir die

Frauen und Kinder

auf, den Kindern der Erwerbslosen zu einer

Weihnachtsfreude

zu verhelfen. Gebt Spielzeug, Bilderbücher, Geschichtenbücher, die ihr nicht mehr braucht! Aber denkt daran, daß die Stuben oft eng sind und keine umfangreichen Dinge aufnehmen können. Wählt auch nicht solche Sachen, die für die eigenen Kinder zu schlecht sind und darum aus dem Hause sollen. Freude soll mit diesen Spielsachen und Büchern gemacht werden, nicht die Beschenkten das Gefühl der Armut bestärken. Darum, ihr Buben und Mädchen, prüft nach, was ihr entbehren könnt, über welche eurer Besitztümer ihr hinausgewachsen seid, richtet die Sachen her und bringt sie uns. Könnt ihr aber nicht alles wiederherstellen, so wissen wir, daß die Hände vieler Arbeitsloser darauf warten, arbeiten zu dürfen für ihre Kinder — sie werden ausbesserbare Sachen auszubessern wissen, und wollt ihr ihnen helfen, Farben und dergleichen zu kaufen, so legt ein wenig Geld aus euren Sparbüchsen dazu!

Die Sammlung im letzten Jahr hat für 1700 Kinder ein Geschenk ermöglicht. Die Not ist seither gewachsen, es sind dieses Jahr viel mehr Kinder, die ohne unser Mitwirken keine Spielsachen bekommen. Helft, daß wir sie alle beschenken können!

Als Sammeltage sind vorgesehen: 15. bis 25. November, von 9—12 und 14—17 Uhr.

Annahmestellen:

Mütterschule, Tunzhoferstraße 15	Tel. Nr. 271 01
Gänseheidstraße 29	276 37
Paulusgemeindehau. Vogelsangstraße 60	628 98
St. Elisabeth, Schwabstraße 70—74	630 11
Gemeindehaus St. Nikolaus, Landhausstraße 65	414 48
Josefsheim, Kanonenweg 160	413 75
Heslach, Frauenheim, Frauenstraße 14	735 41
Gablenberg, Neues Gemeindehaus, Krämerstr. 12	410 53
Cannstatt, Badstr. 37, Baracke der Sanitätskolonne	517 77
Degerloch, Gemeindehaus, Olgastraße 62	728 06
Gewerbehau (Vortragssaal), Eingang Lindenstr.	206 59

In Ausnahmefällen können die Sachen abgeholt werden. Telefonischer Anruf 206 59, Handelshof-AG.

**Stuttgarter Frauendienst, Mütterschule.
Frauenabteilung der Volkshochschule Stuttgart.**

Abb. 55 Spendenaufruf der Frauenabteilung in Zusammenarbeit mit dem Stuttgarter Frauendienst, Untertürkheimer Zeitung 14. November 1932 (Nachlass Rosenberg-Blume)

187

---

[109] M. Eggemann 1997, S. 140

hältnismäßig kurzer Zeit einen Stamm von sachlich geschulten, an der Frauenarbeit sehr interessierten Frauen gewonnen, die auch eine große Hilfe für andere, mit den Volkshochschulmethoden noch nicht vertrauten Lehrkräfte waren. Mit jeder neuen Mitarbeiterin wurden Ziele und Methode unserer Arbeit besprochen. Für die praktischen Kurse (Nähen, Kochen u.s.w.) hatte ich die Hilfe von je einer in unserem Sinne arbeitenden Fachlehrerin. Außerdem erhielt ich von jeder Kursleiterin einen Arbeitsplan, der Ziel, Methode und wenn möglich eine Aufstellung des Stundenplans enthielt [...] Selten benutzten wir den dafür von der Volkshochschule gelieferten Fragebogen." Carola bietet der neuen Kursleiterin Einstiegshilfe, indem sie in der ersten Stunde präsent ist, sie den neuen Teilnehmerinnen vorstellt und „von den Zielen und Möglichkeiten für sie in der Frauenvolkshochschule erzählt." Zudem hat die Kursleiterin die Möglichkeit, sich in Problemfällen an andere Kolleginnen aus der Fachgruppe zu wenden „oder in Wochenendausflügen, die gleichfalls der Belehrung als auch der Erholung dienten, den Austausch mit den Kolleginnen zu suchen."[110]

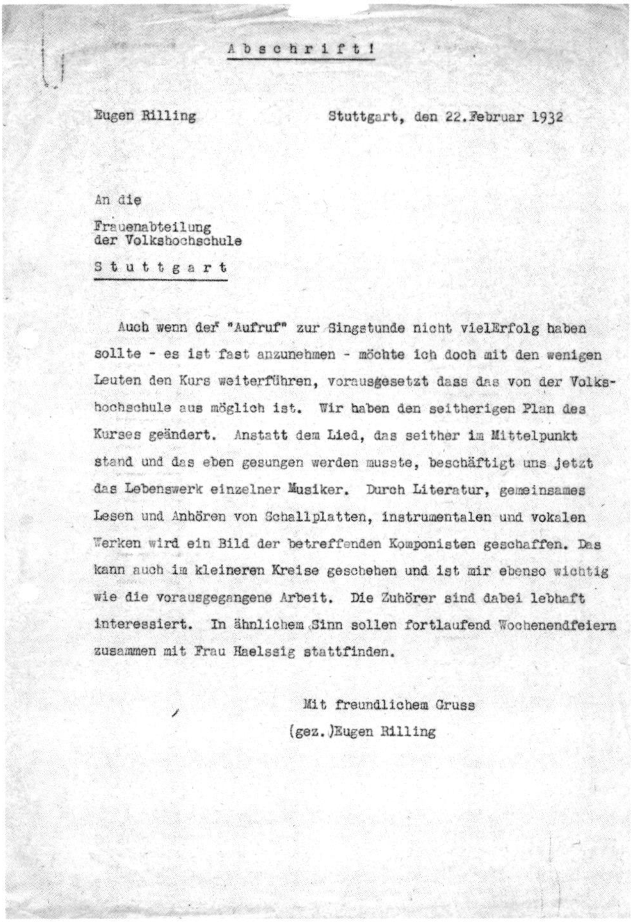
Abschrift!

Eugen Rilling Stuttgart, den 22.Februar 1932

An die

Frauenabteilung
der Volkshochschule

Stuttgart

Auch wenn der "Aufruf" zur Singstunde nicht vielErfolg haben sollte - es ist fast anzunehmen - möchte ich doch mit den wenigen Leuten den Kurs weiterführen, vorausgesetzt dass das von der Volkshochschule aus möglich ist. Wir haben den seitherigen Plan des Kurses geändert. Anstatt dem Lied, das seither im Mittelpunkt stand und das eben gesungen werden musste, beschäftigt uns jetzt das Lebenswerk einzelner Musiker. Durch Literatur, gemeinsames Lesen und Anhören von Schallplatten, instrumentalen und vokalen Werken wird ein Bild der betreffenden Komponisten geschaffen. Das kann auch im kleineren Kreise geschehen und ist mir ebenso wichtig wie die vorausgegangene Arbeit. Die Zuhörer sind dabei lebhaft interessiert. In ähnlichem Sinn sollen fortlaufend Wochenendfeiern zusammen mit Frau Haelssig stattfinden.

Mit freundlichem Gruss

(gez.)Eugen Rilling

Abb. 56 Kursvorschlag des Dirigenten Eugen Rilling, Kursleiter der Frauenabteilung und Vater des Stuttgarter Dirigenten Helmuth Rilling
(Nachlass Rosenberg-Blume)

Carola wagt einen demokratischen Führungsstil, der sich im wesentlichen an den Kompetenzen und dem Verantwortungsgefühl der Mitarbeiterinnen orientiert und damit die in jener Zeit übliche starre hierarchische Personalstruktur im Bildungsbereich aufbricht. Eines der erfolgreichsten Instrumente ihrer Personalführung ist der

110 Brief an die Verf., 16.10.1986

bereits genannte Frauenkreis. Dass die Frauen an ihrer Abteilung gern arbeiten, mag die Tatsache zeigen, dass Kursleiterinnen der ersten Stunde über viele Jahre mit der Frauenabteilung verbunden bleiben: die Volkswirtschaftlerin und Stadträtin Vilma Kopp, die Kunst- und Literaturexpertin Dora zu Putlitz, die sozial engagierte Ordensfrau Marie Cauer, die Ärztinnen Hilde Adler, Marga Wolf, Mathilde Salzmann und Auguste Hohbaum, die Fürsorgerin Ilse Wolff, die Gymnastiklehrerin Gertrud Ostermayer. Letztere leitet nicht nur den für die ganze Bildungsarbeit wichtigen Gymnastikbereich, sondern unterstützt auch tatkräftig Carolas Bemühungen um ein motivierendes Arbeitsklima, indem sie ihr Ferienhaus am Bodensee auch für Mitarbeiterinnenschulungen zur Verfügung stellt. Hier werden auch potentielle Mitarbeiterinnen, von den Kursgruppen delegierte Sprecherinnen, in die Volkshochschularbeit eingeführt und in die Planung zukünftiger Kurse miteinbezogen. Ebenso werden dort neue Lehrkräfte, deren Selbstverständnis gefestigt werden soll, mit der „eigentlichen Volkshochschularbeit" in einer Art „in-service-training" vertraut gemacht.[111] Die 26jährige Carola, fast ungläubig ihre Position überdenkend, äußert sich Bernhard gegenüber so: „Weißt Du, zur Zeit sieht die Arbeit so aus: ein Marionettentheater mit 55 Puppen, die ich alle in der Hand habe, lasse ich den Faden los, so purzeln sie alle hin" (16.11.1925).

Neben der Arbeit hat sie die alte, nie versiegende Kraft, sich Bernhards künstlerischer Produktion eingehend zu widmen. Im selben Brief befasst sie sich mit seinem „Napoleon", an dem er auf Anraten Julius Babs einige Änderungen vornehmen soll. Carola aber rät ihm nicht nur davon ab, sondern auch von einer bevorstehenden Besprechung des Entwurfs mit Bab, weil damit der ursprüngliche Szenenablauf, der ihr so gut gefällt, gestört würde, denn: „[...] jede Szene hat sozusagen ihren Taktwert im Rhythmus des Ganzen." Bab solle ruhig seine Änderungen in eine dramaturgische Bearbeitung für die Volksbühne einbringen, so meint sie, aber Bernhard solle unbedingt bei seinem ursprünglichen Text bleiben (ebd.).

Ja – das ist Carola: „Eine durch und durch produktive Frau" nach Paul Wanners Einschätzung.[112] Sicher wird das glanzvolle Gelingen der Frauenabteilung auch getragen von der Aufbruchstimmung der damaligen Frauengeneration, dem vorbehaltlosen Engagement der Mitarbeiterinnen für die Sache der Frauen und nicht zuletzt der konsequenten Förderung ihrer Arbeit durch Theodor Bäuerle. Dass sich aber ein solches Team entwickeln und ein derart durchdachtes, durchstrukturiertes und durchorganisiertes Kurssystem entstehen konnte, verdankt die Volkshochschule der großen Begabung und der schöpferischen Kraft Carolas.

---

[111] ebd.
[112] Gespräch der Verf. mit Paul Wanner, 1.7.1987

Das neue Heim
der Volkshochschule

Die Frauenabteilung der Volkshochschule hat im vergangenen Winter ein eigenes Heim bekommen. Während sie bisher zum Teil in der Torschule und in Schulräumen untergebracht war, wurde ihr jetzt das Hinterhaus Marienstraße 32 von der Stadt verpachtet. Die Einrichtung erfolgte in einem besonderen Kurs, der sich „Wir helfen uns selbst" nannte und durch die Mitglieder der Volkshochschule mit billigsten Mitteln bewerkstelligt wurde. Unsere Aufnahmen zeigen einen Kursraum und ein selbst eingerichtetes Zimmer.

Eine von den Kursteilnehmern angefertigte Zimmereinrichtung.

Abb. 57 Zeitungsmeldung zur Eröffnung des Tagheims in der Marienstraße 32
(Nachlass Rosenberg-Blume)

Jugendarbeit

Eine „kleine Gesellschaftszelle"

Carola legt von Anbeginn ihrer Arbeit Wert darauf, Jugendliche für die Volkshochschule zu gewinnen. Aus ihrem Engagement in der Jugendbewegung weiß sie um die prägende Wirkung von Gruppenerfahrungen und gemeinsamen Lernens im jugendlichen Alter. Es beginnt zunächst im Oktober 1925 mit zwei Kursen unter der Rubrik „Niemand tauget ohne Freude": eine „Singgruppe für junge Frauen und Mädchen" und einem „Jugendkreis". Hier heißt es im Ausschreibungstext:

„An Hand von guten Büchern, in Geselligkeit und in gegenseitigem Austausch unserer Gedanken über wichtige Lebensfragen wollen wir einen Kreis bilden, der auf der persönlichen Beziehung [...] beruht. Mehr als im Winter treibt es uns im Sommer, uns zu dehnen und zu recken, die Augen und Ohren aufzutun und auf das zu schauen und zu horchen, was in uns ist und um uns. Leider sind wir aber alle viel zu verkrampft [...] Augen und Ohren abgestumpft. Die natürliche Freude an allen Dingen wollen wir hier wieder lernen. Dazu soll uns nicht nur Gymnastik, verbunden mit Bewegungsspielen und musikalischen Übungen, dienen, sondern auch Übungen im Beobachten und Sehen, die wir mit dem Bleistift und unserem Skizzenbuch in der Hand anstellen werden."

Im folgenden Programm gibt es bereits eine Abteilung „Jugendgruppen". Zum Jugendkreis und zur Singgruppe kommen „Freie Gymnastik" und „Lebenskunde für junge Menschen" hinzu. In der Ausschreibung zum Jugendkreis heißt es jetzt (1926/27): „Die Aufgabe des Jugendkreises ist, zu einer selbständig handelnden, sich selbst verwaltenden kleinen Gesellschaftszelle zu werden, bei der das gesellige Vergnügen nicht das Hauptstreben ist, sondern der Wille zu lernen und als Mensch voranzukommen."

Der „Jugendkreis" wird zu einem Standardangebot für „alle suchenden Menschen", die „in das Erlebnis der Gemeinschaft hineinwachsen möchten." Carola lässt es sich nicht nehmen, die Beratung zur Aufnahme in diesen Kurs persönlich durchzuführen. Teilnehmerin eines solchen Jugendkreises war z.B. Johanna Hechter, auch ein „suchender Mensch", der sich mit seinem Problem an die Kursleiterin selbst wendet:

„Sehr geehrtes Fräulein Rosenberg! [...] Sie haben mir so Mut gemacht, daß ich nun mit einem Anliegen an Sie komme. Überhaupt wünschte ich, daß Sie den Jugendkreis nie wieder verließen. Ich habe schon lange Zeit einen furchtbaren Durst nach Wissenschaft, aber ich hütete mich immer, es laut werden zu lassen, da ich dachte, nur ausgelacht zu werden. Was mir eine peinliche Sache war. Aber ich glaube, daß ich bei Ihnen Aufklärung finde. Wie kann ich die Wissenschaft erreichen und kennen

lernen? Kann ich das durch Bücher erreichen u. was für kämen
da in Betracht? Fräulein Rosenberg! Sie werden entschuldigen
können, wie ich dumm und einfältig bin. Aber Sie sehen ja, daß
mir die ganze Bildung noch fehlt, das ich aber alles nachholen
möchte. Schon als kleines Schulmädel wäre ich gerne in eine
höhere Schule gegangen, aber meine Mutter wollte es nicht [...]
So mußte ich eben in die Welt hinaus ohne alles, da ich einen
Stiefvater habe und daheim nicht sein kann [...] Könnte ich Sie
etwa am Ende der nächsten Zusammenkunft allein mal sprechen? Ich wäre Ihnen unendlich dankbar. Stuttgart,
19.11.1926."[113]

1928 kommen „Aktuelle Fragen der weiblichen Jugend" bei
Franziska Lambert hinzu, die in den folgenden Trimestern als Arbeitsgemeinschaft fortgeführt werden, später folgt eine Kursreihe über
„Fragen der Selbsterziehung und Bildung" bei der Stuttgarter Reform-
pädagogin und Schriftstellerin Sophie Schieker. Carola selbst ist
natürlich auch im Jugendprogramm vertreten mit einer „Arbeitsgemeinschaft für junge Menschen, die weiterkommen möchten und keine Zeit und Mühe scheuen, um fest an sich zu arbeiten [...]" (1926/
27). Beeindruckend ist das Jugendprogramm im Herbst 19330. Neben
„Körperliche und seelische Schwierigkeiten der heutigen Jugend" bei
der Ärztin Auguste Hohbaum findet sich ein „Lese- und Ausspreche-
abend" mit Dostojewski und Thomas Mann als Lektüre bei der Lehrerin
Emmy Frey und „Der junge Mensch und seine Lebensgestaltung" bei
Eva Herrmann. Sonderkurse werden für die „Sozialistische Arbeiterjugend" über Gesundheitsfragen bei der erfahrenen Ärztin Hilde Adler
und „Erziehung in Jugendgruppen" für Gruppenleiterinnen bei Franziska Lambert angeboten. In Zusammenarbeit mit dem Allgemeinen
Württembergischen Lehrerinnenverein werden 1931 zwölf
Gesprächskreise für Schulabgängerinnen eingerichtet, die eine Lehrerin der Oberstufe unter Mitarbeit der Lehrkräfte der Frauenabteilung
leitet. Außerdem bietet die Volkshochschule eine besondere Beratung
der Jugendlichen über ihre Bildungsmöglichkeiten neben der Berufsberatung des Arbeitsamtes an. 1933, im letzten Programm vor Carolas
Entlassung, ist die Palette an Jugendkursen noch vielfältiger:
die Lese-, Gymnastik- und Lebenskundekurse werden durch politisch-
gesellschaftliche und kunstgeschichtliche Angebote ergänzt.

---

[113]   <Mappe Frauenabteilung>

Arbeit mit erwerbslosen Frauen

„Hier liegt die wichtigste Aufgabe, die die Volkshochschule mit ihren Kursen erfüllt: dadurch, dass sie Gelegenheit zu disziplinierter Arbeit gibt, die zwar nichts – oder wenig einbringt, die aber dem Tage ein Schwergewicht gibt und die man tut, um daran zu lernen und weiterzukommen [...]"[114]

In der zweiten Hälfte der Zwanziger Jahre greift Carola eine neue Herausforderung auf: ein Konzept der materiellen und ideellen Hilfe für die vielen Frauen zu entwickeln, die im Laufe der zunehmenden Wirtschaftskrise ihren Arbeitsplatz verlieren. Mit ihrem Ideenreichtum und Organisationstalent baut sie eine Arbeit auf, die für die Volkshochschulen in ganz Deutschland einmalig war und später Grundlage für Weiterbildungsmaßnahmen der öffentlichen Hand wurde.[115] Carola gelingt es, mit finanzieller Hilfe des Wohlfahrtsamtes und des städtischen Arbeitsamtes ein vielseitiges Betreuungs- und Bildungsprogramm aufzubauen und zwei Tagheime für die erwerbslosen Frauen zu eröffnen. Hier finden die Kurse und Umschulungen statt, hier können sich die Frauen den Tag über mit ihren Kindern aufhalten und an den anfallenden Arbeiten beteiligen oder lesen. Bereits im Dezember 1926 wird ein Tagheim in der Torstraße in Betrieb genommen. Innerhalb weniger Monate hat sich dieses Angebot zu einem Magneten für viele erwerbslose Frauen entwickelt. Im Herbstprogramm 1927 heißt es bereits:

„Das Heim erfreute sich eines regen Interesses der Frauen, die Zahl der Besucherinnen betrug in den viereinhalb Monaten etwa 4000. Vielen Frauen, die das Heim täglich besuchen, ist es zu einem Stückchen Heimat geworden. Außer dem großen allgemeinen Raum, der von den Frauen hübsch und wohnlich ausgestattet wurde, war noch ein gut eingerichtetes Schreib- und Lesezimmer mit einer reichhaltigen Bücherei vorhanden und eine Nähstube mit einigen Nähmaschinen, die eifrig benutzt wurden. Durch Anweisung in allerhand Handfertigkeiten, durch Beratung in wirtschaftlichen und persönlichen Dingen, durch Musik und gemeinsamen Gesang wurde den Besucherinnen Unterhaltung und Anregung zuteil, die ihrem Leben oft einen neuen Inhalt gaben [...]"

1931 erkämpft Carola von den städtischen Behörden ein leerstehendes Gebäude in einem Hinterhof in der Marienstraße für die Frauenabteilung zur Miete. Auch unternimmt sie nicht nur die notwendigen administrativen Schritte zum Umbau des Hauses und seiner grundlegenden Ausstattung mit Küchengeräten, Beleuchtung, sanitären Anlagen u.s.w., sondern drückt den hierfür kalkulierten Preis von 22.000 Mark „durch zweckmäßige Überlegungen" auf 8.200 Mark

---

[114] Carola Rosenberg-Blume, Die Einrichtungen für weibliche Erwerbslose an der Frauenabteilung der Volkshochschule Stuttgart, 10.7.1931. <Mappe Erwerbslosenarbeit>. Auch: HStAS Q1/21 Bü 153

[115] Eggemann 1997, S.132

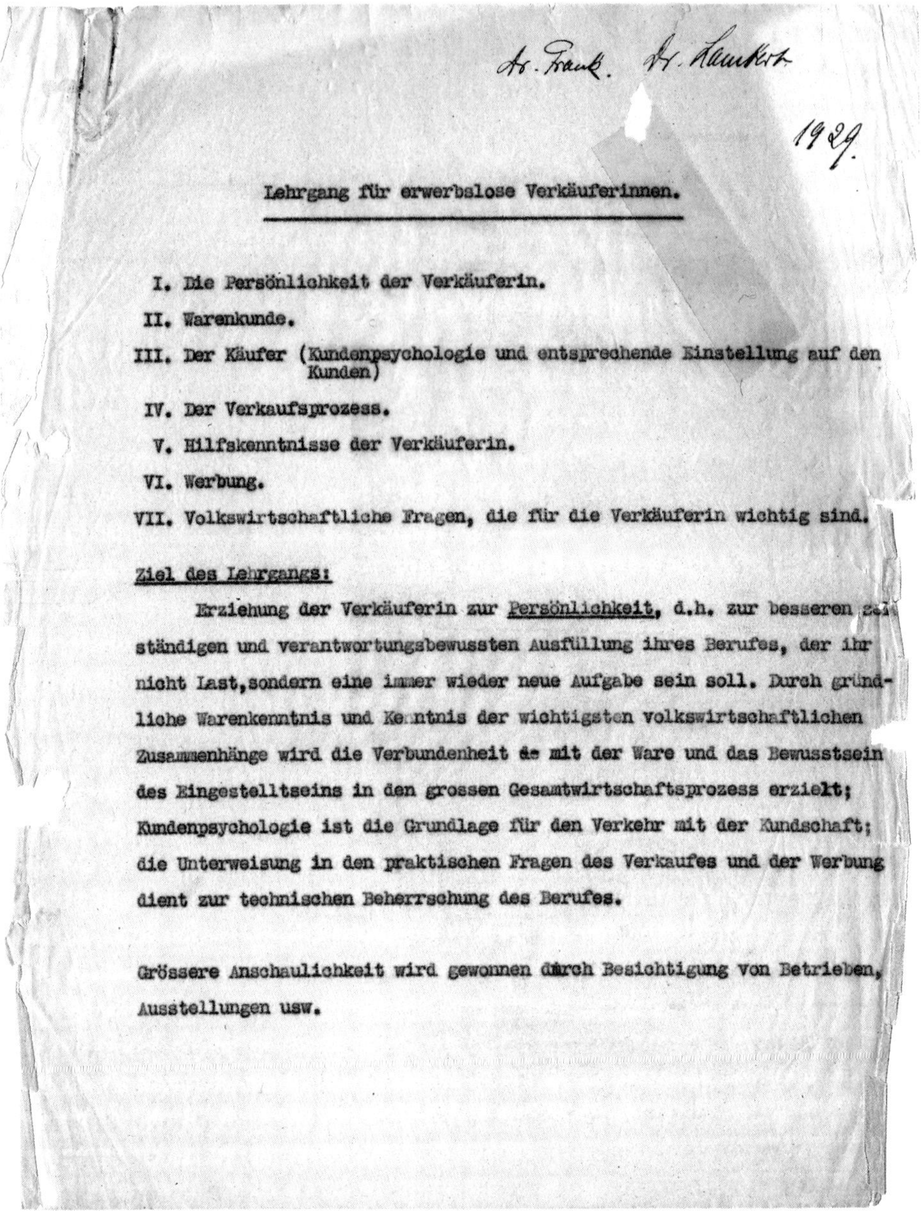

Ar. Frank.   Dr. Lambert

1929

Lehrgang für erwerbslose Verkäuferinnen.

I. Die Persönlichkeit der Verkäuferin.

II. Warenkunde.

III. Der Käufer (Kundenpsychologie und entsprechende Einstellung auf den
     Kunden)

IV. Der Verkaufsprozess.

V. Hilfskenntnisse der Verkäuferin.

VI. Werbung.

VII. Volkswirtschaftliche Fragen, die für die Verkäuferin wichtig sind.

Ziel des Lehrgangs:

Erziehung der Verkäuferin zur Persönlichkeit, d.h. zur besseren, selbständigen und verantwortungsbewussten Ausfüllung ihres Berufes, der ihr nicht Last, sondern eine immer wieder neue Aufgabe sein soll. Durch gründliche Warenkenntnis und Kenntnis der wichtigsten volkswirtschaftlichen Zusammenhänge wird die Verbundenheit der mit der Ware und das Bewusstsein des Eingestelltseins in den grossen Gesamtwirtschaftsprozess erzielt; Kundenpsychologie ist die Grundlage für den Verkehr mit der Kundschaft; die Unterweisung in den praktischen Fragen des Verkaufes und der Werbung dient zur technischen Beherrschung des Berufes.

Grössere Anschaulichkeit wird gewonnen durch Besichtigung von Betrieben, Ausstellungen usw.

Abb. 58 Kursplan für den Lehrgang für erwerbslose Verkäuferinnen
von Dr. Elisabeth Frank und Dr. Franziska Lambert, 1929
(Nachlass Rosenberg-Blume)

herunter. Um die verlangte Miete von 3.000 Mark feilscht sie so lange, bis sie einen Mietpreis von 1.800 Mark erzielt.[116] Zur Ausstattung des Hauses mit Lern- und Aufenthaltsräumen zu einem wohnlichen Ambiente organisiert sie spezielle Kurse, in denen Möbel, Vorhänge u.a.m. von den Kursteilnehmerinnen, d.h. von den erwerbslosen Frauen selbst, angefertigt werden. Carola nutzt beim Aufbau dieser Arbeit ihre Erfahrungen aus der Arbeiterinnenbildung. Wie sie dort persönlich in die Betriebe gegangen ist und die Arbeiterinnen selbst angesprochen hat, so geht sie jetzt, in Abstimmung mit dem damaligen Leiter Christ, aufs Arbeitsamt, „dahin, wo viele mit Zeit und ohne Arbeit herumstanden", baut dort ihren Info-Tisch auf und geht auf die arbeitssuchenden Frauen zu. So können auch Frauen erreicht werden, die bisher von Volkshochschule und Erwachsenenbildung ausgeschlossen waren. In den späten Zwanziger Jahren baut Carola diesen Arbeitsbereich weiter aus. Im Jahr 1926 nennt Carola 7000 Frauen (davon 60 Prozent Arbeiterinnen), die an dem Programm beteiligt waren, und eine tägliche Besucherinnenzahl von durchschnittlich 40 bis 60 Frauen. Johanna Kunz, damalige Kursleiterin für selbstangefertigte Frauenkleidung, erzählte mir von den Anstrengungen der Kursleiterinnen und Betreuerinnen, gegen die Resignation und Verwahrlosung bei den Teilnehmerinnen anzukämpfen.[117] Neben der Vermittlung von beruflichen Kenntnissen war es vor allem ihre Aufgabe, so auch Carola in ihrem Arbeitsbericht, ein „Absinken des Arbeitsniveaus und ein Verlottern und menschliches Herunterkommen [...] zu verhüten [...]" „Auf menschliche und frauliche Ausbildung muß auch in der Erwerbslosenbildung besonderer Wert gelegt werden."[118] Man ist bestrebt, der

> „infolge oft jahrelanger Arbeitslosigkeit und fehlenden Familienlebens eingetretenen inneren und äußeren Haltlosigkeit wieder eine feste Richtung und einen Halt zu geben und trotz der Zermürbung der letzten Jahre eine Arbeitswilligkeit zu pflegen [...] Durch das tägliche Zusammensein und die gemeinsame Arbeit hat das Tagheim einen ausgesprochenen Familiencharakter, der von den meist alleinstehenden Frauen und Mädchen wohltuend empfunden wird [...] Stetige Beratung in allen persönlichen Angelegenheiten und Nöten der Frauen festigt den Zusammenschluß der Frauen und wirkt sich durch die Zusammenarbeit mit den [...] Fürsorgestellen fördernd aus."[119]

Gemäß diesem ganzheitlichen Bildungskonzept wird das Kursangebot durch gemeinsame Ausflüge, Betriebs- und Museumsführungen, Zusammenkünfte, Singkreis und kleine Feiern ergänzt, die

195

---

[116] HStAS Q1/21 Bü 155

[117] Interview am 17.4.1989

[118] Die weiblichen Erwerbslosenkurse in Stuttgart, Bericht 1927. Maschinenmanuskript o.D., <Mappe Erwerbslosenarbeit>

[119] Marianne Haelsig (Tagheimleiterin), Bericht über die Führung und Arbeitsweise des Tagheims der Volkshochschule Stuttgart, Maschinenmanuskript o.D. <Mappe Erwerbslosenarbeit>. Auch: HStAS Q1/21 Bü 154

September 1930 öfter. usw.

Lehrplan für einen Fortbildungskurs für
Schneiderinnen und Haushäherinnen usw.

Entworfen von Frau Boringer und Frl. Münster.

I.   5 Wochen zu je 4 Stunden für Anfänger

Theorie und systematische Teilarbeit

II. 5 Wochen zu je 4 Stunden für Fortgeschrittene

Praktische Arbeit an Gegenständen mit Besprechung.

II.

1. Modezeichnen, Modeberichte

    Kindersachen: Falbeln, Säume, geschürzte Knopflöcher.
    Tasche und Schlitze für Knabenhosen, Aermel usw.

2. Stoffarten und Preise. Massnehmen.

    Einfache Kleider (Wollkleider)
    Säume, Falten, Nähte und Nahtversäuberung,
    Aermel, Ausschnitte, Abnäher usw.

3. Schnitte verändern und gewinnen

    Technik eines Seidenkleides

4. Mäntel und Kostüme

    Technik

5. Ausputz, Kragen, Knöpfe, Verschlüsse, Verzierungen.

Abb. 59 Lehrplan für einen Fortbildungskurs für Schneiderinnen und Hausnäherinnen, 1930
(Nachlass Rosenberg-Blume)

die einzelnen Lehrkräfte mit ihren Kursen veranstalten. Hier hebt Carola das Engagement der Mitarbeiterinnen hervor:

> „[...] so groß das Ausmaß dieser Arbeit ist, so kann doch behauptet werden, daß diese immer ganz individuell bleibt. Wir haben dies unseren Mitarbeiterinnen zu verdanken, die jeweils ganz für ihre Gruppe verantwortlich sind und die weit über das vorgeschriebene Maß hinaus eine Arbeit leisten, der eigentlich nie eine Grenze gesetzt ist.“[120]

Wie sehr Carola die „alte“ geblieben ist, die mit Begeisterung und Tatkraft eine Sache zu der ihren macht, zeigen ihre Jahresberichte über die Erwerbslosenarbeit. Keine Zahlenwüste und knochentrockene Berichterstattung, sondern lebendige Anteilnahme:

> „[...] Man muß diesen oft verkümmerten, verschütteten Menschen im Seelischen wie im Praktischen helfen können. So ergaben sich ganz neue Aufgaben: Erziehungsfragen sind wichtig, aber es müssen gleichzeitig die Kinder mit versorgt werden; Kleider und Kinderwäsche müssen genäht werden und dabei handelt es sich nicht nur um das Wie, sondern auch um die Beschaffung des Stoffes; Feste wollen gefeiert sein und dürfen nicht nur schön und stilvoll sein, sondern es muß dabei auch etwas „Habhaftes“ geben. Neben den Kursen, die vor allem auch deshalb notwendig sind, weil sie Erwerbslose an regelmäßige Zeiteinteilung, an Pünktlichkeit, und Systematik gewöhnen, mußten daher neue Einrichtungen geschaffen werden, unter denen das Tagheim, das Gartenland und der Kindergarten von besonderer Bedeutung sind. Dies ist die eine Seite, nach der die Arbeit ausgebaut werden muß. Dazu kommt noch die andere, die berufliche. Die Erwerbslose wünscht nichts so sehr, als wieder in das Berufsleben einzutreten. Wer ganze Bildungsarbeit treiben will, hat auch die berufliche Weiterbildung, zum mindesten die Erhaltung der beruflichen Kenntnisse und, soweit dies möglich [...] ist, auch die Umschulung zu einem anderen Beruf mit in die Bildungsarbeit einzubeziehen.“[121]

Dass die Frauen aus den ärmeren Bevölkerungsschichten Stuttgarts auf die Bildungsarbeit der Volkshochschule angewiesen waren, zeigen immer wieder Zuschriften von Frauen mit der Bitte, die Kurse weiter laufen zu lassen. Wie z.B. diese hier:

> „Ich würde es sehr bedauern, wenn mir auch noch dieses genommen würde, erstens meine Arbeit, nachher durch Notverordnung meine Unterstützung und meine vier Buben mit 17, 13, 11 und 10 Jahren sollen gekleidet sein, so konnte ich doch wieder vom Alten was machen, daß man die Kinder immer sehen kann, denn ich war gezwungen zum Mitverdienen, denn 6 Personen wollen leben und durch die Arbeitslosigkeit und Schnellsohlerei, wo meinem Mann auch sehr viel ausmacht im

197

---

[120] Berichte der Frauenabteilung. Aus der Arbeit an Erwerbslosen, in: Mitteilungen des Vereins zur Förderung der Volksbildung E.V.,Nr.5, Juni 1931, S.81

[121] ebd.

Abb. 60 Nähkurs für erwerbslose Frauen
im Tagheim Marienstraße 32
(Landesmedienzentrum BW)

Geschäft – denn heute geht halt alles dort hin und nimmer zum kleinen Schuhmacher – da sind wir froh, wenn es nur jeden Tag zum Leben reicht, an Neuanschaffungen nicht zu denken. Und deshalb bitte ich Sie herzlich, doch alles dran zu setzen, daß die Kurse auch im Sommer weitergehen, und so, wie die Verhältnisse bei mir sind, kenne ich noch mehr, wo die Nähkurse eine große Erleichterung sind und große Not beim Kinderreichen fernhalten. Entschuldigen Sie bitte meine Störung, denn als Mutter muß man vieles durchmachen, ehe man den Kampf aufgibt. Danke Ihnen jederzeit herzlich für dieses, was ich seither lernen durfte durch Ihre Lehrerinnen in den Nähkursen [...] Untertürkheim, 12. April 1931."[122]

Im Jahr 1930/31 nehmen beispielsweise 5.575 Frauen an den Erwerbslosenkursen teil, von denen weit über die Hälfte Arbeiterinnen sind, der Rest verteilt sich auf ungelernte Arbeiterinnen und Angestellte. Carola unterstreicht einen wichtigen psychologischen Effekt der Teilnahme an den Erwerbslosenkursen: da die Teilnehmerinnen dieselbe Teilnahmekarte mit denselben Berechtigungen wie für die Abendvolkshochschule erhalten, wird ihnen das Bewusstsein vermittelt, nicht irgendeine Veranstaltung für Erwerbslose zu besuchen, sondern die weithin bekannte „Volkshochschule", was sich außerordentlich günstig auf das wieder zu gewinnende Selbstbewusstsein der Frauen auswirkt.

Ein Versuch, die Frauen zum selbsttätigen Mitgestalten der ganzen Erwerbslosenarbeit zu bewegen, ist die Bildung eines „Hörerrats", in dem jeweils zwei gewählte Vertreterinnen aus den Kursen zusammenkommen und „sich für das Ganze verantwortlich fühlen." Anlässlich einer Hörerratsversammlung weist Carola auf die Vermittlungsfunktion eines solchen Gremiums zwischen Leitung und Teilnehmerinnen hin und deren verstärkte Einbindung in die Kursplanung.

---

[122] Berichte der Frauenabteilung[...] in: Mitteilungen des Vereins zur Förderung der Volksbildung E.V., Stuttgart, Nr.5, Juni 1931, S.79.

„Wir müssen durch den Hörerrat erfahren, was die Kurse wollen, wie es dort aussieht, ihre Fragen, Wünsche und Beschwerden." Umgekehrt soll in der Gruppe zur Verantwortlichkeit der Einzelnen gegenüber dem Ganzen, zum Erkennen der Gesamtsituation der Erwerbslosen und „zu einer bewußten Mitarbeit aller in der eigenen Sache und am Ganzen erzogen werden (staatsbürgerliche Erziehung!)."[123]

Zur gemeinsamen Ausgestaltung des Tagheims in der Marienstraße werden die Frauen mit folgenden Kursen im Arbeitsplan 1932 aufgerufen: „Wer arbeitet mit? Zur Erlernung für das eigene Heim: Auffrischung von alten Möbeln und Einrichtungsgegenständen.".„Wer hilft mit? Bei der Einrichtung des Heims willkommen sind Gegenstände aller Art (alte und neue) zum Ausbau von Heim und Küche, Materialien (Stoffe, Wolle, Bast, Holz) auch Werkzeuge." Ein Kurs wird im selben Arbeitsplan bereits angeboten:

„Wir helfen uns selbst. Ausgestaltung von Räumen mit geringsten Mitteln an Hand der Einrichtung des Volkshochschulheims in der Marienstraße. An Arbeiten kommen in Betracht: malen und anstreichen von Wänden, Türen und Fenstern, Wandbespannung, Tapezieren, Herstellung einfacher Einrichtungsgegenstände, Herstellung und Anbringung von Gardinen. Die wichtigsten Reparaturen im Hause."

So werden die Räume von den Frauen selbst ausgestattet und gestaltet, es wird gemeinsam unter fachkundiger Leitung genäht, gewebt, gestickt, geschreinert, gemalt. Schreib- und Lesezimmer mit einer reichhaltigen Bücherei werden ausgiebig genutzt.

Gartenarbeit

Sehr bald fließen auch die Kompetenzen, die sich die Frauenabteilung seit Herbst 1927 in der Vermittlung von Wissen zu Gartenpflege und Gemüseanbau durch besonders motivierte Kursleiterinnen erworben hatte, in die Erwerbslosenarbeit ein. Über die Entwicklung in diesem Bereich wird im Arbeitsplan 1927 ausführlich informiert und zur Mitarbeit in diesen Kursen geworben. Auch hier kann Carola auf einen Stamm von geschulten Fachfrauen zurückgreifen; führend ist die promovierte Agrarexpertin und fest angestellte Kursleiterin Huberta von Bronsart.[124] Aus Carolas Tätigkeitsbericht hierzu erfahren wir, dass das Gelände zur Bebauung (60Aar) an der Böblinger Straße von der Firma Bosch zur Verfügung gestellt wurde. Das ganze Land ist mit einer festen Grasnarbe bewachsen und muss erst urbar gemacht werden. Zu den freiwilligen 22 Teilnehme-

---

[123] HStAS Q1/21 Bü 161

[124] Huberta von Bronsart wurde 1933 sowohl aus ihrem städtischen Amt wie aus ihrer Tätigkeit in der Volkshochschule entlassen. Sie hat sich der Erinnerung der Zeitzeugin Johanna Kunz auch eingeprägt, weil sie ein BMW-Motorrad fuhr.

rinnen kommen den Sommer über noch pro Monat hundert Frauen vom Arbeitsamt hinzu, von denen jede an zwei Wochentagen vier bis fünf Stunden auf dem Gartenland arbeiten muss. Carola stellt in ihrem Bericht über das Kursjahr 1927 befriedigt fest: „Der Erfolg dieser Arbeit muß als außerordentlich groß angesehen werden. [...] Die Frauen, die anfangs nur mit Widerwillen an diese unfreiwillige Arbeit [...] herangegangen waren, arbeiteten unter der geschickten und liebevollen Leitung einer geübten Kraft, die schon durch die Leitung des Tagheims die Herzen der Frauen gewonnen hatte, geradezu mit Feuereifer und lernten nach viel Selbsterziehung und Willensschulung wieder tüchtig arbeiten. Mit viel Fleiß, Liebe und Geduld gelang es, Ende Juni aus dem Grasland einen gut bestandenen Garten zu machen, dessen Früchte als Anerkennung wöchentlich von den Frauen nach Hause genommen werden durften. Viele von diesen Frauen hatten zum erstenmal einen Einblick in das Walten der Natur bekommen [...] Nicht zu unterschätzen die Folgen für die Gesundheit, die dieses kräftige Leben im Freien für die Stadtfrauen bedeutete!"[125] Es werden weitere Gartengelände an der Alten Weinsteige und an der Neuen Weinsteige erworben, deren Ertrag der Küche in den beiden Tagheimen zugute kommt. Der Garten auf dem Bopser – er reicht von der Schillereiche bis zur Neuen Weinsteige – wird in seinem parkartigen Teil für die Durchführung von Kursen aller Art genutzt. Da gibt es „hohe Bäume, die Schatten geben und darunter Tische mit Bänken für einzelne Gruppen." Der andere Teil des Geländes ist Gemüse- und Obstgarten. Die Gartenarbeit bietet ein weiteres sinnfälliges Beispiel für die Vernetzung in Carolas pädagogischem Konzept: Die Gartengelände dienen gleichzeitig als „Luftkindergarten" für die Kinder der Teilnehmerinnen, die wiederum junge Erwerbslosen betreuen, die eine Umschulung als Kindermädchen unter der Leitung einer erfahrenen Kindergärtnerin in Angriff nehmen wollen. Ein Drittel des Heslacher Gartenlandes wird als „Kinderland" mit fünfzig Kinderbeeten angelegt, wo sich im Sommer vierzig bis fünfzig Kinder tummeln. Daraus entsteht beispielsweise ein Kurs im Frühjahr 1932: „Kinderwiese in Heslach. Zur Anleitung in der Beschäftigung von und mit Kindern [...] Ordnungsfragen werden gemeinsam besprochen, für einzelne kleine Ämter werden Warte gewählt: Werkzeugwart, Gerätewart, Wart für Fundsachen [...] Mit Bast werden Flechtversuche gemacht, mit Ton modelliert. Rhythmische Übungen zum Tamburinschlag, anschließend Taktieren zu Liedern wird geübt. Das Zusammensein schließt mit gemeinsamem Singen und einem Märchen. Immer sind einige Mütter und hier und da ein Vater anwesend, um mitzuhelfen oder über Erziehungsfragen sich zu unterrichten" Die Gärten sind auch beliebte Aufenthaltsorte im Sommer, für Lehrendenbesprechungen, Arbeitsgemeinschaften und kleine Feste.

---

[125] Die weiblichen Erwerbslosenkurse in Stuttgart. Maschinenmanuskript o.D. <Mappe Erwerbslosenarbeit>.

Siedlerschulung

Beispiel einer Vernetzung mit der Kommunalpolitik

Die Gartenarbeit wird mit einer weiteren kommunalpolitischen Initiative von großer Tragweite vernetzt: die Frauenabteilung übernimmt die Siedlerschulung für zwei Stadtrandsiedlungen der Stadt Stuttgart: auf dem Hoffeld bei Degerloch in Zusammenarbeit mit der Stadträtin Dr. Vilma Kopp zusammen mit dem Selbstbau-Verein „Eigenes Heim", auf dem Steinhaldenfeld bei Cannstatt mit der Berufsorganisation der Hausfrauen und später mit dem Evangelischen Volksbund. Den Großstädten wird ein Betrag zur Verfügung gestellt, der den Bau sogenannter Nebenerwerbssiedlungen am Stadtrand ermöglichen soll. Für eine Siedlerstelle sind es 2.500 RM, aus städtischen Mitteln kommen 2.250 RM hinzu. Die Bedenken im Stuttgarter Gemeinderat sind groß und die Unmutsäußerungen der Villenbesitzer in Degerloch ebenfalls. Am 21.März 1932 wird trotz aller Bedenken mit dem Bau der Siedlung begonnen. Es sind vorwiegend Erwerbslose, für die das Projekt gedacht ist. Die Frauenabteilung erarbeitet ein umfangreiches Programm zur Schulung der Siedler und Siedlerfrauen, das von Huberta von Bronsart geleitet wird. Die Schulung umfasst: die gärtnerische und die hauswirtschaftliche Schulung (Kochen, Verwertung der Gartenerzeugnisse, Instandhaltung von Haus und Wohnung; Kurse in der Schulküche und im Haus in der Marienstraße); Kleintierhaltung; Nähen; Gemeinschaftserziehung (ebenfalls in der Marienstraße, da man hier zeigen kann, wie man mit den einfachsten Mitteln seine Wohnung selbst einrichtet). In einem „Einführungsvortrag für Siedlerfrauen" werden Vorteile und Schwierigkeiten der neuen Lebenssituation erörtert:

„Vorteile (u.a.): Eigenheim statt Arbeiterwohnung. Das Haus ist Arbeitsstätte, die Arbeitsstätte ist Heim. Die Verbundenheit mit der Wohnstätte schafft eine neue Lebensbasis (Gefühl der Heimat). Die Ernährung ist gesünder und reichlicher, kräftiger – teilweise Selbstversorgung durch eigene Lebensmittel. Die Lebensverhältnisse sind gesünder in der freien Natur, auf eigenem Boden, geben andere Entwicklungsgrundlagen für Kinder. Verzicht auf die Stadt ist kein Nachteil, da die Siedler die Großstadt vielfach von der unschönen Seite gekannt haben. Das Angenehme derselben ist aber doch noch erreichbar in der geringen Entfernung [...] Gerade hier sind diese Randsiedlerinnen allen übrigen Landbewohnern überlegen. Die Arbeit ist allseitig und gesund in den Anforderungen an Körper und Seele; sie wird auflockern, neue Kräfte entwickeln und aus der Einseitigkeit und Arbeitslosigkeit heraus auch von Grund aus befreien und heilen. Die selbständige Betriebsführung gibt Freude zu wirklichem Streben und Verantworten.

Schwierigkeiten (u.a.): Bisher ohne Unternehmersorgen bringt der selbständig übernommene und zu führende Betrieb

①

1⟩ Wohnküche
Eltern ⎫
Kinder ⎬ Schlafz.

2⟩ Küche
Wohn = Schlafz.
Eltern Schlafz.

1⟩ Wohnküche ca 12-14 qm **neu**

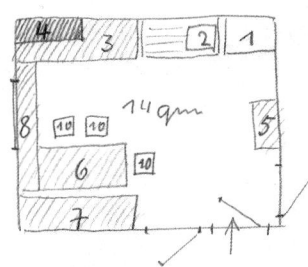

Inventar:

1. Herd
2. Spüle
3. Küchenschrank m. ArbeitsPlatte
4. Geschirrschrank
5. Putz u. Besenschrank
- - - - - - - - - -
6. Ess (Wohn) Tisch
7. Truhenbank
8. Niederer Schrank od. Regal
9. Schrank (od Nähmaschine)
10. Stühle u. Hocker

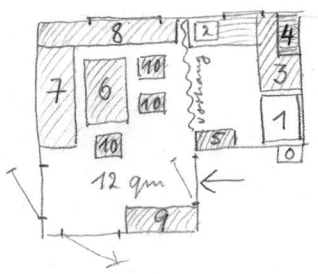

Wohnküche 14 qm alt

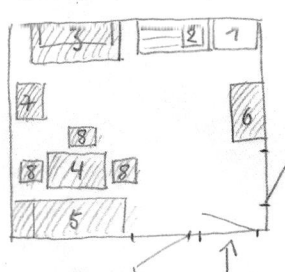

1. Herd
2. Spüle
3. Buffet
4. Tisch
5. Sofa (Bank)
6. Küchenschrank
7. Nähmaschine
8. Stühle u. Hocker

Abb. 61 Skizzen zur Einrichtung eines Siedlerhauses im Hoffeld
(Nachlass Rosenberg-Blume)

solche. Keine Stundenarbeit mehr, sondern dauernde Arbeits-
verantwortung, ganz besonders auch in der Tierpflege [...] Ein
Arbeiten im Freien zu jeder Jahreszeit kann notwendig werden
und erfordert körperliche stärkere Abhärtung als das z.B. der Fabrikarbeiterin. Die Umstellung von der Geldwirtschaft in die Na-
turalwirtschaft – von der Einkaufs- und Tagesversorgungs-
wirtschaft in die Vorratswirtschaft und im Übergang besonders
empfunden der „Mangel an Bargeld." Die Umstellung auf eine
ganz neue Lebens- und Arbeitsgrundlage selbst in einer Lebens-
zeit, wo sie nicht mehr leicht ist (Neulernen!)."

Als Bilanz wird den Siedlerinnen geraten:

„Fleißige Benutzung der Beratungsstelle; gemeinschaftli-
cher Zusammenschluß untereinander zum Zwecke gegenseitiger
Förderung, Besuch von Kurzkursen und Vorträgen, Lesen von
Fachzeitschriften in Gartenbau, Kleintierzucht, Hauswirtschaft;
Neuanschaffungen in Kleidung: dem jetzigen Arbeits- und Le-
bensstil angepasst."[126]

Die Beratungsstelle befindet sich in der Geschäftsstelle der
Volkshochschule in der Hölderlinstraße. Hier füllen die Siedlerinnen
einen Fragebogen aus, aufgrund dessen die Betroffenen zu einer
Besprechung eingeladen werden. Die Fragen beziehen sich auf die
Möbel (alte durch neue ergänzen, alte umändern durch Streichen und
Beizen, etc.), auf „Zutaten" (Vorhänge, Bezüge Kissen u. Decken;
Zubehör wie Essgeschirr, Glas, Porzellan, Bilder etc.) und auf „Hauswirtschaft" (Backherde für Brot, Fußböden, Verwertung von Beeren
und Kernobst, Most oder Fruchtsaftbereitung). Zu Fragen der Einrichtung und Wohnkultur hat Carola für ihr Programm einen sehr
motivierten und erfahrenen Kursleiter gewonnen, an den sich Zeitzeuginnen noch sehr gut erinnern: den Architekten Dr. Fritz Elotzky,
der auch die innenarchitektonischen Arbeiten und die Möbelausstat-
tung des Tagheims Marienstraße in seinen Kursen geleitet hatte. Deren
Ausschreibungen lassen das große Engagement ahnen, mit dem er
den Erfordernissen einer Volksbildungsarbeit auf diesem Gebiet
gerecht zu werden versucht: ein Maximum an Brauchbarkeit und
Ästhetik mit einem Minimum an finanziellem Aufwand zu verbinden.
In dem Kursvorschlag vom 27.9.1931, den Fritz Elotzky für den Kurs
„Wir gründen uns ein Heim" vorlegt und der auch als Vorbereitung
für die Siedler gedacht ist, heißt es beispielsweise:

„[...] Der Kurs will die Not der Zeit, die trotzdem gesteiger-
ten Ansprüche an Raum, Technik und Schönheit und das neue
Lebensgefühl in Einklang bringen und hierbei nur das Ausführ-
bare, und zwar für weiteste Kreise, zum Gegenstand [...] machen
[...] es soll jedem Teilnehmer Gelegenheit gegeben sein, an Ort
und Stelle das Gesagte an der Verwirklichung selbst zu erleben
[...] An den zu diesem Zweck zusammengetragenen Gegenständen – sei es käuflichen, auf Bestellung angefertigten oder selbst

203

---

126 Punkte zum Einführungsvortrag für die Siedlerfrauen. Maschinenmanuskript o.D. 1932, Mappe <Siedlerschulung>.

geschaffenen – soll die Richtigkeit des Wortes gemessen werden. Hierbei wird angestrebt, das Einzelne nicht einzeln zu zeigen, sondern als Teil des Ganzen, d.h. im Rahmen der Umgebung, für die es bestimmt ist".[127]

Die Krönung der Siedlerarbeit ist eine Ausstellung im September 1932 der vier ersten fertiggestellten Häuser mit Mustereinrichtungen, die zum Teil in Volkshochschulkursen entstanden sind und zeigen sollen, „wie man mit geringsten Mitteln, zum Teil durch Selbst- und Mithilfe, zu einer befriedigenden Lösung auch des Wohnproblems auf beschränktem Raum kommen kann" (Gedruckte Einladungskarte der Volkshochschule Stuttgart). Das Neue Tagblatt bringt am 16. September 1932 in der Abendausgabe einen längeren Artikel „Die neue Hoffeldsiedlung wird eingerichtet", in dem die gelungene Verwirklichung einer solchen Volksbildungsarbeit gewürdigt wird: „Diese Ausstellung wird trotz ihres bescheidenen Ausmaßes einigermaßen erschöpfend die Möglichkeiten aufzeigen, die auch bei ganz bescheidenen Mitteln noch zu befriedigenden, ja erfreulichen Resultaten führen können [...] Es ist zu erwarten, daß die Ausstellung nicht nur bei den unmittelbar interessierten Siedlern, sondern in den weitesten Kreisen der Bevölkerung unserer Stadt, soweit ihre Einrichtungswünsche sich durch eine schmale Börse gehemmt fühlen, lebhaftes Interesse findet." In der Tat erweckt die Ausstellung ein überaus „lebhaftes Interesse" in der Stuttgarter Bevölkerung: 12.000 Besucher kann sie verzeichnen. Auch dieses Beispiel aus Carolas Bildungsarbeit zeigt „eine unglaublich fortschrittliche Erwachsenenpädagogik, die mit den modernen Begriffen „Zielgruppenarbeit", „Stadtteilarbeit" und „Projektarbeit" gekennzeichnet werden kann."[128] Auch die Gartenbaukurse münden wie die Kurse in häuslicher Krankenpflege und die Koch- und Ernährungskurse in der Publikation einer Broschüre, die von der Frauenabteilung der Volkshochschule Stuttgart herausgegeben wird: „Wir siedeln", 1932.

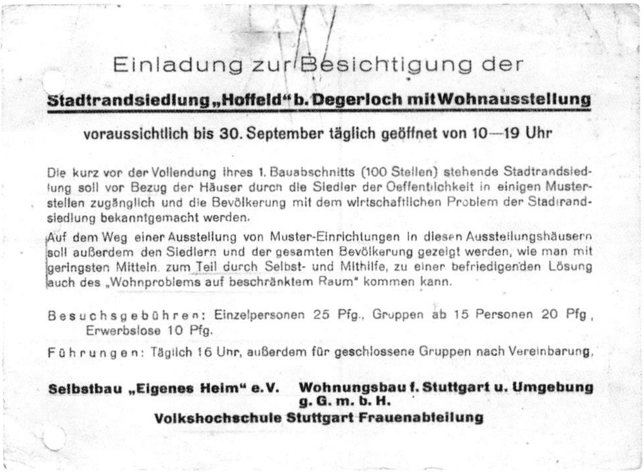

Einladung zur Besichtigung der

Stadtrandsiedlung „Hoffeld" b. Degerloch mit Wohnausstellung

voraussichtlich bis 30. September täglich geöffnet von 10—19 Uhr

Die kurz vor der Vollendung ihres 1. Bauabschnitts (100 Stellen) stehende Stadtrandsiedlung soll vor Bezug der Häuser durch die Siedler der Oeffentlichkeit in einigen Musterstellen zugänglich und die Bevölkerung mit dem wirtschaftlichen Problem der Stadtrandsiedlung bekanntgemacht werden.

Auf dem Weg einer Ausstellung von Muster-Einrichtungen in diesen Ausstellungshäusern soll außerdem den Siedlern und der gesamten Bevölkerung gezeigt werden, wie man mit geringsten Mitteln, zum Teil durch Selbst- und Mithilfe, zu einer befriedigenden Lösung auch des „Wohnproblems auf beschränktem Raum" kommen kann.

Besuchsgebühren: Einzelpersonen 25 Pfg., Gruppen ab 15 Personen 20 Pfg., Erwerbslose 10 Pfg.

Führungen: Täglich 16 Uhr, außerdem für geschlossene Gruppen nach Vereinbarung.

Selbstbau „Eigenes Heim" e.V.   Wohnungsbau f. Stuttgart u. Umgebung g. G. m. b. H.
Volkshochschule Stuttgart Frauenabteilung

Abb. 62   Einladung zur Besichtigung
der Stadtrandsiedlung "Hoffeld", 1932
(Nachlass Rosenberg-Blume)

---

[127]   Mappe <Kursvorschläge>
[128]   M. Eggemann 1997, S.136

Tageskurse in den Tagheimen

„[...] die notwendigsten Grundlagen zur Beherrschung des Alltags
und ein freieres bewussteres Lebensgefühl."
(ILSE WOLFF)

In den beiden Tagheimen Torstraße und Marienstraße laufen die Tageskurse für die erwerbslosen Frauen. Bei einem regelmäßigen und erfolgreichen Besuch erhalten die Frauen ein Zeugnis, das
sich für die Stellensuche günstig auswirkt. Es sind rund 6.000 Frauen,
die jährlich mit leicht steigender Tendenz von 1926/27 bis 1933 an
den Kursen teilnehmen. Auch hier liegt der Interessenschwerpunkt
zunächst beim praktischen Kursangebot, verlagert sich aber mit der
Zeit auch auf andere Thematiken. Folgende Kurse werden angeboten:
Kleider- und Weißnähen; Säuglings- und Erziehungsfragen im Klein-
kindalter; Häusliche Krankenpflege; Ärztliche Frauenfragen; Die rati-
onelle Haushaltsführung; Lebenskunde (persönliche Lebensfragen,
Frauenfragen der Gegenwart); Kochen; Anfertigung von Kinderspiel-
zeug; Singen, Gymnastik, Heimatkunde, Literatur. Dazu Berufliche
Umschulungslehrgänge für Verkäuferinnen, kaufmännische Angestellte, Stenographistinnen, Kontoristinnen, Buchhalterinnen, Dro-
gistinnen, Kassiererinnen, Schreiberinnen (Maschinenschreiben) und
Hausangestellte. In einem Referat über seine Unterrichtstätigkeit
erzählt der Handelsschullehrer Pfaff von der schwierigen Kursarbeit
mit seinen Teilnehmerinnen, die durch Demütigungen auf dem
Arbeitsamt und in Betrieben oft mutlos und resigniert und gezwun-
genermaßen, ohne jegliche Motivation, in die Kurse kamen. Mit der
Zeit aber hätten die Frauen immer mehr echtes Interesse an der Arbeit
entwickelt, das sich von den berufsbezogenen Kursen auch auf die
anderen Kursangebote ausgeweitet habe, z.B. auf Krankenpflege, Tur-
nen, Handfertigkeit und vor allem auf Lebenskunde. Wie die beiden
ehemaligen Kursleiterinnen Johanna Kunz und Annemarie Böck in
einem Gespräch betonen, konnte hier der Unterricht „vom Volks-
hochschulstandpunkt natürlich besonders wertvoll gestaltet werden"[129], denn hier bietet sich für die Frauen eine Gelegenheit, mit
anderen, ebenfalls Betroffenen ihre Probleme zu besprechen und
gemeinsam nach Lösungen zu suchen. So formuliert es die Tagheim-
mitarbeiterin Tony Cordemann: „Die Frauen und Mädchen bedürfen
[...] eines Mittelpunktes, eines Heimes, das sie aus ihrer [...] Verein-
zelung heraushebt. Sie bilden im Heim eine große Familie, in der sie
aufeinander Rücksicht nehmen und sich gegenseitig ertragen. Ihr
eigenes Schicksal verliert an Schwere, wenn sie den täglichen Vergleich mit dem Schicksal der anderen haben.[130] Auch im Fach Staats-
bürgerkunde, wo aktuelle gesellschaftliche Fragen erörtert werden,
beteiligen sich die Frauen sehr lebhaft. Viele der Teilnehmerinnen an

[129]   Interview mit Annemarie Boeck am 23.6.1987.
[130]   Berichte der Frauenabteilung[...] in: Mitteilungen des Vereins zur Förde-
        rung der Volksbildung E.V., Nr.5 Juni 1931, S.82

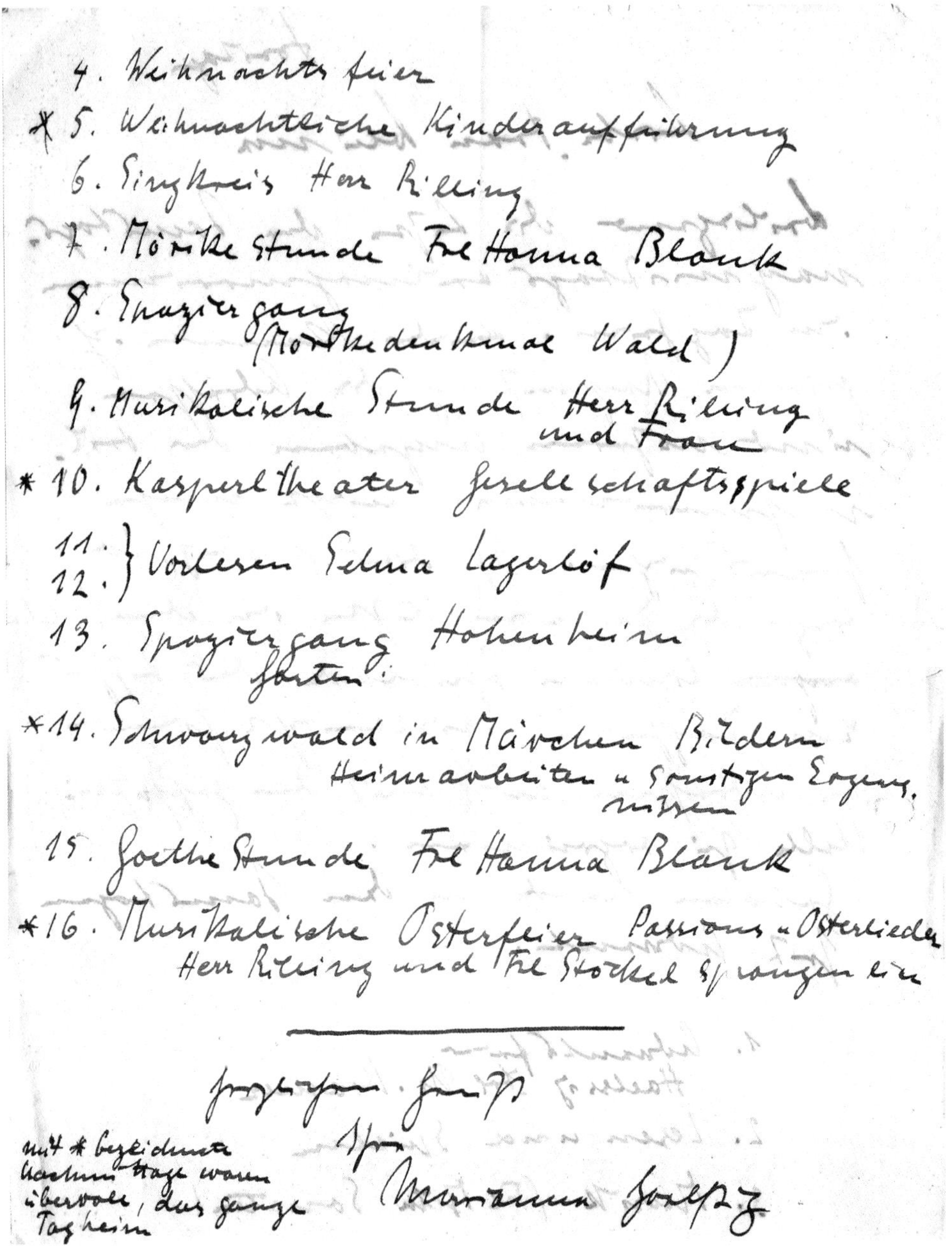

4. Weihnachtsfeier
✗ 5. Weihnachtliche Kinderaufführung
6. Singkreis Herr Rilling
7. Mörike Stunde Frl Hanna Blank
8. Spaziergang (Mörikedenkmal Wald)
9. Musikalische Stunde Herr Rilling und Frau
* 10. Kasperltheater Gesellschaftsspiele
11. } Vorlesen Selma Lagerlöf
12. }
13. Spaziergang Hohenheimer Garten.
*14. Schwarzwald in Märchen Bildern Heimarbeiten u sonstigen Erzeugnissen
15. Goethe Stunde Frl Hanna Blank
*16. Musikalische Osterfeier Passions u Osterlieder Herr Rilling und Frl Stockel sprangen ein

mit ✗ bezeichnete
Nachmittage waren
übervoll, das ganze
Tagheim

Marianne Haelssig

Abb. 63 Liste der Freizeitaktivitäten im Tagheim Marienstraße der Leiterin Marianne Haelssig (Nachlass Rosenberg-Blume)

den beruflichen Lehrgängen finden nach erfolgreichem Abschluss einen Arbeitsplatz – hier kann Carolas durchdachte und innovative Erwerbslosenarbeit einen großen sichtbaren Erfolg verbuchen. Nach einem Fortbildungskurs für Motornäherinnen finden z.B. von 33 Teilnehmerinnen 28 eine Arbeitsstelle, im darauffolgenden Kurs 17 von 18 Frauen. Nach einem Umschulungskurs, in dem in drei Monaten Berufsfremde zu Näherinnen ausgebildet werden, können von 33 Teilnehmerinnen 24 vermittelt werden.[131] Weniger gefragt sind die Umschulungen zu Hausangestellten, da diese Tätigkeit in privatem Rahmen für die Frauen, die vorher vielfach in einem festen Arbeitsverhältnis gestanden hatten, Möglichkeiten der Willkür und Ausbeutung in sich birgt und zudem eine erhebliche Einschränkung der persönlichen Freiheit bedeutet. Gemäß dem Konzept, dass Erwerbslosenarbeit auch Bildungsarbeit sein sollte, deren Ziel die „Erziehung zur geistigen Selbsttätigkeit, zum eigenen Urteil, zum Sinn für Gemeinschaft war", werden auch die praktischen Kurse unter den Gesichtspunkt der Erziehung gestellt. In den Nähkursen wird angestrebt „die Erziehung zum guten Geschmack, zur Ehrlichkeit in der Wahl des Materials", in den Kochkursen „die Erziehung zu einer gewissen Art von Küchenhygiene, zum Sinn für gesund zusammengestellte Kost."[132] Gemeinsame Feste und Feierstunden setzen besondere Akzente im Leben der „Kursusgemeinde" und werden jeweils unter einen für die Arbeit verbindlichen Leitgedanken gestellt. Auch gesellige Abende mit kabarettistischen Darbietungen und eine Frauenmusikkapelle gibt es.

Die Erwerbslosenkurse der Volkshochschule in den beiden Tagheimen sind über Jahre für die arbeitslosen Stuttgarter Frauen ein Orientierungszentrum und „Heimat" von unschätzbarem Wert. Sie erhalten hier, neben der Einweisung in Tätigkeiten, die das Finden einer Arbeitsstelle zumindest begünstigen, die notwendigsten Grundlagen zur Bewältigung ihres Alltags und geistige Orientierung in einer gesellschaftlich sehr bewegten Zeit. Dieses Ziel

> „[...] kann in den seelischen Bezirk hineinragen, wenn aus dem Bewußtsein der Leistung in den früh verbrauchten, resignierten Frauen ein freieres, selbstbewußteres Lebensgefühl erwächst und seelische Kräfte in ihnen frei werden [...]".

So schließt sich die Arbeit an den Erwerbslosen, die nach außen hin in Stoff und Durchführung oft sehr bescheiden wirkt, zu einem Ring zusammen mit der übrigen Volkshochschularbeit in dem Bestreben, Menschen zu bilden, die „aus dem Dunklen ins Helle streben" – so die für die Leitung der Tagheime hauptamtlich eingestellte Mitarbeiterin Ilse Wolff in ihrem Bericht.[133]

Carola hat nach diesem enormen Erfolg ihrer Arbeit die berechtigte Hoffnung, „eine Schule für erwerbslos Frauen" gründen

---

[131]   M. Eggemann 1997, S.148
[132]   AC. Recknagel 1989, S.93
[133]   Bildungsarbeit an weiblichen Erwerbslosen, loses Blatt o.D., <Mappe Erwerbslosenarbeit>

zu können. In einem Bericht (1930) spricht sie davon, dass die verschiedenen Initiativen im Begriff sind, zu einer bleibenden Einrichtung heranzuwachsen. „Der Kurscharakter verliert sich und wir kommen einerseits zu der Form der Schule, andererseits zu der Form des Tagheims, der Werkstätte, der Mütter- und Hausfrauenschule, dem Kindergarten und Kinderhort, dem Kochtisch usw." In ihren Augen könne eine solche Schule auch der Frauenabteilung und damit der ganzen Volkshochschule Nutzen bringen. In dem Gebäude der Erwerbslosenschule könnten – so überlegt sie – abends Volkshochschulkurse abgehalten werden. Da die finanzielle Grundlage der Frauenbildungsarbeit inzwischen durch die Erwerbslosenarbeit garantiert sei, würde die Realisierung ihres Planes im ganzen eine Stabilisierung bedeuten. Auch die Lehrenden könnten dann in beiden Institutionen tätig sein und feste Anstellungen für einige Frauen würden möglich. Sie entwirft ein Szenarium, in dem „immer neue Scharen von Menschen durch unsere Kurse hindurchgeführt" werden, „in die Betriebe zurückkommen" und dort „Kerntruppen für die Volkshochschule bilden [...] Die ständige Arbeit mit den Gewerkschaften der Angestellten und Arbeiterinnen [...]" führe „zu einer Festigung dieser Beziehungen." Der Grundstein für die Verwirklichung dieses Projekts wird tatsächlich durch die Bereitstellung eines Gebäudes vonseiten der Stadt gelegt, es kann aber infolge der Kürzung aller Zuschüsse um 50 Prozent im Juli 1932 nicht weiter verfolgt werden.[134]

Interessant ist die Wahrnehmung der Stuttgarter Frauenbildungsarbeit durch andere Gremien der Erwachsenenbildung in Deutschland – welche herausragenden Merkmals dieses Bildungskonzepts sind für sie wichtig? Da heißt es anerkennend: „[...] Mit zähem Fleiß und unermüdlichen Eifer wird dort ein erfolgreiches Stück Arbeit geleistet [...]" Hervorgehoben wird vor allem Carolas humanitäre Bildungsarbeit unter den Arbeiterinnen, die „Entmilitarisierung der Frauen in den Betrieben" und ihr an staatsbürgerlichem Engagement und Bewusstseinsbildung orientiertes Kurskonzept, „die Disziplinierung der nur mit ihren eigenen Angelegenheiten beschäftigten Frau." Denn, so kommentiert man Carolas Pädagogik, „[...] Die Frauen sollen sich ihrer selbst bewußt werden, sollen aber sich damit den anderen Frauen verpflichtet fühlen, sollen wissen, daß sie alle sich in der gleichen Lage befinden und sich gegenseitig helfen müssen, wenn sie sich durchsetzen wollen [...]"[135] Mit einer solchen auf den Punkt gebrachten Einschätzung ihrer Arbeit kann Carola zufrieden sein. Aus heutiger Sicht bildete die in „Stuttgart geleistete Frauenbildungsarbeit für viele Frauen eine Chance, einen Schritt in ein selbstbestimmteres Leben zu wagen, durch Bildung das Selbstwertgefühl zu steigern und gesellschaftliche Zusammenhänge der eigenen Diskriminierung zu erkennen", so Maike Eggemann, die erste Wissenschaftlerin, die sich nach der Verfasserin mit dem Werk Carola Blumes beschäftigt hat.[136]

---

[134] HStAS Q1/21 Bü 154

[135] Bericht über einen Lehrgang für Volkshochschullehrerinnen, auf dem Carola ihre Arbeit vorgestellt hat (vgl. M. Eggemann 1997, S. 139).

Carolas Tagungsaktivitäten

„Sie hatte mehr Einblick in die religiöse und wissenschaftliche Tiefe
des Problems als die meisten Männer"
(Eugen Rosenstock-Huessy)

Carola wird zu einer gefragten Referentin auf den regiona-
len und überregionalen Tagungen der Erwachsenenbildung in
Deutschland. Ihre Mitwirkung bei der Vorbereitung von Fachkonfe-
renzen zum Thema Frauenbildung wird sehr geschätzt. Frauenbildung
an Volkshochschulen ist noch selten, seltener jedoch ist die Tatsache,
dass eine Frau hauptamtlich eine leitende Funktion in der Volkshochschule hat. Der überwältigende Erfolg ihrer Arbeit macht auch die
„großen Männer" der deutschen Erwachsenenbildung neugierig auf
ihr Konzept – auch wenn nicht wenige unter ihnen von ihrem grund-
sätzlichen Vorbehalt gegenüber der Frauenbildungsarbeit nicht
ablassen können.
Bereits 1925 macht der Bund Deutscher Frauenvereine in
der Zeitschrift „Die Frau" auf die Beiträge der Volkshochschulen zur
Frauenbildung aufmerksam und berichtet über drei Projekte in
Deutschland, von denen zwei an der Volkshochschule Stuttgart beheimatet sind: die Frauenabteilung unter Carola Rosenberg und das
Volkshochschulheim Denkendorf für junge Frauen unter Dora Weber
(ein vielsagender Hinweis auf T. Bäuerles entschiedene Förderung der
Frauenarbeit). Diese Hinwendung zur Arbeit in den Volkshochschulen
ist ein Indiz dafür, dass die „Führerinnen" der Frauenbewegung
zunehmend Interesse für die dort praktizierte Frauenbildung zeigen
und eine Zusammenarbeit mit der „Volksbildungsbewegung" anstreben. Carola, die sich selbst intensiv mit der Frauenfrage in Studium
und Dissertation befasst hatte, macht die Stuttgarter Frauen mit
Geschichte und Zielen der Frauenbewegung bekannt, indem sie diese
in die jeweiligen Thematiken ihrer Kurse integrierte. Für die beiden
führenden Vereinigungen der Erwachsenenbildung der Zwanziger
Jahre – den Hohenrodter Bund und die Deutsche Schule für Volksforschung und Erwachsenenbildung – ist Carola die Expertin in Frau-
enbildungsfragen. Sie ist es, die die auf Bäuerles Einladung in
Hohenrodt versammelten „Spitzenfunktionäre" der deutschen Volksbildung [137] zum ersten Mal mit der Frauenbildungsarbeit bekannt
macht (21. bis 28. Mai 1926). Im Rahmen des Themas „Die städtische
Abendvolkshochschule" spricht sie über „Die Frau in der Abendvolkshochschule" und stellt die bereits weit gediehene Arbeit der Frauenabteilung in Stuttgart vor. Das Referat zeigt in beeindruckender Weise,
wie klar und erfolgreich ihr Bildungskonzept bereits in den Anfängen
ist. Kein Wunder, dass sie auf der Tagung auf großes Interesse stößt.
In ihrem Referat geht sie auf folgende Schwerpunkte ihres Programms
ein: Differenzierung des Arbeitsplans nach Zielgruppen; Organisation
der Betriebskurse und Arbeitsgemeinschaften; der Frauenkreis und

---

[136] M. Eggemann 1997, S.148

seine Aufgaben; inhaltlicher Aufbau der Kurse; Heim und Familie als Ausgangspunkt für das Allgemeine; die Krise der Familie; Beruf und Stellung der Frau im öffentlichen Leben; Errungenschaften der Frauenbewegung.

Auf dieser Tagung hat Eugen Rosenstock-Huessy Carola zum ersten Mal erlebt; er ist von dem Zusammenwirken idealischen Strebens und praktischer Begabung in Carolas Persönlichkeit tief beeindruckt und wird diese ihre Stärke einige Jahre später in seinen Empfehlungsschreiben an die führenden Stellen der amerikanischen Erwachsenenbildung immer wieder hervorheben. Es stimmt nachdenklich, dass bei der historischen Aufarbeitung der Hohenrodter Tagungen das Referat von Carola Rosenberg bisher nicht auffindbar war.[138] Offenbar war es bei den von Jürgen Henningsen zum ersten Mal bearbeiteten Dokumenten nicht vertreten (obwohl es in einer vom Silberburg Verlag als Manuskript gedruckten Broschüre 1928 erschienen und im Familienarchiv Blume erhalten ist).[139] Man fragt sich, warum alle anderen Beiträge jener Tagung archiviert, der von Carola aber an offizieller Stelle nicht archiviert worden war. Lagen hier doch Irritationen vor, die sich an ihrem entschiedenen Frauenkonzept rieben und hier und da mit innerer Ablehnung reagierten – wie z.B. ihrer mutigen Benennung der Krise der Familie als der „Zentralfrage der Frauenabteilung"? Die versammelten Männer waren in ihrer Mehrheit selber Familienväter und mochten die Infragestellung dieser geheiligten Institution als provozierend empfunden haben. In diese Richtung geht meine Vermutung auch für den Grund, warum die Deutsche

---

[137] Bäuerle schaltete sich mit der Schaffung und finanziellen Förderung einer Frauenabteilung direkt in den historischen Prozess der Frauenemanzipation ein. Nach Carolas eigener Aussage versuchte er nie, ihre Arbeit inhaltlich und organisatorisch zu beeinflussen und ließ ihr in jeder Hinsicht freie Hand in der Gestaltung ihrer Programme und der Wahl ihrer Kooperationspartner. Wenn er auch selbst eher ein konservatives Familienbild und traditionelle Normen vertrat, so war er doch offen und tolerant gegenüber neuen gesellschaftlichen Ideen und Entwicklungen. Ohne diese Voraussetzung wäre es nicht zur Gründung einer Frauenabteilung und der Besetzung ihrer Leitung mit einer jungen hochbegabten jüdischen Wissenschaftlerin gekommen; in jenen politisch bewegten Jahren mußte er sich bewusst gewesen sein, dass auf dem Gebiet der Frauenbildung auch Neues und Unbekanntes auf ihn zukommen würde. Wie wäre es sonst möglich gewesen, dass Carola offen und offensiv „die Krise der Familie" als zentrales Thema der Frauenabteilung erklären konnte, ohne Abstriche von ihrem Programm machen zu müssen? Diese Anmerkung gilt (stellvertretend für weitere) der Behauptung von Maike Eggemann, dass „die inhaltliche Arbeit [...]durch das konservative Frauen- und Familienbild der für die Erwachsenenbildung in Stuttgart Verantwortlichen eng begrenzt" gewesen sei (S.125) oder dass „sich das Bildungsangebot der Volkshochschule (Stuttgart) mit Haushaltungskursen, Tagheim für Mütter und Kinder und Ferienfreizeiten in Familien auf dem Land für junge Frauen an der Wohlfahrtsarbeit orientierte" (S. 94). Die Autorin widerspricht hier ihren eigenen Erkenntnissen.

[138] Vgl. auch M. Eggemann 1997, S.93

[139] Jürgen Henningsen, Der Hohenrodter Bund. Zur Erwachsenenbildung der Weimarer Zeit, Stuttgart 1958. Das Referat in
<Mappe Tagungsaktivitäten>

Schule für Volksforschung und Erwachsenenbildung ihre für 1929 geplante Frauenakademie fallen ließ, weil als „zu peripher" in der Erwachsenenbildung beurteilt.

Carola wird nach der Gründung der Deutschen Schule für Volksforschung und Erwachsenenbildung mit der Vorbereitung dieser dreiwöchigen „Akademie" zu Fragen der Frauenbildung beauftragt. Sie legt 1928 eine ausführliche Tagungsplanung vor, in der sie als Ziel vor allem die Begegnung und Auseinandersetzung der an der Frauenbildung interessierten und arbeitenden Gruppen formuliert. Sie schlägt vor: 1. „Eine Begegnung und Auseinandersetzung der in der Volksbildung stehenden Männer mit den in der Volksbildung arbeitenden Frauen; 2. die Begegnung der in der Volksbildung stehenden Männer und Frauen einerseits mit den pädagogisch interessierten Frauen der Frauenbewegung und Frauenverbände aller Richtungen andererseits; 3. die Begegnung dieser Männer und Frauen mit den in der Arbeiterbewegung stehenden Frauen."[140] Carolas Plan ist es demnach, die zu erwartenden kontroversen Standpunkte der einzelnen Gruppen über einen längeren Zeitraum (drei Wochen) in Vorträgen und Diskussionen austragen zu lassen zwischen „Leitern und Leiterinnen von Volkshochschulen, führenden Frauen der Frauen- und Arbeiterbewegung, Vertreterinnen der Frauenberufsgruppen, Fabrikpflegerinnen, Wohlfahrtspflegerinnen und Lehrerinnen jeder Art" (ebd.). Dabei ist es ihr ein besonderes Anliegen, die Männer nicht nur umfassend über die ganze Frauenfrage zu informieren, sondern auch das Bild zu thematisieren, das sich die Männer von der Frauenbewegung insgesamt machen: „Hierbei sollen die Frauen aller Richtungen die Männer über die Frauenfrage und den heutigen Stand der Frauenbewegung orientieren, insbesondere die gewerkschaftlich organisierten Frauen über die tatsächliche Lage der Frau. Demgegenüber sprechen die Männer von ihrer Auffassung von Frauenbewegung und Frauenfrage" (ebd.). Sie vermutet zu Recht Informationsdefizite, aber auch Vorurteile, bei den in der Erwachsenenbildung tätigen Männern, nicht nur was die Arbeit und Ziele der

Abb. 64 Carola Rosenberg-Blume
mit Tagungsteilnehmern (1. Reihe Mitte)
(Nachlass Rosenberg-Blume)

140 HStAS Q1/21 Bü 363

Frauenbewegung anbetrifft, sondern auch die Lebensrealität von Frauen. Außerdem macht sie Vorschläge zu einer wissenschaftlichen Bearbeitung der Frauenfrage im Zusammenhang mit der Volksbildung und zu einer wissenschaftlichen Aufarbeitung und Weiterentwicklung der Methoden. Dieses so akribisch ausgearbeitete Konzept aber wird letztendlich nicht in die Tat umgesetzt – heute kann man es nur mit den damals noch bestehenden Berührungsängsten der führenden Köpfe der Deutschen Schule für Volksforschung und Erwachsenenbildung in Bezug auf die Frauenthematik erklären. Carolas Vorgesetzter Theodor Bäuerle engagiert sich

Abb. 65   Carola Rosenberg-Blume
mit Tagungsteilnehmern auf der Comburg bei Schwäbisch-Hall, Heimvolkshochschule für Arbeiter des Vereins zur Förderung der Volksbildung
(Nachlass Rosenberg-Blume)

dagegen mit Nachdruck für das Zustandekommen der Tagung, aber ohne Erfolg. An Fritz Laack,[141] den Leiter der Deutschen Schule, schreibt er:

> „Sie haben in Ihrem letzten Brief [...] gemeint, die Frauenakademie sei doch eine mehr periphere Angelegenheit [...] Aber ich möchte betonen, daß die Frauenbildungsfrage ganz und gar nicht peripher ist. Im Gegenteil: das Problem der Frauenbildung ist eines der wichtigsten volksbildnerischen Probleme überhaupt. Ich möchte also doch vorschlagen, es dabei zu belassen, daß die Akademie 1930 dem Problem der Frauenbildung gewidmet sein soll."[142]

Bäuerle weiß eben aus eigener Anschauung – er selbst tritt ja gelegentlich als Kursleiter in Carolas Programm auf und nimmt an Diskussionen und Freizeiten der Frauenabteilung teil -, dass die Frauenbildung eine Forderung der Zeit ist. Carola nimmt auch an der ein Jahr später stattfindenden Arbeitswoche über „Frauenfrage und Erwachsenenbildung" (9. bis 14. März 1931) auf der Comburg teil. Die von Carola geplante Begegnung zwischen Frauenbewegung und Volksbildungsbewegung findet nun doch statt, aber in sehr verkürzter

---

[141]   Fritz Laack leitete die Deutsche Schule für Volksforschung und Erwachsenenbildung von 1927 bis zu ihrer Auflösung 1933. Seine Studie über die Erwachsenenbildung der Weimarer Zeit vermittelt einen guten Einblick in die Thematik: Fritz Laack, Das Zwischenspiel freier Erwachsenenbildung. Hohenrodter Bund und deutsche Schule für Volksforschung und Erwachsenenbildung in der Weimarer Epoche. Bad Heilbrunn 1984.

[142]   HStAS Q1/21 Bü 351

Form und nicht unter ihrer Leitung. Diese Tagung wird als schwierig und kontrovers geschildert, weil man unter zeitlichem Druck steht und es versäumt, sich zu Beginn um eine „allgemein verpflichtende" Klärung des Bildungsbegriffs zu bemühen, was zu erheblichen Missverständnissen geführt hat. Doch ist es auf dieser Tagung der Deutschen Schule gelungen, die führenden Persönlichkeiten der Volksbildung und der Frauenbewegung miteinander ins Gespräch zu bringen. U.a. spricht Gertrud Bäumer[143] vom Deutschen Staatsbürgerinnenverband zur politischen Bildung und zum Generationenproblem der Frau, Elisabeth Flitner[144] über die Frau als Mutter, Bertha Ramsauer[145] und Carola Rosenberg-Blume stellen die Frauenbildungsarbeit der Volkshochschule vor. Vom Hohenrodter Bund sind Spitzenvertreter wie Franz Angermann,[146] Theodor Bäuerle, Fritz Laack, Wolfgang Pfleiderer u.a. vertreten. Beide Seiten sind sich am Ende der Tagung darin einig, dass die Frauenbildung für die Zukunft der Erwachsenenbildung von großer Bedeutung sein würde, eine „offene Aufgabe", wie man es formuliert. Wie schwierig diese erste offene Begegnung der Männerwelt in der Erwachsenenpädagogik mit den engagierten Frauen gewesen ist, lässt ein Bericht aus einer Arbeitsgruppe dieser Tagung ahnen, in dem es heißt: „Es trat bei den Frauen immer wieder jene Empfindsamkeit zutage, die vernarbten Wunden anhaftet [...] Am größten ist diese Empfindsamkeit gegen jedes nicht Ernstnehmen des Frauenstrebens, gegen Wohlwollen und Entgegenkommen dem schwächeren Geschlecht gegenüber, gegen jeden Versuch, die Frau wieder vom Mann aus formen zu wollen [...] Deshalb mußte sie zunächst von dem Manne die Bereitschaft zum Hören und Verstehen wollen fordern, die den anwesenden Männern schwer fiel, weil sie mit einem vorgefaßten Bild der Frau in diese Realität „Frau" hineintraten."[147]

---

[143] Gertrud Bäumer (1873-1954), eine der bekanntesten Führerinnen der Ersten Deutschen Frauenbewegung, politisch engagierte Pädagogin und erfolgreiche Regierungsbeamtin, war Vorsitzende des „Bundes Deutscher Frauenvereine" (1910-1919), leitete mit Marie Baum die „Soziale Frauenschule" in Hamburg (1917-1919), war Mitglied der Nationalversammlung als Abgeordnete der Deutschen Demokratischen Partei (1919-1933). In der Nazizeit als Schriftstellerin tätig.

[144] Elisabeth Flitner (1894 geb.)studierte Nationalökonomie und Öffentliches Recht mit Promotionsabschluss. Von 1929-1933 als Kursleiterin der Volkshochschule in Hamburg tätig. Ehefrau des bekannten Pädagogen und Erwachsenenbildners Wilhelm Flitner, in dessen Schatten sie zeitlebens stand. Carola konnte bei den Schwierigkeiten in der Auswanderung auf ihre Hilfe zurückgreifen.

[145] Bertha Ramsauer(1884- 1956), Frauenbildnerin, leitete die Heimvolkshochschule Edewecht (Oldenburg) von 1920-1945. Über ihr Werk berichtet M. Eggemann, Die Frau in der Volksbildung 1997, S.183ff.

[146] Franz Angermann (1886-1939), Erwachsenenbildner der Neuen Richtung, gründete und leitete die Heimvolkshochschule Sachsenburg bis zu deren Schließung 1933.

[147] Berta Ritter, Frauenfrage und Erwachsenenbildung. Eine Arbeitsgruppe auf der Comburg von 9.14. März 1931. In: Freie Volksbildung 6.Jg.1931, S.277.

„Der Wille zur Zusammenarbeit zwischen Frauenorganisa-
tionen und Vertretern der Erwachsenenbildung", wie er als Ergebnis
der Tagung im Arbeitsbericht festgehalten ist, wird in den folgenden
Jahren in konkrete Initiativen umgesetzt. Ein Frauenbildungsaus-
schuss wird gegründet, zu dessen konstituierender Sitzung im Preußischen Ministerium für Wissenschaft, Kunst und Volksbildung im
Januar 1932 auch Carolas Anwesenheit gewünscht wird. Da sie in
jenen Tagen auf die Geburt ihres zweiten Kindes wartet, reicht sie ihre
Vorschläge für eine vom Ausschuss zu planende Tagung in der Nähe
von Eisenach schriftlich ein; ausgehend von ihren eigenen Erfahrungen in Stuttgart betont sie darin die Notwendigkeit, sich auf die Zeichen der Zeit einzustellen und die Arbeitslosigkeit bzw. die
Erwerbslosenbildung in den Mittelpunkt zu stellen. Da ihr die orga-
nisatorisch-methodischen Abläufe immer besonders am Herzen lie-
gen, rät sie, die Tagung im Gegensatz zur ersten Frauenwoche auf
der Comburg, thematisch einzugrenzen und den repräsentativen Teil
der Teilnehmenden um schriftliche Beiträge vorab zu bitten, die als
Materialien in die Diskussion einzubeziehen sind. Carola besucht auch
1928 eine Tagung des Weltbundes für Erwachsenenbildung in Genf.[148]

---

[148] Von Carolas Teilnahme an einer Genfer Tagung zeugt ein an ihre Genfer
Adresse gerichteter Brief von Bernhard vom 11.9.1927.

Anne-Christel Recknagel   214

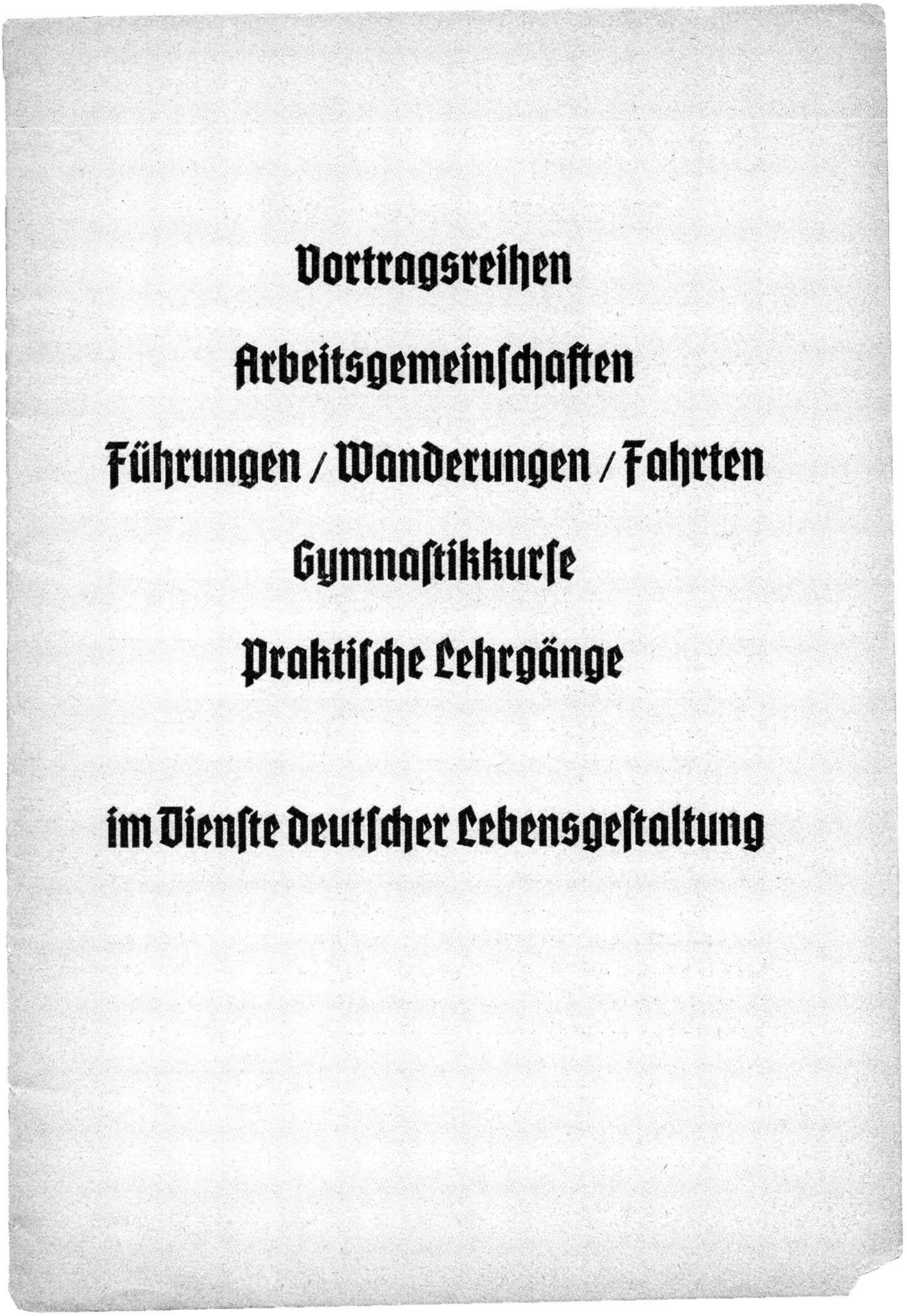

Vortragsreihen

Arbeitsgemeinschaften

Führungen / Wanderungen / Fahrten

Gymnastikkurse

Praktische Lehrgänge

im Dienste deutscher Lebensgestaltung

Abb. 66 Programm der Volkshochschule Stuttgart, Mai–Juli 1934
(Archiv der vhs stuttgart)

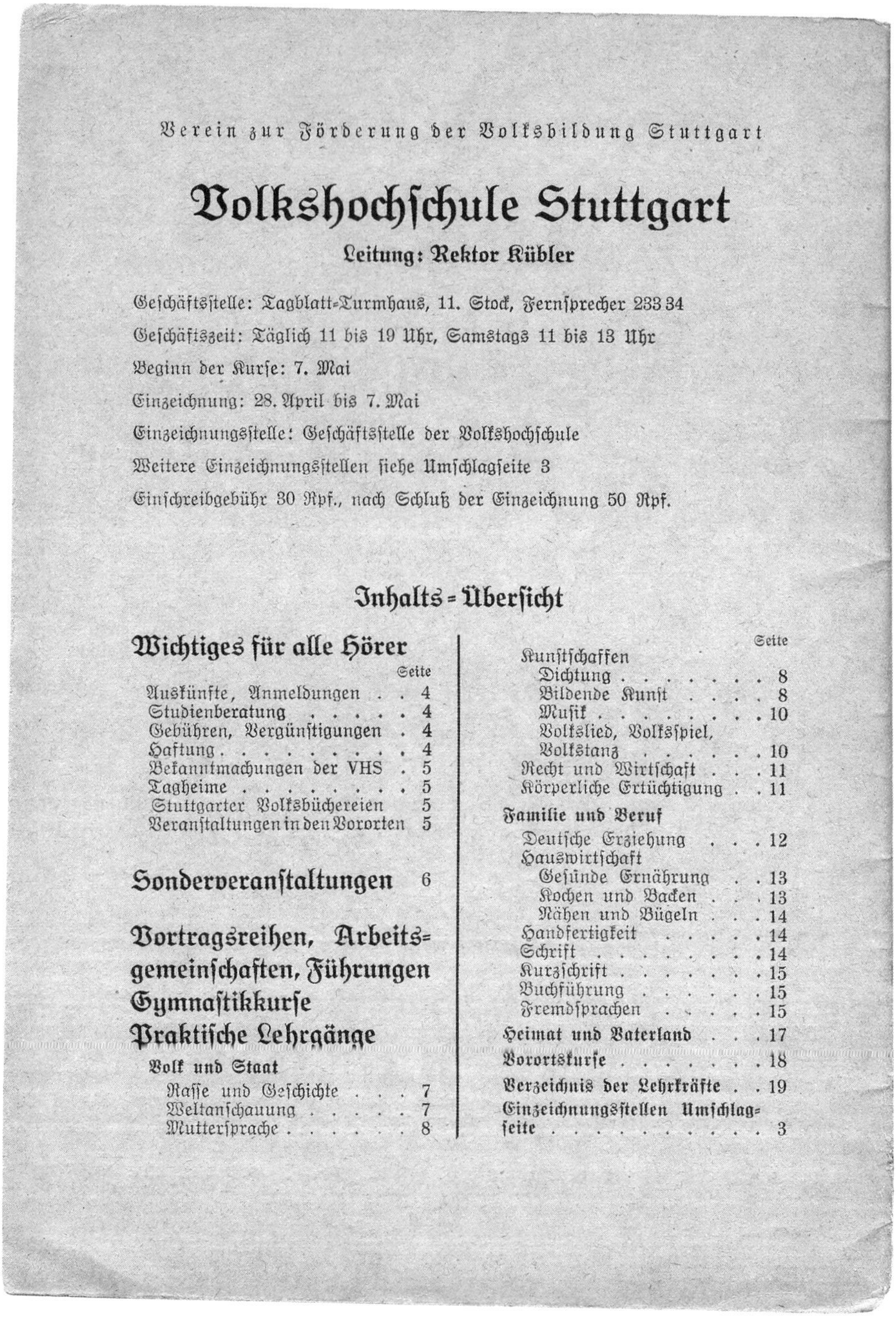

Verein zur Förderung der Volksbildung Stuttgart

Volkshochschule Stuttgart

Leitung: Rektor Kübler

Geschäftsstelle: Tagblatt=Turmhaus, 11. Stock, Fernsprecher 233 34

Geschäftszeit: Täglich 11 bis 19 Uhr, Samstags 11 bis 13 Uhr

Beginn der Kurse: 7. Mai

Einzeichnung: 28. April bis 7. Mai

Einzeichnungsstelle: Geschäftsstelle der Volkshochschule

Weitere Einzeichnungsstellen siehe Umschlagseite 3

Einschreibgebühr 30 Rpf., nach Schluß der Einzeichnung 50 Rpf.

Inhalts = Übersicht

Abb. 67 Programm der Volkshochschule Stuttgart, Mai-Juli 1934
(Archiv der vhs stuttgart)

Die Entlassung

„Wir wünschen Ihnen, dass Sie bald eine andere für Sie geeignete
Tätigkeit finden mögen"
(AUS DEM KÜNDIGUNGSSCHREIBEN VOM 5. MAI 1933)

Am 30.Januar 1933 ernennt Reichspräsident Hindenburg
Adolf Hitler zum Kanzler des Deutschen Reiches. Damit erhält die
Judenfeindschaft, latenter Bestandteil der deutschen Gesellschaft,
eine offizielle Plattform, mehr noch, sie wird gleichsam Staatsdoktrin.
Anfang April 1933, einen Monat später, erstattet der Hausmeister Katz
des Erwerbslosen-Tagheims Torschule Anzeige gegen die Volkshochschule als „Marxistennest", die dort verkehrenden erwerbslosen Frau-
en und ihre Lehrkräfte beschimpft er als „Sozialistenbande".[149] Die
Polizei schließt die Geschäftsstelle der Volkshochschule, die erst nach
einer mehrtägigen Durchsuchung wieder geöffnet wird. Ab Anfang
März 1933 betätigt sich der von den Nazis in den Vorstand des Vereins
zur Förderung der Volksbildung eingeschleuste Lehramtsreferendar
Dr. Fritz Cuhorst, Beauftragter für Erwachsenenbildung des Kultministeriums, als „Scharfrichter in Personalfragen"[150]: auf der Vorstandssitzung vom 3.5.1933 wird die Kündigung Carolas beschlossen,
da sie „ihre Position als Jüdin nicht weiter ausfüllen könne."[151] Das
gleiche Schicksal trifft den langjährigen Leiter der Musikabteilung
und des Konservatoriums Karl Adler. Es muss für den fanatischen
Jüdinnen- und Judenhasser Cuhorst (als der er mir – auch noch in
hohem Alter – von Zeitzeuginnen geschildert wurde)[152] eine ersehnte
Genugtuung gewesen sein, eine bekannte und außerordentlich erfolgreiche jüdische Intellektuelle und Vorkämpferin der Frauenemanzipation demütigen und liquidieren zu können. Der Forderung nach
Entlassung Carola Blumes wird dem Sitzungsprotokoll zufolge ohne
Einwände stattgegeben. Für Karl Adler setzt man sich dagegen bis
hin zu mehrmaligen Bittschriften an den Ministerpräsidenten Mer-

---

149 Auf diese Anzeige hin erhob Bäuerle bei dem Stuttgarter Bürgermeister
Dr. Ludwig schärfsten Einspruch mit dem Hinweis auf die Verpflichtung
der Volkshochschule, auch „kommunistische Elemente" in den Tagheim-
kursen aufzunehmen. Er beantragte die sofortige Durchsuchung der
Geschäftsstelle, die kein „belastendes Material" ergab. Ab diesem Moment
musste die Volkshochschule ihre Arbeitspläne vom Kultministerium
genehmigen lassen. Vgl. AC. Recknagel 1989, S.59

150 Nach Aussage des Zeitzeugen Dr. Siegfried Stockburger, Kursleiter für
Wirtschafts- und Gesellschaftswissenschaften auf der Comburg und vorü-
bergehend Leiter der Volkshochschule nach ihrer endgültigen Übernahme
durch die Nazis. Interview am 5.10.1987.

151 Protokoll der Vorstandssitzung vom 3.5.1933, Robert-Bosch-Firmenarchiv; vgl. auch: Christel Pache, Theodor Bäuerles Beitrag zur deutschen
Erwachsenenbildung, Stuttgart 1971.

152 Interview mit Irmgard Andreae am 5.5.1987, dem mehrere Gespräche
folgten. Frau Andreae war kurzfristig Nachfolgerin Carolas in der Leitung
der Frauenabteilung. Vgl. in diesem Zusammenhang auch: AC. Recknagel
1989, S.99.

genthaler ein, doch ohne Erfolg. Die Säuberungswelle an der Volkshochschule ist angelaufen, die Lehrkräfte werden unter der scharfen
Kontrolle Cuhorsts und der ohnmächtigen Reaktion Theodor Bäuerles
(„wir haben nie die Partei- oder Religionszugehörigkeit überprüft")
auf mögliche linke Parteizugehörigkeiten kontrolliert und oft auf Ver-
dacht hin verhaftet oder in längere KZ-Haft gebracht. So konnte die
Sprachdozentin Lydia Beil erst nach Einreichung von Bittschriften aus
Teilnehmerkreisen und einer langwierigen Überprüfungsprozedur bei
der Kriminalpolizei aus der KZ-Haft entlassen werden.[153]

Am 5. Mai 1933 erhält Carola folgendes Schreiben:
„Sehr geehrte Frau Blume! Zu unserem großen Bedauern
sind wir genötigt, Ihnen auf 31.3.1934 zu kündigen. Der Verein
wird sich bemühen, Ihnen Ihre Bezüge bis zu diesem Termin zu
bezahlen, sofern seine finanzielle Lage dies gestattet und nicht
von behördlicher Seite eine andere Regelung vorgeschrieben
wird. Wir möchten Sie daher sowohl in Ihrem Interesse als auch
im Interesse des Vereins bitten, möglichst bald nach einer anderen Verwendung sich umzusehen, und wir wünschen Ihnen,
daß Sie bald eine andere für Sie geeignete Tätigkeit finden mögen.

Wir benützen gerne die Gelegenheit, um Ihnen für die hervorragenden Dienste, die Sie als Leiterin unserer Abteilung
Frauenbildung geleistet haben, unseren herzlichen Dank zu sagen. Ein Zeugnis über Ihre Tätigkeit wird Ihnen in den nächsten
Tagen zugehen. Inwieweit wir bis zum Ablauf des Vertrages Ihre
Dienste noch in Anspruch nehmen, hoffen wir, Ihnen ebenfalls
in Bälde mitteilen zu können. Mit freundlichen Grüßen Ihr er-
gebener C. Bauer."[154]

Auf dem Cover des Arbeitsplans vom Januar bis März 1933
ist noch als Selbstdarstellung der Volkshochschule zu lesen: „Die
Volkshochschule dient keiner Partei, keiner weltanschaulichen Gruppe, keiner einzelnen gesellschaftlichen Schicht." Carola ist noch als
Leiterin der Frauenabteilung genannt und arbeitet noch mit dem alten
Schwung: 50 Lehrkräfte bieten weiterhin die vielfältigen Themen und
Kursformen an, neue kommen hinzu, wie „Die sozialpädagogischen
Abende" bei Ilse Wolff. Die Rubrik „Die Frau als Staatsbürgerin" kann
mit fünf Veranstaltungen aufwarten, darunter auch die „Geschichte
der Arbeiterbewegung mit besonderer Berücksichtigung hervorragen-
der Gestalten" bei Anna Blos.

Im darauffolgenden Sommer verändert sich die Situation:
es gibt zwar noch ein Frauenangebot in der alten Strukturierung, aber
es weist vielsagende Veränderungen auf. Anzunehmen ist, dass Carolas Programmentwurf, der ja zum Beginn des Sommertrimesters stehen muss, nach ihrem Ausscheiden in letzter Minute im Interesse der
Nazis zurechtgestutzt wird: ihr Name ist natürlich aus dem Programm
verschwunden, Angebote zur Selbstreflexion der Frau sucht man ver-

---

[153]   AC. Recknagel 1989, S.61
[154]   HStAS Q1/21 Bü 155

gebens, ebenfalls die reiche Palette an berufsbezogenen Themen. Die mannigfaltigen Kooperationen mit Gewerkschaften, Berufsverbänden und Betrieben sind weggefallen, die Angebote in Gymnastik, Hauswirtschaft, Säuglingspflege und Kochen dominieren. Die Frauenbildung als eigenständige Abteilung der Volkshochschule – bisher sichtbar repräsentiert durch die eigenen Broschüren – verschwindet. Sie ist eingebunden in die nun herrschende Ideologie der „deutschen Volks -und Kulturgemeinschaft", in welcher der Volkshochschule die besondere Aufgabe zugewiesen wird, „die deutsche Schicksalsgemeinschaft zum Erlebnis zu bringen", wie es in der schwülstig-hohlen Diktion der neuen Machthaber heißt – so auf dem Cover des ersten nazigewendeten Arbeitsplans der Volkshochschule vom Sommertrimester 1933.

Bis zur endgültigen Gleichschaltung der Volkshochschule in der NS-Organisation „Kraft durch Freude" unter dem neuen Namen „Volksbildungsstätte Stuttgart" werden die Frauenkurse durch die Sozialarbeiterin und spätere Berufsberaterin Irmgard Andreae verwaltet. Aber auch sie ist als sogen. Halbjüdin – pikanterweise von dem neuen Leiter und strammen Nazi Johannes Kübler eingestellt – gefährdet und verlässt nach kurzer Zeit ihren Posten, nachdem sie ihr Chef mehrmals zum Eintritt in eine NS-Organisation aufgefordert hat.[155] Was an Frauenangeboten übrigbleibt, gilt der Reduzierung der Frau auf den biologischen Teil ihrer Existenz: ihre Gebärfähigkeit. Im besten Falle auf ihre hausfraulichen Pflichten und ihre moralischen und psychischen Stützungsfunktionen in einer mehr und mehr durchmilitarisierten Gesellschaft. Und soweit man ihr geistig-seelische Qualitäten zubilligt, sucht man diese vor allem in der „deutschen Frau": „Im Ringen um die Seele der deutschen Frau" – so lautet ein Vortragstitel im März 1933. Das Naziregime sorgt auch umgehend für die Rückkehr der Frauen an den heimischen Herd durch ein Gesetz vom 1. Juni 1933, mit dem die Eheschließung und der Verzicht der Ehefrau auf Berufstätigkeit durch ein Darlehen honoriert werden. Der neue Leiter Johannes Kübler, ehemaliger Volksschullehrer, bringt zum Abschluss seines Grußwortes auf der ersten Seite des Arbeitsplans vom Winter 1934 die Botschaft der NS-Ideologie auf den Punkt: „Du bist nichts – dein Volk ist alles.".

Das Kündigungsschreiben erreicht Carola in ihrer vierten Stuttgarter Wohnung in Vaihingen, die sie nach „notwendig gewordenen" Umzügen der Familie von Degerloch nach Gaisburg und von dort nach Gablenberg nun bezogen hatte. „Notwendig geworden" deutet in neutraler Formulierung an, dass die Wohnungswechsel durch Kündigungen erzwungen wurden, eine mögliche Folge des zunehmend judenfeindlichen Klimas in der Stadt. Seit 1927 ist sie mit Bernhard Blume verheiratet, ihr erster Sohn Wolfgang Michael ist drei Jahre, der zweite Sohn Reinhard Frank ein Jahr alt. Wie kann man sich die konkreten Umstände der Entlassung vorstellen? In der Erinnerung beider Ehegatten ist der Schock auf die Kündigung noch

---

[155]   AC. Recknagel 1989, S.99

lebendig, nicht aber begleitende Umstände. Hat man sie darauf vorbereitet – wo sie doch täglich in ihrem neuen Büro im „Tagblatturm" anzutreffen ist, von wo sie die Fäden dieses riesigen Frauennetzwerks knüpft und angesichts empfindlicher Kürzungen an ihrem Erwerbslosenprogramm neue Initiativen zur Erhaltung ihrer Arbeit in die Wege leitet? Das Jahr 1931/32 verzeichnet 21.350 Belegungen,[156] eine Zahl, die das unglaubliche Ausmaß ihrer Frauenangebote, speziell für Erwerbslose, verdeutlicht.

Wann und unter welchen Umständen sie mit der vom Vorstand getroffenen Entscheidung konfrontiert wird, entzieht sich heute unserer Kenntnis. In Carolas Erinnerung liegt der Kündigungstermin bereits auf dem 31. März (Brief an die Verf. 16.10.1986); bei Bernhard auf dem 1. April, dem Tag des sogen. Judenboykotts, an dem jüdische Geschäfte von Nazischergen bewacht, geplündert und zerstört wurden, um die Bevölkerung am Einkauf zu hindern.[157] Carola muss demnach ab jenem Tag ihre Arbeit niederlegen und erhält Arbeitsverbot. Sie wird, wie beide sagen, „fristlos entlassen." Erst einen Monat später findet sich ein Dokument von Carola zu diesem existenziellen Einschnitt in ihrem Leben: ihr Antwortbrief auf das Kündigungsschreiben vom 5.5.1933. Sie verlangt sich äußerste Sachlichkeit ab, auf jegliche Nachfrage nach den Gründen der Entlassung oder Hinweise auf deren katastrophale Folgen verzichtet sie. Mehr noch: so als ob nicht sie selbst, sondern eher der Verein das Opfer sei und Anspruch auf Schonung habe, erklärt sie: „Ich darf Sie versichern, daß ich alles daran setzen werde, um möglichst bald eine Arbeit zu finden und auch den Verein von seinen Verpflichtungen mir gegenüber zu entlasten. Zunächst will ich alles daran setzen, daß dies in Deutschland möglich ist" (10.5.1933).[158] Sie will dem Verein nicht mehr zur Last fallen und bittet um Nachsicht dafür, dass sie noch das Minimum an finanzieller Fürsorgepflicht, das dem Verein geblieben ist, in Anspruch nehmen muss! Mit den „Verpflichtungen" des Vereins ist die in ihrem Arbeitsvertrag festgelegte einjährige Kündigungsfrist und damit die bis dahin gültige Fortzahlung ihres Gehalts gemeint. Diese ist aber, wie im Kündigungsschreiben ausdrücklich hervorgehoben wird, durch zwei unabwägbare Gegebenheiten gefährdet: die „finanzielle Lage" des Vereins und eine von „behördlicher Seite" eventuelle „andere Regelung." Zum einen wird damit verdeutlicht, dass die finanzielle Situation eines privatrechtlich strukturierten Vereins mit öffentlicher Förderung, wie es der Verein zur Förderung der Volksbildung war, immer wieder Schwankungen unterliegt; zum andern werden bereits die möglichen Auswirkungen einer gesetzlichen Maßnahme in der Rassenpolitik der Nazis miteinkalkuliert: am 7. April 1933, also bereits rund ein Monat vor dem Versand des Kündigungsschreibens, wird von den Nazis das „Gesetz zur Wiederherstellung des Berufsbeamtentums"

---

[156] M. Eggemann 1997, S.142ff.mit detaillierten Informationen zur Teilnehmerstatistik der Frauenabteilung.

[157] B. Blume 1985, S.142

[158] <Mappe Entlassung>

erlassen, das Juden und „nicht-arisch-Versippten" untersagte, Beamtenstellungen zu bekleiden, und neue Kündigungsregelungen einführte. Danach durften die vollen Bezüge nur drei Monate nach der Entlassung und von da an bis zum Ablauf des Vertrages nur noch drei Viertel des Gehalts ausgezahlt werden.[159] Bäuerle teilt ihr mit, das Kultministerium verlange,

> „daß wir uns bei der Weiterzahlung Ihres Gehaltes streng an die Bestimmungen des Beamtengesetzes halte [...] Wir haben Ihre Kündigung am 5. Mai ausgesprochen; da die Kündigungsfrist mindestens ein Monat sein muß, so tritt die Entlassung auf 1.7.d.J. ein. Also müßte die Kürzung Ihres Gehalts vom 1. Oktober ab eintreten " (27.11.1933).[160]

Erst auf diese Mitteilung hin meldet sich Carola wieder bei Bäuerle, acht Monate, nachdem sie ihre Arbeit niederlegen musste. Wie sie zu Beginn ihres Briefes schreibt, war sie „durch das in letzter Zeit Durchgemachte so elend ", dass sie „nicht imstande" gewesen sei, „über die geldliche Regelung zu sprechen" (28.11.1933).[161] Sie bittet Bäuerle darum, dass für das Entlassungsdatum „nicht der mindeste Termin angenommen", sondern in Anbetracht ihrer „so schwierigen Lage der weitestmögliche" (ebd.). Sie weist auf die prekäre Situation ihrer Familie hin, denn nach der Kaltstellung von Bernhard im deutschen Theater- und Kunstleben ist sie die einzige Ernährerin: „[...] ich stehe – wie Sie, sehr verehrter Herr Direktor, ja genau wissen, in einer geradezu verzweifelten Situation, was die berufliche Weiterbetätigung betrifft [...] Ich möchte gar nichts unversucht lassen und mich daher auch erkundigen, ob nicht gerade Herr Direktor Walz (Direktor der Bosch-Werke und Mitglied des Vereinsvorstands, Anm.d.Verf.) irgendwie und irgendwo eine Möglichkeit der Betätigung für mich sieht" (ebd.). Der Verein hat der Bitte Carolas, die reduzierte Fortzahlung ihres Gehalts möglichst spät anzusetzen, nicht stattgegeben. Hier muss man sich fragen, ob der Vereinsvorstand in so strikter Form gehalten war, das neue Nazi-Beamtenrecht anzuwenden. Er lehnte sich zwar in Gehaltsfragen an das geltende Beamtenrecht an, musste sich aber als privatrechtlich strukturierter Verein nicht ohne weiteres danach richten. Diese Tatsache will auch Carola für sich geltend machen. Sie habe „einen Privatangestelltenvertrag" und genieße „auch nicht die Vorteile des Beamten, nämlich eine Pension." Sie kann in ihrer Einschätzung auf die Autorität von Walz verweisen, der die Sachlage genauso sehe wie sie, da nach seiner Aussage „der Verein zur größeren Hälfte seine Gelder von privater Seite beziehe" und ihr zugesichert habe, ihre „Meinung auch im Vorstand zu vertreten" (Brief Carolas an den Verein zur Förderung der Volksbildung, 21.1.1934). Aber der Vorstand lehnt diese Position ab und beschließt die Gehaltskürzung zum 1. November 1933. Auch hier hat offensichtlich die

---

[159] Carolas Arbeitsvertrag sah eine einjährige Kündigungsfrist vor, also lief er noch bis Frühjahr 1934.
[160] <Mappe Entlassung>
[161] ebd.

Hoffnung Bäuerles, durch Wohlverhalten den Verein und seine Volksbildungsarbeit erhalten zu können, die Entscheidung beeinflusst.

Weiterhin zeigt sich in der Tabuisierung des Entlassungs-
grundes – des Jüdischseins – Hilflosigkeit und Opportunismus auf der
einen, Ohnmacht und stille Resignation auf der anderen Seite. Auf
der einen: wir passen uns an, um uns und unsere Institution nicht zu
gefährden und unsere Arbeit so gut es geht in dem neuen Staat fort-
zusetzen – das ist die Position Bäuerles in den drei Jahren bis zur endgültigen Auflösung des Vereins und der gesamten Volksbildungsarbeit in Württemberg 1936. Auf der anderen Seite tritt ein, was einst
Carola anlässlich der Rücknahme einer bereits zugesagten Stelle in
der württembergischen Lehrerbildung in ihrer Verzweiflung voraus-
geahnt hatte: „es wird mir überall so gehen", hatte sie damals an Bernhard geschrieben. Das waren nun zehn Jahre her. Inzwischen war
diese Erfahrung sicher verblasst angesichts der allgemeinen Anerkennung und des großartigen Erfolges ihrer Arbeit. Nun ist sie wieder
da, die Bestätigung der uralten Angst vor Diskriminierung. Weder das
gute Examen, das sie sich nach der Stellenabsage vorgenommen hatte,
„um es den Bonsen zu zeigen" (Brief an Bernhard, 12.10.23), noch
ihre einmalige Frauenbildungsarbeit haben ihr geholfen, akzeptiert
zu werden. Sie kommen als Argumente gegen ihre Rasse einfach nicht
mehr in Betracht. Carola nimmt hin, mit Empörung und Resignation.
Es ist der Schock ihres Lebens, der sich tief eingräbt in ihr Inneres,
so tief, dass er für die Notwendigkeit des Überlebens radikal verdrängt
wird. Des Weiterlebens in Nazideutschland mit zwei kleinen Kindern
und einem inzwischen missliebig gewordenen Ehemann, von dem „in
Deutschland [...] kein Hund mehr ein Stück Brot nahm"[162], und auch
des Überlebens in der Fremde. Carola wird sich nie wieder mit Frauenbildung beschäftigen – und die in Amerika aufgewachsenen Söhne
wussten bis zur Wiederentdeckung von Carolas Werk durch die Volkshochschule Stuttgart nichts von der bahnbrechenden Pionierleistung
ihrer Mutter. Die Verdrängung spricht sie in ihrem ersten Brief an die
Verfasserin unumwunden aus: „Ihnen Auskunft zu geben über die
damalige Frauenabteilung macht mir große Freude, denn ich hatte
diesen Fragenkomplex ca. 50 Jahre in meinem Unterbewußtsein her-
umgetragen" (28.8.1986). Ein „Fragenkomplex", der sowohl ihre
Arbeit wie auch den Grund und die Umstände ihrer Entlassung beinhaltete und der nun gegen Ende ihres Lebens wieder ans Tageslicht
kam. Es war „die größte Freude" ihres Alters, wie sie sich gegenüber
ihrer Familie äußerte. Die Bitternis lag hinter ihr und die Freude über
die Wiederentdeckung und Würdigung ihrer einzigartigen Leistung
war umso größer.

Carola hofft außer bei der Firma Bosch auf andere Möglichkeiten der beruflichen Betätigung, es hat stellenweise den
Anschein, dass ihr, während sie davon spricht, ihre alte Begeisterungsfähigkeit zurückkehren wolle, wie im Fall eines möglichen
Schulgründungsprojekts mit dem bekannten jüdischen Philosophen

---

[162] B. Blume 1985, S.142

und Pädagogen Martin Buber: „Ich selbst sehe hier eine große Erziehungsaufgabe [...]“. Sie überlegt auch, „ob ich nicht mit Hilfe privater Unterstützung und Lehrern, denen ich empfohlen bin, ein Schüler- oder Kinderheim mit Unterricht, Erziehung, Heilpädagogik ins Leben rufen könnte [...]“. Aber dann wird alles überschattet von der pessimistischen Einschätzung: „es ist wenig Hoffnung da, daß daraus etwas wird“ oder der bangen Frage: „Wird man mir es gestatten?“ (10.5.1933).[163]

Die Ausgrenzung

Obwohl sie fest entschlossen ist, ihre Arbeit in Deutschland zu suchen, überdenkt sie auch Möglichkeiten von Vortragsreisen in die klassischen Länder der Erwachsenenbildung – v.a. England und Dänemark, aber auch Österreich, für die sie zu Recht Unterstützung durch den in Genf ansässigen Weltbund für Erwachsenenbildung erhofft. Die anvisierten Vortragsreisen sind jedoch angesichts der kulturellen Abschottung Deutschlands nach außen – Verbot ausländischer Presse und des Abhörens ausländischer Sender – reines Wunschdenken, um so mehr für eine Person wie sie, der man vorsorglich den Pass abgenommen hat, weil man davon ausgeht, dass sie sich im Ausland „unfreundlich oder feindlich über Deutschland äußern würde.“ Mit dieser Begründung verweigert man ihr die Genehmigung, eine Einladung zu Gastvorlesungen an der Volkshochschule Helsingfors in Dänemark anzunehmen.

„Mit <Deutschland> meinte man den Nationalsozialismus. Denn es war die konsequent befolgte Praxis der Nazis, die Parteibezeichnung <Nationalsozialismus> und <nationalsozialistisch> durch die Wörter <Deutschland> und <deutsch> zu ersetzen; Kritik an ihrer Partei wurde von den Nazis als Kritik an Deutschland behandelt, und Kritik an Deutschland war ein Verbrechen gegen den Staat“.

Wie Carolas Gespräch mit dem zuständigen Beamten wegen ihrer Reiseerlaubnis verläuft, schildert Bernhard in seiner Autobiographie:

„Der Beamte, der Carola die Ausreiseerlaubnis verweigerte, war nicht etwa grob zu ihr; er war höflich; er sagte „gnädige Frau“ zu ihr und sprach ihr sein persönliches Bedauern aus; leider hatte er in dieser Frage keine Entscheidungsfreiheit, sondern mußte den bestehenden Anordnungen folgen. So war es durchweg; es gab Leute, die in den Massenversammlungen brüllten: „Der Jude wird vernichtet!“ und andere, die, je nachdem, freudig zustimmend oder bedauernd, aber auf jeden Fall gewissenhaft, Anordnungen befolgten, die sie nicht selbst erlassen hatten.“[164]

223

---

[163] <Mappe Entlassung>
[164] B. Blume 1985, S.143

Carola schließt ihren Brief an Bäuerle mit der Versicherung, dass sie „am liebsten" bis zum Ablauf ihres Vertrages „für den Verein arbeiten würde." Diese Möglichkeit war am Ende des Kündigungsschreibens in Aussicht gestellt worden. Sträflicherweise, wie man

heute sagen muss. Denn eben dieser Verein hatte sie ja als erste entlassen und stand unter dem militanten Einfluss Cuhorsts. Aber Carola klammert sich verständlicherweise an diese mögliche Aussicht, denn ihr ist offenbar noch nicht klar, dass sie ab jetzt für die ganze Erwachsenenbildung in Stuttgart und Württemberg nicht mehr in Frage kommt. Wie weit ist sie überhaupt über den Kurswechsel im Bilde, der durch die Präsenz Cuhorsts im Vereinsvorstand stattgefunden hatte? In diffuser Weise sicher, denn sie erinnert sich noch in hohem Alter an seinen Namen; aber es ist, als ob sie sich durch

Abb. 68 Bernhard Blume
mit Sohn Reinhart Frank, 1936
(Nachlass Rosenberg-Blume)

Wegsehen gegen zu viel schmerzliches Detailwissen feien wollte, um sich Hoffnung zu bewahren und ihre Kräfte zusammenzuhalten. Daher rührt auch ihre Naivität in der Einschätzung der allgemeinen Lage in Deutschland, die sie mit unzähligen anderen teilte, nicht nur Juden, auch Deutschen.

Der braune Spuk

Viele Leute glauben noch daran, dass sich die nationalsozialistische Bewegung abschleifen, beruhigen, dass sie in legale Bahnen einmünden würde. Auch Theodor Bäuerle kämpft noch bis 1936 trotz wiederholter Demütigungen, massiver Behinderungen und politischer Eingriffe in die Programmgestaltung der Volkshochschule für die Erhaltung der Volksbildungsarbeit in Stuttgart und Württemberg, darin unterstützt von leitenden Kollegen der anderen großen Abteilungen des Vereins wie Karl Küssner von der Heimvolkshochschule auf der Comburg.[165] Ihre Kompromissbereitschaft gegenüber dem neuen Regime beruht auf der Hoffnung, das gemeinsam Aufgebaute hinüberretten zu können in eine Zeit, in der sich der „Spuk" beruhigt haben würde. Der „Spuk" – das sind neben der totalitären Staatsideologie die gewalttätigen Übergriffe auf Privatpersonen, sind die willkürlichen Verhaftungen, gegen die man keine Rechtsmittel einsetzen kann, ist vor allem die in aller Öffentlichkeit stattfindende Diskrimi-

---

[165] Karl Küssner, promovierter Theologe, baute die Comburg zu einem Zentrum für Arbeiterbildung aus (1926-1933).Vgl. zu diesem Themenkomplex AC. Recknagel 1989, S.57 ff.

nierung und Gewaltanwendung gegenüber den jüdischen Mitbürgern. Aber das alles reicht nicht, um die aus einer christlichen Grundhaltung inspirierte Hoffnung auf ein „Gutes" aufzugeben, das sich mit der Zeit aus all dem „Schlechten" heraus entwickeln würde. In gewisser Weise bestätigt sich auch dieser Glaube an eine „Beruhigung" der Lage: sie tritt tatsächlich ein, aber „auf eine perverse Art: Private Übergriffe wurden mehr und mehr unterbunden; statt dessen vollzogen sich Übergriffe auf dem Verordnungswege und wurden dann als Gesetze bezeichnet. Es war zum Beispiel möglich, einen Prozess, den jemand gegen ein Mitglied der Partei führte, außergerichtlich niederzuschlagen, falls er nicht im Interesse der Partei lag. Man sagte freilich stattdessen, er läge nicht im Interesse des Staates oder Deutschlands."[166] Es ist inzwischen bekannt, wie selbst die am meisten Gefährdeten, die Juden, erbarmungslos abgesondert in der deutschen Bevölkerung, an die Tatentschlossenheit der Nazis nicht glauben konnten, obwohl zum Beispiel Otto Hirsch, der Vorsitzende des Oberrats der Israelitischen Religionsgemeinschaft in Württemberg, anlässlich der Eröffnung der Israelitischen Landesversammlung am 19. Februar 1933 die Lage nach Hitlers Machtantritt sehr skeptisch für die Juden beurteilt hatte: „Es ist eine ernste Stunde, in der die diesjährigen Beratungen [...] stattfinden [...] Ich denke vor allem daran, daß in der Reichsregierung eine Partei maßgebend geworden ist, die fanatischen Judenhaß gepredigt hat", doch vertraut er „auf die ruhigen und gefestigten Verhältnisse in unserem engeren Heimatland."[167]

Carolas Erfahrungen als Jüdin

Die „verbotene Provinz"

Diskriminierungen wegen ihrer Rasse hat Carola bis dahin mehrfach erlebt: von Vorträgen zu offiziellen Anlässen musste sie – weil Jüdin – in letzter Minute zurücktreten. Bei gemeinsamen Unternehmungen mit der Wandervogelgruppe sollte sie – weil Jüdin – getrennt von den anderen übernachten. Die Zusage einer Stelle im Württembergischen Frauenschulseminar, die ihr die Ministerialrätin und erste weibliche Schulrätin Deutschlands Vera Vollmer schriftlich in Aussicht gestellt hatte, war ohne Begründung, vermutlich weil sie Jüdin war, zurückgenommen worden. So manche Pensionswirtin hatte sich als „leidenschaftliche Antisemitin" (Bernhard) entpuppt, wie Bernhards Wirtin in Berlin am Kronprinzenufer. „Darf ich da überhaupt rein?", hatte sie Bernhard besorgt vor ihrem Besuch gefragt. Bernhard beruhigt sie: „An Juden vermietet sie trotzdem gern, wenn´s ums Geld geht, schaut sie weg" (2.1.1925). Andere Erfahrungen dieser

---

[166] B. Blume 1985, S.145

[167] Gemeindezeitung für die israelitischen Gemeinden Württembergs, 1. März 1933, S.353

Vaihingen.F.24. Juli 1933.

Charlottenstr.19.

An

die Politische Polizei

S t u t t g a r t

Ich erlaube mir eien Abschrift meines Gesuchs an
das Passoberamt betr. Ausreiseerlaubnis nach Dänemark an
die politische Polizei zu übersenden. Gleichzeitig möchte
ich meine Bitte wiederholen ,von Herrn Dr. Cuhorst eine
Begutachtung meiner seitherigen Tätgkeit einzuverlangen.

Abb. 69 Brief Carola Rosenberg-Blumes an die Politische Polizei Stuttgart
(Nachlass Rosenberg-Blume)

Art mögen ihr junges Leben begleitet haben, von denen wir nichts wissen. Wie reagiert sie darauf? Im Fall des Vortrags, den sie akribisch und mit großer Lust am Thema vorbereitet hatte, mit einsichtigem Bedauern, so, als wundere sie sich nicht und so, als gehörten solche Vorkommnisse zu ihrem Leben. Sie hält sich nicht lange auf mit ihrer Enttäuschung, sondern macht sich sofort daran, ihr Ziel, nämlich ihre subjektive Sicht der Dinge anderen zu vermitteln, auf neuem Wege zu erreichen. Sie organisiert eine Sonderveranstaltung im Neudeutschen Bund, wo sie vor „einer kleineren Schar von 50-60 Personen" ihre Ideen vortragen will. In ihrer Wandervogelzeit war sie bei ihrer intensiven Lektüre des misogynen Elitedenkers Hans Blüher auf dessen judenfeindliche Thesen in seiner „Rede an die freideutsche Jugend" gestoßen.[168] Mit ihrer ersten Jugendliebe Erwin Kurz war auch das Thema „Religion" zur Sprache gekommen. So notiert die Neunzehnjährige in ihr Tagebuch: „Auch über Religion sprachen wir. Er: schade, daß ich nicht die gleiche Religion habe. Ich: Tut nichts zur Sache. Wir sind halt Juden. So ist's" (Contobuch, 18.5.1917). Ihr Jüdischsein gehört einfach zu ihrer Existenz, wenn auch nicht zu ihrer inneren Person, denn sie distanziert sich zugleich davon, indem sie den entscheidenden Satz in ihrem Tagebuch: „Wir sind halt Juden" in Stenokürzeln schreibt; in der Schrift des Fremddiktats und nicht der ihrer Kultur, in der sich ihr geistiges Leben bewegt. So als ob sie die Tatsache vor sich selber verschlüsseln und ausgrenzen wolle. Vor sich selber und vor ihren Freunden, zunächst auch vor Bernhard. Es bleibt nicht aus, dass er diese „seelische Provinz", oder auch „verbotene Provinz" wie er es nennt, bald entdeckt. „[...] ich habe einfach gemerkt, da ist etwas <tabu>, eine <seelische Provinz>, zu der ich keinen Zutritt habe, und von der ich ferngehalten werden soll, weil ich sie nicht verstehe" (12.9.1923) Diese Zeilen schreibt Bernhard, nachdem Carola ihren Besuch bei ihm in Tübingen frühzeitig ohne Begründung abgebrochen hat, um zu ihrem Studienort München weiterzufahren. Und er fügt hinzu: „Und wenn ich das Gefühl habe, wir sind meilenweit auseinander gewesen, so meine ich damit eben, daß es mir nicht gelungen ist, diese Provinz zu erobern, obwohl ich es versucht habe" (ebd.). Carola reagiert – weil getroffen – heftig darauf, sie weist jede mögliche Eigenbeteiligung an Bernhards Gemütslage weit von sich und schiebt es auf die „überreizten" Nerven vor seinem Examen und sein mangelndes Verständnis für sie (o.D. 1923). Aber Bernhard bleibt hartnäckig, er lässt sich nicht auf andere Schauplätze abdrängen: „[...] daß Du dieses Gefühl des Fremdseins nicht gehabt hast, ist natürlich, denn für Dich ist die verbotene Provinz ein normaler Zustand, solange ich nicht dahin will, wo ich nicht hindarf, ist alles in Ordnung" (18.9.1923).

Carola wird im Laufe des brieflichen Dialogs das Verletzende und für Bernhard Unverständliche an ihrem Verhalten bewusst. Sie hatte etwas praktiziert, was sie sich als Ausweichmuster seit ihrem Zusammensein mit Bernhard angewöhnt hatte: das, was ihr Verhält-

---

[168] in: H. Blüher, Deutsches Reich, Judentum und Sozialismus, Jena 1918

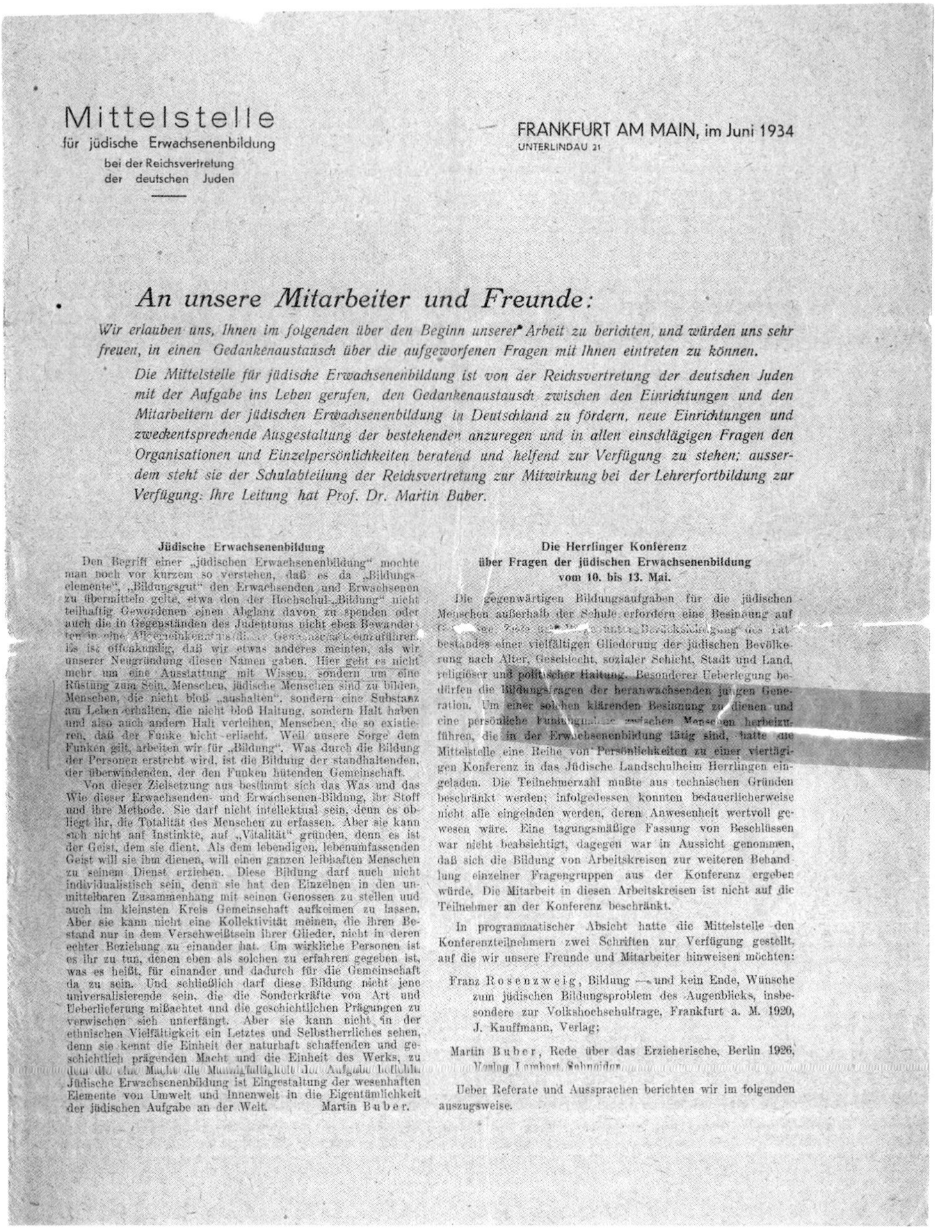

Mittelstelle

für jüdische Erwachsenenbildung

bei der Reichsvertretung
der deutschen Juden

FRANKFURT AM MAIN, im Juni 1934

UNTERLINDAU 21

An unsere Mitarbeiter und Freunde:

Wir erlauben uns, Ihnen im folgenden über den Beginn unserer Arbeit zu berichten, und würden uns sehr freuen, in einen Gedankenaustausch über die aufgeworfenen Fragen mit Ihnen eintreten zu können.

> *Die Mittelstelle für jüdische Erwachsenenbildung ist von der Reichsvertretung der deutschen Juden mit der Aufgabe ins Leben gerufen, den Gedankenaustausch zwischen den Einrichtungen und den Mitarbeitern der jüdischen Erwachsenenbildung in Deutschland zu fördern, neue Einrichtungen und zweckentsprechende Ausgestaltung der bestehenden anzuregen und in allen einschlägigen Fragen den Organisationen und Einzelpersönlichkeiten beratend und helfend zur Verfügung zu stehen; ausserdem steht sie der Schulabteilung der Reichsvertretung zur Mitwirkung bei der Lehrerfortbildung zur Verfügung. Ihre Leitung hat Prof. Dr. Martin Buber.*

Jüdische Erwachsenenbildung

Den Begriff einer „jüdischen Erwachsenenbildung" möchte man noch vor kurzem so verstehen, daß es da „Bildungselemente", „Bildungsgut" den Erwachsenden und Erwachsenen zu übermitteln gelte, etwa die der Hochschul-„Bildung" nicht teilhaftig Gewordenen einen Abglanz davon zu spenden oder auch die in Gegenständen des Judentums nicht eben Bewanderten in eine Allgemeinkenntnis dieser Gegenstände einzuführen. Es ist offenkundig, daß wir etwas anderes meinten, als wir unserer Neugründung diesen Namen gaben. Hier geht es nicht mehr um eine Ausstattung mit Wissen, sondern um eine Rüstung zum Sein. Menschen, jüdische Menschen sind zu bilden, Menschen, die nicht bloß „aushalten", sondern eine Substanz am Leben erhalten, die nicht bloß Haltung, sondern Halt haben und also auch andern Halt verleihen, Menschen, die so existieren, daß der Funke nicht erlischt. Weil unsere Sorge dem Funken gilt, arbeiten wir für „Bildung". Was durch die Bildung der Personen erstrebt wird, ist die Bildung der standhaltenden, der überwindenden, der den Funken hütenden Gemeinschaft. Von dieser Zielsetzung aus bestimmt sich das Was und das Wie dieser Erwachsenden- und Erwachsenen-Bildung, ihr Stoff und ihre Methode. Sie darf nicht intellektual sein, denn es obliegt ihr, die Totalität des Menschen zu erfassen. Aber sie kann sich nicht auf Instinkte, auf „Vitalität" gründen, denn es ist der Geist, dem sie dient. Als dem lebendigen, lebenumfassenden Geist will sie ihm dienen, will einen ganzen leibhaften Menschen zu seinem Dienst erziehen. Diese Bildung darf auch nicht individualistisch sein, denn sie hat den Einzelnen in den unmittelbaren Zusammenhang mit seinen Genossen zu stellen und auch im kleinsten Kreis Gemeinschaft aufkommen zu lassen. Aber sie kann nicht eine Kollektivität meinen, die ihren Bestand nur in dem Verschweißtsein ihrer Glieder, nicht in deren echter Beziehung zu einander hat. Um wirkliche Personen ist es ihr zu tun, denen eben als solchen zu erfahren gegeben ist, was es heißt, für einander und dadurch für die Gemeinschaft da zu sein. Und schließlich darf diese Bildung nicht jene universalisierende sein, die die Sonderkräfte von Art- und Ueberlieferung mißachtet und die geschichtlichen Prägungen zu verwischen sich unterfängt. Aber sie kann nicht, in der ethnischen Vielfältigkeit ein Letztes und Selbstherrliches sehen, denn sie kennt die Einheit der naturhaft schaffenden und geschichtlich prägenden Macht und die Einheit des Werks, in dem die eine Macht die Mannigfaltigkeit der Aufgabe befiehlt. Jüdische Erwachsenenbildung ist Eingestaltung der wesenhaften Elemente von Umwelt und Innenwelt in die Eigentümlichkeit der jüdischen Aufgabe an der Welt. Martin Buber.

Die Herrlinger Konferenz
über Fragen der jüdischen Erwachsenenbildung
vom 10. bis 13. Mai.

Die gegenwärtigen Bildungsaufgaben für die jüdischen Menschen außerhalb der Schule erfordern eine Besinnung auf [...] unter Berücksichtigung des bestandes einer vielfältigen Gliederung der jüdischen Bevölkerung nach Alter, Geschlecht, sozialer Schicht, Stadt und Land, religiöser und politischer Haltung. Besonderer Ueberlegung bedürfen die Bildungsfragen der heranwachsenden jungen Generation. Um einer solchen klärenden Besinnung zu dienen und eine persönliche Fühlungnahme zwischen Menschen herbeizuführen, die in der Erwachsenenbildung tätig sind, hatte die Mittelstelle eine Reihe von Persönlichkeiten zu einer viertägigen Konferenz in das Jüdische Landschulheim Herrlingen eingeladen. Die Teilnehmerzahl mußte aus technischen Gründen beschränkt werden; infolgedessen konnten bedauerlicherweise nicht alle eingeladen werden, deren Anwesenheit wertvoll gewesen wäre. Eine tagungsmäßige Fassung der Beschlüsse war nicht beabsichtigt, dagegen war in Aussicht genommen, daß sich die Bildung von Arbeitskreisen zur weiteren Behandlung einzelner Fragengruppen aus der Konferenz ergeben würde. Die Mitarbeit in diesen Arbeitskreisen ist nicht auf die Teilnehmer an der Konferenz beschränkt.

In programmatischer Absicht hatte die Mittelstelle den Konferenzteilnehmern zwei Schriften zur Verfügung gestellt, auf die wir unsere Freunde und Mitarbeiter hinweisen möchten:

Franz Rosenzweig, Bildung — und kein Ende, Wünsche zum jüdischen Bildungsproblem des Augenblicks, insbesondere zur Volkshochschulfrage, Frankfurt a. M. 1920, J. Kauffmann, Verlag;

Martin Buber, Rede über das Erzieherische, Berlin 1926, Verlag Lambert Schneider.

Ueber Referate und Aussprachen berichten wir im folgenden auszugsweise.

Abb. 70 Erster Rundbrief der Mittelstelle für jüdische Erwachsenenbildung in Frankfurt am Main
mit dem Geleitwort Martin Bubers
(Nachlass Rosenberg-Blume)

nis zu Bernhard belastete, nämlich die Ausgrenzung der Mutter aus ihrer Liebesbeziehung, nicht zu thematisieren und „darüber hinweg-zugehen". In diesem konkreten Fall war Carola der Bitte der Mutter, noch ein paar Tage länger in Heilbronn zu bleiben, mit der Begrün-dung einer verbilligten Fahrmöglichkeit nach München nicht nach-gekommen; in Wirklichkeit aber wollte sie diese paar Tage bei Bernhard in Tübingen verbringen, was die Mutter nicht erfahren soll-te. Von dort aber hatte sie das schlechte Gewissen früher als geplant fortgetrieben. Bernhard gegenüber konnte sie nur ein trotziges „ich mag nicht bleiben" als Grund angeben, aus Angst, er, der Aufklärer, der Rationalist, verstehe sie nicht in ihrer Haltung der Mutter gegen-über: „[...] Es war der Gedanke an meine Mutter, die noch mit an der Bahn war, daß ich sie angelogen habe [...] daß ich diesen Menschen, und meine Mutter ist ein sehr feines Wesen, die man eigentlich nicht belügen darf, so anlüge [...]" (20.9.1923). Und sie bittet ihn, wenn er auch ihr Verhalten nicht verstehe, so solle er wenigstens verstehen, dass sie darunter leide: „[...] ich lüge sie immer an – meistens stopfe ich das in mein Unterbewußtsein hinunter, aber daß es hie und da einmal herauskommt, das solltest Du verstehen [...]" (ebd.).

Bernhard und Carola kennen sich nun seit mehr als zwei Jahren, und Mutter Rosenberg weiß noch nichts von dem Geliebten ihrer Tochter. Sie kennt Bernhard nur flüchtig als einen ihrer vielen Freunde, hat allerdings nachträglich herausbekommen, dass Carola vor dessen erstem Besuch im Hause Rosenberg die jüdische Literatur von ihrem angestammten Platz im Bücherschrank des Wohnzimmers in das unterste Regalfach bei sich verfrachtet hatte. Mutter Sofie war empört: „[...] und da will ich Dir gleich sagen, daß ich die jüdische Literatur suchte und sie endlich fand in der untersten Reihe in Deinem Zimmer, wo das Mädchen immer mit Lumpen und Schrubber hin-kommt, und es hat mir sehr weh getan, daß Du diese Bücher so tief verstautest, ich meine, mit Zweig, Buber usw. wie sie alle heißen, bräuchte man sich nicht zu schämen [...]" und leicht provozierend fügt sie hinzu: „selbst wenn sie vor einem Blume zu bestehen hätten [...]" (31.1.1923). Carola muss in geduldiger Vorarbeit um die Akzeptanz Bernhards bei ihrer Mutter ringen, nicht zuletzt deshalb, weil eifer-süchtige Freunde aus der Jugendzeit sich anheischig machen, Zweifel an Carolas Auserwähltem im Hause Rosenberg anzumelden. Carola verteidigt ihre Wahl gegenüber der Mutter und gibt ihr dabei einen ersten Eindruck von Bernhards Person:

„Es ist Unrecht, was Walter über Blume sagte. Blume hat noch keine 10 Worte mit ihm gesprochen und weil Blume kein Mensch ist, der glänzt, behauptet er, ich sei die Gebende. Walter ist eben ein ganz anderer Typus von Mensch. Blume verneint ja auch Walter, er sagte gleich, er spüre, daß er unehrlich sei und wie oft hast Du das, liebe Mutter, zu mir gesagt; es ist keines-wegs so, daß ich nur mit Blume gehen möchte, ich freue mich sehr auch mit anderen Menschen [...] Blume hat sicher von all den Buben den gesündesten Einfluß auf mich; er hat viel gesun-den Menschenverstand und er erträgt hohle Phrasen nicht; z.B.

lacht er darüber, wenn wir die Menschheit bessern wollen und meint, wir sollten zuerst nach uns sehen, ehe wir bei anderen anfangen. Er spricht deshalb nie von dem, was er tun will, sondern tut es eben; zur Zeit schreibt er an einer Komödie; das sind alles keine Dinge, von denen man fremden Menschen gegenüber spricht [...] Ich wäre arg froh, wenn Ihr mich verstehen würdet [...]" (o.D. 1922).

Sophie Rosenberg wünscht sich nichts sehnlicher für ihre Tochter als Heirat und Familienglück mit einem jüdischen Mann. Trotzdem hat sie nicht aktiv darauf hingewirkt, dass jüdischer Glaube und jüdische Traditionen das Familienleben prägten; im Gegenteil, Carola erinnert sich, dass Weihnachten eine besondere Faszination auf sie ausübte und in der Familie gefeiert wurde, und dass die Mutter die kulturellen Impulse, die durch die höhere Schulbildung der Kinder und durch den Bekanntenkreis in ihr Leben einwirkten, sehr schätzte. Ihr Festhalten an jüdischen Überlieferungen war hingegen, wie Carola sagt,

> „etwas Irrationales, das sie aus ihrer Kindheit mit sich herübergenommen hat; vielleicht ist eben das „Jüdische" (obwohl sie selbst mit keiner einzigen jüdischen Familie in Heilbronn verkehrt) das einzige, was noch als Erinnerung an ihre eigene Familie übrig geblieben ist; dazu kommt, daß in den 25 Jahren Ehe mein Vater sie täglich damit aufzieht, das ist geradezu sein Steckenpferd, und sie aus einer wohl verständlichen Opposition heraus wie ein Krieger sich nur noch hartnäckiger auf ihre Position zurückzieht; sie meint geradezu oft, das ist das einzige, was man ihr nicht nehmen kann; dabei übersieht sie aber, daß ihr durch ihre ganze „deutsche" Einstellung, durch ihre Umgebung und Bekannten, der jüdische Inhalt unmerklich aus den Händen geglitten ist und daß dies, an was sie sich hält, leere Form ist" (20.9.1923).

Carola erkennt das „Irrationale" in der Person der Mutter, sie geht einer Konfrontation mit der Mutter aus dem Wege und verschweigt ihr Verhältnis mit Bernhard. Sie verschweigt aber auch Bernhard gegenüber diesen Sachverhalt. Sie hat Angst, von dem Mann, der Atheist ist, in ihrer Loyalität gegenüber der religiösen Bindung ihrer Mutter nicht verstanden oder gar abgelehnt zu werden. Um es beiden „recht zu machen", meidet sie das Thema. Es wird zur „verbotenen Provinz". Anlässlich ihres Tübinger Besuchs und Bernhards Insistieren auf einer Klärung lässt sie zum ersten Mal Licht in diese „Provinz". Bernhard geht es nicht um das Jüdischsein – damit hat er keine Probleme – es geht ihm um Klarheit in der Beziehung.

Im Fall der widerrufenen Stellenzusage am Stuttgarter Lehrerinnenseminar ist es das erste Mal, dass Carola mit dem überlieferten Duldungsmuster nicht zurechtkommt. Nach dem erfolgreichen Studium, einer außergewöhnlichen Forschungsarbeit, ihren verschiedenen sozialpädagogischen Praktika erwartet sie zu Recht eine Anerkennung dessen, was sie zu bieten hat. Die Erfahrung, dass dies alles nicht verlässliche Größen, sondern nur Eventualitäten gegenüber der Konstante ihrer Rasse sind, ist zutiefst schockierend für sie. Noch ein Jahr später, als sie sich nach beruflichen Möglichkeiten umschaut, ist sie pessimistisch. Leicht galgenhumorig schreibt sie an Bernhard, der gerade sein Referendariat in Esslingen antritt: „Du als <Arier> kannst Dich ja freuen, aber ich werde mich nie mehr um eine solide Stellung bewerben können (außer als Privatsekretärin)" (8.12.924). Ihr muss die Diskriminierung gespenstig und absurd erschienen sein – ihr, die sich mit der deutschen und europäischen Kultur identifiziert, deren Denken im deutschen Idealismus und der künstlerischen Moderne beheimatet ist und der jüdischen Glaubenwelt fremd gegenübersteht. So absurd, dass sie es gar nicht ernstnehmen konnte und an die Ränder ihres Bewusstseins drängt. Im Gegensatz zu Bernhard, der – wie er berichtet – Hitlers „Mein Kampf" aufmerksam gelesen hat und die Judenpolitik der Nazis sofort versteht. Aber er trifft auf taube Ohren, sowohl bei Carola (zunächst) wie bei ihren jüdischen Verwandten. Denn – so erinnert er sich – „Mein Kampf" hatte niemand aus seiner Bekanntschaft gelesen: „Die Gegner lasen ein solches Buch nicht und die Anhänger Hitlers lasen überhaupt nichts." Und als er Carolas Verwandten in Stuttgart erklärt, „man würde den Juden alles wegnehmen, was sie besäßen," halten sie ihn für „hysterisch."[169] Carola will sich offenbar auch nicht mit der Judendiskriminierung näher befassen und lieber ihr Denken und Trachten darauf richten, beruflich wieder tätig zu sein, mit einem gewissen hektischen Aktivismus und ihrer alten Unbekümmertheit. Abgesehen davon, dass sie so schnell wie möglich fürs Überleben ihrer Familie eine Verdienstquelle erschließen muss, denn Bernhards Quellen sind durch die Nazis trockengelegt. Sie ist in dieser Zeit noch fest entschlossen, in Deutschland zu bleiben.

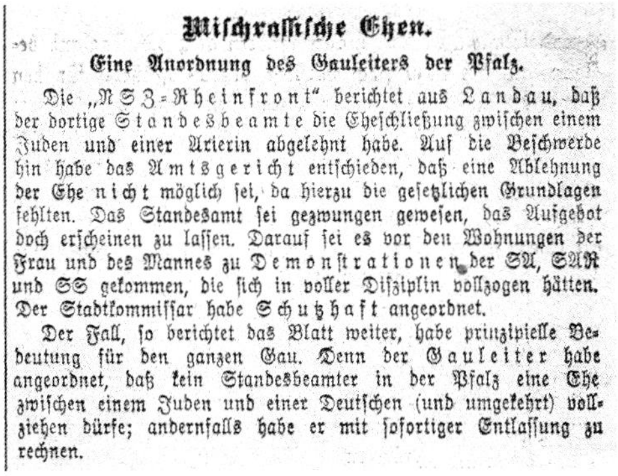

Mischrassische Ehen.

Eine Anordnung des Gauleiters der Pfalz.

Die „NSZ-Rheinfront" berichtet aus Landau, daß der dortige Standesbeamte die Eheschließung zwischen einem Juden und einer Arierin abgelehnt habe. Auf die Beschwerde hin habe das Amtsgericht entschieden, daß eine Ablehnung der Ehe nicht möglich sei, da hierzu die gesetzlichen Grundlagen fehlten. Das Standesamt sei gezwungen gewesen, das Aufgebot doch erscheinen zu lassen. Darauf sei es vor den Wohnungen der Frau und des Mannes zu Demonstrationen der SA, SAR und SS gekommen, die sich in voller Disziplin vollzogen hätten. Der Stadtkommissar habe Schutzhaft angeordnet.

Der Fall, so berichtet das Blatt weiter, habe prinzipielle Bedeutung für den ganzen Gau. Denn der Gauleiter habe angeordnet, daß kein Standesbeamter in der Pfalz eine Ehe zwischen einem Juden und einer Deutschen (und umgekehrt) vollziehen dürfe; andernfalls habe er mit sofortiger Entlassung zu rechnen.

Abb. 71 Zeitungsmeldung
zum Thema "Mischrassige Ehen"
(Nachlass Rosenberg-Blume)

231

Carola hat an ihrer inneren Distanzierung vom Judentum ihr Leben lang festgehalten. Sie hat das Thema in der Familie auch nicht auf die Tagesordnung gebracht, hat es konsequent ignoriert und unsichtbar gemacht, so als ließe es sich auf diese Weise aus der Welt schaffen. In ihrem Leben blieb die „verbotene Provinz". Den Söhnen wird dieser Umstand nach ihrem Tod erst klar bewusst. Ja, noch mehr: Dass ein Schlüssel zum Verständnis ihrer Persönlichkeit in ihrem Umgang mit der Frage ihres Jüdischseins liege:

> „Let me only say that in my personal view (and this I did not fully understand or realize until very late in Mother´s life, and to some extent even after her death) I think a key to explaining much in my mother´s personality has to do with the extent

---

[169] B. Blume 1985, S. 147

to which she was, or was not, Jewish (or to which she viewed
herself, or did not view herself, as Jewish"[170]

schreibt der ältere Sohn Michael über seine Mutter (Brief
an die Verf. 28.9.1993). Ihn bewegt die Frage auch im Rahmen der
vorliegenden Recherchen über sie. Er ist z.B. „völlig überzeugt" davon,
dass Carola der Einladung der Stadt Stuttgart, die jedes Jahr ihre ehemaligen jüdischen Bürger und Bürgerinnen zu einem Aufenthalt einlädt, Folge geleistet hätte, wenn sie als „vertriebene Person" und nicht
als „jüdische Person", und noch dazu in einer größeren jüdischen
Gruppe, eingeladen worden wäre. „She did not say that to me, but I
have no personal doubt that my assessment is accurate," versichert
er. Und fügt hinzu: „The whole thing is a very complex subject [...]"[171]
Carola hat das Drama, über ihre Rasse und nicht über ihren Geist definiert zu werden, nur durch Verdrängung überwinden können.

---

[170] „Lassen Sie mich nur anmerken, dass in meiner ganz persönlichen Sicht
(und das habe ich erst sehr spät in Mutters Leben begriffen und in gewisser Hinsicht erst nach ihrem Tod), dass ein Schlüssel zum Verständnis vieler Seiten in der Persönlichkeit meiner Mutter darin liegt, wie weit sie
jüdisch war oder nicht, oder wie weit sie sich als jüdisch ansah oder
nicht" (Brief an die Verf., 28.9.1993).

[171] „Sie sagte mir das nicht, doch habe ich persönlich keinen Zweifel daran,
dass meine Einschätzung richtig ist". „Die ganze Sache ist eine sehr kom-
plexe Angelegenheit." Michael Blume wollte in späteren Briefen einge-
hender auf diesen Aspekt in Carolas Leben eingehen. Dazu kam es leider
nicht mehr, er starb an einem plötzlich aufgetretenen Krebs sieben Jahre
nach seiner Mutter (1994). Nach Aussage des jüngeren Bruders Frank
bewegte ihn diese Frage noch auf dem Totenbett, und er hinterließ das
unerledigte Thema seinem Bruder, der es mir auch nur noch als offene
Frage übermitteln konnte, da auch er wenige Jahre nach seinem Bruder
unerwartet starb (1998).

Das Zeugnis

„Wir wünschen ihr für die Zukunft von Herzen alles Gute [...]"

Vom 18.Mai 1933 datiert das Zeugnis, das ihr der Verein zur Förderung der Volksbildung ausstellt. Darin heißt es u.a.:

„Sie leitete die Frauenabteilung des Vereins, die später eine Abteilung der Volkshochschule Stuttgart bildete. Zu ihren hauptsächlichen Aufgaben gehörte die Aufstellung des Arbeitsplanes, die Gewinnung der Lehrkräfte, Verhandlungen mit Behörden und Verbänden, die Aufstellung und Durchführung der pädagogischen Richtlinien, sowie die Sorge für eine gesunde wirtschaftliche Grundlage ihrer Arbeit. Frau Blume hat alle diese Aufgaben mit hervorragendem Geschick und großem Erfolg durchgeführt. Wenn die Frauenabteilung der Volkshochschule Stuttgart durch ihre sozial- und arbeitspädagogischen Maßnahmen weit über die Grenzen Württembergs hinaus geschätzt wurde, so ist dies in erster Linie das Verdienst der unermüdlichen und hingebenden Arbeit von Frau Blume. Frau Blume scheidet auf Grund der veränderten politischen Verhältnisse aus ihrer Stellung. Wir danken ihr für ihre ausgezeichneten Dienste [...] und wünschen ihr für die Zukunft von Herzen alles Gute. Verein zur Förderung der Volksbildung. (Unterschrieben: Ministerialrat Bauer, Direktor Bäuerle).[172]

Setzt man die auffallende Kürze und die dürftigen Formulierungen zur Charakteristik ihrer Arbeit in Beziehung zu ihrer tatsächlichen Leistung, so wirkt dieses Zeugnis zumindest befremdlich. Kein Eingehen auf die Schwerpunkte ihrer Arbeit, ihre innovative pädagogische Methode, den beispiellosen Publikumserfolg, ihre führende Position auf Tagungen; auch keine Nennung konkreter Leistungen, die für ihre berufliche Zukunft von großer Bedeutung gewesen wären. Statt dessen bedankt man sich pauschal und verhalten für ihre „unermüdliche und hingebende Arbeit" und „die ausgezeichneten Dienste", die sie geleistet hat. Wie schon im Kündigungsschreiben erstickt der Amtston die Realität. Der Grund ihrer Entlassung, die Rassendiskriminierung, wird wiederum nicht genannt, sondern neutral umschrieben mit „den veränderten politischen Verhältnissen." Auch der letzte Satz „[...] und wünschen ihr für die Zukunft von Herzen alles Gute" klingt im Angesicht der unsicheren und bedrohten Zukunft, die Carola erwartet, zunächst wie reiner Hohn. Doch kann man bei der realen Wertschätzung von Carolas Arbeit durch Bäuerle davon ausgehen, dass taktische Überlegungen einen eher distanzierten Zeugnistext nahe legten. Eine Hervorhebung ihrer Leistungen hätten ihr in dem herrschenden politischen und gesellschaftlichen Klima u.U. nur geschadet.

233

---

[172] HStAS Q1/21 Bü 155

Das finanzielle Überleben der Familie gestaltet sich schwierig: „wir brauchten so langsam als möglich unsere Ersparnisse auf", so Bernhard rückblickend auf diese Zeit.[173]

---

[173] B. Blume 1985, S.144

An der Mittelstelle für jüdische Erwachsenenbildung

Im März 1934 gelingen ihre Bemühungen um eine Kontaktaufnahme mit Martin Buber: sie wird zu einem mehrtägigen Besuch ins Heim des jüdischen Philosophen in Heppenheim an der Bergstraße eingeladen. Carola hatte Buber mehrmals bei seinen Vorträgen erlebt und war jedesmal so tief beeindruckt, ja existentiell ergriffen, dass sie es Bernhard mitteilen musste. Aus Stuttgart schreibt sie ihm aus dieser Begeisterung heraus:

„Oh Geliebter! So habe ich Dich noch nie vermißt wie heute Abend. Alles hätte ich darum gegeben, wenn Du neben mir gesessen hättest, denn ich durfte zum 1. Mal in meinem Leben einen ganz großen Menschen schauen: Martin Buber. Er sprach über Religion als Wirklichkeit und nachher war ein ganz kleiner Kreis von ungefähr 20 Menschen noch mit ihm zusammen, zu dem auch ich gehörte. Was er alles sagte, das kann ich heute Abend nicht schreiben; aber [...] vielleicht wäre ich wieder in den Alltag hereingefallen; nun gab er mir den großen Stoß nach innen; [...] Ich lasse nicht nach und ich will mich ganz an die Welt hingeben und hereinkommen; wundervoll, wie er dann vom „Du" sprach [...] so einfach habe ich noch nie einen Menschen sprechen hören und so ganz wahr [...]; unglaubliche Güte in seinem Wesen. Jetzt hab ich's, er ist durch und durch „wesentlich" [...] (10.2.1925).

Im April 1934 erhält Carola eine Anstellung an der von Martin Buber gegründeten Mittelstelle für jüdische Erwachsenenbildung in Frankfurt am Main: „Dorthin hatte man sie geholt, weil man von ihrer Erfahrung auf dem Gebiet der Erwachsenenbildung in Württemberg Nutzen ziehen wollte."[174] Eine große Auszeichnung und in gewisser Weise eine explizite Würdigung ihrer Bildungsarbeit durch den bekannten jüdischen Philosophen.

Die Mittelstelle in Frankfurt verstand sich als wissenschaftliche und organisatorische Clearingstelle: sie hatte sich, wie es im ersten Rundbrief der Mittelstelle heißt, die „Bildung und Fortbildung der jüdischen Erwachsenenbildner" zur Aufgabe gesetzt und unterstützte die Organisation von Arbeitsgemeinschaften und Kursen in den jüdischen Landes – und Gemeindeverbänden in ganz Deutschland. Sie fungierte als deren Beratungsstelle in Fragen der inhaltlichen und organisatorischen Programmgestaltung in allen Bereichen kultureller Betätigung: Theater, Büchereien, Studium jüdischer Geschichte und Theologie, Frauenarbeit, Jugendarbeit, Tagungsaktivitäten u.a. Das übergreifende Ziel war es, in Reaktion auf die beginnende Ausgrenzung der Juden aus dem gesellschaftlichen und kulturellen Leben in Deutschland, der jüdischen Bevölkerung durch Gemeinschaftsbildung und Rückbesinnung auf jüdische Traditionen, Religion und Kultur ein neues Identitätsgefühl zu vermitteln und sie dadurch geistig

---

[174] ebd. S.168

zu stärken. Martin Buber sagt hierzu in seinem Vorwort zum ersten Rundbrief der Mittelstelle im Juni 1934:

> „Hier geht es nicht um eine Ausstattung mit Wissen, sondern um eine Rüstung zum Sein. Menschen, jüdische Menschen sind zu bilden, Menschen, die nicht bloß <aushalten>, sondern eine Substanz am Leben erhalten, die nicht bloß Haltung, sondern Halt haben und also auch anderen Halt verleihen. Menschen, die so existieren, daß der Funke nicht erlischt. Weil unsere Sorge dem Funken gilt, arbeiten wir für Bildung. Was durch die Bildung der Personen erstrebt wird, ist die Bildung der standhaltenden, der überwindenden, der den Funken hütenden Gemeinschaft".[175]

Große Namen der jüdischen Geisteskultur sind hier vertreten: neben Martin Buber, Franz Rosenzweig, Ernst Kantorowicz, Hannah Karminski, Max Grünewald, Ernst Simon, Georg Lubinski, Erich Rosenblüth. Carola bezieht ihr Wohnquartier in einem Mansardenzimmer im Hause von Ernst Kantorowicz in Frankfurt-Ginnheim und arbeitet wie immer mit großem Einsatz und vielen Überstunden. Sie sitzt mit ihrer Arbeit am Nerv des Ganzen: sie führt das Sekretariat, organisiert die Grundlagen eines großen Bürobetriebs und einer systematischen Aufteilung der Sachgebiete; zudem betreut sie die Beziehungen zu den Landes- und Gemeindeverbänden, inhaltlich und organisatorisch; sie erledigt die umfangreiche Korrespondenz für die einzelnen Mitarbeiter und ist zugleich deren hochgeschätzte Gesprächspartnerin. Sie ist an der Vorbereitung der Tagungsbeiträge ihrer Vorgesetzten beteiligt und nimmt selbst an Tagungen teil. Die Wochenendbesuche bei ihrer Familie in Stuttgart müssen nicht selten wegen plötzlich anfallender Aufgaben in der Mittelstelle verschoben werden. Carola muss zu zahlreichen Tagungen außerhalb Frankfurts reisen, und die Frage Bernhards: „Fährst Du nach Lehnitz, nach Frankfurt oder hierher?" (29.6.1934) bezüglich des nahenden Wochenendes gibt eine Vorstellung von der hektischen Mobilität ihres Lebens (in Lehnitz bei Oranienburg nimmt Carola mehrmals an Tagungen des „Jüdischen Frauenbundes" teil). Aus ihrem Mansardenzimmer schreibt sie wie immer in Eile und übermüdet ihre Briefe an Bernhard. Im Telegrammstil berichtet sie von ihrer Arbeit und gibt Bernhard Ratschläge für die Bewältigung des praktischen Alltags mit Haushalt und Kindern, bei der er allerdings ohne die Hilfe Cillas, des Hausmädchens ihrer Eltern, kläglich gescheitert wäre. Durch Bernhards regelmäßige Briefe und seine launig-witzigen Berichte über die Entwicklung der Kinder und sein gesellschaftliches Leben in Stuttgart ist Carola wenigstens im Bilde über ihr Zuhause, doch kann die Trennung der Familie keine Dauerlösung sein. Eine Erinnerung der Familie aus jener Zeit: für den kleineren Sohn Frank – zwei Jahre alt – ist sie bei einem Besuch zu Hause nicht die Mutter, sondern Cilla. Auch mag die völlige Abstinenz Bernhards in Haushaltsdingen zu Carolas Unruhe beige-

---

[175] Mittelstelle für jüdische Erwachsenenbildung bei der Reichsvertretung der deutschen Juden, Frankfurt am Main, im Juni 1934, Unterlindau 21.<Mappe Mittelstelle>

tragen haben. Als wieder einmal in der zunehmend judenfeindlichen Atmosphäre ihre Wohnung gekündigt wird und der vierte Umzug innerhalb von sieben Jahren ansteht[176], nimmt sie – weil Bernhards Versuche kläglich scheitern – die Organisation des Umzugs selbst in die Hand.

Ein Brief gibt Auskunft über das Multitalent Carola: Vorbereitung von Tagungen für die Mittelstelle, Fahrt nach Heilbronn zum Vater anlässlich des ersten Jahrestages des Todes ihrer Mutter und Besorgung eines Grabsteins, Umzug in Stuttgart, Druck des Rundbriefs der Mittelstelle, für den sie verantwortlich ist, Teilnahme an Gesprächskreisen von jüdischen und nichtjüdischen Erwachsenenbildnern, Eröffnungsfeier des Jüdischen Lehrhauses in Frankfurt – und: Beschaffung von guten „Äpfle" und Kartoffeln für die Familie – dies alles steht auf ihrem Programm (Sonntag, 1934).

Wie allmählich das „Judenthema" in den Alltag der Bevölkerung dringt, zeigen die scheinbar beiläufigen Bemerkungen und ironischen Apercus in Bernhards Briefen. Von einem Ausflug mit dem befreundeten Ehepaar Hess (Emil Hess, Schauspieler am Stuttgarter Staatstheater und Elisabeth Hess, ehemalige Schauspielerin am Münchener Kammertheater und Leiterin einer Schauspielschule in Stuttgart) nach Schloss Stetten erzählt er: „Leider war die Fahrt für Hessens nicht so genußreich wie für mich, da sie gar nicht fassen konnten, daß ich so oft gefragt werde, ob Frau Hess eine Jüdin sei; und dies noch, nachdem sie mir gerade einstimmig versichert hatten, Dir sehe man Deine Rasse nicht an! Mit Hilfe einer Anzahl Viertele eines hervorragenden Weines kam Hess aber langsam über den Schlag hinweg" (22.5.1934). Von einem Bekannten schreibt er:„[...] Am Schloßgarten hat mich der arme und gedrückte Jude Dr. Dannhauser noch aufgehalten, zu dem ich nett war, damit er nicht meint, ich verkehre mit Juden nicht" (26.7.1934). Über den damaligen Leiter des renommierten Eberhard-Ludwig-Gymnasiums in Stuttgart, Binder, merkt er an: „[...] Auch Binders habe ich bei Wanners Premiere getroffen und verlogen-freundliche Worte mit ihnen gewechselt. Von Deiner Tätigkeit haben sie scheint's gehört, aber diskret-verlogen gingen sie darüber hinweg" (ebd.). Binder wird sich jedoch als hilfreich für Bernhard beim Sammeln von Referenzen für die Stellensuche in Amerika erweisen.

Die „Sache" geht auch an den Kindern nicht vorbei. Der ältere Sohn Michael, vier Jahre alt, kommt in die Fragephase: ob man „Gewitter auch totmachen kann" und „wo die Wolken sind, wenn sie nicht da sind", will er wissen. „Vielleicht könntest Du mir einen Rat geben", wendet sich Bernhard an Carola „was ich ihm sagen soll, wenn er fragt, was Juden sind. Nachdem er nunmehr festgestellt hat, daß es Kommunisten gibt, muß er ja nun auch bald auf die unterste Schicht menschlicher Lebewesen in Deutschland kommen" (4.8.1934). Als Carola ihren Sohn im Kindergarten abholen will und mit „Grüß Gott"

237

---

[176] Die Wohnungen der Familie Blume in Stuttgart: Stuttgart-Degerloch, Michaelstraße 16; Stuttgart-Gablenberg, Pfarrstraße 20; Stuttgart-Gaisburg, Straße unbekannt; Stuttgart-Vaihingen, Charlottenstraße 19; Stuttgart-West, Köllestraße 11

Abschrift.

Mittelstelle
für
Jüdische Er-
wachsenenbildung-

Frankfurt a.M. 22. Januar 35

Zeugnis.

Es ist mir ein Bedürfnis, vor meinem Ausscheiden aus der obigen Mittelstelle infolge meiner morgen erfolgenden Abfahrt nach Palästina, einige Worte über die Tätigkeit unserer Mitarbeiterin, der Frau Dr. phil. Carola Blume , zu sagen.

Frau Dr. Blume ist in die Büroleitung der Mittelstelle unter schwierigen sachlichen und persönlichen Bedingungen eingetreten und hat es verstanden, sich in die Materie innerhalb verhältnismässig kurzer Zeit nicht nur einzuarbeiten, sondern auch die Grundlage eines geordneten Bürobetriebs und einer systematischen Aufteilung des Gebietes zu organisieren. Mit nie ernüdender Hingabe ha sie sich ihren mannigfaltigen Aufgaben gewidmet, von denen ihr ihr die persönliche Beratung Einzelner in Angelegenheit der Erwachsenenbildung, die Fürsorge für die Kleingemeinden, die Arbeit für die Schaffung einer jüdischen Jugendliteratur und eines jüdischen alienspiels besonders am Herzen lagen. Auch für unseren "Rundbrief" hat sich Frau Dr. Blume durch selbständige Berichte über die verschiedenartigen Arbeiten der "Mittelstelle" erfolgreich betätigt

Jch wünsche ihr die Möglichkeit weiterer fruchtbarar Arbeit.

gez. Dr. Ernst Simon.

Abb. 72 Zeugnis von Ernst Simon für Carola Rosenberg-Blume
(Nachlass Rosenberg-Blume)

die Gruppe begrüßt, stürmt der Junge auf sie zu und sagt streng:
„Mutter, Heil Hitler muscht aber sagen!"
(Gespräch d.Verf. mit Frank Blume).

Kritik und innere Distanzierung

Carola bemüht sich nach einigen Monaten wieder um eine
Stelle in Stuttgart, nicht nur um bei ihrer Familie zu sein. Sie merkt,
dass sie sich mit den Zielen und der inhaltlichen Arbeit der Mittelstelle
auf Dauer nicht identifizieren kann. Sie entwickelt zunehmend kritische Distanz zu ihr. Deutlich zeigt es sich an ihrem Redebeitrag zu
einer mit der Mittelstelle durchgeführten Lernzeit des Jüdischen Frauenbundes über das Thema „Persönlichkeitsbildung der Frau" vom
4.bis 7. Oktober 1934 in Bad Nauheim.[177]
        Die führenden Redebeiträge beschäftigen sich mit der Frage,
wie ein neues Zusammengehörigkeitsgefühl unter den jüdischen
Frauen in Deutschland geschaffen werden könne; wie die Spaltung
in „die große Masse der aus dem wurzelhaft Traditionellen" lebenden
Frauen, die sich nicht als bildungsbedürftig empfinden, und die Gruppe der intellektuellen Frauen zu überwinden sei. Dora Edinger stellt
einen „Umschwung" seit 1933 fest, „die beginnende Suche der intellektuellen Frauen, die sich nicht mehr zurechtfinden, nach einem Weg
zurück zu den Sphären, wo empfindungsmäßig jüdisches Leben noch
vorhanden ist. Sie wollen wissen um jüdische Gebräuche, wissen um
jüdische Geschichte und jüdisches Leben." Andererseits geschehe „das
Erstaunliche, daß auch die Frauen des anderen Typs, die bisher aus
der Tiefe ihres unbewußten selbstverständlich jüdischen Seins gelebt
haben, ein Bedürfnis nach Wissen, Erleuchtung, Erklärung empfinden, das früher nie spürbar war". Hier solle eine „wirkliche Einheit"
geschaffen werden. Der Referentin ist die Gewinnung der emanzi-
pierten jüdischen Frauen besonders wichtig, und sie betont, dass auch
das traditionell vom Mann getragene kulturelle Leben im Judentum
im Hinblick auf die Mitwirkung der Frau verändert werden müsse.
„Diese Frauen zum ganzen echten Judentum zurückzuführen, ist
unsere dringende Aufgabe," stellt die Referentin fest (ebd.).Die
Arbeitsgruppen der Tagung bilden sich um folgende Themen: Bibel-
lehrstunde über drei Frauengestalten: Deborah, Channa und die Frau
von Thekoa (Martin Buber); Das jüdische Gesetz (Ernst Simon); Erziehungsfragen (Bergel-Gronemann): Jugendbewegung (Klara Karo).
        Carolas Kurzreferat konzentriert sich auf den möglichen
Beitrag der Mittelstelle zur Umsetzung der angedachten Projekte. Auf
ihre Initiative hin war die Frauenbildung in den Aufgabenkreis der
Mittelstelle aufgenommen worden. Aber sie lehnt eine Konzentration
der Bildungsarbeit auf die Bibel und die jüdische Geschichte, wie sie

239

---

[177]   Persönlichkeitsbildung der Frau. Maschinenmanuskript o.D.1934.
        <Mappe Mittelstelle>

auf der Tagung gefordert wurde, ab: „Eine so schwierige Sache, daß sie zumindest im Augenblick noch nicht spruchreif ist", betont sie. Wie in ihrer Stuttgarter Bildungsarbeit hält sie praktische Dinge für wichtiger, weil sie das konkrete Leben der Menschen betreffen: z.B. die Veröffentlichung eines Jugendschriftenführers, die Anhebung des Niveaus der Laienspiele durch einen „pädagogischen Leitfaden", den Ausbau der Bildungsarbeit in den Kleingemeinden auf dem Land durch Information über Frauen-, Mütter- und Berufsfragen und durch Wanderbüchereien, für die sie sich besonders erwärmt und ein Konzept entwirft.[178]

Bereits im Juli 1934 sendet Carola einen Brief an einen ehemaligen Mitarbeiter der Mittelstelle (Bondy) nach Palästina, der ihre zunehmende innere Distanz zur geistigen Ausrichtung der Mittelstelle belegt:

> „Ich hatte bis jetzt immer Hemmungen, Ihnen zu schreiben und Ihrem Wunsche, von der Arbeit der Mittelstelle zu berichten, nachzukommen, weil ich, wo alles jubelt, nicht gerade kritische Berichte versenden wollte. Unsereiner muß ja auch zurückhaltend sein und das war ich bis vor kurzem in der Arbeit sehr. Aber plötzlich ging es nicht mehr. Durch unsere drei Männer Buber, Simon und Rosenblüth haben wir eine solche dichte jüdische Atmosphäre, erziehen wir zu einem solchen Ghettotum hin, daß ich mich manchmal bei einem solchen Lernkurs frage, ob ich überhaupt noch normal bin; wenn ich dann bei meinem Mann bin, merke ich erst wieder, daß das Leben genau wie vorher seinen alltäglichen Lauf nimmt [...]" (9.7.1934).[179]

Im weiteren kritisiert Carola den Ansatz des pädagogischen Konzepts, das den Schwerpunkt aufs „Lernen" (Geschichte und Theologie) statt aufs „Erziehen" legt, und sie schreibt einen Satz, mit dem sie sich ihrer eigenen Haltung in der Frage vergewissern will: „Ich glaube, daß es heute viel nötiger ist, das zu bejahen, was man einmal als richtig anerkannt hat und zu seinem Menschen, wie man war, zu stehen und diesen in die Arbeit einzusetzen, als <umzukehren>". „Ein ganz schweres Problem" sind ihr die Umschulungslager, in denen Handarbeiter und Kopfarbeiter die jeweils andere Seite im konkreten Miteinander erfahren sollen. Sie schließt den Brief mit der Beteuerung, dass sie die Arbeit „mehr denn je reizt, aber so hat es keinen Sinn" (ebd.). Bondy antwortet ihr aus Jerusalem u.a.: „Über die Mittelstelle, die mir von vornherein fraglich schien, möchte ich nicht urteilen [...] Ihre ambivalente Haltung ihr gegenüber verstehe ich durchaus" (19.8.1934). Carolas Haltung überrascht nicht, kennt man ihren geistigen Werdegang in Schule und Hochschule, die liberale Atmosphäre im Elternhaus und ihren lebendigen, ganz vom Erbe der europäischen Aufklärung geprägten Dialog mit ihrem Mann. Carola ist Repräsentantin des liberalen jüdischen Bildungsbürgertums in Deutschland,

---

[178] Ebd., Diskussionsrede bei der Frauentagung in Nauheim von Dr. Carola Blume. <Mappe Mittelstelle>

[179] <Mappe Mittelstelle>

dem die Synagoge fremd ist, Philosophie, Musik und Dichtung der deutschen Klassik umso vertrauter.

Carolas Versuche, eine Tätigkeit bei der Firma Bosch zu finden, scheitern trotz der anhaltenden Bemühungen Bäuerles, der auch die ideologischen Beweggründe Carolas, aus ihrer Frankfurter Stellung zu scheiden, hervorhebt.[180] Der Briefwechsel mit ihrem Mann spiegelt die bangen Hoffnungen jener Zeit, die jedes Mal ein von Bäuerle in Aussicht gestelltes Gespräch mit der Firmenleitung aufkeimen lassen. Carola bereichert ihr Qualifikationsprofil noch um neue Kompetenzen, die sie sich in ihrer Frankfurter Arbeit erworben hat, in der Büchereifrage und der Laienspielfrage, und weist in ihren Bewerbungen darauf hin. Sie hebt auch hervor, „wie viel" sie an „natürlicher Volkspädagogik" bei Bäuerle mitbekommen habe und „wie viel" sie ihm „zu verdanken" habe. „Auch wenn man mir jetzt eine nebensächliche Arbeit geben würde, könnte ich mit der Zeit auch für die Firma eine wertvolle Kraft werden. Ich kann es mir übrigens nicht vorstellen, daß es in einem solch großen Betrieb nicht auch wissenschaftliche Hilfsarbeiten geben sollte", schreibt sie an Bäuerle (16.8.1934).

Die Kündigung der nun vierten Wohnung in Vaihingen, die das Ehepaar Blume seit seiner Verheiratung 1927 bezogen hat, bringt sie in zusätzliche Schwierigkeiten. Soll die Familie eine Wohnung in Frankfurt suchen, um der Trennung ein Ende zu setzen, oder kann sie auf eine Tätigkeit bei Bosch hoffen und zu ihrer Familie nach Stuttgart zurückkehren? Auch mit diesen Überlegungen zu ihrer privaten Situation hofft sie, Bäuerles Einsatzbereitschaft für ihre Sache zu bestärken: „Ihre Frau als gute Hausfrau wird mir nachfühlen können, was es bedeutet, hier im Büro zu sitzen, daheim Mann und Kinder, und keine Ahnung zu haben wohin mit diesen und den Möbeln in 6 Wochen" (ebd.). Bäuerle erreicht der Brief in seinem Urlaubsdomizil am Bodensee. Er stellt Gespräche mit Bosch nach seiner Rückkehr in Aussicht und macht ihr Hoffnung, „daß sich etwas für Sie finden wird. Man darf eben die Geduld nicht verlieren. In was für einer verzweifelten Lage Sie sich befinden, können wir wohl nachfühlen, der beigelegte Briefabschnitt Ihres Mannes hat uns tief erschüttert" (28.8.1934). Es muss auch bei Bernhard ein Moment tiefster Mutlosigkeit gewesen sein, der ihn – sonst eher zurückhaltend – veranlasst hat, sich an Bäuerle persönlich zu wenden. Bäuerle schließt seinen Brief mit einer zufriedenen Rückschau auf seinen Urlaub mit der Familie, was uns die ganze Tragik der auseinandergerissenen und existentiell bedrohten Familie auf der anderen Seite umso deutlicher vor Augen führt. Die Betroffenen mögen es damals vielleicht nicht so empfunden haben. Was ihnen aber in dieser ausweglosen Situation Halt gibt, ist ihre stabile emotionale Beziehung zueinander. Bernhard schreibt in seinem Brief zu Carolas 35. Geburtstag nach Frankfurt:

---

[180] Brief an den Chef der Personalabteilung Otto Henne vom 19.9.1934, <Mappe Entlassung>

„[...] Was ich Dir wünsche, meine liebe Frau. Bleibe, wie Du seither warst, und so wie ich Dich lieb habe, mein guter und tapferer Kamerad. Ich wünsche uns beiden die Kraft, die nächste Zeit durchzuhalten, – und ich bin überzeugt, daß es uns gelingen wird. Denn was uns bedroht, sind ja äußere Ereignisse, und die kann man bestehen. Jetzt sind wir schon dreizehn Jahre zusammen, und das kommt mir manchmal sogar lang vor; ich hoffe, wir können einmal von diesen dreizehn Jahren als dem Anfang unserer Ehe sprechen. Wir wollen uns auch heute an dem freuen, was wir haben, und das ist immer noch sehr viel; daß einiges davon heute in Frage gestellt ist, verstärkt vielleicht in uns die Kraft, uns, unsere Welt, unsere Werte zu behaupten. Wenn wir heute, einander gewiß, dem Schicksal gelassen gegenüber stehen, können wir auch einmal, das glaube ich sicher, auf diese Zeit gelassen zurückblicken. Liebling! Es war bisher schön, es hat gestimmt zwischen uns, und so soll es bleiben [...]" (5.6.1934).

Einschätzung der Person Bäuerles

Die Person Bäuerles genießt bei Carola und Bernhard höchste Wertschätzung – sie scheinen in ihm nicht den Mitverantwortlichen der in unserer heutigen Sicht gravierenden Maßnahmen gegen Carola: Entlassung, sofortige Anwendung des Nazi-Beamtengesetzes – gesehen zu haben. Keiner der Briefe, die aus jener Zeit erhalten sind, enthält kritische Äußerungen über Bäuerle oder Zweifel an seiner moralischen Integrität, mochte ihre erste Reaktion auch tiefe Betroffenheit gewesen sein, denn Bäuerle hatte nun einmal als Geschäftsführer des Vereins zur Förderung der Volksbildung auch im Vorstand die Fäden in der Hand und hatte bisher über Wohl und Wehe der gesamten Volksbildungsarbeit entschieden. Die Enttäuschung darüber, dass er so schnell und willfährig auf die Forderung des Nazis Cuhorst einging, seine erfolgreichste Mitarbeiterin zu entlassen, muss tief gewesen sein. Keine Frage. Aber zugleich hatten sie den größeren politischen Kontext vor Augen, in dem eine Weigerung Bäuerles ohnehin nur die zeitliche Verzögerung einer unumgänglichen Maßnahme bedeutet hätte. Und für beide war der Versuch Bäuerles, die Volksbildungsarbeit durch Kompromisse mit dem neuen Regime zu erhalten, in jener Zeit eine Selbstverständlichkeit gewesen. Was sich mit seiner Person in jener Zeit verbindet, ist nach wie vor Achtung und Hoffnung auf Hilfe. Auch Jahrzehnte später hat sich an dieser Sicht der Person Bäuerles nichts geändert. Im Gegenteil, die Schikanen, denen Bäuerle bis zur endgültigen Auflösung der Volksbildungsarbeit 1936 durch die Nazis ausgesetzt war – mehrfache Anzeigen wegen Veruntreuung öffentlicher Gelder, Kontakten zu „marxistischen Kreisen" und „staatsschädigenden Äußerungen" – und seine spätere Nähe zur Bekennenden Kirche und zum Widerstandskreis um

Karl Goerdeler, weshalb er im Gefolge des 20. Juli von der Gestapo verhaftet wurde, mögen sie in ihrer positiven Einschätzung seiner Person noch bestärkt haben.[181] Carola schreibt in der Erinnerung an ihre Entlassung: „[...] Die Umstände, unter denen der Vertreter der NS-Regierung Cuhorst den Verein und die Volkshochschule übernahm, sind mir nicht mehr gegenwärtig, aber Bäuerle war weiter hilfreich."[182]

Bernhard nimmt seinen ersten Besuch bei Bäuerle nach Kriegsende (um 1950) zum Anlass, um später in seiner Autobiographie Bäuerles zu gedenken als eines Menschen, der in seinem Leben von Bedeutung war. Er wundert sich zwar, dass Bäuerle ihm in diesem Gespräch unvermittelt rät, „ja in Amerika zu bleiben", ohne dass er sich in dieser Frage an ihn gewandt hätte. Auch hatte Bäuerle keinerlei Andeutung auf eine mögliche Rückkehr Carolas in ihren alten Aufgabenkreis gemacht. Er verübelt es ihm aber auch nicht, kann er doch diesen Rat „aus einer wenig optimistischen Einschätzung der Lage in Deutschland" und den damit verbundenen Vorstellungen von Amerika als einem Eldorado verstehen. Es wäre eine „Geste" gewesen, die Bernhard und Carola erwarteten: aber weniger „[...] von Bäuerle, sondern vom württembergischen Kultusministerium; ein Schreiben an Carola, das sie formell in alle Rechte ihrer alten Stellung wiedereinsetzte, oder ihr zumindest diese Stellung wieder anbot." Bernhard kann diese direkte und offene Äußerung Bäuerles in sein Bild von dessen Person sofort einordnen und infolgedessen auch nicht übel nehmen: „Bäuerle war ein Mensch, dem alles Gestische fernlag, er war schlicht, ohne die leiseste Neigung zu irgendwelcher Theatralik, ein Mann ohne Schein, ein Erzieher, christlich bestimmt und einer Gesinnung verpflichtet, die ihn im Dritten Reich in ernsthafte Gefahr brachte. Wir mochten ihn, und unser Verhältnis in Deutschland war weit über berufliche Beziehungen hinausgegangen".[183]

Wie Bernhard hier die entscheidende Verantwortung für die nicht erfolgte Einladung zur Rückkehr beim württembergischen Staat sucht und nicht bei der Person Bäuerles, so mögen sie auch beide damals, bei der Entlassung Carolas, die entscheidende Verantwortung im NS-Regime als solchem gesehen und die Aussichtslosigkeit einer Intervention zugunsten Carolas sofort begriffen haben. So formuliert es auch Bernhard in seiner Autobiographie: „Carola wurde von den nationalsozialistischen Machthabern entlassen", eben weil er die gesamtpolitische Lage schon sehr früh durchschaut hatte. Es geht den beiden in dieser Frage weniger um Personen als um die offizielle Vertretung des deutschen Volkes: seine Regierung. Das, was der Senator für Wissenschaft und Kunst in Berlin, Adolf Arndt, am 24. März 1963 auf einer Kundgebung zum dreißigsten Jahrestag des Ermächtigungsgesetzes an alle durch den Nationalsozialismus in die Emigration

---

[181] Zu diesem Themenkomplex vgl.: Christel Pache, Theodor Bäuerles Beitrag zur deutschen Erwachsenenbildung, Stuttgart 1971; Joachim Scholtyseck, Robert Bosch und der liberale Widerstand gegen Hitler 1933-1945, München 1999; AC. Recknagel 1985, S.73-79

[182] Brief an die Verf., 16.10.1986

[183] B. Blume 1985, S.45f.

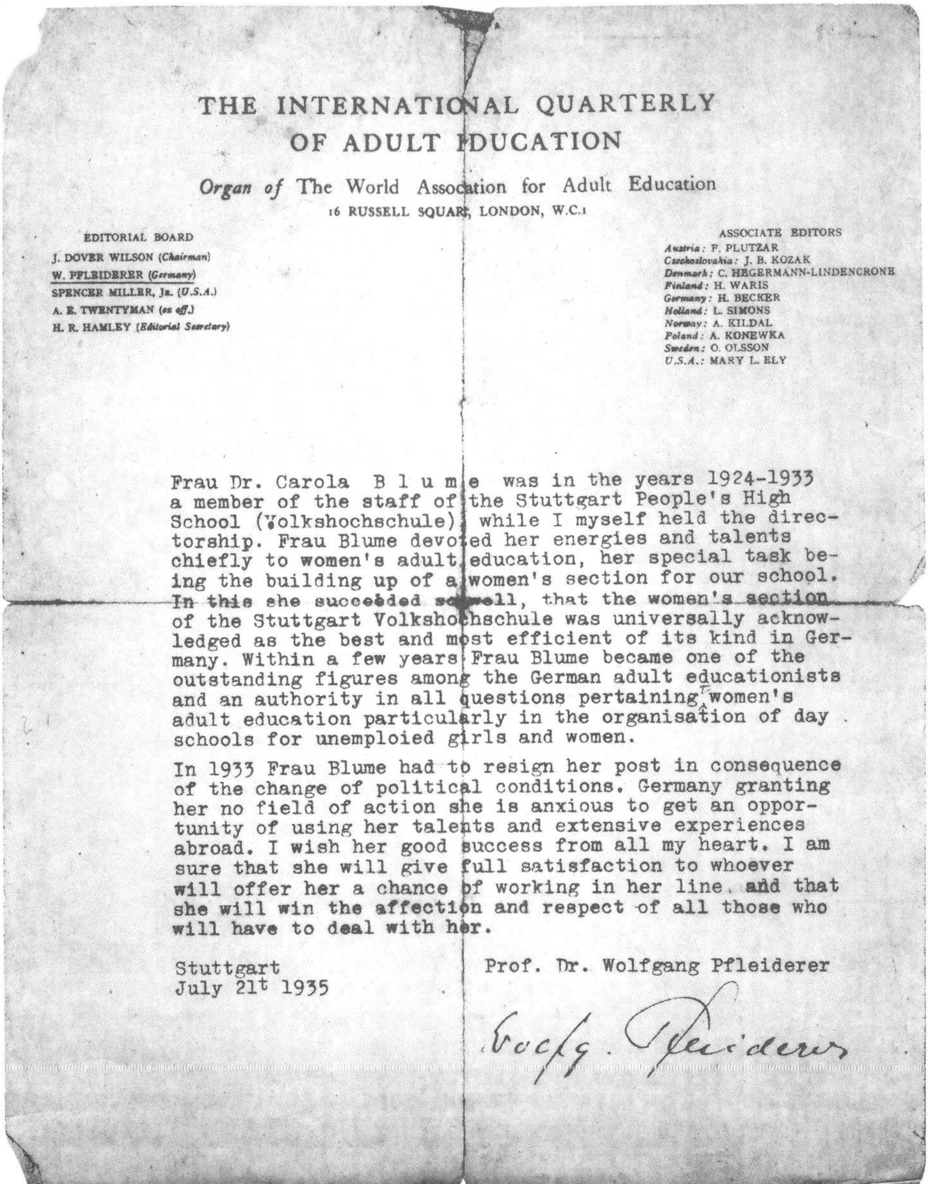

THE INTERNATIONAL QUARTERLY
OF ADULT EDUCATION

Organ of The World Association for Adult Education
16 RUSSELL SQUARE, LONDON, W.C.1

Frau Dr. Carola   B l u m e   was in the years 1924-1933
a member of the staff of the Stuttgart People's High
School (Volkshochschule) while I myself held the direc-
torship. Frau Blume devoted her energies and talents
chiefly to women's adult education, her special task being the building up of a women's section for our school.
In this she succeeded so well, that the women's section
of the Stuttgart Volkshochschule was universally acknowledged as the best and most efficient of its kind in Germany. Within a few years Frau Blume became one of the
outstanding figures among the German adult educationists
and an authority in all questions pertaining women's
adult education particularly in the organisation of day
schools for unemploied girls and women.

In 1933 Frau Blume had to resign her post in consequence
of the change of political conditions. Germany granting
her no field of action she is anxious to get an opportunity of using her talents and extensive experiences
abroad. I wish her good success from all my heart. I am
sure that she will give full satisfaction to whoever
will offer her a chance of working in her line and that
she will win the affection and respect of all those who
will have to deal with her.

Stuttgart   Prof. Dr. Wolfgang Pfleiderer
July 21t 1935

Abb. 73   Empfehlungsschreiben Wolfgang Pfleiderers für Carola Rosenberg-Blume an die Herausgeber der Zeitschrift "The International Quarterly of Adult Education" in London
(Nachlass Rosenberg-Blume)

Getriebenen und ihre Nachkommen gesagt hatte: „Ich bitte alle diese Menschen um Versöhnung und Heimkehr", hatte keine deutsche Regierung ausgesprochen. Ein Kanzlerwort, das unter den Emigranten für weitere Verbitterung sorgte, lautete dahingehend, dass „die Tatsache der Emigration an s i c h noch nicht gegen jemanden zu sprechen brauche."[184]

Carola hatte bei ihrem ersten Besuch in Stuttgart nach dem Krieg geweint, „weil sie" nach Auskunft Fritz Martinis, „hier für eine Amerikanerin gehalten wurde und unglücklich über die Amerikanisierung ihrer Söhne war."[185] Bei ihrer „starken Heimatbindung" (Martini) und ihrer ehemaligen Verwurzelung in beidem: im kleinen schwäbischen und im großen deutschen Kulturkreis, muss für sie das erste Wiedersehen mit der alten Heimat, die sie nicht zurückgerufen hatte und sie auch noch als „Amerikanerin" betrachtete, äußerst schmerzlich gewesen sein. Hat sie deshalb die Reisen nach Deutschland gemieden, die ihr Mann hingegen nun fast jährlich als Mitglied der „Deutschen Akademie für Wissenschaft und Dichtung" machte? Die Tränen Carolas, kennt man ihr Leben, kamen aus tieferen Schichten; es war die Wiederbelebung eines Schmerzes, der verschüttet war und nun bei ihrer Rückkehr an die Stätte ihrer strahlenden Selbstverwirklichung als Erwachsenenpädagogin und der beginnenden Karriere ihres Mannes als Theaterdichter wieder aufbrach.

Bäuerles Verhalten löst gleichwohl Befremden aus. Er war der erste Kultminister von Baden-Württemberg nach dem Krieg, er selbst hat die 1946 wieder gegründete Volkshochschule Stuttgart eröffnet, deren Entwicklung ihm als altem Volksbildner besonders am Herzen gelegen haben muss. Sicherlich hatte er nicht vergessen, was erst dreizehn Jahre zuvor geschehen war. War ihm der fulminante Erfolg von Carolas Frauenbildungsarbeit nicht mehr gegenwärtig? Sah er keine Chancen eines Neubeginns auf diesem Gebiet, nachdem die Frauenbewegung von den Nazis zunichte gemacht worden war? Hatten Krieg und Naziregime solche Wunden geschlagen, dass die – doch – jüngste Vergangenheit abhanden gekommen war? Da saß ihm der Ehemann jener Frau gegenüber, die einmal die Volkshochschule Stuttgart berühmt gemacht hatte – und er beschränkt sich auf die Frage, wie es ihr gehe und was sie jetzt mache, und auf den guten Rat, „ja in Amerika zu bleiben", den er auch später nicht durch eine Aufforderung an Carola, zurückzukommen und eine neue Frauenbildungsarbeit an der Stuttgarter Volkshochschule aufzubauen, revidierte. Das Vergessen ihrer Arbeit ist aus heutiger Sicht nur schwer zu begreifen und hat vermutlich auch in Carola eine weitere Verletzung hinterlassen.

---

[184] ebd., S.45
[185] Gespräch der Verf. mit Fritz Martini, 15.4.1988

DR. OTTO HIRSCH   Berlin-Charlottenburg, 25.Sept.1935
                         Kantstrasse 158

Herrn
Dr.Ernst K a h n,
c/o Refuges Corporation
4o Exchange Place
N e w   Y o r k

Lieber Herr Doktor Kahn,

         Darf ich mir erlauben, mit diesen Zeilen
Frau Dr.Carola Blume-Rosenberg aus Stuttgart bei Jhnen
einzuführen und Sie herzlich zu bitten, ihr jeden Rat
und jede Förderung angedeihen zu lassen?

Frau Dr.Blume hat jahrelang in einer von allen Seiten
aufs höchste anerkannten Weise die Frauenabteilung der
weit über Stuttgart und Württemberg hinaus bekannten
Volkshochschule Stuttgart geleitet. Nach dem Umbruch
hat sie dann ihre wertvollen Erfahrungen und ihre Arbeitskraft ein Jahr lang der von der Reichsvertretung
der deutschen Juden ins Leben gerufenen, unter Leitung
von Professor Dr.Martin B u b e r stehenden Mittelstelle für jüdische Erwachsenenbildung zur Verfügung
gestellt und zu deren organisatorischem Aufbau wesentlich beigetragen.

Sie sucht nunmehr ausserhalb Deutschlands ein ihren
Fähigkeiten und Erfahrungen angemessenes Tätigkeitsgebiet. Jch kann sie aus langjähriger persönlicher
Kenntnis in jeder Beziehung aufs wärmste empfehlen und
bin überzeugt, dass, wer immer sich ihrer Arbeitskraft
bedient davon hoch befriedigt sein wird.

Mit den verbindlichsten Grüssen bin ich

                     in vorzüglicher Hochachtung

                     Jhr sehr ergebener

Abb. 74 Empfehlungsschreiben des Vorsitzenden der Reichsvertretung der deutschen Juden, Dr.
Otto Hirsch, an Prof. Ernst Kahn, Mitglied des Flüchtlingsrats in New York
(Nachlass Rosenberg-Blume)

Das Netz wird enger

Carola verlässt ihren Posten an der Mittelstelle im Frühjahr 1935 und kommt nach Stuttgart zu ihrer Familie zurück. Sie gibt Nachhilfestunden an einer Versuchsschule für geistig behinderte Kinder, richtet eine Erziehungsberatung für Eltern und Jugendliche ein und denkt ernsthaft daran, ein Erziehungsheim für jüdische Kinder zu gründen. Inzwischen sind die Maschen des Netzes immer enger geworden. Nachdem Bernhard für einige Wochen wegen einer ihm hinterbrachten Verhaftungsdrohung ein halbes Jahr bei Freunden und Bekannten übernachtet hatte, „[...] die Schlafgelegenheiten gingen durch alle Parteien, auch bei Nazis übernachtete ich", wendet er sich an den Chef der Stuttgarter Gestapo persönlich, um die Sache zu klären. Es könne gar nichts gegen ihn vorliegen, er sei sicher, es handele sich um ein Missverständnis, sagt er. Die Antwort des Gestapomannes ist unmissverständlich: „Wenn Sie von jetzt ab Ihr freches Maul halten, dann kann ich Ihnen versichern, daß Sie, so lange ich in diesem Amt bin, unbehelligt bleiben werden." Bernhard hält von da ab sein „freches Maul". „Ich verstand nach dieser kurzen Unterredung noch besser als zuvor, [...] wie der Terror in der Diktatur arbeitet."[186]

Doch gibt es einen einflussreichen Nazi, der sich Bernhards Wohlwollen erhalten wollte und seiner Familie noch von großem Nutzen sein sollte: der Gaukulturwart von Württemberg Georg Schmückle, der ein heißer Bewunderer von Bernhards dichterischen Talenten ist, alle seine Stücke kennt und sich selbst als Romancier, Dramendichter und Lyriker versucht (Gedichte von ihm wurden gelegentlich von den Stuttgarter Tageszeitungen auf der Feuilletonseite veröffentlicht). Schmückle setzt sich nicht nur für neue Aufführungsmöglichkeiten von Bernhards Stücken ein, sondern hilft ihm auch bei anderen Gelegenheiten. Zum Beispiel kann Bernhards Antrag auf Passverlängerung, die ihm, weil seiner Frau der Pass entzogen wurde, verweigert wird, nur durch die Intervention Schmückles erfolgen. Bernhard fährt mit diesem Pass regelmäßig nach Zürich, um dort die ausländische Presse zu studieren. „Was ich in Zürich in den Cafés las, lernte ich auswendig und berichtete es nach meiner Rückkehr meinen Freunden [...] Die Aussichten der Nazis schienen uns günstig."[187] Weitere Erlebnisse stimmen Bernhard auf die Auswanderung ein: z. B. die von der NS-Gemeinschaft „Kraft durch Freude" organisierte Jungfernfahrt des Schnellturbinendampfers „Tannenberg" durch die Ostsee, zu der er von Schmückle als Vertreter der Schriftsteller des Gaues Württemberg aufgefordert wird. Diese Reise gibt ihm Gelegenheit, sich ein realistisches Bild von der ideologisch aufgeheizten Stimmung in den deutschen Landen im hohen Norden zu machen. Er stellt fest, dass dort die „Volksaufklärung" in Sachen Judenfrage sehr viel fortgeschrittener als in Württemberg, die „Präsenz von SA-Leuten auf den Straßen, überhaupt von Uniformierten aus SS, Arbeitsdienst und Amtswaltern

---

[186]   86 B. Blume 1985, S.150f.
[187]   87 ebd., S.153

NOTGEMEINSCHAFT DEUTSCHER WISSENSCHAFTLER IM AUSLAND

Ihr Schreiben vom

Unser Zeichen:

D/w

Bitte in der Antwort angeben.

Zürich 1, den 1. October 1935

Löwenstrasse 3, IV.
Telephon 33.016
Postcheckkonto VIII 17773

Mr E.R. Murrow
Emergency Committee in Aid
of Displaced German Scholars
N e w Y o r k
2 West 45th Street

Dear Mr. Murrow,

                may I introduce to you the bearer
of this letter
        Frau Dr. Carola B l u m e
from Stuttgart, who is not a scholar but a very
prominent personality and most highly recommended
to me by personalities I estime especially.
        Frau Dr. Blume is in a very difficult
situation. If you could do anything for her it
would be a great help and as I am sure an advantage
for every suitable institution she would be placed
by.
        Thanking you in anticipation I am, Dear
Mr Murrow

                yours sincerely

                Demuth

Abb. 75 Empfehlungsschreiben des Vorsitzenden der "Notgemeinschaft Deutscher Wissenschaftler
im Ausland" an den Vorsitzenden des "Notkomités geflüchteter deutscher Wissenschaftler"
in New York
(Nachlass Rosenberg-Blume)

aller Art allgegenwärtig ist." In Lübeck, wo man sich einschifft, liest er auf einer „Unmenge von Schildern, Plakaten und Straßenzeichen <Vor Juden und Taschendieben wird gewarnt> oder <Wenn das Judenblut sich mischt, wird der Jude aufgefrischt>."[188] Der Aufmarsch der an der Kreuzfahrt Beteiligten bewegt sich in seiner Wahrnehmung

„klirrend und stampfend durch die Stadt – ein flackerndes Gemenge aus rotem Licht von Fackeln und zuckenden Schatten, grell aufscheinenden Gesichtern, blutfarbenen Fahnen, [...] Fetzen von Gesang und abgerissenen Kommandos. Bis zu diesem Tag [...] war der Nationalsozialismus, so sehr ich von ihm betroffen war, eine fast abstrakte Sache für mich, etwas, das ich gleichsam aus der Ferne aufnahm, aus Verordnungen, Erlassen, Zeitungen, Druckschriften, durchs Radio. Jetzt sah ich auf einmal, in Massen, die Menschen, die dies hervorgebracht hatten, die es trugen, wollten, bejahten und vorwärtstrieben. Ich sah Gesichter, wie ich sie bisher, in dieser Anhäufung jedenfalls, nicht gekannt hatte, Angehörige einer mir unbekannten Rasse, die bisher wie unter der Oberfläche gelebt hatten und die nun ans Licht kamen, mit den Armen schlugen, mit den Füßen stampften, mit ihren Stimmen die Luft zerteilten. Daß ich mich plötzlich unter sie eingereiht fand, konnte ich, wenn ich wollte, als ein Versehen erklären, Folge eines bejammernswerten Leichtsinns, der unverständlich naiven Annahme, es könne in einem totalitären Staat Veranstaltungen geben, an denen man als Privatmensch teilnahm; in Wirklichkeit entsprach die Eingereihtheit, in der ich mich befand, genau meiner Lage. Und diese Lage rückte mir auf die Haut."[189]

Bernhard schreibt diese Zeilen etwa 30 Jahre nach dem Ereignis. Vom Augenblick des Erlebens selbst aber sprechen nur kurze Episteln über sein Befinden und den Verlauf der Reise, die er der Familie schickt.; knappe Skizzen vom Geschehen an Bord ohne distanzierende Betrachtungen. Er spart auch aus, welche Entscheidung er während eines Blitzbesuchs in Polen trifft, den er nach Verlassen des Schiffs in Pillau (Ostpreußen) unternimmt; eine Entscheidung, die er Carola erst nach seiner Rückkehr nach Stuttgart berichten wird: er fasst den Entschluss zur Auswanderung und schreibt von Polen aus einen Brief an Millard Rosenberg, den nach Amerika ausgewanderten Onkel Carolas, Professor für Romanistik an der University of California in Los Angeles. Mit diesem hatte sich bei seinen jährlichen Besuchen in Deutschland eine freundschaftliche Beziehung entwickelt, auf die Bernhard nun in der Hoffnung auf Unterstützung zurückgreifen will. Die Bürgschaft (Affidavit) eines amerikanischen Staatsbürgers, dass der Einwanderer dem Land nicht zur Last fallen würde, war unerlässlich, und Bernhard kann zu Recht davon ausgehen, dass Millard Rosenberg diese Garantie für seine Familie übernehmen würde. Den Brief schickte Bernhard mit Bedacht aus Polen ab, da „jedermann in

---

[188] ebd., S.159
[189] ebd., S.162

Deutschland damals annahm, daß alle Post ins Ausland kontrolliert würde."[190] Aber als Bernhard heimkommt, erfährt er, dass Millard Rosenberg mit dem Auto tödlich verunglückt ist. Er besinnt sich schnell eines anderen „Bekannten von Bekannten", des Goethebiographen Martin Sommerfeld, und fragt an, ob es Bedarf an Deutschlehrern gebe. „Um Gottes Willen, bleiben Sie, wenn Sie können, in Deutschland. Es gibt im ganzen Land nicht eine einzige freie Stelle," antwortet dieser. Es handelt sich um die Zeit der schlimmsten Depression in den Vereinigten Staaten. Carola steht Bernhards umtriebiger Suche nach Kontaktaufnahme in Amerika mit Distanz gegenüber; sie genießt ihre Rückkehr in die Familie und hat wieder Feuer gefangen an ihrem Schulprojekt; sie schaut nicht nach rechts und schaut nicht nach links, sie schaut in ihrem Schaffensdrang geradeaus und merkt nicht, oder will es nicht merken, wie das Netz immer enger wird. Sie wolle da leben, wo sie gebraucht würde, antwortet sie auf die von Bernhard geäußerten Bedenken.[191] Er nicht, so entgegnet er ihr, denn wofür man ihn brauche, wisse er schon, und er erzählt ihr von einem Gespräch mit Schmückle, in dem dieser sich sehr offenherzig über die auf einen Krieg zutreibende politische Lage geäußert hatte: „Wir wissen natürlich", habe Schmückle beim Gang vom Neuen Schloss über den Schlossplatz ins Marquardt gesagt, und er sei sich nicht sicher, wen Schmückle hier mit „wir" gemeint habe, ob die Führung des Nationalsozialismus, oder den Gauleiter und seinen Freundeskreis, aber auf jeden Fall Leute, denen er Glauben schenke, „wir wissen natürlich," so Schmückle, „daß wir noch eine Reihe von außenpolitischen Zugeständnissen schon durch bloßen Druck erreichen werden. Aber wir wissen ebenso genau, daß die ganze Entwicklung nur in einem Krieg enden kann."[192] Das ist im Frühsommer 1935.

---

[190] ebd., S.63
[191] ebd., S.168
[192] ebd., S.169

Die Auswanderung

„Um auszuwandern, gehört viel Courage dazu, [...] nach Amerika einzuwandern, ist gerade im Augenblick eine gewagte Sache"

„Alles hängt vom Zufall und vom Glück ab, aber es verlangt sehr viel Energie und eine gewisse Unbekümmertheit (bei mir ist es Frecheit)" (BRIEFE CAROLAS AUS AMERIKA, WINTER 1936)[193]

Vorbereitung

Carola hat sich in den folgenden Wochen mit dem Gedanken der Auswanderung vertraut gemacht. Die ersten Empfehlungsschreiben im Hinblick auf mögliche berufliche Tätigkeiten im Ausland datieren von Mitte Juli 1935. Ab diesem Augenblick setzt sie sich mit der ihr eigenen Zielstrebigkeit für das gemeinsame Projekt ein. Von ihren früheren Arbeitgebern und Kollegen lässt sie sich Referenzen ausstellen, sie erforscht mögliche berufliche und familiäre Kontakte von bekannten Persönlichkeiten der deutschen Erwachsenenbildung in Amerika mit der Hoffnung, auf ihrem Gebiet wieder tätig sein zu können. Erste wichtige Ratschläge erhält sie über Ilse Levinger in New York, Tochter von Bernhards ehemaligem Tübinger Romanistikprofessor Joseph Haas, die ihrerseits Hertha Kraus, Emigrantin aus der Kölner Volksbildungsarbeit in Pittsburgh, informiert hat (5.10.1935). Ilse Levinger zitiert aus dem Brief von Hertha Kraus die in ihren Augen wichtigsten Dinge:

„I think Dr. Blume should understand that she cannot possibly expect to find a job when she arrives. It would take her from six months to one year to get familiar with the American scene and background. She should plan to take some courses at Columbia University or a social work school and preferably live in a Settlement House if she cannot stay with friends or relatives. It is very important that this transition period should be planned right, so that she does not waste too much time in futile steps. [...]".[194]

---

[193] Die folgenden Quellen befinden sich in der <Mappe Emigration>

[194] „Ich denke, Dr. Blume sollte verstehen, dass sie wahrscheinlich nicht erwarten kann, eine Stelle bei ihrer Ankunft zu finden. Sie wird sechs Monate bis ein Jahr brauchen, um sich mit der amerikanischen Szene und ihrem Hintergrund vertraut zu machen. Sie sollte sich vornehmen, ein paar Kurse an der Columbia Universität oder an einer Schule für Sozialarbeit zu belegen und vorzugsweise in einem Settlement House zu wohnen, wenn sie nicht bei Freunden oder Verwandten leben kann. Es ist sehr wichtig, dass diese Übergangszeit richtig geplant wird, so dass sie nicht zu viel Zeit mit unnötigen Schritten vergeudet."

Hertha Kraus, die Carolas Arbeit aus Deutschland kannte – „I remember Dr. Blume quite well and I used to hear a good deal about her really outstanding work"[195] – rät Carola, sich sofort mit den Organisationen der Erwachsenenbildung und Arbeiterbildung, die alle ihre „headquarters" in New York City haben, in Verbindung zu setzen. Einen Überblick über deren Adressen und Arbeit könne sie sich durch deren Periodika in der dortigen Public Library (42nd St.) mit Hilfe der Bibliothekarin Miss Flexner verschaffen, „a very helpful person who would be glad to get her started right"[196] (Miss Flexner wird für Carola später eine wichtige Kontaktperson werden). Hertha Kraus nennt auch die Adresse einer Erwerbsloseninstitution, der Federal Emergency Relief Administration in Washington, mit ihrer Leiterin Dr. Hilda Smith, wohl wissend um die erfolgreiche Arbeit Carolas auf diesem Gebiet, „which Dr. Blume used to organize so admirably."[197] Hilda Smith wird sich später für Carola einsetzen, indem sie sie sowohl dem American Peoples College (Volksbildungsinstitut) (16.12.1935) wie auch dem Joint Vocational Service (Berufsvermittlungsstelle) (16.12.1935), beide in New York, empfiehlt. Ebenso rät sie zur Kontaktaufnahme mit der Russel Sage Foundation in New York, die für die Unterstützung von ehemaligen deutschen Sozialarbeitern zuständig ist. Auch wenn Dr. Blume nach amerikanischen Kriterien nicht als Sozialarbeiterin gelte, so habe sie doch auf einem benachbarten Gebiet gearbeitet: „she should point out her experience in organizing classes and institutes as well as other activities for unemployed" (an Ilse Levinger, 3.10.1935).[198]

Ebenfalls nimmt Carola Kontakt zu Ernst Kahn, dem nach USA emigrierten ehemaligen Vorsitzenden des Frankfurter Volksbildungswesens auf, der ihren Brief auf einer Schiffsreise nach Palästina erhält. Carola wollte sich in ihrem Schreiben wohl sehr bescheiden in Erinnerung bringen. Doch er erinnert sich „sehr wohl" an sie und an ihre „ganz ausgezeichnete Wirksamkeit in Stuttgart". Ihre Arbeit habe ihm für den Aufbau einer Frauenarbeit in Frankfurt als Vorbild gedient, die aber an der Geldfrage gescheitert sei. Kahn ermächtigt sie ausdrücklich, ihn überall in Amerika als Referenz anzugeben und von seiner Empfehlung „beliebigen Gebrauch" zu machen (13.11.1935). Vom 21.7.1935 datiert das erste Schreiben Wolfgang Pfleiderers, des langjährigen Leiters der Volkshochschule Stuttgart und Kollegen Carolas, an die International Quarterly of Adult Education (Vierteljahresschrift für Erwachsenenbildung) in London, in dem er Carolas Tätigkeit so charakterisiert:

„Frau Blume devoted her energies and talents chiefly to women's adult education, her special task being the building up

---

[195] „Ich erinnere mich sehr gut an Dr. Blume und ich hörte oft viel über ihre wirklich außergewöhnliche Arbeit."

[196] „[...] eine sehr hilfsbereite Person, die sich über die Hilfe zu ihrem richtigen Start freuen würde."

[197] „[...]die Dr. Blume so bewunderungswürdig zu organisieren pflegte."

[198] „[...] sie sollte ihre Erfahrung in der Organisation von Klassen, Institutionen ebenso wie andere Aktivitäten für Erwerbslose hervorheben."

of a women´s section for our school. In this she succeeded so well, that the women´s section of the Stuttgart Volkshochschule was universally acknowledged as the best and most efficient of ist kind in Germany. Within a few years Frau Blume became one of the outstanding figures among the German adult educationists and an authority in all questions pertaining women´s adult education particularly in the organization of day schools for unemployed girls and women. In 1933 Frau Blume had to resign her post in conseqence of the change of political conditions. Germany granting her no field of action she is anxious to get an opportunity of using her talents and extensive experiences abroad [...] I am sure she will give full satisfaction to whoever will offer her a chance of working in her line and that she will win the affection and respect of all those who will have to deal with her [...]"[199]

Am 25.9.1935 sendet Dr. Otto Hirsch, seit 1933 geschäftsführender Vorsitzender der Reichsvertretung der deutschen Juden in Berlin, an die Graduate School für Jewish Social Work (Fachhochschule für jüdische Sozialarbeit) in New York ein Empfehlungsschreiben, in dem es heißt:

„Frau Dr. Blume hat jahrelang in einer von allen Seiten auf höchste anerkannten Weise die Frauenabteilung der weit über Stuttgart und Württemberg hinaus bekannten Volkshochschule Stuttgart geleitet. Nach dem Umbruch hat sie dann ihre wertvollen Erfahrungen und ihre Arbeitskraft ein Jahr lang der von der Reichsvertretung der deutschen Juden ins Leben gerufenen, unter Leitung von Professor Dr. Martin Buber stehenden Mittelstelle für jüdische Erwachsenenbildung zur Verfügung gestellt und zu deren organisatorischen Aufbau wesentlich beigetragen. Sie sucht nunmehr außerhalb Deutschlands ein ihren Fähigkeiten und Erfahrungen angemessenes Tätigkeitsgebiet. Ich kann sie aus langjähriger persönlicher Erfahrung in jeder Beziehung aufs wärmste empfehlen und bin überzeugt, daß wer immer sich ihrer Arbeitskraft bedient, davon hoch befriedigt sein wird."

---

[199] „Frau Blume widmete ihre Energien und Begabungen hauptsächlich der Frauenbildung, wobei es ihre spezielle Aufgabe war, eine Frauenabteilung für unsere Schule aufzubauen. Darin war sie so erfolgreich, dass die Frauenabteilung der Volkshochschule Stuttgart allgemein als die beste und erfolgreichste ihrer Art in Deutschland anerkannt wurde. Innerhalb weniger Jahre wurde Frau Blume eine der herausragenden Gestalten unter den deutschen Erwachsenenbildnern und eine Autorität in allen Fragen der Erwachsenenbildung für Frauen, vor allem in der Organisation von Tagesschulen für erwerbslose Mädchen und Frauen. Im Jahr 1933 musste Frau Blume infolge der veränderten politischen Verhältnisse von ihrem Posten zurücktreten. Da ihr Deutschland kein Betätigungsfeld bietet, sucht sie eine Gelegenheit, ihre Begabungen und ihre reiche Erfahrung im Ausland einzusetzen[...]Wer immer ihr die Chance gibt, in ihrem Sinne zu arbeiten, für den wird sie, so bin ich sicher, zur vollsten Zufriedenheit arbeiten und sie wird Zuneigung und Respekt all derer gewinnen, mit denen sie zu tun haben wird."

Otto Hirsch hatte Carola in Stuttgart kennen gelernt, wo er als Rechtsrat der Stadt Stuttgart und seit 1919 als Ministerialrat im württembergischen Innenministerium tätig gewesen war.[200] Dasselbe Schreiben geht an den genannten Ernst Kahn, der in Amerika führender Mitarbeiter der Refugee Corporation (Organisation für Flüchtlingswesen) in New York ist, an den deutschen Generalkonsul a.D. M. Schlesinger in New York und an die Vorsitzende des National Coordinating Committee for Aid to Refugees and Emigrants Coming from Germany (Nationaler Koordinierungsausschuss für Flüchtlinge und Emigranten aus Deutschland) Cecilia Razovsky. Dieser Kontakt wird sich später als besonders hilfreich erweisen.

Vom 1.10.1935 datieren zwei Empfehlungsschreiben des Vorsitzenden Demuth der Notgemeinschaft Deutscher Wissenschaftler im Ausland (Zürich) ebenfalls an die oben genannte Cecilia Razovsky, sowie an E.R. Murrow, Vorsitzender der amerikanischen Schwesterorganisation Emergency Committee in Aid of Displaced German Scholars. Am 23.10.1935 sendet der Sozialreformer Professor Siegmund-Schultze, Zürich, ein Schreiben an Theodor Bäuerle, der offenbar Carola in ihrer Suche nach namhaften Referenzen unterstützt und nach Betätigungsmöglichkeiten für Carola in der Schweiz angefragt hat. Siegmund-Schultze hält die Situation in der Schweiz für ungünstig, teilt aber die Adressen von zwei Kontaktpersonen in Amerika mit, die für Carola ebenfalls hilfreich sein werden: die Sekretärin der amerikanischen Settlement-Vereinigung Lillie Peck in New York und den Geschäftsführer der Carl-Schurz-Gesellschaft Wilbur Thomas in Philadelphia, der später noch über andere Kanäle informiert werden und sich für Carola einsetzen wird (an Harry Hirsch, 20.12.1935).

Entscheidend dürfte der Kontakt zur American Association for Adult Education (Amerikanischer Bundesverband der Erwachsenenbildung) und deren Vorsitzenden Morse Cartwright, New York, gewesen sein. An ihn wendet sich Carola mit einem Empfehlungsschreiben Wolfgang Pfleiderers vom 12.11.1935, der den amerikanischen Kollegen von internationalen Tagungen über Erwachsenenbildung kennt. Hier heißt es von Carola u.a.: „[...] She is an extraordinarily clever woman, who has done excellent work chiefly in the domain of Women´s Adult Education. If you could manage to entrust her with any work in that line. You would find her very useful indeed. She would prove to be up to any task be it in the line of scientific research or practical organization [...]"[201] Auch Eugen Rosenstock-Huessy, der bereits nach USA emigriert und wohnhaft in New Hampshire ist und Carolas Tätigkeit in der deutschen Erwachsenen-

---

[200] Otto Hirsch wurde 1941 im Konzentrationslager Mauthausen umgebracht. Vgl. B. Blume 1985, S.286.

[201] „Sie ist eine außergewöhnlich kluge Frau, die hervorragende Arbeit vor allem auf dem Gebiet der Frauenbildung geleistet hat. Wenn Sie ihr irgendeine Arbeit auf diesem Gebiet geben könnten, würden Sie sie in der Tat sehr nützlich finden. Sie würde zeigen, dass sie jeder Aufgabe gewachsen ist, sei es im Bereich der wissenschaftlichen Forschung oder dem der praktischen Organisation".

bildung hoch schätzt, wird sich in einem Empfehlungsschreiben an Cartwright wenden.

Erkundungsreise nach Amerika

„She is a brave little woman of tremendous talents [...]"
(HARRY HIRSCH)[202]

Es ist Mitte November 1935. Inzwischen hatten sich Carola und Bernhard darauf geeinigt, dass Carola während der Wintermonate eine Erkundungsreise nach Amerika unternehmen sollte, um mit Hilfe der geknüpften Kontakte konkrete berufliche Möglichkeiten auszukundschaften, vor allem aber das schwierigste Problem zu lösen: einen Menschen zu finden, der für sie und ihre Familie die für die Einwanderung unerlässliche Bürgschaft (Affidavit) übernehmen würde. Doch vorher mussten noch „unsägliche Schwierigkeiten" für die Beschaffung eines Ausreisevisums überwunden werden, das die Rückkehr nicht ausschloss. Die Nazis sind misstrauisch. Schließlich ist es wieder Bernhards Bewunderer Georg Schmückle, der sich für sie einsetzt: Carola erhält eine besondere Reiseerlaubnis, um – wie es heißt – „ihre Auswanderung vorzubereiten."[203] Eine stützende taktische Maßnahme überlegen sie sich zusätzlich: Bernhard lässt durchblicken, dass diese Reise voraussichtlich zu einer Scheidung führen werde.[204]

Ende November 1935 schifft sich Carola nach Amerika ein, Anfang Februar kommt sie zurück und bringt mit, was sie sich vorgenommen hatte: Verdienstmöglichkeiten, wenn auch zeitlich begrenzt, für beide; ein auf ein Jahr begrenztes Forschungsstipendium für sich, eine Gastprofessur an einem bekannten Mädchencollege in Kalifornien für Bernhard und – vor allem – ein Affidavit für die ganze Familie.

Carola hatte diese zweieinhalb Monate in Amerika intensiv genutzt, war von New York nach Pennsylvania und nach Kalifornien gereist und hatte ihr Kontaktnetz vor Ort weiter ausgebaut. Dabei war sie auf einen Menschen gestoßen, der bereit war, für sie und ihre Familie zu bürgen: Harry Hirsch, Fabrikant und Philanthrop aus Philadelphia. Vermutlich handelt es sich ebenfalls um einen Verwandten aus der mütterlichen Linie, der durch Otto Hirsch auf Carola aufmerksam gemacht worden war. Er muss großen Gefallen an Carolas Person in ihrer Mischung aus Tatkraft und emotionaler Intelligenz gefunden haben, denn er wählt in seinen Empfehlungsschreiben an einflussreiche Persönlichkeiten aus Wirtschaft und Kultur eine Formulierung zu ihrer Charakterisierung, die als Motto über Carolas Leben stehen

---

[202] „Sie ist eine tapfere kleine Frau mit gewaltigen Begabungen", so Harry Hirsch in einem Empfehlungsschreiben vom 11.1.1936
[203] B. Blume 1985, S.169
[204] Brief an die Verf., 16.10.1986

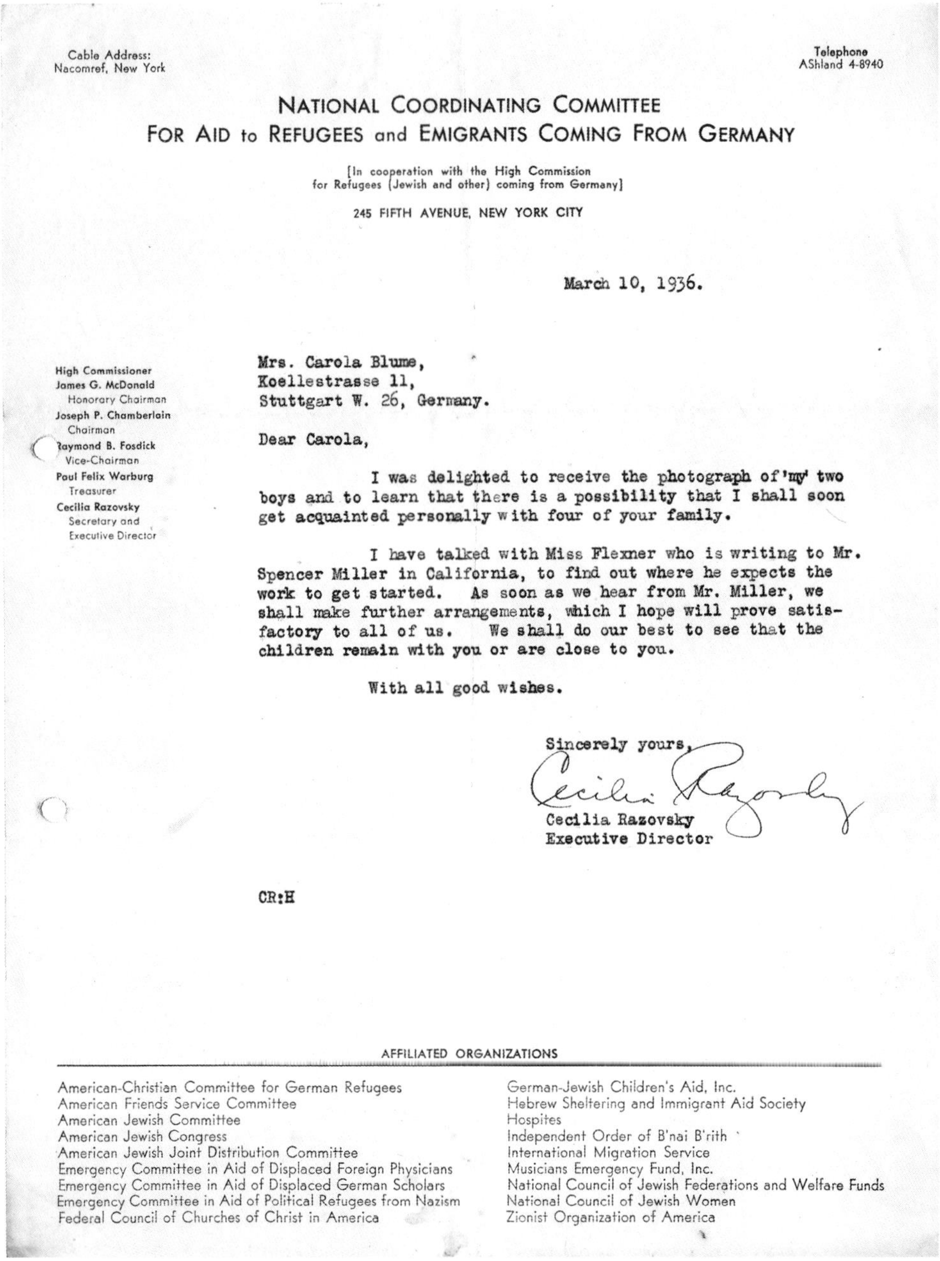

NATIONAL COORDINATING COMMITTEE
FOR AID to REFUGEES and EMIGRANTS COMING FROM GERMANY

[In cooperation with the High Commission
for Refugees (Jewish and other) coming from Germany]

245 FIFTH AVENUE, NEW YORK CITY

March 10, 1936.

High Commissioner
James G. McDonald
    Honorary Chairman
Joseph P. Chamberlain
    Chairman
Raymond B. Fosdick
    Vice-Chairman
Paul Felix Warburg
    Treasurer
Cecilia Razovsky
    Secretary and
    Executive Director

Mrs. Carola Blume,
Koellestrasse 11,
Stuttgart W. 26, Germany.

Dear Carola,

     I was delighted to receive the photograph of 'my' two
boys and to learn that there is a possibility that I shall soon
get acquainted personally with four of your family.

     I have talked with Miss Flexner who is writing to Mr.
Spencer Miller in California, to find out where he expects the
work to get started. As soon as we hear from Mr. Miller, we
shall make further arrangements, which I hope will prove satis-
factory to all of us. We shall do our best to see that the
children remain with you or are close to you.

     With all good wishes.

     Sincerely yours,

     Cecilia Razovsky
     Executive Director

CR:H

AFFILIATED ORGANIZATIONS

American-Christian Committee for German Refugees
American Friends Service Committee
American Jewish Committee
American Jewish Congress
American Jewish Joint Distribution Committee
Emergency Committee in Aid of Displaced Foreign Physicians
Emergency Committee in Aid of Displaced German Scholars
Emergency Committee in Aid of Political Refugees from Nazism
Federal Council of Churches of Christ in America

German-Jewish Children's Aid, Inc.
Hebrew Sheltering and Immigrant Aid Society
Hospites
Independent Order of B'nai B'rith
International Migration Service
Musicians Emergency Fund, Inc.
National Council of Jewish Federations and Welfare Funds
National Council of Jewish Women
Zionist Organization of America

Abb. 76 Schreiben der Vorsitzenden des "Nationalen Koordinierungskomités für die Unterstützung
von Flüchtlingen und Emigranten aus Deutschland", Cecilia Razovsky, an Carola Blume
(Nachlass Rosenberg-Blume)

könnte: „She is a brave little woman of tremendeous talents." Mit Hingabe widmet er sich der Aufgabe, ihr zu helfen: „[...] we are deeply interested, and working very hard in every direction on a program to have her family rehabilitated in the United States.[205] In der Tat hatte sich Harry Hirsch bei seiner ersten Begegnung mit Carola am Wochenende vom 7.12.1935 in seinem Heim in Philadelphia einen Eindruck von ihrer Persönlichkeit und ihren Leistungen verschafft: Carola hatte bei diesem Besuch die Möglichkeit, die mitgebrachten Referenzschreiben und Zeugnisse durch persönliche Schilderung ihrer Arbeit zu ergänzen und damit ihrem Gegenüber ein anschauliches und lebendiges Bild von ihrem Wirken zu vermitteln. Angesichts der kontinuierlichen, tatkräftigen Unterstützung von Carolas Projekt durch Harry Hirsch kann man sagen, dass in diesem Gespräch wohl die wichtigsten Grundlagen zum Erfolg von Carolas Amerika-Mission gelegt wurden.

Das von Harry Hirsch verfasste Empfehlungsschreiben an die Vertreter wissenschaftlicher und sozialer Institutionen geht ausführlich auf diejenigen Errungenschaften Carolas ein, die auch eine Bereicherung des amerikanischen Bildungssystems bedeuten würden, vor allem ihr Erwerbslosenkonzept, das in jenen Jahren der Massenarbeitslosigkeit in den Vereinigten Staaten besonderes Interesse erregen sollte; es bekundet in eindrucksvoller Weise seine innere Teilnahme und sein lebhaftes Interesse an Carolas Arbeit und verdient aufgrund seiner Bedeutung für Carolas ganzes Unternehmen in seinen wichtigen Passagen zitiert zu werden. In Bezug auf ihre Erwerbslosenarbeit heißt es:

„[...] In philosophy and practice, the system is a combination of psychology and economic needs to which she applied the thorough German methods in classes and groups. She helped to solve their problems of inefficiency, misfit, idleness and ignorance. For many years the defects of United States youth and adult education has been a matter of serious concern to our humanitarians, philanthropists and educators. Our present system has been under fire and criticism, as failing to equip our youth and adults for American life, particularly in the new phases of the last decade [...] Paradoxically, during the recent years of our greatest prosperity, we have witnessed poverty and disintegration of morale and character, undermining our civilization and democracy. For 25 years or more, there was developed in Germany, in theory and practice, an improved system of home economics, of technical and industrial education that made her great in prewar years; that enabled her people to weather the hardships and vicissitudes of the war and postwar years and won the attention and admiration of the world. If the good features of this system can be incorporated into the United States education [...], it will help schools and universities and their sup-

257

---

205 „Wir sind zutiefst daran interessiert und arbeiten hart an einem Programm in jeder Richtung, damit ihre Familie in den Vereinigten Staaten rehabilitiert wird " (Schreiben an Lili und Arthur Kohn, New York 11.1.1936).

The New York Public Library

Astor, Lenox and Tilden Foundations

READERS' ADVISER
FIFTH AVENUE & 42ND STREET

New York, March 11th, 1936

Dr. Carola Blume
Kollestrasse 11
Stuttgart-W, Germany

Dear Dr. Blume:

I am glad to have your letter of February 26th with word that you and your family are well. I hope very much that all of the plans will work out as you wish.

I have talked with Mr. Cartwright today, and he tells me that you will hear from him, probably in this same mail. I have also seen and talked with Mr. Miller several times since you were here. You will be interested in knowing that he sent to me the balance of the sum due for the plan submitted to him, and that I have $30.00 in the bank which I did not have before. I have also talked with Cecilia, and we are trying to get the necessary information from Mr. Miller who is now in California and who will be away until after the first of April.

The winter is about over. The snow and ice have gone, and we look forward to the spring with what it will bring. We are all well and busy.

With greetings and best wishes, I am,

Yours sincerely,

Jennie M. Flexner

Jennie M. Flexner
Readers' Adviser

JMF*k

Abb. 77 Schreiben der Leiterin des Leserberatungsdienstes der New York Public Library, Jennie Flexner, an Carola Blume
(Nachlass Rosenberg-Blume)

porters to achieve their aims and ideals, namely, to educate and equip students for American life. Personally, I am profoundly impressed, that Dr. Blume [...] can, through her great talents and outstanding success [...], give two things of immeasurable value:

1) To inaugurate and train a group of teachers in that special work and

2) To bring them to such institutions, groups of youth or adults, and re-educate them for life and the meeting of their daily problems, in a more efficient way [...]"[206]

Harry Hirsch informiert sofort einen in New York lebenden Vetter, Dr. A. Bern Hirsch, über Carolas Aufenthalt in USA und ihre Pläne. Er stellt sie vor als Millard Rosenbergs Nichte, also jenes Bruders ihres Vaters Samuel, den Bernhard seinerzeit aus Polen angeschrieben hatte und der durch einen Autounfall ums Leben gekommen war. Am 25.12.1935 beantwortet Bern Hirsch den Brief seines Vetters, in dem er sein Vertrauen in dessen Urteilsfähigkeit bekundet und von seinen umgehend aufgenommenen Kontakten berichtet: ebenfalls zu dem Vorsitzenden des Bundesverbandes, Morse Cartwright, und zu Dr. John Studebaker, Commissioner of Education (Erziehungs- und Bildungsbeauftragter der Regierung) in Washington. Bern Hirsch entfaltet weiterhin rege Aktivitäten für Carolas Jobsuche. U.a. macht er

---

[206] „In seiner Philosophie und seiner Praxis ist das System eine Kombination der an psychologischen und ökonomischen Bedürfnissen orientierten, wohldurchdachten deutschen Methoden, die sie in ihren Klassen und Gruppen anwandte. Sie half, deren aus Unfähigkeit, Unangepasstheit, Untätigkeit und Unwissenheit resultierenden Probleme zu lösen. Über viele Jahre haben sich unsere Vertreter des Humanitätsgedankens, Philanthropen und Erziehe, mit den Mängeln der amerikanischen Jugend und der Erwachsenenbildung beschäftigt. Unser augenblickliches System geriet ins Feuer der Kritik, weil es darin versagte, unsere Jugend und unsere Erwachsenen für das amerikanische Leben das nötige Rüstzeug zu geben, vor allem in den letzten zehn Jahren[...]Paradoxerweise sind wir während der letzten Jahre unserer größten Prosperität Zeugen von Armut und moralischer Desintegration geworden, die unsere Zivilisation und unsere Demokratie unterminieren. Während einer Zeit von 25 Jahren oder mehr wurde in Deutschland, in Theorie und Praxis, ein System der Hauswirtschaft, der technischen und industriellen Erziehung entwickelt, welches das Land in den Vorkriegsjahren groß werden ließ; welches seinem Volk erlaubte, die Not und Wirren des Krieges und der Nachkriegsjahre zu überstehen, womit es die Aufmerksamkeit und Bewunderung der Welt auf sich zog. Wenn man die guten Bestandteile dieses Systems in das amerikanische Erziehungswesen integriert, könnten die betreffenden Institutionen und deren Träger ihre Ziele und Ideale – nämlich ihre Schüler und Studenten auf ihr Leben hier in Amerika vorzubereiten – besser verwirklichen. Persönlich bin ich tief davon durchdrungen, dass Dr. Blume aufgrund ihrer großen Begabung und ihres außergewöhnlichen Erfolges in ihrer zehnjährigen Praxis zwei Dinge von unschätzbarem Wert geben könnte:1) eine Gruppe von Lehrkräften in diese Arbeit einführen und trainieren; 2) diese Lehrkräfte an Institutionen, Jugend- und Erwachsenengruppen heranführen und die Menschen dort für ihr Leben und die Bewältigung ihrer täglichen Probleme rehabilitieren" (Maschinenmanuskript, Philadelphia, Dec.17, 1935).

C-O-P-Y

WORKERS EDUCATION BUREAU OF AMERICA
1440 Broadway
New York
Cable Address: Education, New York
Telephone: Pennsylvania 6-8975

Officers & Executive
    Committee

January 22, 1936.

William Green, Hon. President
Thomas E. Burke, President
Thomas Kennedy, Treasurer
Spencer Miller, Jr., Secretary & Director
Matthew Woll, Chairman
Fannia M. Cohn
Paul W. Fuller
John L. Kerchen
Elmer E. Milliman
Victor A. Olander
Harry A. Russell

Bess K. Roberts, Assistant to the Director

Regional Directors
Eastern
    Harry A. Russell
    321 Tremont Street
    Boston, Mass.

Western
    Dr. Paul L. Vogt
    805 Hoffmann, Bldg.
    Detroit, Michigan

Pacific Coast
    John L. Kerchen
    301 California Hall
    Berkeley, Cal.

    Associate Director
Dr. Ursula Batchelder
5539 Kenwood Avenue
Chicago, Illinois

To the United States Consul
Stuttgart
Germany

Dear Sir:

        Dr. Carola Blume of Stuttgart, whose work at the Folk High School
I have known for some years, has recently undertaken a specific piece of
research work in connection with our Bureau here in the United States. Her
method of approach and general competence in the field of adult education was
so marked that I am authorized to offer her a position as a research assistant
upon the staff of this Bureau upon her return to the United States at a compensation of $200. a month.

        It is my belief that after she has been able to adjust herself to our
American practices and establish herself and family in this country her
ability will be more widely recognized. She has already made a number of
friends, who will be happy to assist her in these adjustments upon her return.

        I am glad to give you my own assurance in behalf of the Bureau of our
pleasure in offering her this position on our research staff.

        May I thank you in advance for your courtesy to Dr. Blume and her family
who purpose to return with her to the United States.

                            Sincerely yours,

            SIGNED: SPENCER MILLER, JR., Director

Abb. 78 Empfehlungsschreiben von Spencer Miller, Leiter des Workers' Bureau of America, an das
          amerikanische Konsulat in Stuttgart
          (Nachlass Rosenberg-Blume)

über einen Freund Dr. Abraham Flexner dessen Nichte Jennie Flexner, jene bereits genannte Bibliothekarin der New York City Library, mit Carolas Fall bekannt („[...] there is no one who is better fitted to advise her [...] in adult education [...]" 17.12.1935).[207] Bern Hirsch hatte sich bereits für andere namhafte deutsche Immigranten mit Erfolg eingesetzt und interessiert sich nach Carolas Besuch bei ihm auch für Bernhards Situation. Einer anderen Adressatin, Leslie Kift in Bethlehem, Pennsylvania, Chefin eines Unternehmens, in dessen Firmenvorstand Mitglieder der Carl-Schurz-Memorial Foundation (Carl-Schurz-Stiftung) sind, zu der auch er gehört, legt er das Schicksal der Blumes ans Herz: „I am taking the liberty of invoking your aid. They are of the highest cultural level and character" (30.12.1935).[208]

Harry Hirsch tritt auch mit Cecilia Razovsky in Verbindung, um ihr seine Bereitschaft zur Bürgschaft zu signalisieren. Razovsky klärt nach einem Treffen mit Carola in ihrer Antwort an Harry Hirsch (3.1.1936) die Situation, in der sich Carola befindet. Zunächst seien die Aussichten auf ein Unterkommen in ihrem spezifischen Arbeitsfeld günstig: „several very worthwhile organizations are interested in her. Her record from Germany is certainly an extreme good one."[209] Jedoch könnten erst konstruktive Pläne nach ihrer definitiven Einwanderung gemacht werden. Mit den an ihr interessierten Stellen müsse ein Arrangement getroffen werden, das ihre mögliche Verwendung bis zum Zeitpunkt ihrer Rückkehr nach Amerika aufschiebe. „For that reason I should like very much [...] to have Dr. Blume leave the country, go to Germany, apply for her immigration visa for herself and familiy, and return here as a permanent resident."[210] Razovsky bedankt sich für Harry Hirschs Bereitschaft, für Carola und ihre Familie zu bürgen und rät ihm, sich in der Frage der hierfür notwendigen Formalitäten an Mrs. Shevell vom Council of Jewish Women (Jüdischer Frauenrat) zu wenden. Sie weist auf die Notwendigkeit hin, nach Möglichkeit mehrere Affidavits von Verwandten Harry Hirschs oder/ und Freunden einzuholen, weil Carola „keine nahen Verwandten in diesem Land" habe. Wenn man zusätzlich noch Briefe vorlegen könnte, welche die seit ihrer Ankunft unternommenen Versuche, auf wissenschaftlichem und erzieherischen Gebiet tätig zu sein, belegen, so könne man die begründete Hoffnung auf die Ausstellung eines Visums haben. Zwei Wochen später, am 17.Januar, schreibt Frau Razovsky einen zweiten Brief an Harry Hirsch, in dem sie auf die Fertigstellung der Affidavits drängt und ihm mitteilt, dass Frau Blume und ihre Familie ihren Unterhalt in den ersten beiden Monaten nach der Ankunft

---

[207] „[...]da gibt es niemand, der sie besser in der Erwachsenenbildung beraten könnte."

[208] „Ich nehme mir die Freiheit, Sie um Ihre Hilfe zu ersuchen. Sie sind von höchstem kulturellen und charakterlichen Niveau[...]".

[209] „Einige namhafte Organisationen interessieren sich für sie. Aus Deutschland hat sie sicherlich eine extrem gute Empfehlung."

[210] „Aus diesem Grund hätte ich gern, dass Dr. Blume das Land verlässt, nach Deutschland geht und sich um ihr Einwanderungsvisum für sich und die Familie kümmert und zurückkehrt mit ständigem Wohnsitz hier."

aus eigenen finanziellen Mitteln bestreiten müssen. Auch Carola sei darüber informiert. Der Brief endet mit einem warmen Dank an Harry Hirsch für seine Hilfsbereitschaft: „It is a great comfort to know that one can turn to people like you for guidance and assistance."[211] Harry Hirsch kann Frau Razovsky bereits am 23. Januar die Fertigstellung des Affidavits und die Bereitschaft seiner beiden Töchter für eine Bürgschaft mitteilen. In finanzieller Hinsicht erklären er und seine Familie sich bereit, einen „loan fund" (Darlehensfonds) für die Familie Blume zu gründen, der ihr in Notfällen bis zu ihrer endgültigen Etablierung in den USA zur Verfügung stehen soll. Ebenfalls wird die finanzielle Absicherung Carolas durch Harry Hirsch während ihres Amerikaaufenthaltes detailliert aufgeführt, damit die Geldfrage nicht zum Hindernis wird. In rührender Weise ist er auch um ihr materielles Wohl besorgt (13.12.1935). Seinen Brief an Carola schließt er mit der beruhigenden Feststellung: „I think you are very fortunate in the program you have developed so far."[212] Harry Hirsch wird sich auch für das finanzielle Überleben der Familie in den ersten Monaten engagieren und ihre allmähliche Integration in die amerikanische Gesellschaft als warmherziger und geliebter „Uncle Harry" begleiten.

Welcher Quelle Carola schließlich ihr Forschungsstipendium zu verdanken hatte, ist nicht eindeutig auszumachen. Doch müssen die Empfehlungsschreiben der beiden Herren Hirsch und die der bekannten deutschen Erwachsenenbildner: Wolfgang Pfleiderer, Eugen Rosenstock-Huessy und Eduard Brenner (Leiter des Volksbildungswesens in Nürnberg) und die über mündliche Referenzen eingetroffenen Empfehlungen von Wilhelm Flitner[213] und Frau von Erdberg[214] an zwei zentrale Institutionen der amerikanischen Erwachsenenbildung entscheidend gewesen sein: an den bereits öfters genannten amerikanischen Bundesverband für Erwachsenenbildung mit seinem Vorsitzenden Morse Cartwright und an das ihm angeschlossene Workers' Education Bureau of America (Amerikanisches Bureau für Arbeiterbildung) mit seinem Leiter Spencer Miller. Empfehlungsschreiben dieser beiden Institutionen an das amerikanische Konsulat in Stuttgart werden die wichtigsten Grundlagen zur Ausstellung des Visums sein. Daraus geht hervor, dass Carola bereits während ihres Aufenthaltes vom Workers' Education Bureau mit einer vergleichenden Studie über „The trends in adult education courses, particularly for workers in Germany, England, the U.S. and Canada"[215]

[211] „Es ist ein großer Trost zu wissen, dass es Leute gibt wie Sie, die man um Rat und Hilfe bitten kann[...]".
[212] „Ich denke, Du hast großes Glück mit Deinem Programm, das Du so weit vorantreiben konntest."
[213] Wilhelm Flitner (1889-1989), Professor für Pädagogik in Kiel und Hamburg, integrierte die Ideen der Jugendbewegung in seine Konzeptionen für Erwachsenenbildung, war Leiter der Volkshochschule Jena und entscheidender Mitgestalter der Neuen Richtung in der Weimarer Zeit.
[214] Amy Wesselhofft von Erdberg, Ehefrau und Mitarbeiterin von Robert von Erdberg (1866-1929), der ab 1920 Referent der Abteilung Volksbildung im preußischen Kultusministerium war.

betraut wurde, durch die sie ihre Kompetenzen unter Beweis stellen konnte. In dem Schreiben heisst es u.a.:

„Her method of approach and general competence in the field of adult education was so marked that I am authorized to offer her a position as a research assistant [...] upon her return to the United States at a compensation of $ 200 a month. It is my belief that after she has been able to adjust herself to our American practices and establish herself and familiy in this country her ability will be more widely recognized. She has already made a number of friends, who will be happy to assist her in these adjustments upon her return. I am glad to give you my own assurance in behalf of the Bureau of our pleasure in offering her this position in our research staff [...] (Signed: Spencer Miller, Director, 22.1.1936).“[216]

Vom Brief Cartwrights an das Konsulat ist nur noch die Mitteilung an Carola über dessen Versand erhalten (21.1.1936). Ein Dankesschreiben von Harry Hirsch vom 23.1.1936 an Cartwright und Miller weist noch einmal auf die außerordentlichen Fähigkeiten von Carola und Bernhard Blume hin, die nach seiner Einschätzung eine Bereicherung für das amerikanische Erziehungswesen sein werden:

„I [...] express you both my deep appreciation of your cooperation and work, in helping to bring that program to a successful conclusion. The members of my family and I have been profoundly impressed with the talents of Dr. Blume and her husband, and we are firmly of the belief that they both will make a valuable contribution to the United States in the educational field [...]“ (23.1.1936).[217]

215 „Die Entwicklungstendenzen in Erwachsenenbildungskursen, insbesondere für Arbeiter, in Deutschland, England, USA und Kanada“ (Memorandum von Spencer Miller, Leiter des Workers' Bureau, für den Bundesvorstand der amerikanischen Erwachsenenbildung, Januar 1936).

216 „Ihre Herangehensweise und ihre allgemeinen Kompetenzen auf dem Gebiet der Erwachsenenbildung waren so herausragend, dass ich mir erlaube, ihr die Position einer Forschungsassistentin nach ihrer Rückkehr in die Vereinigten Staaten für monatlich 200 Dollar anzubieten. Ich glaube, dass, nachdem sie sich an die amerikanischen Praktiken angepasst und sich mit ihrer Familie in diesem Land etabliert hat, ihre Fähigkeiten weitere Anerkennung finden werden. Sie hat bereits mehrere Freunde gewonnen, die ihr gern bei dieser Eingewöhnung hier helfen. Ich freue mich, Ihnen meine Versicherung auch vonseiten des Bureaus dafür zu geben, dass wir ihr gern diese Position in unserem Forschungsteam anbieten[...]“.

217 „Ich möchte Ihnen beiden meine tiefe Wertschätzung für Ihre Kooperation und die Arbeit ausdrücken, die mit dem erfolgreichen Abschluss dieses Programms verbunden war. Meine Familie und ich waren zutiefst beeindruckt von den Begabungen Dr. Blumes und ihres Gatten und wir glauben fest daran, dass sie beide einen wertvollen Beitrag auf dem Gebiet der Erziehung in den USA leisten werden.“

AMERICAN ASSOCIATION FOR ADULT EDUCATION
INCORPORATED 1926

SIXTY EAST FORTY-SECOND STREET, NEW YORK

TELEPHONE: MUrray Hill 2-3420
CABLE ADDRESS: "ACUBEE NEW YORK"

MORSE A. CARTWRIGHT, *Director*
RALPH A. BEALS, *Assistant to the Director*
DOROTHY A. SATTLER, *Office Manager*
MARY L. ELY, *Editor, Journal of Adult Education*
DOROTHY ROWDEN, *Editor, Special Publications*
HARRIET V. V. VAN WYCK, *Librarian*

January 21, 1936

Dr. Carola Blume
Christodora House
147 Avenue B
New York City

Dear Dr. Blume:

Here is my letter to the American Consul
at Stuttgart, which I hope will prove adequate for
your needs.

With best wishes, and looking forward to
seeing you next Tuesday, I am

Sincerely yours,

Morse A. Cartwright

MAC:DO

P.S. I have had a nice talk with Mr. Miller and
no doubt, by the time this reaches you, you will know
what he is prepared to do.

Abb. 79 Schreiben des Vorsitzenden des amerikanischen Bundesverbandes für Erwachsenenbildung, Morse Cartwright, an Carola Blume mit der Mitteilung der erfolgten Empfehlung
ihres Emigrationsprojekts an das amerikanische Konsulat in Stuttgart
(Nachlass Rosenberg-Blume)

Selbstzweifel, Entmutigungen und Erfolge

„Daheim bleiben und sehen, wie wir durchkommen??"
(CAROLA AUS AMERIKA, JANUAR 1936)

Carola wohnt in den ersten Wochen in einem Settlement House (Bern Hirsch an Harry Hirsch, 28.12.1935) – wie es ihr von Hertha Kraus empfohlen worden war – in dem New Yorker Stadtteil Scarsdale, wo sie freie Unterkunft und Verpflegung für die Übernahme von sozialen Betreuungsaufgaben erhält. Ihr offenbar erster Gang von „Christadora House" führt sie zu Cartwright, dem sie am 1. Dezember 1935 in ihrem wieder aktivierten Schulenglisch schreibt:

„My dear Mr. Cartwright, may I be so bold as to inquire when I may call on you? I habe been intrusted with greetings to you from Professor Eduard Brenner, Professor Flitner and other friends. I believe that Professor Pfleiderer has already written to you about my plans. In case you have not heard from him, however, I am taking the liberty of enclosing a letter from Mrs. von Erdberg which might serve as introduction. Yours very truly Carola Blume."[218]

Cartwright antwortet ihr umgehend in beinahe herzlichem Ton und schlägt ein baldiges Treffen mit ihr vor (3.12.1935). Aber Cartwright erwirbt sich zunächst wenig Sympathien bei Carola. Es war ihr erstes wichtiges Gespräch in USA, und sie hatte sich wohl auf einen schnellen Sieg eingestellt. Cartwright jedoch war ihr zwar mit Interesse, doch mit jener freundlichen Zurückhaltung begegnet, die aus seiner Sicht in einem solchen Fall geboten war. Zu allem Übel hatte er es gewagt, ihr Englisch zu kritisieren! „Weißt Du," schreibt sie an Bernhard, „man ist hier ziemlich eingebildet. Mr. Cartwright rät mir, ich soll besser Englisch lernen. Das zu mir zu sagen, wo doch ich gerade so stolz auf mein Englisch bin! Mr. Cartwright soll daran denken, wie er Deutsch sprechen würde, wenn er in Deutschland wäre. Meinst Du nicht auch?" (20.1.1936). Sie scherzt und ist doch in ihrer Situation als Nichtzugehörige in einem fremden Land doppelt empfindlich. Sehr schnell begreift sie, dass das allgemeine Klima mitten in der wirtschaftlichen Depression nicht gerade fremdenfreundlich ist, und Heimweh, sogar Zweifel an dem ganzen Projekt, nagen an ihr:

„[...] Nach allem was ich hier höre, ist das die Allgemeinstimmung. Wäre nur Deutschland nicht so weit weg; ich habe halt so Heimweh nach euch allen. Ich will zurückreisen, so bald es nur geht. Denn: wenn man hier zu lange bleibt, so ist es auch nicht das Richtige [...] Um heute auszuwandern, gehört eben

---

[218] „Mein lieber Herr Cartwright, darf ich mir erlauben, Sie zu fragen, ob ich Sie anrufen darf? Ich bin mit Grüßen an Sie von Professor Brenner, Professor Flitner und anderen Freunden beauftragt worden. Ich glaube, dass Professor Pfleiderer Ihnen schon von meinen Plänen geschrieben hat. Im Falle, dass Sie von ihm nichts gehört haben, nehme ich mir die Freiheit, einen Brief von Frau von Erdberg beizulegen, der als Einführung dienen könnte. Ihre sehr verbundene Carola Blume."

AMERICAN ASSOCIATION FOR ADULT EDUCATION
INCORPORATED 1926

SIXTY EAST FORTY-SECOND STREET, NEW YORK

TELEPHONE: MUrray Hill 2-8960

CABLE ADDRESS: "ACUBEE NEW YORK"

OFFICE OF THE DIRECTOR

December 3, 1935

Dr. Carola Blume
9 Paddington Road
Scarsdale, New York

My dear Dr. Blume:

I am most glad to learn from your letter of December 2 that you have reached this country safely and that you are established in Scarsdale, which happens to be the village in which I reside.

It will be a pleasure to greet you. Would Thursday afternoon, December 5, at 3:00 o'clock, be a convenient hour for you to come to this office? If Thursday is inconvenient I could arrange an hour on Friday, although I am planning to leave that week-end for New England and will be out of New York most of the following week. If the hour suggested is inconvenient, it might be well if you were to telephone me or my secretary at Murray Hill 2-3420, when a mutually convenient hour can be agreed upon.

I look forward with pleasure to meeting you.

Sincerely yours,

MAC:DO

Abb. 80 Begrüßungsschreiben des Vorsitzenden des amerikanischen Bundesverbandes für Erwachsenenbildung, Morse Cartwright, an Carola Blume
(Nachlass Rosenberg-Blume)

doch viel Courage dazu. Daheim bleiben und sehen, wie wir durchkommen?? Wie Du auch darüber denkst, es ist halt sauschwierig. Nach Amerika einzuwandern ist gerade im Augenblick eine gewagte Sache. Aber wir wollen uns den Kopf nicht zu sehr zerbrechen. Die Hauptsache ist, daß wir uns gesund wiedersehen" (ebd.).

Der Brief zeigt, dass die Realität bis zu diesem Augenblick für sie noch anders aussieht, als es die mannigfaltigen Empfehlungsaktivitäten auf offizieller Ebene vermuten lassen. Aber sie ist ungeduldig – für ihr Gefühl sind die sechs Wochen, die sie nun in Amerika weilt, eine Ewigkeit, für alle anderen mit ihrem Fall befassten Menschen eine lächerlich kurze Frist. Vor allem zeigt sich Bernhard tief beeindruckt von ihrem „siegreichen Feldzug" 19.1.1936) und bezeugt ihr seine Bewunderung in den zahlreichen Briefen, mit denen er Carolas Amerikareise begleitet: „Für meine arme Europäerseele geht das ja alles unvorstellbar schnell, und ich stell mir manchmal vor, wie verschüchtert ich an Deiner Stelle unter hohen Wolkenkratzern herumschleichen würde" (5.1.1936). „Dein Tempo finde ich toll" (2.2.1936). Angesichts des Tempos, das er auch im Verkehr vermutet, warnt er sie davor, auch in New York, wie sie es in Berlin getan habe, auf der Straße Zeitung zu lesen (30.12.1935). Gleichwohl muss es schwer für sie gewesen sein, als erfolgsverwöhnte, allseits anerkannte und geschätzte Frau, nun plötzlich in der Rolle der Bittstellerin auftreten und für sich werben zu müssen. Niemand kennt sie hier, sie ist ganz und gar abhängig vom Urteil und guten Willen anderer Menschen. So ist sie bisher wie selbstverständlich davon ausgegangen, dass sich ihr die Tore für eine feste berufliche Stellung im neuen Land schnell öffnen würden, zumal sie ihre Mission gut vorbereitet hatte. Objektiv betrachtet, ist dies auch der Fall gewesen, aber ihr geht es nicht schnell genug. Dass sie damit eine Verstimmung bei den für sie engagierten Persönlichkeiten und Institutionen riskiert, ist ihr nicht bewusst und muss ihr erst deutlich gemacht werden. Und zwar durch Eugen Rosenstock-Huessy, der sich inzwischen gut auskannte. Als ehemaliger stellvertretender Direktor des „Weltbundes für Erwachsenenbildung" hat er Beziehungen zur amerikanischen Erwachsenenbildung und setzt sich bei Cartwright für Carola ein. Aber zu übereilt und unbedacht, wie er nachher feststellt:

„Ich habe einen Fehler gemacht und muß versuchen, ihn heute zu reparieren. Es wäre meine Pflicht gewesen, mich nicht von Ihrem Tempo überrennen zu lassen. Ihre Vorstellung, Sie könnten in ein fremdes großes Land kommen und dort in sechs Wochen eine Lebensstellung finden, überflog das Ziel. Ich hätte das wissen müssen und nüchtern bleiben sollen. Schließlich ist eine Anlaufzeit von 9-12 Monaten noch immer rasend kurz [...] Nun habe ich mich mit meinem Brief an Cartwright verausgabt, und wir müssen andere Zeitgläser aufsetzen. Verloren ist nichts. Aber Sie müssen sich mit einem Provisorium befreunden. Nach allen Erfahrungen hier entscheidet in Amerika persönliche Anwesenheit. Es heißt hier „aus den Augen aus dem Sinn", hingegen auch „wen ich seh, dem helf ich". Wenn Sie Cartwrights Brief lesen, so werden Sie wohl auch finden, daß er mir nicht die geringste Ermunterung oder Handhabe zu einer Besprechung bietet [...] Stellen Sie den inneren Chronometer um [...]" (15.1.1936).

Aus diesen Erfahrungen rührt die niedergeschlagene Stimmung, in der sie Bernhard schreibt und sich fragt, ob man nicht doch besser „daheim" bleibt und schaut, „wie man durchkommt". Doch kurze Zeit darauf kommt der Durchbruch; und zwei Monate später, bereits wieder in Stuttgart, erhält sie sogar mitten hinein in die fieberhaften Vorbereitungen zur Ausreise eine Einladung zu einem Vortrag vor dem Bundesverband für Erwachsenenbildung anlässlich seiner Jahresversammlung zum zehnjährigen Bestehen im Hotel Astor, New York; Thema des Vortrags: „Trends and Development of American Adult Education as compared with the Development in Europe,"[219]zu dem sie der Vorsitzende Cartwright einlädt (New York,16.3. 1936). Hier kann sie bereits auf die während ihres Amerikaaufenthalts begonnenen Recherchen zurückgreifen. Ebenso wird sie noch vor ihrer Ausreise aus Deutschland von der American Association of University Women (amerikanischer Frauenhochschulverband) mit der Einladung zu einem Vortrag angeschrieben, den sie dann später, am 5. Mai 1937, in San José hält. Er wird für sie zum Test für ihren ganzen beruflichen Start in Amerika. Klugerweise erkundigt sie sich sofort nach dem dort üblichen Procedere bei öffentlichen Vorträgen; gute Ratschläge aus eigener Erfahrung kann ihr auch hier wieder Eugen Rosenstock-Huessy geben. An ihre zu erwartende Aufregung denkend, (der Vortrag wird knapp drei Wochen nach ihrer Ankunft in Amerika stattfinden) rät er ihr in väterlich-besorgtem Ton:

„Bitte bitte Zeit lassen und Fünfe gerade sein lassen, ja? Es kommt alles darauf an, daß Sie sich nicht abhetzen, drei Tage vor dem Kongress anfangen, zum Friseur, beauty shop usw. zu gehen, am Morgen des Tags mit Ihrem Mann in einem guten Hotel frühstücken und in einem Taxi ungestört dorthin fahren, wo Sie reden sollen" (3.5.1936).

Dann aber geht es bei den inhaltlichen und taktischen Ratschlägen auf Amerikanisch weiter, der Sprache, in die Carola von nun an ihr großes Fachwissen gießen muss. Ein gewaltiger Sprung: die mit dem Deutschen verwachsenen beruflichen Erfahrungen, und die an den spezifisch deutschen Verhältnissen herausgebildete pädagogische und didaktische Fachsprache, in eine andere Sprache zu übertragen, in die sie noch nicht eingetaucht ist. Sie erhält für den Druck ihres Referats noch präzise Ratschläge von Onkel Harry, die alle darauf abzielen, sie mit den komplizierten Regeln des akademischen Knowhows in Amerika vertraut zu machen. Aber Carola hat auch selbst schon viel dazugelernt. Man merkt angesichts der dichten Korrespondenz, die sich zwischen den an ihrem Fall interessierten Institu-

---

[219] „Tendenzen und Entwicklungen in der amerikanischen Erwachsenenbildung im Vergleich zur Entwicklung in Europa."

tionen und Privatpersonen entwickelt, dass sie sich zunehmend auf die neue Umgebung und ihre gesellschaftlichen Konventionen einzustellen vermag. Sie hinterlässt bei ihren Gesprächspartnern/innen nachhaltigen Eindruck, immer wieder sind ihre Intelligenz, ihre „Talente" und ihr Mut Anlass zu Bewunderung und wärmster Empfehlung. „[...] Miss Holz told me how much she had appreciated you and what excellent impression you left with everyone" schreibt ihr eine Frau aus dem neu gewonnenen Bekanntenkreis.[220]

Stellensuche für Bernhard

Dieses Kapital setzt Carola in der letzten Phase ihres Aufenthalts ein, um eine berufliche Unterbringung für Bernhard zu erreichen. Wiederum über die Bibliothekarin an der City Library von New York, Jennie Flexner, ergeben sich Kontakte zu einer einflussreichen

College-Leiterin (Miss Holz), die ihr für eine Tätigkeit Bernhards an einem College in Kalifornien behilflich sein kann. Carola bittet Miss Holz in ihrem Schreiben (27.1.1936, zwei Tage vor ihrer Abreise), Bernhards Papiere in Empfang zu nehmen und evtl. für eine Stellensuche zu benutzen für den Fall, dass die Verhandlungen über eine Gastprofessur am Mills College in Oakland/ Kalifornien scheitern sollten. In der Empfehlung Bernhards als Wissenschaftler ist sich Carola sicher, in seiner Empfehlung als Dramatiker und Schriftsteller hält sie sich etwas zurück; sie spürt nach den intensiven Kontakten mit vielen Menschen, dass hier ein anderes Klima herrscht als im Deutschland der zwanziger und beginnenden dreißiger Jahre mit ihren Tabubrüchen und ihrer Innovationsfreudigkeit; dass hier eine puritanische Empfindlichkeit überlebt, die sie längst hinter sich gelassen hat. Daher ihre Bedenken wegen der libertinistischen und deftigen Sprache in einigen von Bernhards Stücken, um so mehr als es ja um eine Stelle an einem Mädchencollege geht! Ihre Sorge gilt vor allem der „Fahrt nach der Südsee" und der „Treibjagd"[221], die in ihren

Abb. 81 Carola Rosenberg-Blume, letzte Post vor der Ausreise im Hafen von Bremerhaven, April 1936 (Nachlass Rosenberg-Blume)

269

---

[220] „Miss Holz sagte mir, wie sehr sie Sie schätzte und was für einen hervorragenden Eindruck Sie bei allen hinterlassen haben" (Brief von Valentina Tonone o.D.).

Augen „keinesfalls geeignet sind", ihn für ein Mädchencollege zu empfehlen: „Ich bitte daher herzlichst um größte Vorsicht, was die Herausgabe des Stückes („Fahrt nach der Südsee") betrifft. Außerdem fürchte ich, daß eine Aufführung des Stückes ihn im Augenblick, trotz eines möglichen starken künstlerischen Eindrucks, nicht empfehlen würde" (20.1.1936 an Frl. Wesselhoeft).

Carola kehrt Anfang Februar 1936 nach Stuttgart zurück. Einen Tag nach ihrer Ankunft geht sie mit Bernhard zum amerikanischen Konsulat, wo man bereits vorbereitet ist. Am 22. April 1936 verlassen sie auf dem Dampfer „Washington" der United States Lines Bremerhaven. Bernhard erinnert sich an das Glücksgefühl, als durch die Lautsprecher mitgeteilt wurde, dass das Schiff, in der Nähe von Helgoland, die deutsche Hoheitsgrenze hinter sich gelassen hatte und sich nunmehr auf hoher See befand: „Ich wußte, das Schiff konnte [...] jetzt noch auf einen Eisberg stoßen, doch was waren Eisberge! Unter keinerlei Vorwand aber konnte es mehr von einem deutschen Patrouillenboot angehalten und durchsucht werden. Drei Jahre Knechtschaft waren zu Ende; ich hatte meine Freiheit wiedergewonnen; was jetzt kam, und wenn es die Existenz eines Geschirrwäschers war, konnte nur besser sein."[222]

Abb. 82 Carola Rosenberg-Blume
mit Sohn Michael auf dem Dampfer "Washington" im Hafen von Bremerhaven, April 1936
(Nachlass Rosenberg-Blume)

---

[221] Erstaufführung im Deutschen Schauspielhaus Hamburg, 1927.
[222] B. Blume 1985, S.135

Beruflicher Weg in der Neuen Welt

„[...] your work has been outstanding and of tremendous significance [...]"
(BRIEF EINER ERWACHSENENBILDNERIN AUS OAKLAND/CAL.)[223]

Nach der Ankunft in New York Ende April 1936 wird die
Familie im Haus von Ilse Levinger aufgenommen; durch die bereits
geknüpften Beziehungen und Freundschaften findet man eine amerikanische Familie, die bereit ist, die beiden sechs und vier Jahre alten
Söhne, Wolfgang Michael und Reiner Frank, die sich ab jetzt Mike
und Frank nennen, bis zum Beginn der Unterrichtstätigkeit von Bernhard Blume am Mills College/Californien zu betreuen. Sie kommen
in ein Land, dessen Menschen sie als „offen, gutwillig, aufgeschlossen,
freundlich, hilfsbereit" erfahren.[224]

Forschungsauftrag und Vorträge

Arbeiterbildung im Vergleich

Carola selbst muss sofort die Arbeit an ihrer vom Workers'
Education Bureau of America in Auftrag gegebenen Forschungsarbeit
wieder aufnehmen („The trends of workers´ education since the
depression 1929-1936 in the United States, Canada, Great Britain and
Germany") – „eine unglaublich interessante Arbeit" – wie sie sagt –
„aber viel zu schwer für einen neu Hereingekommenen und viel zu
groß" (Brief an Alice Nägele, Juli 1936). Die von ihr selbst entworfenen
Fragebögen – in dieser Materie seit ihrer Dissertation sehr geübt –
legt sie einschlägigen Organisationen, Schulen, Colleges, Universitäten, inclusive Lehrerpersonal und Studenten aus Arbeiterfamilien vor
und reist in die großen städtischen Arbeiterzentren der Vereinigten
Staaten. „Ich fühle mich trotz der Überbürdung in meinem Element
und bin produktiver als ich je war [...] Alles Dinge, die einem hier
mehr Spaß machen als in einer hoffnungslosen Situation" schreibt
sie an Alice Nägele. Auch ihr Mann berichtet in Briefen an seine deutschen Freunde von seinem Gefühl, wieder „Boden unter den Füßen"
zu spüren und dank der erfahrenen vielseitigen Hilfe in der Fremde
„durchaus die Hoffnung" zu haben, „in diesem Land vorwärts zu kommen (4.7.1936 an den Verleger Dietzmann, Leipzig). Die Familie zieht
mit dem Beginn von Bernhards Lehrtätigkeit Anfang September nach
Oakland/Californien in ein Haus auf dem Campus von Mills College,
das ihr vom College zur Verfügung gestellt wird. In einem Brief an
Theodor Bäuerle erläutert Carola ihre jetzige Arbeit:

---

[223] „[...] Ihre Arbeit war hervorragend und von gewaltiger Bedeutung[...]".
[224] B.Blume1985, S.171

AMERICAN ASSOCIATION FOR ADULT EDUCATION
INCORPORATED 1926
SIXTY EAST FORTY-SECOND STREET, NEW YORK
TELEPHONE: MUrray Hill 2-3420
CABLE ADDRESS: "ACUBEE NEW YORK"

Morse A. Cartwright, *Director*
Ralph A. Beals, *Assistant to the Director*
Dorothy A. Sattler, *Office Manager*
Mary L. Ely, *Editor, Journal of Adult Education*
Dorothy Rowden, *Editor, Special Publications*
Harriet V. V. Van Wyck, *Librarian*
Eric T. Clarke, *Field Representative*

March 16, 1936

Frau Carola Blume
Stuttgart W
Kölestrasse 11
Germany

Dear Frau Blume:

Plans are now being made to commemorate the founding of
this Association on March 26, 1926, by a Tenth Anniversary Cele-
bration to be held in the Hotel Astor and Town Hall, New York,
May 18 to 21, 1936. On this occasion we hope to review adult education in the United States, particularly during the last ten years;
to survey current principles and practices; and to attempt a forecast
of probable trends in the immediate future. An international
character will be given to the meeting by the presence of a few
adult educators of distinction from abroad.

I am charged by the Annual Meeting Committee to extend to
you a most cordial invitation to be present and to speak for twenty
or twenty-five minutes on the morning of Tuesday, May 19. I hope
very much that you will see your way clear to accept.

Sincerely yours,

MAC.P

Morse A. Cartwright

Abb. 83 Einladung an Carola Blume zu einem Vortrag anlässlich des zehnjährigen Bestehens
des amerikanischen Bundesverbandes für Erwachsenenbildung durch dessen Vorsitzenden
Morse Cartwright
(Nachlass Rosenberg-Blume)

„Die Untersuchung ist nicht theoretisch gedacht sondern so, daß ich aufgrund unserer deutschen Erfahrungen eine kritische Haltung einnehme und neue Wege sehe. Zunächst habe ich selbst unendlich viel gelernt und gesehen. Ich habe die wichtigsten Einrichtungen von ganz Amerika kennen gelernt und habe nun sehr schöne Unterlagen gesammelt. Ich muß natürlich heftig arbeiten, um die historische Entwicklung Amerikas und der speziellen Probleme zu verstehen und bin mir persönlich durchaus bewußt, daß man eigentlich Jahre dazu braucht. Die Situation, in der ich augenblicklich bin, ist sehr der Hohenrodter ähnlich. Ich betrachte die Entwicklung unter den Gesichtspunkten echter Erwachsenenbildung, während in Wirklichkeit auch hier schon völlig neue Gesichtspunkte in die gesamte workers' education eingedrungen sind. Die Grundfrage: Is there a democracy in America and are the trends of workers' education towards this democracy – wie es theoretisch geglaubt wird, muß ziemlich verneint werden. Der Inhalt der workers' education ist ziemlich verschieden von dem, was wir in Deutschland hatten. Public speaking, labour journalism und dramatics!! sind am verbreitetsten. Das „Textbuch", das wir ja nie hatten, spielt die entscheidende Rolle.[225] Frauenfragen, Fragen der Lebensgestaltung, wie wir es hatten, gibt es in der workers' education nicht, überhaupt keine Frauenprobleme [...]".

So stellt sich ihr in den ersten Jahren die gesellschaftliche Realität dar, nicht nur in der Arbeiterschaft. Eher müßte es Männerprobleme geben, so ihr Eindruck, aufgrund „der inferioren Stellung des Mannes im geistigen Leben". Die Frauen geben den Ton an, das erfährt sie in den verschiedenen Clubs, in denen die Mitgliedschaft ein gesellschaftliches Muß ist, vor allem für Neuankömmlinge. Ihre beiden Söhne besuchen Kindergarten und Schule, das bringt Engagement im <Mothers' Club>, im <Parents' Club>, im <Teachers' Club> und im <Dads' Club> mit sich. Hinzu kommen die festen gesellschaftlichen Verpflichtungen im beruflichen Umfeld in Form von <Parties> formeller und informeller Art. Ein „heftiges gesellschaftliches Leben", das dem Ehepaar Blume für den Rest seiner amerikanischen Existenz „Schmerzen bereiten" wird." (10.10.1936)

In einem „Minimum Report" über ihre Untersuchung berichtet sie, dass sie die Summer Schools for Industrial Workers in Madison, Labor colleges in Chicago und Denver, Summer Schools for Office Workers in Chicago, die Women´s Trade Union League,[226] Gewerkschaftsversammlungen und viele andere Organisationen aufgesucht und mit ihnen unter Vorlage ihres Fragebogens diskutiert hat. Bei diesen Diskussionen sei sie immer wieder auf ein großes Interesse an der deutschen Entwicklung gestoßen, und sie ist offensichtlich mehrfach gebeten worden, in Vorträgen über die Arbeiterbildung in

---

[225]   „Freie Rede, Arbeiterjournalismus und Textbuch."

[226]   Sommerschulen für Industriearbeiter; Arbeiter College; Sommerschulen für Büroarbeiter; Frauengewerkschaftsbund.

WORKERS' EDUCATION IN GERMANY

CAROLA BLUME

Research Assistant, Workers Education Bureau

IN 1927 the Workers Education Bureau of America sponsored the first extensive study of the question, "What do workers study?" In this research Mr. E. C. Lindeman and Mr. John J. Hader showed the difficulty of comparing German workers' education with that of the United States of America and Great Britain, due to the wide discrepancy in their concepts and meanings.

This difficulty of understanding Germany's problems is ever increasing. The whole conception of workers' education has changed and all its institutions have been abolished. Labor and trade unions do not exist any more. In their stead is the United Labor Front, composed of both the employer, who is the leader, and the employes, who are the followers. Instead of the workshop council there is now the confidential man, who is chosen by ballot by the employes, but only after the nomination by the leader. These nominations are given only to those who are known to be good Nazis and members of the National Socialist Cell.* The United Labor Front has not much to do with the economic aims of the trade unions which it replaced; it is much more a big enterprise for educating the German worker. We read that the aim is to bring all German workers—those of the head and those of the hand—together in an organization of national socialism and educate them in the fun-

damental principles of the doctrines of the Nazis.

Adolf Hitler, the chief leader of the United Labor Front, received as a present from that organization in the spring of 1936 three castles, to serve as schools in which the most promising pupils of this system may be educated. Three courses are offered there: national socialism, its nature and development; questions of racial research; and military sport. These three courses everywhere replace economics or the history of labor.

The workers themselves still have their shop-meeting with the employer. Naturally, as strikes and lockouts are abolished, and the problems of wages and hours are solved by the government, there are no discussions, but a speech is delivered to the workers "On Germany." In addition, there may be some musical entertainment. The larger factories have their so-called "Betriebsausmarsch" or mass-drill for the worker every month. The workers march out of the factories like well-drilled soldiers in military fashion, singing Nazi songs or songs of war. Then they get a cup of coffee or a glass of beer and listen to a lecture on, for example, "The Creation of National Socialistic Work in the Factory as a Problem of Racial German Concern," or "The Significance of Racial German Thinking of Work in the Factory in a Foreign Environment" (taken from the official organs of certain factories).

But the most outstanding achievement in the education of the German

*To those who want to learn more about "Labor Under Hitler" it is suggested that they read the publications of the Chest for the Liberation of Workers of Europe, 3 West 16th Street, New York, N. Y.

Abb. 84 Ausgabe der Vierteljahresschrift "Workers' Education" mit dem Beitrag "Workers' Education in Germany" von Carola Blume (Nachlass Rosenberg-Blume)

Deutschland zu berichten. Diese ist auch ihr Vortragsthema zur Feier des zehnjährigen Bestehens der American Association of Adult Education in New York im Mai 1936. Ihren Ausführungen in der Sektion „Workers′ Education Abroad" (Arbeiterbildung in Europa) wird in der Berichterstattung der weitaus meiste Platz gewidmet, eine ganze Seite in der „Workers′ Education News" Washington vom 20. Juni 1936.[227] Hier die wichtigsten Punkte ihrer Ausführungen: Rückblick auf die Arbeiterbildung vor und während der Weimarer Republik und ihre erfolgreiche Vereinnahmung durch die Nazis. Besonderer Hinweis auf die Methoden zur Gewinnung der Massen (KDF) – „methods which are as effective as dangereous"[228] – aber auch auf die Übernahme von Errungenschaften der Neuen Richtung in der Erwachsenenbildung durch die Nazis. Ausgehend von dem unklaren Bild, das man im Ausland von der deutschen Erwachsenenbildung hatte, charakterisiert sie die Hauptströmungen: die gewerkschaftliche mit ihren verschiedenen Schulungsaktivitäten, die Gründungsbewegung der Heimvolkshochschulen und die Neue Richtung (intensive movement of adult education) mit dem Ziel der Bildung des ganzen Menschen in seinen verschiedenen Lebenskreisen: Familie, Arbeitsplatz, Verein/Gewerkschaft/soziales Leben, Freizeit. An dieser Stelle nennt sie die von Eugen Rosenstock gegründete Akademie für Arbeit in Frankfurt am Main als gelungenes Beispiel der Verbindung von gewerkschaftlichen und erwachsenenbildnerischen Bildungszielen, wo ganz neue methodische und didaktische Ansätze mit der vollen Unterstützung der Gewerkschaften praktiziert wurden. Warum die deutsche Erwachsenenbildung trotz ihrer weltweit anerkannten Leistungen scheiterte, erklärt sie, sich auf die Positionen von Werner Picht[229] berufend, mit der Zersplitterung der Bewegung und dem mangelnden Massenkonsens, der letztlich über das Schicksal eines Landes in der industrialisierten Welt entscheide:

> „The tragedy of German adult education was that its hope and aim was too wide; that it tried to accomplish excellent things with individual groups here and there but without a power behind it, and never grew into a universal movement that would have taken the masses; those masses which in the industrialized world of ours ultimately decide any country′s fate."

Carola legt ihre Rede geschickt an, indem sie sich auf eine Frage konzentriert, die allen Anwesenden im Saal vertraut ist – ob sie nun aus Amerika, England, Dänemark oder Schweden kommen, nämlich „how to win masses without wish to learn"[230] und berichtet nun von ihrer eigenen Arbeit, speziell ihren Initiativen in der Arbeiterinnenbildung und der erfolgreichen Bildungsarbeit für erwerbslose Frauen in Stuttgart.[231] Interessant sind in diesem Zusammenhang die Ratschläge Rosenstocks, den sie im Hinblick auf diesen ersten Vortrag

---

[227] Später mit genaueren Angaben zur nationalsozialistischen Gleichschaltung erschienen in: „Workers′ Education", Juli 1936

[228] „Methoden, die ebenso effektiv wie gefährlich sind."

[229] Werner Picht und Eugen Rosenstock-Huessy, Im Kampf um die Erwachsenenbildung, Leipzig 1926.

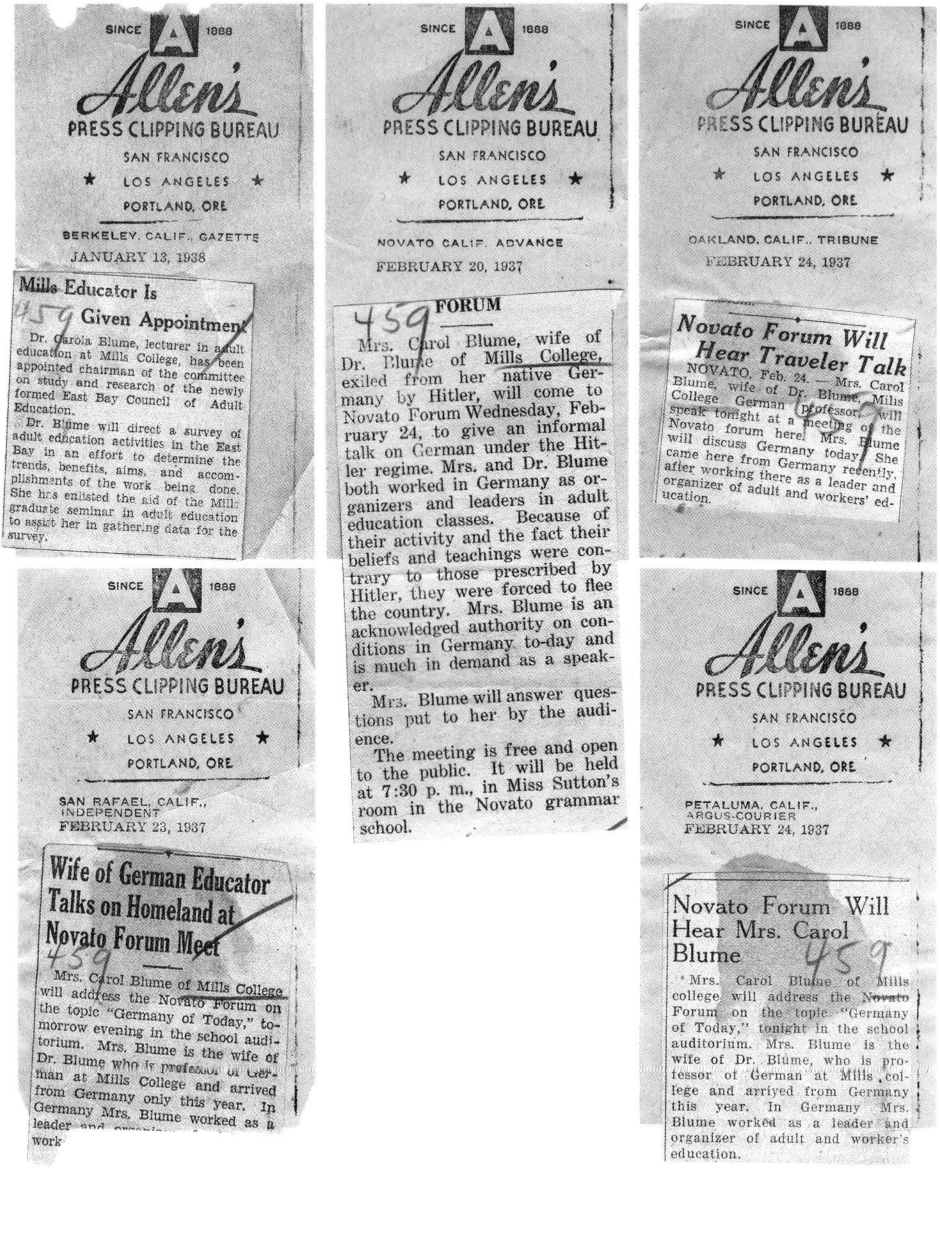

BERKELEY, CALIF., GAZETTE
JANUARY 13, 1938

Mills Educator Is Given Appointment

459

Dr. Carola Blume, lecturer in adult education at Mills College, has been appointed chairman of the committee on study and research of the newly formed East Bay Council of Adult Education.

Dr. Blume will direct a survey of adult education activities in the East Bay in an effort to determine the trends, benefits, aims, and accomplishments of the work being done. She has enlisted the aid of the Mills graduate seminar in adult education to assist her in gathering data for the survey.

NOVATO CALIF. ADVANCE
FEBRUARY 20, 1937

FORUM

459

Mrs. Carol Blume, wife of Dr. Blume of Mills College, exiled from her native Germany by Hitler, will come to Novato Forum Wednesday, February 24, to give an informal talk on German under the Hitler regime. Mrs. and Dr. Blume both worked in Germany as organizers and leaders in adult education classes. Because of their activity and the fact their beliefs and teachings were contrary to those prescribed by Hitler, they were forced to flee the country. Mrs. Blume is an acknowledged authority on conditions in Germany to-day and is much in demand as a speaker.

Mrs. Blume will answer questions put to her by the audience.

The meeting is free and open to the public. It will be held at 7:30 p. m., in Miss Sutton's room in the Novato grammar school.

OAKLAND, CALIF., TRIBUNE
FEBRUARY 24, 1937

Novato Forum Will Hear Traveler Talk

NOVATO, Feb. 24. — Mrs. Carol Blume, wife of Dr. Blume, Mills College German professor, will speak tonight at a meeting of the Novato forum here. Mrs. Blume will discuss Germany today. She came here from Germany recently, after working there as a leader and organizer of adult and workers' education.

SAN RAFAEL, CALIF., INDEPENDENT
FEBRUARY 23, 1937

Wife of German Educator Talks on Homeland at Novato Forum Meet

459

Mrs. Carol Blume of Mills College will address the Novato Forum on the topic "Germany of Today," tomorrow evening in the school auditorium. Mrs. Blume is the wife of Dr. Blume who is professor of German at Mills College and arrived from Germany only this year. In Germany Mrs. Blume worked as a leader and organizer work

PETALUMA, CALIF., ARGUS-COURIER
FEBRUARY 24, 1937

Novato Forum Will Hear Mrs. Carol Blume

459

Mrs. Carol Blume of Mills college will address the Novato Forum on the topic "Germany of Today," tonight in the school auditorium. Mrs. Blume is the wife of Dr. Blume, who is professor of German at Mills college and arrived from Germany this year. In Germany Mrs. Blume worked as a leader and organizer of adult and worker's education.

Abb. 85 Zeitungsmeldungen zu Carola Blumes Vortragsaktivitäten in der Bay Region
(Nachlass Rosenberg-Blume)

in Amerika konsultiert; wie sich zeigt, beherzigt sie vor allem deren „taktische" Seite; inhaltlich lässt sich Rosenstock – da es ja sein Lebensthema ist – zu tiefsinnigen Betrachtungen über die politisch gescheiterte deutsche Arbeiterbewegung hinreißen, die für einen Vortrag viel zu theoretisch gewesen wären. Carola entscheidet sich für das Anschauliche und Konkrete, indem sie über eigene Erfahrungen berichtet. Aber sie beherzigt einige Formalien, die für sie, als Neuankömmling und als ein im Lande aufgenommener Gast, wichtig sind: „Don´t talk anything about „befugt" or „unbefugt" for mentioning or not mentioning Nazipolitics. You are in America, the country of legalized illegitimacy. Americans are all illegitimate Europeans. It makes neither sense nor good feeling to abuse your 30 minutes for mentioning any of your private matters in or with Europe. Say exactly what you want to say, either including or omitting „Kraft durch Freude" as it suits you best, but without a n y kind of p e r s o n a l feelings. Only then can you c r i t i c i z e. Borrow and repeat from your memorandum in the proper place. I should say: Take the whole speach as a r e p e t i t i o n of the descriptive elements in your memorandum and n o t h i n g else, try to imitate Hitler in his power of endless repitition. (Hanover, N.H. 3.5.1936).[232]

Rosenstock begleitet in den ersten Jahren Carolas beruflichen Weg in der amerikanischen Erwachsenenbildung. Im Dschungel der privaten, halböffentlichen und öffentlichen Institutionen, mit denen sie zunehmend zu tun hat, fragt sie ihn, an wen sie sich halten soll, „an staatliche Beamte oder freie Organisationen". Rosenstock aber – obwohl seit 1934 in den USA – fühlt sich nicht imstande, einen Rat zu geben:

---

[230] „Es war die Tragödie der deutschen Erwachsenenbildung, dass sie ihre Hoffnungen und Ziele zu weit gesteckt hatte; dass sie versuchte, hervorragende Dinge mit individuellen Gruppen hier und da zu leisten, ohne eine Macht hinter sich zu haben; dass sie niemals zu einer universellen Bewegung wurde, die die Massen hinter sich hatte; jene Massen, die in unserer industrialisierten Welt letztlich über das Schicksal eines jeden Landes entscheiden." „Wie man Massen gewinnen konnte, die den Wunsch zu lernen nicht hatten."

[231] In ihrer Rede schildert sie die Errungenschaften der Frauenabteilung unter besonderer Berücksichtigung ihrer Erwerbslosenarbeit (in: „Workers´ Education News", Washington, 20.Juni 1936).

[232] „Reden Sie nicht darüber, ob Sie „befugt" oder „unbefugt" sind, die Nazipolitik erwähnen zu dürfen oder nicht. Sie sind in Amerika, dem Land der legitimierten Illegalität. Amerikaner sind alle illegitime Europäer. Es macht weder Sinn noch gibt es ein gutes Gefühl, wenn Sie Ihre dreißig Minuten durch Erwähnung Ihrer mit Europa verbundenen privaten Dinge verschwenden. Sagen Sie genau das, was Sie sagen wollen und schließen Sie <Kraft durch Freude> mit ein oder nicht, wie es Ihnen am günstigsten erscheint, doch ohne irgendwelche persönlichen Gefühle erkennen zu lassen. Nur dann können Sie kritisieren. Zitieren Sie oder wiederholen Sie aus Ihrem Vortrag an der richtigen Stelle. Ich würde sagen: nehmen Sie die ganze Rede als eine Wiederholung der deskriptiven Elemente Ihres Vortrags und nichts weiter, versuchen Sie, Hitlers Stärke zu endlosen Wiederholungen nachzuahmen " (Hervorhebungen von Rosenstock).

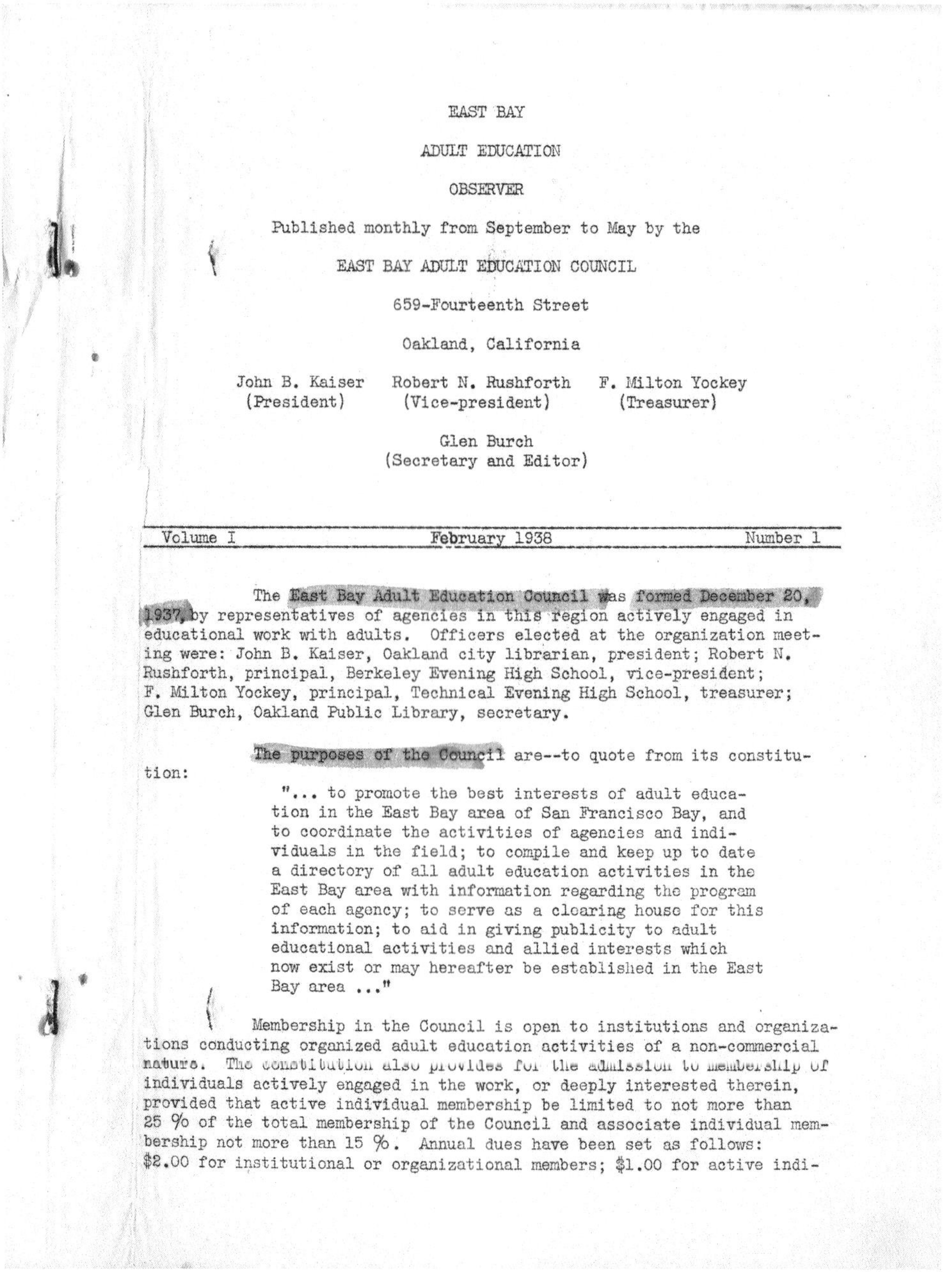

EAST BAY

ADULT EDUCATION

OBSERVER

Published monthly from September to May by the

EAST BAY ADULT EDUCATION COUNCIL

659-Fourteenth Street

Oakland, California

John B. Kaiser   Robert N. Rushforth   F. Milton Yockey
(President)   (Vice-president)   (Treasurer)

Glen Burch
(Secretary and Editor)

Volume I	February 1938	Number 1

The East Bay Adult Education Council was formed December 20, 1937, by representatives of agencies in this region actively engaged in educational work with adults. Officers elected at the organization meeting were: John B. Kaiser, Oakland city librarian, president; Robert N. Rushforth, principal, Berkeley Evening High School, vice-president; F. Milton Yockey, principal, Technical Evening High School, treasurer; Glen Burch, Oakland Public Library, secretary.

The purposes of the Council are--to quote from its constitution:

"... to promote the best interests of adult education in the East Bay area of San Francisco Bay, and to coordinate the activities of agencies and individuals in the field; to compile and keep up to date a directory of all adult education activities in the East Bay area with information regarding the program of each agency; to serve as a clearing house for this information; to aid in giving publicity to adult educational activities and allied interests which now exist or may hereafter be established in the East Bay area ..."

Membership in the Council is open to institutions and organizations conducting organized adult education activities of a non-commercial nature. The constitution also provides for the admission to membership of individuals actively engaged in the work, or deeply interested therein, provided that active individual membership be limited to not more than 25 % of the total membership of the Council and associate individual membership not more than 15 %. Annual dues have been set as follows: $2.00 for institutional or organizational members; $1.00 for active indi-

Abb. 86 Erste Nummer des "Adult Education Observer",
regelmässig erschienener Monatsbericht des Erwachsenenbildungsrates der East Bay, den
Carola Blume mit ins Leben gerufen hatte
(Nachlass Rosenberg-Blume)

„In der Technik des amerikanischen Soziallebens tappe ich selber im Dunkeln. Es ist wie China oder Ägypten. Ich spüre Ordnung, Rhythmus und Gesetz, aber ich kann meinen Reaktionen nicht ganz trauen. Noch ist jeder Akt von Seiten eines Amerikaners für mich abwechselnd eine Mausefalle oder ein Geschenk [...] Ich bin ganz außerstande, auch nur die Anfangsgründe eines Bescheids aufzubauen. Du wirst das inzwischen längst entschieden haben [...]" (4.5.1937).

Abb. 87   Carola Rosenberg-Blume
mit Bernhard Blume und Sohn Frank
vor ihrem Haus auf dem Campus von
Mills College, 1937
(Nachlass Rosenberg-Blume)

Rosenstock setzt sich auch mit seinen guten Beziehungen weiterhin für einen Carolas Fähigkeiten angemessenen Posten ein. Von ihrer Tätigkeit in der deutschen Erwachsenenbildung sagt er: „[...] we had no more original collaborator than Mrs. Carola Blume. Dr. Blume has been the successful woman leader in the field. She showed mirth and common sense to make forget that she ever passed the academic mill. Yet, she had more inside into religious and scientific depth of the problem than most of the men" ([...])[233] Das Tempo, mit dem sie sich in Amerika zum Zentrum der Erwachsenenbildung vorarbeitet, gibt ihm die Überzeugung, dass sie in seinem Sinne weiterarbeiten und ihn erfolgreich vertreten werde.[234] Rosenstock und Carola stehen offenbar auch in brieflichem Kontakt während und nach Rosenstocks Deutschlandaufenthalten in den ersten

fünfziger Jahren, als er Gastvorlesungen in Göttingen, Heidelberg, Köln und München hielt. Rosenstock spricht von einer „polaren Erfahrung" im Nachkriegsdeutschland und von enttäuschenden Erlebnissen mit dem Vorstand des Bayrischen Volkshochschulverbandes.

[233] „Wir hatten keine originellere Mitarbeiterin als Frau Carola Blume. Frau Dr. Blume war die erfolgreichste weibliche Führungskraft auf dem Gebiet. Sie zeigte Humor und gesunden Menschenverstand und man vergaß, dass sie je die akademische Mühle durchlaufen hatte. Und doch hatte sie mehr Einblick in die religiösen und wissenschaftlichen Tiefen des Problems als die meisten Männer." Rosenstock-Huessy schließt in seine Wertschätzung auch Bernhard ein, wenn er sagt: „Ich habe im Gefühl, dass die doppelköpfige Familie Blume zu leistungsfähig für Mills College ist[...]" und das „richtige Niveau" Berkely wäre (10.12.1936).

[234] 30.7.1936, Brief an Alexander Meiklejohn, Direktor der School of Social Studies in San Francisco. Meiklejohn gehörte mit der Gründung der Hochschule für Sozialstudien zu den herausragenden Vertretern der Akademisierung der amerikanischen Erwachsenenbildung. Vgl. Martha Friedenthal-Haase, Ein Blick nach außen für eine Historiographie der Erwachsenenbildung: die USA als Schule der Demokratie, in: Report 31, Literatur- und Forschungsreport Weiterbildung, Juni 1993.

„Aber", so wendet er sich an Carola, „das bräuchte Dir durchaus nicht zu passieren. Ich habe diese Polarität auch in Heidelberg und Berlin usw. erfahren. Die Deutschen haben sich verändert und wir uns auch" (11.9.1953). Er erwähnt einen Brief Carolas, der einen „großen Rückblick" enthält, in dem sie sich u.a. auch mit dem Gedanken an eine Rückkehr nach Deutschland auseinandergesetzt hat. Das ist zu Beginn der fünfziger Jahre, die auch als die Zeit der großen Frage „wo leben?" in Bernhard Blumes Autobiographie eingegangen ist.

Es zeigt sich bald nach ihrer Ankunft in Amerika, dass das Interesse der Amerikaner an Informationen über Deutschland groß ist. Carolas gelungener Einstieg in die Erwachsenenbildungsszene durch ihren vielbeachteten Vortrag trägt Früchte. Im Laufe der folgenden Monate erhält sie Einladungen zu weiteren Vorträgen von dem Frauenhochschulverband in San José (Cal.), vom Committee on Adult Education (Ausschuss für Erwachsenenbildung) des Community Chest (Amts für Gemeinschaftsaufgaben)

Abb. 88 Carola Rosenberg-Blume
neben dem alten Plymouth,
genannt "Wilhelm Meister", weil er "so bürgerlich bescheiden und zuverlässig" (Bernhard Blume) war
(Nachlass Rosenberg-Blume)

von San Francisco u.a.m., wo sie immer wieder andere Akzente, je nach Publikum, setzt. Eine Zeitlang scheint sich die ganze Bay um sie zu reißen – Zeitungsmeldungen zeugen von sechs Diskussionsabenden in den städtischen Zentren der Bay Region. Auffallend ist, dass bei ihrer Vorstellung nur einmal ein Grund für ihre Ausreise aus Deutschland genannt wird. Da heist es von ihr und ihrem Mann: „Their activity and the fact their beliefs and teachings were contrary to those prescribed by Hitler"[235]. Der eigentliche und primäre Grund – die Judenverfolgung – wird nie erwähnt. Es wäre wahrscheinlich auch wenig opportun gewesen, denn es herrscht in jenen Jahren eine immigrantenfeindliche und vor allem judenfeindliche Einwandererpolitik in den USA, die eine strenge Kontingentierung für die einzelnen Länder festgelegt hatte. Zudem wird Hitlers Judenpolitik im Ausland generell noch nicht beachtet.

---

[235] „Ihre Tätigkeit und die Tatsache, dass ihre Überzeugungen und das, was sie lehrten, gegen das von Hitler Vorgeschriebene verstießen."

Lehrauftrag für Erwachsenenbildung am Mills College

Das forschungspolitische Klima in jenen Jahren in Amerika ist günstig für Carola, denn auch hier hatte ähnlich wie in Deutschland in den zwanziger und dreißiger Jahren ein Umbruch in der Erwachsenenbildung stattgefunden: es ist die erste große Epoche wissenschaftsorientierter Programmatik und Theoriebildung. Die hier führenden Sozialwissenschaften verstanden die Erwachsenenbildung als ein wichtiges Feld angewandter sozialwissenschaftlicher Aufklärung.[236] Wie aus der Programmatik der von Carola organisierten Erwachsenenbildungsseminare ersichtlich wird, versucht man, empirische Sozialforschung mit praktischer Erwachsenenbildung und sozialem Handeln zu verbinden. Wobei die pädagogischen Anstrengungen auf das allgemein verbindliche Ziel einer Vorbereitung der Menschen für bewusste Teilnahme an der Gestaltung der Gesellschaft und ihrer Lebensform, der Demokratie, gerichtet sind.

Abb. 89 Carola Rosenberg-Blume
mit Familie im Yellowstone Park, Sommer 1937
(Nachlass Rosenberg-Blume)

281

Carola führt ihre Untersuchung über die amerikanische Arbeiterbildung unter starkem zeitlichem Druck auch während ihres Lehrauftrags für Erwachsenenbildung am Mills College weiter, wo sie mit ihrem Mann, der dort die Leitung der Deutschen Abteilung als befristeten Lehrauftrag übernimmt, ab Mitte September 1936 ihre Arbeit beginnt. Mit dem ersten Seminar, das sie im Rahmen ihres Lehrauftrags organisiert und das das erste dieser Art in Californien ist, erhält sie die Möglichkeit, ihre bisherigen Beobachtungen und Erfahrungen in der amerikanischen Arbeiterbildung mit ihren eigenen methodischen und didaktischen Vorstellungen in Gruppendiskussionen mit Führungskräften aus der örtlichen Erwachsenenbildung zu verbinden: „Adult Seminar with 15 Leaders of various Fields in Adult Education" (Seminar mit 15 Leitern verschiedener Bereiche der Erwachsenenbildung, Bericht vom 15.2.1938).

---

[236] M. Friedenthal-Haase 1993, S.29

Zielvorgabe dieses Seminars ist es, die gesellschaftliche Bedeutung der Erwachsenenbildung in der Bay Region mit den Methoden der empirischen Sozialforschung zu ermitteln und die Kooperation der bestehenden Institutionen zu fördern. Das Seminar schließt mit der Gründung eines Erwachsenenbildungsrates für die East Bay, dem „East Bay Adult Education Council". Carola wird mit der Studien – und Forschungsleitung und der Koordination der Erhebungen beauftragt. Ihre Tätigkeit wird mit einem Fond des Bundesverbands von 500 Dollar finanziert. Dieser Erwachsenenbildungsrat wird in den folgenden Jahren eine Keimzelle verschiedenster erwachsenenbildnerischer Initiativen werden. Es geht um soziale Projekte wie Nachbarschafts – und Kinderzentren, Sommerschulen für Führungskräfte der Erwachsenenbildung, Büchereien u.a.m. Eine Monatsschrift, der „East Bay Adult Eduaction Observer" wird gegründet. Wie gesagt: die Gründung dieses Council ist aus Carolas erstem Seminar in der Erwachsenenbildung hervorgegangen und zeugt von ihrer ungebrochenen Innovationskraft, auch im neuen Land. Als Gründungsmitglieder – alles Teilnehmer ihres Seminars – werden u.a. genannt: der Leiter der renommierten Free Library (Freie Bibliothek) von Oakland, der Leiter der Abend-High-School von Berkely, der Leiter und Schatzmeister der Technischen High School von Oakland, der Sekretär der Free Library von Oakland.

THE SCHOOL OF SOCIAL STUDIES AND MILLS COLLEGE

Jointly Announce the First Annual Session of

THE SEMINAR-IN-RESIDENCE
FROM JUNE 15 TO JUNE 22, 1938

and THE ALUMNAE COLLEGE
FROM JUNE 11 TO JUNE 22, 1938

A Week's Fellowship of Study and Recreation

. . . for teachers, librarians, social workers, club leaders, Mills College alumnae and their husbands, and men and women who hold positions of leadership or responsibility in other fields of family and community living.

IN ORCHARD-MEADOW HOUSE · MILLS COLLEGE · OAKLAND

Abb. 90 Cover eines Summer-School-Programms von Mills College, das auf Initiative Carola Blumes in Zusammenarbeit mit der School of Social Studies von San Francisco geplant und durchgeführt wurde, 1938 (Nachlass Rosenberg-Blume)

Als Arbeitsziele hat man im Auge: die Erfassung und Koordination aller auf dem Gebiet der Erwachsenenbildung arbeitenden Agenturen bzw. Individuen und eine Zusammenstellung ihrer Aktivitäten; die Hilfestellung in der Werbung für alle laufenden und geplanten Initiativen; der Rat dient als Clearingstelle für die gesamte Region der East Bay (Erste Nummer des „Observer", Februar 1938).

Die Sommerschulen für Führungskräfte finden zusammen mit anderen Workshops auf dem Campus von Mills College statt

Council Honors
Dr. Carola Blume

(Kunst, Musik, Pädagogik, Internationale Beziehungen, Radio, Jugendkriminalität, Führungstraining u.a.m.) Diese Sommerschulen sind bis heute eine charakteristische Einrichtung in der amerikanischen Bildungslandschaft und verbinden geistigen Austausch in Gruppenarbeit mit persönlicher Begegnung und sportlicher Erholung. Carola befindet sich im Leitungsteam der Adult Education Workshops, neben führenden Vertretern aus staatlichen und kommunalen Bildungseinrichtungen. Das Programm vom Sommer 1941 hat beispielsweise folgende Themenschwerpunkte:

Abb. 91   Zeitungsmeldung der ”Oakland Tribune”, 5.8.1945: Verabschiedung Carola Blumes (links) aus der kalifornischen Erwachsenenbildungsarbeit (Nachlass Rosenberg-Blume)

Die Philosophie der Erwachsenenbildung; Erwachsenenbildung und die Bereicherung demokratischer Kultur in Amerika; ihre Beziehung zur traditionellen Erziehung und Bildung. Es werden Arbeitsgruppen zu beispielsweise folgenden Themen gebildet: Zusammenarbeit mit der Gemeinde, Rekrutierung, Beratung, Erwachsenenprobleme; Curricula; Anwerbung von Lehrkräften; Supervision; Personale und kulturelle Ressourcen von Erwachsenenbildnern; Umfragen in der Erwachsenenbildung und Gemeindestudien; Bildung der Lehrkräfte; die heutige Familie und ihre Probleme; Erziehung der Verbraucher; künstlerisches Schaffen im eigenen Heim.

1939 wird die Summer Session von Mills College in Zusammenarbeit mit der School of Social Studies von San Francisco durchgeführt; und zwar wird sie zum ersten Mal angekündigt als Seminar-in-Residence (einwöchige Akademie mit Arbeits- und Erholungscharakter), eine von Carola angeregte Variante der traditionellen Sommerschulen, die vor allem auf das Ziel der „recreation" (Erholung) angelegt waren. Nun soll die Erholung mit Forschung und Lernen kombiniert werden, das neue Konzept heißt nun: A Week´s Fellowship of Study and Recreation. Hier steht Carolas Erfahrung mit ihren Freizeiten in der Frauenabteilung Pate, die sie zusammen mit Kolleginnen, interessierten Teilnehmerinnen und Vertreterinnen ihrer regelmäßig in den Sommermonaten in ihrem Programm angeboten hatte. Sie hatte diese Freizeiten immer als eine gute Mischung von Muße und Tätigsein, von Erholung und gemeinsamer Arbeit an aktuellen Themen konzipiert und dabei die Erfahrung gemacht, dass ein längeres Zusammensein der Menschen in einer entspannten Atmosphäre, fern vom Arbeitsplatz, die beste Basis für eine funktionierende Zusammenarbeit und für die Inangriffnahme neuer Projekte darstellte. So heist es denn auch in dem Programm der ersten Summer Session vom Juni 1938:

> „The Seminar-in-Residence will bring together men and women active in communitiy affairs as parents, voters, teachers, social workers, librarians, and members of business, labor, social and professionale organisations to seak acquaintance and understanding through the experience of sharing study and leisure in a pleasant and congenial environment, and the stimulating fellowship of a common persuit of understanding of common problems of mutual concern [...]"[237]

Das Seminar-in-Residence wird gesponsert vom Bundesverband der Erwachsenenbildung und dem Landesverband von Kalifornien, vom Städtischen Rat für Erwachsenenbildung von San Francisco, von der School of Social Studies, San Francisco, dem Verwaltungsrat von Mills College, der Vereinigung der Ehemaligen des College u.a. Carola hat diese Summer-Session im wesentlichen selbst auf den Weg gebracht, d.h. nicht nur inhaltlich und organisatorisch, denn auch um seine finanzielle Absicherung durch die oben genannten Sponsoren musste sie sich kümmern. Themenschwerpunkt ist die Demokratie, um deren Erhaltung man in jenen Jahren in Amerika sehr besorgt ist. Das Thema bietet eine ideale Möglichkeit, die Belange der Erwachsenenbildung in den politischen Rahmen zu integrieren und das Interesse von Sponsoren zu gewinnen. In dem Vorwort der Programmbroschüre werden die Ziele des Seminars vorgestellt. Gelebte Demokratie ist das Forschungs- und Diskussionsthema; sowohl die allgemeinen Aspekte des Wesens der Demokratie sollen beleuchtet werden wie spezifische Probleme, die sich bei der Anwendung demokratischer Regeln im persönlichen, familiären, gemeinschaftlichen und sozialen Handeln ergeben. Da die hier gemachten unterschiedlichen Erfahrungen auch zu einer Vielfalt unterschiedlicher Perspektiven führen, sollen diese anhand der Frage nach dem Wohl der Gemeinschaft (community welfare) zu einem allen gemeinsamen „Problemfundus" gebündelt werden. Man geht davon aus, dass in einer Demokratie „ein jeder in dieser oder jener Form sozialer Betä-

---

[237] „Das Seminar[...] wird Männer und Frauen zusammenbringen, die in Gemeindeangelegenheiten als Eltern, Wähler, Lehrer, Sozialarbeiter, Bibliothekare und Mitglieder von Wirtschaft-, Arbeits-, sozialen und beruflichen Organisationen tätig sind; indem sie Arbeit und Muße in einer angenehmen und für diese Zwecke geeigneten Umgebung miteinander teilen, können sie sich gegenseitig kennen lernen und in der Atmosphäre einer stimulierenden Kameradschaftlichkeit die gemeinsamen Probleme entdecken, die alle angehen."

tigung als <leader> fungiert". Diese Führungsfunktion der Menschen im Alltag soll in ihren jeweiligen sozialen Zusammenhängen gestärkt werden, die demokratische Herangehensweise an die Problemfelder auf einem durch kontinuierliche und objektive Forschung abgesicherten Erkenntnisstand basieren. Alexander Meiklejohn, Leiter der School of Sacial Studies, San Francisco, schließt diese Zielerklärung mit der Feststellung:

> „Unser Regierungs- und Lebensmodell kann nur dann Erfolg haben, wenn sich Männer und Frauen reiferen Alters in einem sorgfältigen, begeisterten, aber fachlich betreuten Studium gemeinsamer Werte, gemeinsamer Gefahren und gemeinsamer Chancen engagieren. Die tiefste Frage im heutigen amerikanischen Leben ist die der denkerischen Kraft der Demokratie."

Im Frühjahr 1942 finden mehrere Erwachsenbildungsseminare über soziale Institutionen statt, davon eins über die „Nachbarschaft als Grundlage städtischer Entwicklung", das ebenfalls die Handschrift Carolas trägt. Kontinuierliche Unterstützung in ihren Initiativen erfährt sie durch den oben genannten Alexander Meiklejohn, der von Eugen Rosenstock auf Carola aufmerksam gemacht wurde.

Ergebnisse der Studie zur Arbeiterbildung

Im Februar 1938 legt Carola dem Leiter des Bureau of Workers´ Education, Spencer Miller, einen vorläufigen Bericht über ihr im Dezember 1935 begonnenes Forschungsvorhaben über die „Trends of workers´ education [...]" vor. Hieraus seien nur einige Beobachtungen hervorgehoben: vorherrschend in der Arbeiterbildung – soweit in gewerkschaftlicher Hand – sei das Erlernen von Techniken (Reden; Zeitungsredaktion, „Textbuch" etc.) und nicht die Aufarbeitung der Probleme am Arbeitsplatz und noch weniger im privaten Alltag des Arbeiters; Erziehung zur Demokratie werde ersetzt durch Konzentration auf die eigene Klasse ohne Berücksichtigung des gesellschaftliche Ganzen; die jüngere Generation tendiere zu radikaleren Positionen (sei aber die Minderheit), die Mehrheit sei in den „recreational departments" (Erholungs- und Freizeitbereichen) zu finden und könnte bei hoher Arbeitslosigkeit den Kern einer faschistischen Bewegung bilden. Eine dritte Gruppe – Söhne von Arbeitern – halte sich noch an den Traum vom sozialen Aufstieg. Rosenstock-Huessy hielt diese Gruppe für die repräsentativste und größte unter den amerikanischen Arbeitern:

> „In Amerika ist der Arbeiter ein frustrierter Kapitalist. Und in Deutschland [...] war er das nicht." (3.5.1936)

Arbeiterbildung gelte in breiten Kreisen der Gesellschaft als „rotes Tuch" (red spot). Als Beispiel nennt sie folgenden Vorfall: dem Inspektor der Workers´ Education von Nordkalifornien wurde mit der Begründung subversiver Aktivitäten verboten, seine Lehrerversammlungen durchzuführen. Die besten Lehrer wurden von seinem Programm gestrichen. In Oakland galt Arbeiterbildung als „undemokratisch". Bei ihrer Umfrage habe man ihr gelegentlich geantwortet: „Wir kennen keine Arbeiter, wir kennen nur Erwachsene." Das Verhältnis zwischen Arbeiterbildung und Erwachsenenbildung müsse dringend geklärt werden. Die junge Generation der Lehrer in der Arbeiterbildung müsse besser und umfassender geschult werden. Um Visionen für die Entwicklung der modernen Gesellschaft zu entwickeln, müsse man sich von dem – wie sie sagt – „overstress of techniques and the dependance on devices and materials"[238] verabschieden. Denn auf diese Weise werde demokratische Erziehung als ein Auftrag der Erwachsenenbildung nicht erreicht. Nachdem sie anfänglich „überwältigt" gewesen sei von dem Ausmaß an Freiheit und Gerechtigkeit im Vergleich zu ihren deutschen Erfahrungen, betont sie nun, nach mehr als zwei Jahren Kontakt mit der amerikanischen Realität: „I am rather doubtful now as to the working reality of this democracy"[239]. Carola schlägt daher im Hinblick auf die Bundeskonferenz der Lehrer in der Arbeiterbildung 1938 in Washington, in deren Programm sie „zentrale Probleme" vermisst, folgende Tagesordnungspunkte vor: Intensivierung der Kooperation aller in der Arbeiterbildung tätigen Institutionen zur Stärkung der Bewegung; neue Formen der Kooperation; eine Koordinierung auf nationaler Ebene durch Gründung eines „National Council"; Kooperation mit fortschrittlichen Fachbereichen (Wirtschaft/Pädagogik) an den Colleges und Universitäten; Formulierung der gemeinsamen Aufgaben und Initiativen aller Gruppen und Neuformulierung der spezifischen Aufgaben der örtlichen Gruppen; Gründung von Arbeiterbildungszentren (Akademien für Arbeit) oder Auswertung der bestehenden nach folgendem Plan: zwei- bis vierwöchige Schulungen für Arbeiterführer nach dem Muster des Allgemeinen Deutschen Gewerkschaftsbundes oder der Gewerkschaftsschule Bernau (Berlin). Unterscheidung kurzfristiger Schulungen für Gewerkschaftsmitglieder oder lokale Gewerkschaftsführer und langfristige Arbeiterbildung. Beide Typen seien wichtig, doch müsse man die notwendig unterschiedlichen Methoden für ein unterschiedliches Publikum klarer herausarbeiten. In Verbindung mit einer wissenschaftlichen Institution (Akademie für Arbeit; Universitäten) müsse Forschung und Schulung über die unmittelbaren Aufgaben der Gewerkschaften hinausgehen und andere Bereiche umfassen: etwa Jugendfragen, hier vor allem Beratung und Arbeitssuche; Gesundheitsfragen; soziale Sicherheit; Kollektivkäufe; Freizeit (hier verweist sie auf die beispielhaften Initiativen deutscher Organisationen wie der Deutschen Arbeiterjugend, der Kinderfreunde, der Sportvereine, des Arbeiterkulturbunds, der Konsumvereine, der Arbeitersiedlungen).

In diesem Papier wird die ganze visionäre Kraft Carolas sichtbar, die sich jedoch immer an konkreten Gegebenheiten orien-

---

[238] „die Überbetonung von Techniken und die Abhängigkeit von vorgefassten Schemata und Materialien."

[239] „Jetzt bin ich eher im Zweifel hinsichtlich der Arbeitswelt dieser Demokratie[...]"

tiert. Ebenso ihre Fähigkeit, Errungenschaften der deutschen Arbeiterbewegung sinnvoll in die amerikanische Realität zu integrieren. Liest man diese und andere Beiträge Carolas zu anstehenden Fragen in der amerikanischen Erwachsenenbildung und führt sich ihr schnell errungenes Ansehen und ihren Bekanntheitsgrad vor Augen, so hätte sie sicher bald auch in Amerika – wie vorher in Deutschland – eine führende Stellung in der Erwachsenenbildung eingenommen. Offensichtlich traf sie auf eine Situation auf diesem Gebiet, in der noch großer Klärungsbedarf herrschte (der amerikanische Bundesverband hatte sich erst 1926 gegründet).

Die zivilisatorische Kraft des Buches

Eine Mission im buchfernen Westen

Carola bringt eine weitere Errungenschaft der deutschen Erwachsenenbildung in ihre Arbeit in Amerika ein: die Popularisierung des Buches. Sie fand sich mit ihrer eigenen Leidenschaft für Bücher und deren Wirkung in der persönlichen Entwicklung in Walter Hofmans pädagogischem Konzept[240] wieder und hatte ihn vermutlich auch auf einer der zahlreichen Tagungen der deutschen Erwachsenenbildung persönlich kennen gelernt. Ihre Entwürfe zur Einbeziehung der öffentlichen Bibliotheken in die Erwachsenenbildung tragen deutlich die Spuren von ihrem ganz persönlichen Engagement, das aus der Jugendzeit und später aus ihrer Beziehung mit Bernhard Blume datiert, als der Austausch über Gelesenes ein Grundelement jeder freundschaftlichen Kommunikation war. Andererseits spiegeln sich in ihren Vorschlägen Errungenschaften und Ideen der deutschen Bibliotheksbewegung. Das Buch als Bildungsfaktor hatte sie auch in ihre Frauenbildungsarbeit in Stuttgart und später in ihre Aufbauarbeit an der Mittelstelle für jüdische Erwachsenenbildung einbezogen: ihr Frauenprogramm war durchflochten von Kursen, die mit Hilfe von literarischen Texten bestimmte Frauenthemen reflektierten. In den Tagheimen für erwerbslose Frauen hatte sie für die Einrichtung von gut ausgestatteten Leseräumen gesorgt. In der Mittelstelle für jüdische Erwachsenenbildung engagierte sie sich für die Schaffung von Wanderbüchereien, die die kleinen jüdischen Landgemeinden mit Bücher versorgen sollten. So nimmt es nicht Wunder, dass sie sehr schnell die in der amerikanischen Erwachsenenbildung vorhandenen Ansätze in dieser Richtung aufgreift und sich mit dem Autor eines Buches in Verbindung setzt, dessen Titel geradezu elektrisierend auf sie gewirkt

---

240 Walter Hofmann und Carola kannten sich von den Hohenrodter Tagungen. Er war Gründer und gemeinsam mit seiner Frau Leiter der „Leipziger Büchereischule", einer Ausbildungsstätte für Volksbibliothekare. Seine Ideen zur Organisation des Büchereiwesens haben Carola immer brennend interessiert, die sie auch in ihren jeweiligen Tätigkeitsbereichen teilweise umgesetzt hat.

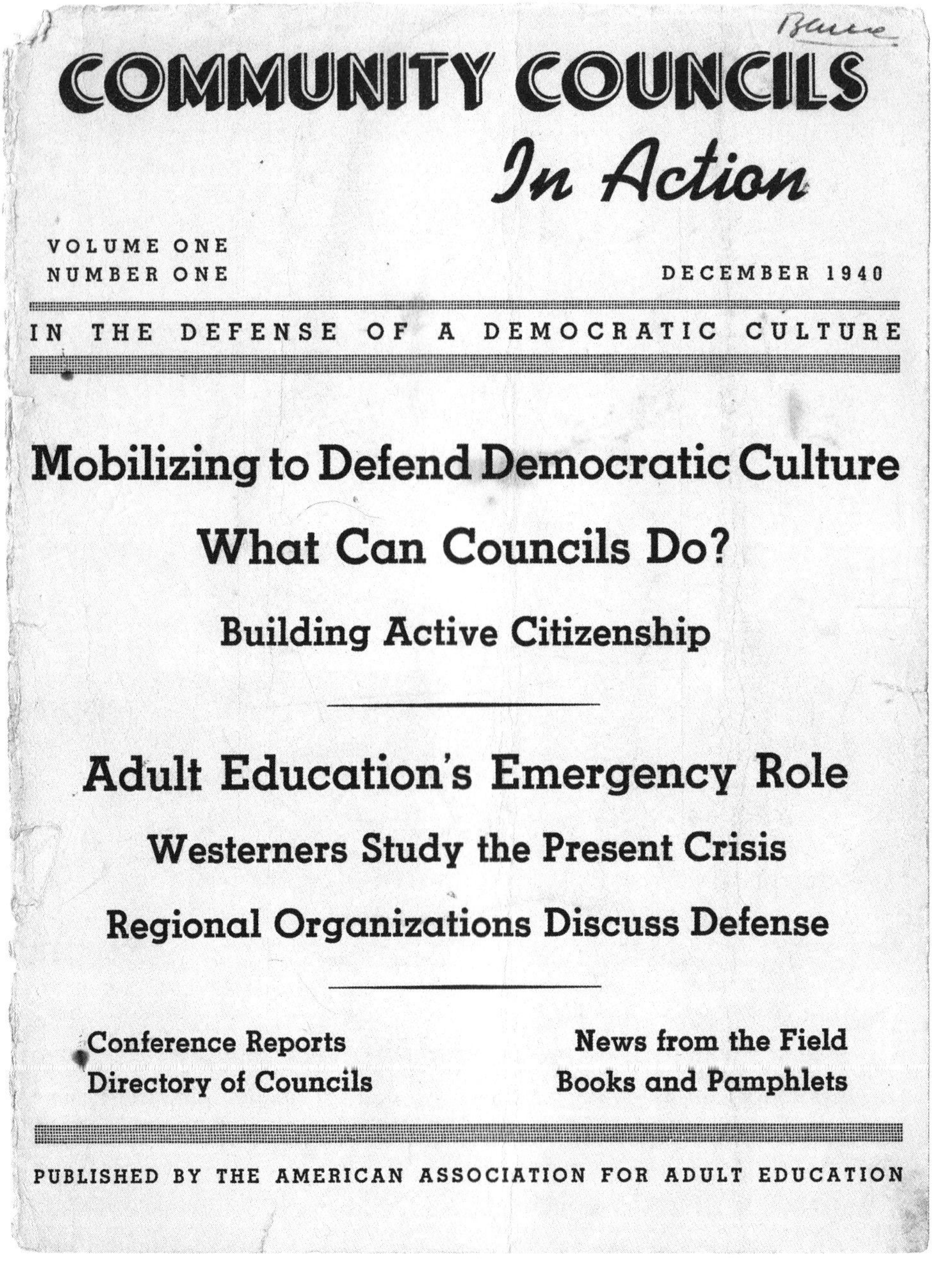

Blume

COMMUNITY COUNCILS
In Action

VOLUME ONE
NUMBER ONE

DECEMBER 1940

IN THE DEFENSE OF A DEMOCRATIC CULTURE

Mobilizing to Defend Democratic Culture

What Can Councils Do?

Building Active Citizenship

Adult Education's Emergency Role

Westerners Study the Present Crisis

Regional Organizations Discuss Defense

Conference Reports

News from the Field

Directory of Councils

Books and Pamphlets

PUBLISHED BY THE AMERICAN ASSOCIATION FOR ADULT EDUCATION

Abb. 92 Erste Nummer der vom amerikanischen Bundesverband für Erwachsenenbildung herausgegebenen Monatsschrift "Communitiy Councils in Action", 1940
(Nachlass Rosenberg-Blume)

haben muss: „The Library – a People´s University" (Die Bibliothek –
eine Volksuniversität) von Alvin Johnson, Mitarbeiter des Bundesverbandes der Erwachsenenbildung und Leiter der renommierten New
School for Social Research in New York.[241]

Im November 1937, anlässlich einer Konferenz des Landes-
verbandes des Pacific South West, macht sie mit ihrem Beitrag zum
Thema „Bibliotheken" auf sich aufmerksam. Sie formuliert hier ihre
ersten Eindrücke, die sie zwei Jahre später nach ihrer Einarbeitung
in die amerikanischen Strukturen der Erwachsenenbildung noch einmal in einem Strategiepapier mit konkreten an der Praxis orientierten
Vorschlägen dem Leiter der Oakland Free Library vorlegt.[242] Sie selbst
nennt ihre damaligen Anregungen „etwas theoretisch", teilweise vielleicht „unrealistisch", doch habe sich an ihrer Analyse der Ausgangs-
bedingungen wenig geändert. Sie hatte eine engere Zusammenarbeit
von Lehrkräften und Bibliothekaren zwecks einer Verständigung über
die gemeinsamen Bildungsziele vorgeschlagen. Die (für sie schockie-
rende) Buchferne bei den Lehrkräften der Erwachsenenbildung müsse
mit Hilfe der Bibliotheken überwunden werden. Umgekehrt brauchten
auch die Bibliothekare Schulungen im erwachsenengerechten
Umgang mit ihrem Publikum. Beide Seiten müssten mit Büchern vertraut gemacht werden, die „große Ideen" transportieren, die „von vita-
ler Bedeutung" für die „ganze Zivilisation von heute und ihre
Probleme" seien. Sie unterstreicht die erzieherische Wirkung der
durch Bücher ausgelösten Diskussionen, in denen sich immer kon-
troverse Standpunkte begegnen. „Controversary is the core of learning. Only in discussion groups where learning is realized in active
and not merely in passive, is there real learning [...]"[243], so wird sie
im Protokoll zitiert (13.11.1937). Bereits vor dieser Konferenz hatte
Alvin Johnson als nationaler Referent für Bibliothekswesen Kontakt
zu dem Leiter der Free Library von Oakland aufgenommen und ihn
ermutigt, aus seiner bekannten und sehr kompetent geführten Institution ein Zentrum für Erwachsenenbildung in seiner Region zu
machen (27.3.1937). Carola wird im Rahmen ihrer Tätigkeit im Vorstand des East Bay Adult Education Council und ihrer Lehraufträge
am Mills College eine intensive Zusammenarbeit mit der Free Library
aufbauen und für die Einbeziehung des Bibliothekspersonals in die
Fortbildungen der Summer Schools in Mills sorgen. Eine detailliertere
Sicht der Dinge formuliert sie in ihrem Strategiepapier vom 26.1.1939,
das sich auf die spezifische Situation in den Gemeinden der Bay
bezieht.

---

[241] Die New School for Social Research (Neue Schule für Sozialforschung),
       1919 gegründet, war in ihrer Bedeutung für Amerika vergleichbar mit
       dem Forschungsinstitut für Sozialwissenschaften in Köln oder der Deut-
       schen Hochschule für Politik in Berlin.
[242] Maschinenmanuskript vom 26.1.1939
[243] „Konfrontation ist die Seele des Lernens. Nur in Diskussionsgruppen, wo
       Lernen sich aktiv und nicht nur passiv vollzieht, findet echtes Lernen
       statt[...]".

THE NEW SCHOOL
FOR SOCIAL RESEARCH
66 WEST TWELFTH STREET
NEW YORK 11, N. Y.

SCHOOL OF POLITICS
OFFICE OF THE DEAN

OREGON 5-2700

June 26, 1957

Dr. Arthur C. K. Hallock
Assistant to the Director
Division of Mental Hygiene
Department of Mental Health
The Commonwealth of Massachusetts
15 Ashburton Place,
Boston 8, Mass.

Dear Dr. Hallock:

I am happy to respond to your letter of inquiry concerning Dr. Carola Blume with whom I first became acquainted in Berkeley, California, in 1944. I worked with her as an adviser in the Department of Research of the Oakland, California Community Council and was very favorably impressed with her research ability, her grasp of practical problems and her cooperativeness in working with other community agencies and individuals. Some years later I was engaged by the Community Council of Columbus, Ohio, to make a survey of their voluntary leisure-time agencies as these related to the total recreational program of Columbus. Fortunately Dr. Blume with her husband, had moved to the University of Ohio, and I found her ready and willing to become the field director of my survey. Without indulging in any self-praise I can say that she did a remarkable job and that due to a large extent to her ability, her insight, her energy and effectiveness, the survey on the whole turned out to be an extremely successful one.

I know of no one in the professional field whom I would more happily engage in the kind of activity which, according to your letter, you have in mind for her to do. I write this with some knowledge and a deep appreciation of the present and potential significance of the three-phase Massachusetts program in mental health. I had not previously read the article you were good enough to send me from the American Journal of Orthopsychiatry of October 1956 and take this occasion to thank you for it and for the privilege of thus more fully acquainting myself with the significant program in which you are engaged.

Sincerely yours,

Arthur L. Swift, Jr.

Arthur L. Swift, Jr., Dean

Abb. 93 Empfehlungsschreiben des Leiters der renommierten New School of Social Research in New York, Arthur Swift, an das Ministerium für Mentale Gesundheit von Massachusetts (Nachlass Rosenberg-Blume)

Sie hebt hervor: Beide Gruppen (Bibliothekare und in der Erwachsenenbildung Tätige) müssen die sozialen Verhältnisse in ihrer Gemeinde genau kennen. Sie sollten die „großen Bücher" gemeinsam bearbeiten und dabei Methoden für ihre jeweils eigene Arbeit mit Erwachsenen entwickeln. Dies könnte zum Oberthema eines „Seminar in Residence" gemacht werden. Ihre Untersuchung zur Situation der Erwachsenenbildung in Oakland und Umgebung (A Survey of Adult Education Activities in the East Bay Region) habe gezeigt, dass die Region auf den Gebieten Beruf, Industrie, Handwerk, Freizeit, Elternarbeit und Immigrantenarbeit mit Bildungsinitiativen relativ gut versorgt sei; was aber fehle, seien die Bildungsmöglichkeiten auf geistigem Gebiet: Philosophie, klassische Bildung, Religion, amerikanische Kultur, Literatur und Kunst; kurz „the education through spiritual channels rather than the training of skills [...]"[244] Hier spricht die „Alte Welt" aus ihr, das „Abendland", von dessen kulturellen Traditionen sie tief geprägt war und die sie mit ihrem Mann in der Emigration noch intensiv gepflegt hat (bis ins hohe Alter wird sie einen Lesekreis leiten, der sich mit modernen literarischen Texten beschäftigte). Diese vernachlässigten Bereiche sollten gezielt von der Erwachsenenbildung aufgegriffen werden, da sie – im Gegensatz zu den Abendkursen der Universität – den „Mann auf der Straße" erreichten.

Sie schildert die Ergebnisse eines Trainingseminars für leitendes Personal der Erwachsenenbildung, an dem auch Bibliothekare teilnahmen und das unter ihrer Leitung in Mills College stattfand: Ziele des Seminars waren, ein Bewusstsein bei den Teilnehmenden für die Probleme und Bedürfnisse ihrer Gemeinde zu entwickeln; sich die wesentlichen Zielvorstellungen der amerikanischen Gesellschaft klarzumachen; Wege und Methoden zu entwickeln, mit denen die pädagogischen Ziele der Erwachsenenbildung in Form von Projekten realisiert werden können. Die Teilnehmer setzten sich im wesentlichen aus Multiplikatoren zusammen, wie den Leitern von religiösen Vereinigungen und kirchlichen Institutionen, führenden Vertretern von Lehrervereinigungen und von öffentlichen Schulen, Elternvertretern, Leitern von wohltätigen Stiftungen, Referatsleitern der Stadt, Leitern des Abendgymnasiums, Vertretern von Eltern-Kind-Initiativen u.a.m.

Carola weist kritisch darauf hin, dass auf die Frage, was die öffentlichen Bibliotheken durch neue Angebote für die Erwachsenenbildung tun könnten, welche Dienstleistungen die gefragtesten und welche kontraproduktiv sein könnten, nur zwei Teilnehmer eine Antwort geben konnten. „Alle anderen haben zugegeben, nicht genug über die Bibliothek und ihre gesellschaftliche Funktion zu wissen, obwohl sich alle ihrer bedienten." Kritisiert wurde auch, dass viele der im Seminar vertretenen Institutionen „tote Bibliotheken" unter ihren Dächern beherbergten. Daher wurde ein „absoluter Neuanfang" beschlossen. Zunächst führte man in unterschiedlichen Gruppen ein brain-storming über besondere Bedürfnisse und Schwierigkeiten in

---

[244] „[...]mehr die Erziehung über geistige Kanäle denn über das Antrainieren von Fertigkeiten[...]"

THE FUND FOR ADULT EDUCATION

WHITE PLAINS, NEW YORK
ROckwell 1-0100

July 3, 1957

Mr. Arthur C. K. Hallock
Assistant to Director
Division of Mental Hygiene
Department of Mental Health
Commonwealth of Massachusetts
15 Ashburton Place
Boston 8, Massachusetts

Dear Mr. Hallock:

Your letter of June 18th inquiring about Dr. Carola
Blume arrived in this office while I was on a field trip and
as a consequence I am late in replying. I have known Dr. Blume
for a number of years and worked with her closely when she was
in Oakland, California. At that time she was doing research
work in adult education in the community of Oakland, and I
came to have a high regard for her intelligence and her organization abilities.

While I am not familiar with the kind of mental
health program that you are proposing to introduce into the
Boston area, I would guess that she would be able to fulfill
the kind of assignment you have outlined with dispatch and
competence. She has considerable skill in getting easily
acquainted with people and in working with them, and on the
basis of her considerable background of experience of working
in metropolitan areas I think she would have no trouble fulfill-
ing the duties you would assign to her.

Sincerely yours,

Glen Burch

Glen Burch, Director
    Study and Discussion
    Program Development

GB:ac

Abb. 94   Empfehlungsschreiben des Direktors des Fonds für Erwachsenenbildung, Glen Burch, an
          das Ministerium für Mentale Gesundheit von Massachusetts
          (Nachlass Rosenberg-Blume)

den jeweiligen Arbeitsbereichen durch. Die wichtigste Voraussetzung aber war, bei den Teilnehmenden selbst das Interesse am Buch zu verankern und sie von seiner „zivilisatorischen Kraft" zu überzeugen. Erst dann war es möglich, in einem weiteren Schritt die zentrale Frage zu erörtern, wie die „buchfernen" Schichten der Bevölkerung an das Lesen herangeführt werden konnten. Man einigte sich darauf, dass die Teilnehmenden in ihren unterschiedlichen Arbeitsbereichen über eine bestimmte Zeit ihre Erfahrungen, Beobachtungen und Schwierigkeiten aufschreiben und von Fachleuten aus der Erwachsenenbildung regelmäßig beraten werden sollten. Des weiteren wäre eine Bibliothek mit einschlägiger Fachliteratur notwendig für die Betroffenen in den verschiedenen Erwachsenenbildungszentren, zusammengestellt von den Bibliothekaren. Regelmäßiger Austausch zwischen Projektleitung (Carola) und vor Ort arbeitenden Multiplikatoren war die Voraussetzung für eine erfolgreiche Integration des Bibliothekwesens in die ganze Erwachsenenbildung. Carola nennt in ihrem Papier sogar die Möglichkeit, die bereits gut funktionierende Free Library von Oakland zu einer echten „People's University" zu machen und dort neben einem „field-worker" eine festangestellte Fachkraft für Erwachsenenbildung einzustellen; diese sollte für die Organisation und Entwicklung eines Kursprogramms, für Vorträge, Sonderveranstaltungen (sie spricht von einer „Nacht der Bücher"), Kooperationen u.a.m. zuständig und dem Erwachsenenbildungsrat gegenüber verantwortlich sein, der die Stelle sponsern würde. Als eine der wichtigsten Forderungen an eine solche Stelle nennt Carola die Kontaktaufnahme zu dem einzelnen Leser, insbesondere zu jenen Personen, die nicht in Gruppen oder Vereinen verankert sind. Sie befasst sich in ihrem Papier auch ausführlich mit den organisatorischen und institutionellen Bedingungen eines solchen Projekts, das in seinem leidenschaftlichen Plädoyer für die „Wiedererweckung der Bücher zu neuem Leben" (Carola) ganz und gar getragen ist von ihrer persönlichen Erfahrung – wie so vieles in ihrer beruflichen Karriere: „Through such an arrangement the idea that books should be made alive by teaching their thoughts, or practicing them, would be adopted [...]".[245]

Carola macht das Mädchencollege Mills, eins der feinsten und ältesten in den USA, zu einem Zentrum für Erwachsenenbildung – was der Leitung nur willkommen sein kann, denn dieser neue Fachbereich wertet das Profil der Schule in der Öffentlichkeit zusätzlich auf. Offenbar wird auch ein Studiengang Erwachsenenbildung eingeführt, denn sie betreut Abschlussarbeiten dieser Fachrichtung. Zudem übernimmt sie Ende der dreißiger Jahre die Vertretung Bernhards am College für ein Jahr, der nun in englischer Sprache publizieren und sich für eine feste Stellung qualifizieren muss. Da seine Vertretung vom College nicht finanziert wird, übernimmt Carola den Lehrauftrag zusätzlich zu ihrer Arbeit in der Erwachsenenbildung.

293

---

[245] „Über eine solche Vereinbarung [...]würde die Idee der Wiedererweckung von Büchern umgesetzt, indem man ihre Gedanken aufnimmt und praktiziert."

VOL. 1, NO. 3   JULY, 1946

Recreational Services Surveyed

By Dr. Arthur L. Swift, Jr.

It is not surprising that Columbus should be trying to get a fresh hold on the basic facts about its recreational needs. This city has a reputation for community service.

Columbus knows the importance of recreation to the well-being of its citizens. What a youngster, or an adult, does with his leisure time makes a difference. Delinquency and crime occur most often in connection with play-time, not work-time. And they cost the city and the nation a lot of money. On the other hand, there is no better training for citizenship in a democracy than is to be had in a group of friends planning and playing together, playing where it's safe to play, planning things worth do-ing and learning the joy of doing things together. That sounds simple, but it requires space, equipment and, above all else, trained and effective leadership.

Recreation, like education, is something everybody needs and must have if he is to be a complete person. It is the birth-right of every citizen.

Columbus has authorized a study of its recreational facilities and needs, in order to be sure that it is doing this job as well as it can possibly be done. Perhaps there are neighborhoods or groups that are not getting their fair share? Perhaps the recreational agencies could afford to do more planning together? It is the job of the survey to find the right answers to questions like these.

Before starting the recreation survey of youth serving Community Chest agencies to be completed this summer, Dr. Arthur L. Swift, Jr., met with agency representatives.

Dr. Swift, of the Union Theological Seminary faculty and the graduate faculty of the New School for Social Research, New York City, here states his views on the importance of recreation.

Pictured with Dr. Swift (first row, third from left), in addition to heads of Chest agencies, are Roy B. Weed, chairman of the survey-sponsoring Recreation and Youth Services Council; Dr. Carola Blume, its field director, formerly of Mills College; Rev. Robert E. Leake, board member of Neighborhood House; Miss Agnes Quinlan, executive secretary of the Columbus Diocese Catholic Welfare Division.

Abb. 95   Carola Rosenberg-Blume mit Mitarbeiterinnen und Mitarbeitern der Jugendbe-treuungsagenturen von Columbus / Ohio (1. Reihe Mitte), 1946 (Nachlass Rosenberg-Blume)

Carola entwickelt noch vielfältige Aktivitäten in Mills College, die auf die ganze Bay Region ausstrahlen, bis sie 1945 Kalifornien verlässt und mit ihrer Familie nach Columbus/Ohio übersiedelt. Ihr Mann wird auf den Lehrstuhl für Germanistik an der dortigen Universität berufen. Sie verlässt ihre Wirkungsstätte mit einer beeindruckenden Liste von Veröffentlichungen, die ihr intensives und erfolgreiches Engagement beim Aufbau der Erwachsenenbildung in Kalifornien dokumentiert.[246]

Ein neuer Tätigkeitsbereich: Jugendpsychologie

Zweiter Abschied von der Erwachsenenbildung

In den beiden Jahren vor ihrem Weggang aus Oakland konzentriert sich Carolas Arbeit im Rahmen der kommunalen Erwachsenenbildungsarbeit auf jugendliche Randgruppen, ein Problem, das sich in jenen Jahren in den Städten Amerikas virulent zu manifestieren beginnt. Aus diesen letzten Jahren stammen noch zwei große Publikationen von ihr: „Our Community. A factual Presentation of Social Conditions",1942 (Unsere Gemeinde. Eine auf empirischem Material beruhende Darstellung sozialer Verhältnisse) mit Kartenmaterial über die Verbreitung von Jugendkriminalität in Oakland und Umgebung und „Progress Report on the Extent of Juvenile Delinquency in Oakland",1944 (Laufender Bericht über die Verbreitung der Jugendkriminalität in Oakland). Carola hat genug Referenzen, um in

---

[246] Education of Adult Members in an Industrial Society. Memorandum fror the Workers´ Education Bureau of America, 1935/36 (Erwachsenenbildung in einer Industriegesellschaft. Anmerkungen für das amerikanische Bureau für Arbeiterbildung); Workers' Education in Germany, 1936 (Arbeiterbildung in Deutschland); Survey of Adult Education Activities in the East Bay Region, Oakland 1938 (Bericht über Aktivitäten der Erwachsenenbildung in der östlichen Bay-Region); Index of Fields of Studies offered by the East Bay Adult Education Agencies, o.D (Zusammenstellung der Forschungsbereiche der Erwachsenenbildungsagenturen in der östlichen Bay); Language Problems of European Emigrees (for the American Library Association), 1939 (Sprachprobleme europäischer Emigranten (für den amerikanischen Bibliotheksverband), 1939; Survey on the Health Education Programs of Adult Education Agencies,1939/40 (Bericht über die Gesundheitserziehungsprogramme der Erwachsenenbildungsagenturen); Principles of Program Selection and Measurement of Needs with the East Bay Adult Education Agencies, 1940 (Prinzipien der Programmauswahl und der Bedarfseinschätzung bei den Erwachsenenbildungsagenturen der östlichen Bay); The East Bay Adult Education Classes 1938-40. Reflections on statistical Data, 1941 (Die Erwachsenenbildungskurse 1938-40 in der östlichen Bay. Überlegungen zu statistischen Daten); Techniques of Surveys, Communitiy Studies, of Integration and Coordination in the Communitiy Compilation of Bibliography, 1941 (Techniken von statistischen Erhebungen, Gemeindestudien, von deren Integration und Koordination in der Bibliographieerstellung der Gemeinden); How has the War effected Agencies working in the Field of Adult Education? 19942 (Wie hat sich der Krieg auf die Agenturen der Erwachsenenbildung ausgewirkt?).

Columbus zunächst über Forschungsaufträge arbeiten zu können. Aber sie sucht verständlicherweise eine feste Position, die ihr die Erwachsenenbildung trotz aller Meriten und ihrer inzwischen erfolgten Einbürgerung offenbar nicht anbieten kann. Auch hat sie wohl erfahren, dass die Aussichten auf eine feste Anstellung in Amerika an eine wesentliche Bedingung geknüpft sind: einen in Amerika erworbenen akademischen Titel. So schreibt sie sich noch einmal an der Fakultät für Psychologie der Universität Columbus ein und macht 1949 ihren Doktor in Klinischer Psychologie. Ihre erste Untersuchung aus dem Jahr 1946 in Columbus: „A Survey of the Private Recreation and Youth Services Agencies of Columbus and Franklin County", (Ein Bericht über die privaten Erholungsangebote und Jugendzentren in Columbus und Franklin County) und das neue Arbeitsmilieu mögen sie in ihrem Vorhaben, noch einmal zu promovieren, bestärkt haben. Die Spezialisierung auf ein Arbeitsfeld, das in der öffentlichen Verwaltung verankert ist und die Aussichten auf ein festes Arbeitsverhältnis bieten kann, wird vor diesem Hintergrund verständlich. 1949 wird sie als Psychologin im staatlichen Institut für Jugendforschung des Bundesstaates Ohio eingestellt. Sie befasst sich vor allem mit der Therapie von emotional gestörten Kindern und delinquenten Jugendlichen in psychotherapeutischer Beratung und Gruppentherapie. Hier arbeitet sie mit Erfolg bis zum Jahr 1956, als ihr Mann wiederum einen Ruf erhält auf den berühmtesten Germanistiklehrstuhl der Vereinigten Staaten, den Kuno Franke Lehrstuhl für deutsche Literatur und Kunst an der Harvard University in Camebridge/Massachusetts. Carola wird noch einmal Referenzen sammeln müssen, um in Massachusetts ihre in Ohio begonnene Arbeit fortsetzen zu können. Sie erhält dort – offenbar ohne größere Schwierigkeiten – die Stelle des „Director of Research Division of Mental Health", d.h. sie wird Forschungsleiterin im Ministerium für Mentale Gesundheit, was dem Rang einer Ministerialrätin entspricht. Auch aus diesen Jahren ihrer Tätigkeiten in Ohio und Massachusetts gibt es zahlreiche veröffentlichte Untersuchungen von ihr, die hier nicht mehr berücksichtigt werden. Sie gehören nur indirekt zum Arbeitsfeld der Erwachsenenbildung, wie sie Carola verstanden und für deren Sache sie sich 25 Jahre ihres Lebens mit Haut und Haaren eingesetzt hat.

Etwas Großes leisten

In Amerika

Der Schritt in den Staatsdienst war so etwas wie ein zweiter Abschied von der Erwachsenenbildung, und nun für immer. Ähnlich wie in Deutschland ließ sie ein Arbeitsfeld hinter sich, in dem sie dank des glücklichen Zusammenspiels von organisatorischem Talent und schöpferischer Kraft in ihrer Persönlichkeit vieles bewegt hatte. Die Briefe und Referenzen, entstanden anlässlich der Orts- und Tätigkeitswechsel, bezeugen es: „Your work in the Research Department has been outstanding and of tremendous significance. You must be leaving with many regrets, I know, [...] but also with much pride in the good job done so far [...]"[247] „Your report served us as a bible for our whole work [...]"[248] In einem Referenzschreiben des Finanzreferenten der Stadt Oakland wird darauf verwiesen, dass ihr die Gründung der Forschungsabteilung im Council of Social Agencies (Rat der sozialen Agenturen) zu verdanken sei. Dadurch sei eine konkrete Annäherung an die sozialen Probleme der Stadt erst möglich gewesen. Sie habe ein Programm organisiert und entwickelt, das bundesweite Beachtung gewonnen habe: „[...] which I think it is safe to say has attracted not only community-wide, but almost nation-wide attention" (2.8.1945).[249] Aber nicht nur hier liege ihre Stärke. Sie habe mit ihrer Begeisterungsfähigkeit, ihrem Interesse und ihrer anregenden Diskussion die unterschiedlichsten Gruppen in ihren Bann gezogen: Schulen und Universitäten, Gesundheitszentren, Eltern- und Lehrervereinigungen, Polizei u.a.m. Ihr Geschick in administrativen Dingen, in der Auswahl geeigneter Mitarbeiter, in der Erstellung statistischen Materials wird hervorgehoben. Und nicht zuletzt ihre enorme Arbeitskraft, dank derer sie nie mehr als zwei Vollzeitkräfte beantragt habe (ebd.).

Auch die Empfehlungsschreiben für ihre nächste Stelle im Gesundheitsministerium von Massachusetts weisen immer wieder auf ihre großen Stärken hin: organisatorisches Geschick, Intelligenz, Durchblick und vor allem: ihre Fähigkeit, auf andere Menschen einzugehen: „[...] a considerable skill in getting easily acquainted with people."[250] Von Arthur Swift, dem Leiter des „Union Theological Seminary" in New York und späteren Dekan der dortigen „New School for Social Research" in New York, unter dessen Mitwirkung sie während ihrer Tätigkeit in Oakland ihre Untersuchungen durchführte, stammen zwei Schreiben im Hinblick auf ihren beruflichen Wechsel nach Columbus (vom 21.1.1947) und nach Camebridge (vom 26.6.1957):

> „I have today lectured for two hours on surveys with special reference to Columbus and it has sharped again in my mind thoughts of our many shared problems and finished tasks. You know already how very much I enjoyed working with you and how sincere is my appreciation of the splendid way in which you carried the burden of the work, never failing to come ready to

[247] 24.7.1945, Helen Grant, ehemalige Mitarbeiterin aus Oakland, an Carola. „Ihre Arbeit in der Forschungsabteilung war hervorragend und hatte eine gewaltige Bedeutung. Sie verlassen uns sicher mit großem Bedauern, ich weiß [...]aber auch nicht ohne Stolz über die gute Arbeit, die Sie hier geleistet haben."

[248] Dr. Rosalind Cassidy, ehemalige Kollegin aus Oakland, an Carola 14.12.1945: „Ihr Bericht diente uns als Bibel für die ganze Arbeit."

[249] „[...]auf das man sicher nicht nur in unserer Stadt, sondern im ganzen Land aufmerksam geworden ist."

[250] Glen Burch vom Fund for Adult Education, NewYork, 3.7.1957: „[...]eine bemerkenswerte Fähigkeit, leicht mit den Menschen in Kontakt zu kommen."

come through and always more than ready to meet half-way my suggestions and plans. I have never before been privileged to share so fully with an associate the basic and creative side of the survey job."[251]

Hier erfahren wir etwas Fundamentales über Carolas Herangehensweise an Untersuchungen und Erhebungen: sie hat ihre Mitarbeiter die „kreative Seite von Statistiken" erfahren lassen, d.h. sie hat die Aussagekraft statistischer Daten und deren Interpretation in den Vordergrund gestellt. Zehn Jahre später empfiehlt sie derselbe Arthur Swift für die Stelle im Gesundheitsministerium von Massachusetts. Wiederum werden ihre wissenschaftliche Qualifikation, ihre Praxisorientiertheit und ihre Kooperationsbereitschaft hervorgehoben. Im Hinblick auf ihre Untersuchung über die Situation der Jugend in Columbus heist es:

„Without indulging in any self-praise I can say that she did a remarkable job and that due to a large extent to her ability, her insight, her energy and effectiveness, the survey on the whole turned out to be an extremely successful one [...]" (26.6.1957).[252]

---

[251] „Heute habe ich eine zweistündige Vorlesung über statistische Erhebungen mit besonderem Bezug zu Columbus gehalten und wieder habe ich an die vielen Probleme und Aufgaben gedacht, die wir miteinander geteilt und zu Ende geführt haben. Sie wissen schon, wie gern ich mit Ihnen arbeitete und wie ehrlich meine Wertschätzung dafür ist, wie glänzend Sie die Last der Arbeit bewältigten, niemals aufgaben und immer bereit waren, meinen Anregungen und Plänen auf halbem Wege entgegenzukommen. Mir war es bis dahin nie vergönnt gewesen, mit einer Mitarbeiterin in dieser vollkommenen Form die grundlegende und kreative Seite der Auswertung statistischer Erhebungen zu erfahren."

[252] „Ohne in irgendein Selbstlob zu verfallen kann ich sagen, dass sie eine bemerkenswerte Arbeit geleistet hat und dass dank ihres Könnens, ihres Durchblicks, ihrer Energie und ihrer Effektivität die Erhebung im ganzen eine äußerst erfolgreiche wurde[...]".

Rückkehr nach Deutschland?

Die amerikanischen Erfolge mögen sie immer wieder neu an ihre deutschen erinnert und sie an der Schwelle zum definitiven Abschied aus der Erwachsenenbildung veranlasst haben, über die Frage der Rückkehr nach Deutschland nachzudenken (auch für Bernhard Blume ist es eine über Jahre hinweg bewegende Frage, wie seine Autobiographie bezeugt). Es sind die beginnenden fünfziger Jahre, als es in der deutschen Erwachsenenbildung wieder sehr lebendig wird. Sie mag die Aussicht, am Wiederaufbau der Volksbildungsarbeit in einem demokratischen Deutschland mitzuwirken, als verlockend empfunden haben, zumal sie sich der Modernität ihres Frauenbildungskonzepts aus der Weimarer Zeit durchaus bewusst war und sich nun zusätzlich die Chance geboten hätte, ihre amerikanischen Erfahrungen in eine solche Arbeit einzubringen. Die nötigen Kräfte hätte sie gehabt – sie war nun in jenem an Berufserfahrung reichen Alter, das sie sich einst für ihre Tätigkeit in Stuttgart gewünscht hatte, als sie sich mit ihren 26 Jahren als „viel zu jung" empfunden und gemeint hatte, „viel älter" müsse man sein, „um eine solche Arbeit leisten zu können". Aber – die Stimmen aus Deutschland bleiben aus. Kein Situationsbericht von den ehemaligen Kollegen, erst recht kein Ruf von den offiziellen Stellen und Männern, die für die Erwachsenenbildung in Stuttgart und Deutschland zuständig gewesen waren: Volkshochschule Stuttgart, Kultministerium, Theodor Bäuerle, die führenden Männer von Hohenrodt und der Deutschen Schule für Volksforschung und Erwachsenenbildung. Ich möchte fast annehmen, dass Carola wieder zurückgekehrt wäre, hätte man sich bei ihr entschuldigt und ihr die Mitarbeit an der Volkshochschule Stuttgart angeboten. Auch Bernhard Blume, dessen große künstlerische Begabung sich immer wieder in

Abb. 96 Carola Rosenberg-Blume auf ihrer ersten Europareise am Genfer See, 1955 (Nachlass Rosenberg-Blume)

dichterischen Versuchen niederschlug, aber im fremden Land sich nicht entfalten konnte und letztendlich von der wissenschaftlichen Karriere aufgesogen wurde, hätte eine solche Entscheidung Carolas wahrscheinlich mitgetragen. Aber es fehlte der entscheidende Impuls von außen: die deutlich ausgesprochene Einladung, zurückzukommen. Ohne diese wäre eine Rückkehr ein voluntaristischer Kraftakt gewesen – das erneute Aufgeben einer Existenz, die man sich mühsam unter großen finanziellen Schwierigkeiten im fremden Land aufgebaut hatte. Bernhard Blume nennt in seiner Autobiographie zwei Gründe, warum es eines Anstoßes von „außen", eines Rufes aus Deutschland, bedurft hätte, um eine Rückkehr ernsthaft ins Auge zu fassen:

299

„[...] einmal, daß wir beide in Amerika konkrete, klar umrissene Aufgaben hatten, Carola, indem sie jugendliche Kriminelle zu rehabilitieren versuchte, ich, indem ich amerikanische Studenten mit der deutschen Literatur vertraut machte. Was Deutschland angeht, so hatte ich nach dem Ende des Krieges, wie mancher andere, auf eine innere Erneuerung gehofft, an der mitzuarbeiten wohl eine Aufgabe hätte sein können. Der Wiederaufbau aber beschränkte sich auf Häuser und Fabriken; ging es um Wunder, vollbrachte sie die Wirtschaft. Die Formen des staatlich-politischen Lebens wurden von den Siegern auferlegt [...] was sich die Bundesrepublik, widerstrebend oder zustimmend, anzueignen im Begriff war, hatte ich in Amerika schon aus erster Hand, im Zuge einer Tradition, die immerhin zweihundert Jahre alt war."[253]

Die ehemaligen deutschen Kollegen aber – so bezeugen es einige Briefe – gingen stillschweigend davon aus, dass die Blumes sich in dem als Schlaraffenland vorgestellten Amerika so etabliert hatten, dass sie an eine Rückkehr nicht dachten. Erwarteten sie die Bitte Carolas um Hilfe bei der Suche nach einer neuen Arbeit in der Erwachsenenbildung? Es ist eher zu vermuten, dass man es in der Ordnung fand, dass diese Bitte aus Amerika in der schwierigen Nachkriegszeit nicht kam – oder dass man einfach nicht daran dachte. Ein Brief von Eduard Weitsch, der Carolas Arbeit in Stuttgart immer aufmerksam verfolgt hatte, sagt etwas aus zu dem ganzen Komplex; sowohl zu Carolas Enttäuschung über den ausgebliebenen Kontakt mit der deutschen Erwachsenenbildung wie über die Einschätzung auf deutscher Seite. Hier heißt es:

„Ich lernte neulich im Bayrischen Volkshochschulheim Traunreuth (wo ich bei Rosenstock mit großer Zustimmung hospitierte) einen Herrn Timmler (Coburg) kennen, der mir erzählte, Sie seien etwas bitter berührt, daß sich im heutigen Deutschland kaum jemand Ihrer erinnere, und daß Sie eine Einladung, einmal in der jetzigen deutschen Volksbildung zu wirken, vermißten. Nun! Ich erinnere mich Ihrer und Ihres Stuttgarter konkret-praktischen Wirkens sehr wohl! Als Zeichen meiner gleichgebliebenen Verehrung sende ich Ihnen (nach Eruierung Ihrer Adresse) zunächst einmal einen Auszug meines im Mai bei Stichnote in Hamburg erschienenen neuen Buches „Dreißigakker, die Schule ohne Katheder", in der Sie manche Gleichlinigkeit unseres früheren Wirkens feststellen werden [...] Zur Erklärung dafür, daß man bisher Ihrer nicht dachte: Ich glaube, es geht vielen so wie uns! Wir hielten Sie und Ihren Mann für so arbeitsmäßig verwurzelt drüben, daß wir Ihre bitteren Gefühle gar nicht ahnten und Sie für unabkömmlich hielten. Vergessen sind Sie – wenigstens von uns Älteren – keineswegs!" (7.10.1952).

---

[253] B. Blume 1985, S.47

So erfreulich dieses Lebenszeichen eines ehemaligen Kollegen für Carola unzweifelhaft war, so enttäuschend muss das eilfertige Übergehen des eigentlichen Problems, nämlich ihres Wunsches, „in der jetzigen deutschen Volksbildung zu wirken," für sie gewesen sein. Statt auf diese Tatsache, die er ja selber an- und ausspricht, näher einzugehen, drängt es den Briefschreiber, sich selbst mit seinem Buch zu präsentieren, das zu allem Überfluss auch noch die großen Zeiten – ihre Zeiten! – der Erwachsenenbildung in den zwanziger Jahren lebendig werden ließ. Als Carola 1955 ihren ersten Besuch in Stuttgart machte, wurde sie in der Presse als „amerikanische Psychologin" vorgestellt, die in zwei Vorträgen über Jugendthemen referierte. Auf Einladung der Landesanstalt für Erziehung und Unterricht sprach sie über „Störungen im Kindes- und Jugendalter. Wege zu ihrer Verhütung und Heilung"[254] und auf Einladung des Stuttgarter Schwurgerichts vor einem vollbesetzten Saal mit Beamten der Kriminalpolizei, der Polizei, der Gerichte und des Sozialamts über „Jugendkriminalität in den Vereinigten Staaten"[255]. In der kurzen Vorstellung ihrer Person im Kleindruck wird ihre ehemalige Tätigkeit an der Stuttgarter Volkshochschule wie nebenbei erwähnt. Wie ihr bei diesem ersten Wiedersehen mit der Stadt ihres einstigen Wirkens zumute gewesen sein muss, konnte ich mir aufgrund des bereits erwähnten Gespräches mit Fritz Martini vorstellen. Sie weinte bei jenem Treffen – trotz erfolgreicher beruflicher Karriere in Amerika, trotz gelungener materieller Etablierung in diesem Land. Ihr Verzicht auf Entschädigungsansprüche, da nach ihren Worten mit zu viel Leid verbunden, wirft ein weiteres Licht auf ihr Verhältnis zu Deutschland: ihr Vater war in den Tod deportiert worden, und die meisten ihrer vielen Verwandten, denen die Flucht nicht gelungen war, waren in den Konzentrationslagern umgekommen. Wie lang die Schatten sind, welche die Verdrängungen der Nachkriegszeit bis in die Gegenwart werfen, zeigen zwei Ereignisse, die der nun verstorbenen Carola an ihrer einstigen Wirkungsstätte Stuttgart widerfuhren: anlässlich der Namensgebung der Säle im TREFF-PUNKT Rotebühlplatz (1991), wo ein Saal nach Carola Blume benannt ist, hieß es in der Presse: „Die nationalsozialistische Neuorientierung beendete Carola Blumes Tätigkeit im März 1933"[256]. Immer noch wird die Errichtung des Zwangs- und Unrechtsregimes der Nazis 1933 mit dem Begriff „Neuorientierung" verfälscht und anonymisiert; damit werden auch die für die Entlassung Carolas Verantwortlichen: konkrete Personen, die Aufpasser und „willige Vollstrecker" der Nazis waren, unsichtbar gemacht. Die schlichte Tatsache, dass Carolas Entlassung von den Nazis erzwungen wurde, wird tabuisiert. Die Familie Carolas reagierte mit Betroffenheit: „[...] the description of what took place as being a „new orientation" sets a new record as perhaps the most euphemistic description in history" lautete der ironische Kommentar des älteren Sohns Michael Blume.[257] Ein weiteres Mal vergriff

301

---

[254] Stuttgarter Zeitung vom 15.3.1955
[255] Stuttgarter Zeitung vom 5.5.1955
[256] Unvergessene Stuttgarter, Amtsblatt vom 19.12.1991

sich die Presse beim Bericht über das Interview mit dem jüngeren Sohn Frank Blume und seiner Frau Harriet anlässlich ihres Besuches in Stuttgart im Sommer 1995. In einer biographischen Skizze von Carolas Leben heißt es „[...] als Jüdin beschloss sie, Stuttgart 1933 zu verlassen und in die Staaten zu emigrieren [...]"[258] Die Familie reagierte mit Dankbarkeit auf den ausführlichen und sehr persönlich geschriebenen Artikel, aber ein zweites Mal mit Betroffenheit auf die – wieder – fehlende konkrete Benennung ihrer Entlassung:

„This sentence of course implies that my mother v o l u n t a r i l y left her position at the VHS in 1933. I know you understand the tragedy of my mother. It solely rests with the Nazi policy toward Jews which f o r c e d my mother to emigrate to the United States [...]".[259]

Man muss sich fragen: ist es denn so schwer, die Fakten zu benennen, die doch nun allseits bekannt und aufgearbeitet sind? Sollte sich nicht gerade die Presse eines Sprachgebrauchs bedienen, der der Verharmlosung und Vernebelung gerade dieser Zusammenhänge in unserer Geschichte entgegenwirkt?

---

[257] „Die Beschreibung dessen, was stattfand, als einer „neuen Orientierung" stellt einen neuen Rekord als die vielleicht euphemistischste Darstellung in der Geschichte auf" (4.10.1995).

[258] Auf den alten Spuren einer radikalen Frauenrechtlerin, in: Stuttgarter Zeitung vom 23.6.1995.

[259] „Dieser Satz impliziert natürlich, dass meine Mutter ihre Position an der vhs freiwillig aufgegeben habe. Ich weiß, Sie verstehen die Tragödie meiner Mutter. Es beruht einzig und allein auf der Nazipolitik gegenüber den Juden, dass meine Mutter zur Auswanderung in die Vereinigten Staaten gezwungen wurde[...]" (1.10.1995, Hervorhebungen durch Frank Blume).

Carola Rosenberg und Bernhard Blume

Ihr Werk und ihre Liebe

Carola Rosenberg und Bernhard Blume haben auf ihrem je eigenen Arbeitsgebiet schon in jungen Jahren jenes „Große" geleistet, das sie von den ersten Augenblicken ihrer Beziehung an erstrebten: Bernhard Blume war bereits mit 26 Jahren der große Durchbruch auf den deutschen Bühnen gelungen. Carola Rosenberg war im gleichen Alter bereits eine der bekanntesten Frauenbildungsexpertinnen in Deutschland. Um dem Tod zu entrinnen, mussten sie beides aufgeben; um der Liebe zu seiner Frau willen opferte Bernhard Blume seine dichterische Berufung, die er als Theaterdichter nur im Land seiner Muttersprache weiter zu entwickeln fähig war; um der Liebe zu ihrem Mann willen unterstützte Carola Rosenberg seine Karriere im neuen Land und opferte ihre eigene in der amerikanischen Erwachsenenbildung – ihm auf diese Weise dankend für seinen Verzicht. So sehen es auch aus dem großen Freundeskreis und der Familie vor allem die Frauen, die ihr nahegestanden haben; insbesondere ihre Schwiegertochter Harriet, die Frau ihres jüngeren Sohnes Frank. Sie verband eine innige Beziehung mit Carola, die sie in den letzten Lebensjahren noch vertiefen konnte, als Carola in ihrem Hause lebte. Harriet lernte noch die deutsche Sprache, um sich mit Carola über Literatur und Dichtung unterhalten und jene Werke mit ihr lesen zu können, die Carola besonders liebte, darunter vor allem Heinrich Heine und auch Bernhards „Narziss mit Brille", den sie in der Originalsprache Deutsch verstehen wollte. Carola selbst hat über ihren Verzicht nie gesprochen; vielleicht war er auch gar nicht so bewusst vollzogen worden – oder er war ihr so selbstverständlich, dass er ihr nicht der Rede wert war. Immer wieder stieß ich in den langen Gesprächen mit Verwandten und Freunden auf diesen wunden Punkt: die Pionierin der Frauenemanzipation der Weimarer Zeit richtet die Parties des bekannten Harvardprofessors aus. Der Sohn Frank – wie sein Bruder bis dahin nur diffus über die Tätigkeit seiner Mutter in Deutschland unterrichtet – schreibt angesichts ihrer großen Leistung: „it´s certain

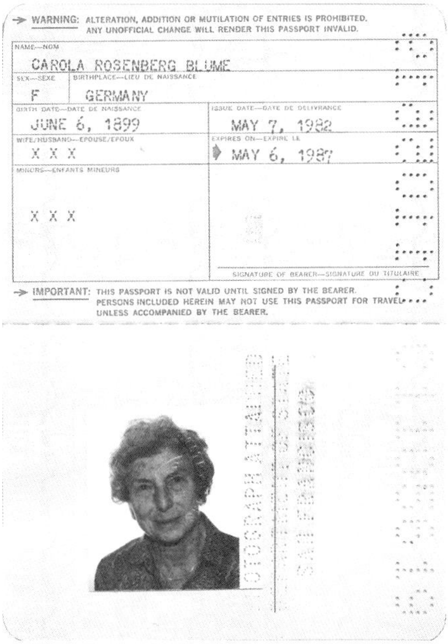

Abb. 97   Carola Rosenberg-Blume, 1982
(Nachlass Rosenberg-Blume)

Abb. 98 Das Ehepaar Blume in seinem Heim in La Yolla, San Diego, 1977
(Nachlass Rosenberg-Blume)

ironical that she as a pioneer in womens´ emancipation lived in the shadow of her husband as long as I can remember [...]"[260]
       „Im Schatten ihres Mannes" – sicherlich nicht als „Weibchen", sondern als eine um ihren Wert wissende Frau, die zu ihrer Wahl steht und zu dem Leben, wie es nun einmal für sie geworden ist. Doch mag der Schock der Ausgrenzung und Verfolgung inmitten ihres heimatlichen Wirkungsfeldes die entscheidende Zäsur in ihrem Leben gewesen sein und dazu beigetragen haben, dass sie sich in der Fremde zunehmend an ihrem Mann orientierte. Eine weitere Annäherung an Carola als – nun ostentativ auftretende – Ehefrau und Professorengattin wurde mir durch ein Gespräch mit Renate Wanner, der Ehefrau des mit den beiden Blumes befreundeten Paul Wanner, möglich: Carola erschien auch Frau Wanner bei einem Wiedersehen in Stuttgart geradezu als Inbild der jüdischen Ehefrau, ganz auf das Wohl des Gatten bezogen, ganz in seiner Bedeutung aufgehend. Kommen hier tiefe Prägungen aus der Kindheit zum Vorschein, aus alten Familientraditionen unbewusst übernommene Muster, deren Wirksamkeit durch die Isolation in der Fremde gefördert wurden? Weitere Indizien sind die Briefe an Bernhard. Wenn dieser auf Reisen, vor allem in

---

[260] 26.11.1989, Brief an die Verf. „Es ist sicher eine Ironie des Schicksals, dass sie als Pionierin der Frauenemanzipation im Schatten ihres Mannes lebte, so lange ich mich erinnern kann."

Deutschland, war, zeugen sie von einer alles übertönenden Sorge um sein Wohlergehen. Nach seinem Tod im Jahr 1978 erleidet Carola eine über lange Zeit anhaltende schwere Depression. Ihre ganzen Kräfte sammelt sie in den letzten Jahren für die Herausgabe der Autobiographie von Bernhard und das Ordnen seines Nachlasses für das Literaturarchiv Marbach; zum Ordnen ihres eigenen Nachlasses und das Verfassen einer eigenen Biographie fehlen ihr die Energien. Auch ihre letzten Briefe an mich sind von dieser Sorge überschattet; die Freude über den wiederaufgenommenen Kontakt mit der Stätte ihres früheren Wirkens ist zwar groß – doch Bernhard ist wichtiger.

Abb. 99 Carola Rosenberg-Blume 1984
(Nachlass Rosenberg-Blume)

Beider Emigrantenschicksal, das Überleben in der Fremde - finanziell, emotional, sozial - hat wohl die Ehegatten noch mehr zusammengeschweißt, als es ohnehin schon der Fall war. Carola hat sich enger an ihren Mann gebunden als in Deutschland. In dieser Art und Weise wurden sie noch mehr zu „Kampfgenossen" und „Weggefährten", die miteinander gehen „auf Gedeih und Verderb". Gefährten, die sich gegenseitig ihre „Wunden verbinden", die, wenn sie „müde und zerschlagen" sind, sich eins beim anderen ausruhen können, aber die auch gemeinsam „vorwärts gehen, ihre Siege gemeinsam feiern und alles miteinander teilen wollen." Diese Worte hatte Bernhard, so als ob er es geahnt hätte, einst an Carola geschrieben.

Beide, Carola und ihr Mann, sind im Grunde Einsame in der Neuen Welt geblieben – in ihrem ganzen geistigen Habitus zu sehr verwachsen mit der deutschen Kultur, in deren neuem Aufbruch in den zwanziger Jahren sie ihre entscheidende intellektuelle Prägung erfahren hatten. Bernhard Blume hatte sich in einem Brief an einen Freund einmal so geäußert – und hier vermute ich Carolas Zustimmung: „Manchmal staune ich, daß ich schon drei Jahre in Amerika bin, wie die Zeit verfliegt. Wie man sich amerikanisiert, sehe ich an meinen Kindern. Mir selbst würde es nicht gelingen, selbst wenn ich es wollte (Brief an den Verleger Gerhard Dietzmann, Leipzig, 16.7.1939). Das, was die Herausgeber der Autobiographie von Bernhard sagen, gilt für beide:

> „[...] in Amerika hatten sie keine wirkliche Heimat gefunden, nur einen erträglichen Ort für Aufatmen und unbedrohte Tätigkeit [...] einen Ort, der sie das Deutschland, das sie in sich

trugen, leben ließ, weil sie das andere Deutschland verstoßen hatte. Sie nahmen das Deutschland, dem sie vertrauten und das ihnen gemäß war, in sich selbst mit. Dies ließ sie den ersten Tod, die Emigration, überleben."[261]

Carola, so jung sie war, hatte wohl geahnt, als sie den Wahlspruch für ihr Tagebuch wählte, dass sie ein Liebling der Götter war – in der Tat hatten sie ihrem Leben jene „unendlichen Freuden", aber auch jene „unendlichen Schmerzen" bereitet, wie sie in Goethes Zeilen beschworen werden.

Alles geben die Götter ihren Lieblingen ganz
Alle Freuden, die unendlichen
Alle Schmerzen, die unendlichen, ganz

---

[261] B. Blume 1985, S. 295

Zitationen

Die Daten der Briefzitate (in Klammern) wurden in ihrer oft unvollständigen Form übernommen. Teilweise konnte die fehlende Jahresangabe aus dem Poststempel ermittelt werden. Die Briefe der Mutter Sofie Rosenberg und des Vaters Samuel Rosenberg sowie diejenigen von Carola Rosenberg-Blume und Bernhard Blume sind jeweils gesondert nach Jahrgängen in Mappen geordnet. Soweit nicht besonders vermerkt, sind ebenfalls die Briefe anderer Adressaten an Carola Rosenberg-Blume sowie Zeitungsartikel u.a. in diesen Jahrgangsmappen enthalten. Sowohl die Briefe Carola Rosenberg-Blumes, als auch diejenigen ihrer beiden Söhne Michael und Frank Blume an die Verfasserin befinden sich noch in Privatbesitz.

Maschinenschriftliche und handschriftliche Schriftstücke aus der Arbeit der Frauenabteilung tragen je nach Zugehörigkeit den Vermerk
<Mappe Frauenabteilung>,
<Mappe Erwerbslosenarbeit>,
<Mappe Siedlerschulung>,
<Mappe Tagungsaktivitäten>,
<Mappe Entlassung>,
<Mappe Mittelstelle>,
<Mappe Emigration>.

Soweit geprüft, ist die Fundstelle im Hauptstaatsarchiv Stuttgart (HStAS) angegeben, wo ebenfalls ein Großteil der Dokumente und Programme der Frauenabteilung aufbewahrt werden.

Zeitzeuginnen und Zeitzeugen

IRMGARD ANDREAE, Stuttgart
FRANK BLUME, Redlands, California, verst.
MICHAEL BLUME, Guerneville, California, verst.
ANNEMARIE BOECK, Stuttgart, verst.
EUGEN EBERLE, Stuttgart, verst.
JOHANNA KUNZ, Stuttgart
KARL KÜSSNER, Möckmühl, verst.
FRITZ MARTINI, Stuttgart, verst.
SIEGFRIED STOCKBURGER, Bad Homburg, verst.
HILDE SAENGER, Haifa, verst.
PAUL WANNER, Stuttgart, verst.
RENATE WANNER, Stuttgart
ELSBETH YATRAS, Jerusalem

Quellen, Literatur, Zeitungen, Zeitschriften

Quellen

Nachlaß Carola Rosenberg-Blume
Korrespondenz der Autorin mit Frank und Michael Blume
Archiv der Volkshochschule Stuttgart
Hauptstaatsarchiv Stuttgart (Alle Rechte vorbehalten)
Deutsches Literaturarchiv Marbach a. Neckar
Stadtarchiv Heilbronn
Zentralarchiv Heidelberg
Robert-Bosch-Firmenarchiv

Literatur

HANS BLÜHER, Führer und Volk in der Jugendbewegung, Jena 1917.

HANS BLÜHER, Deutsches Reich, Judentum und Sozialismus, Jena 1918.

BERNHARD BLUME, Narziss mit Brille, Kapitel einer Autobiographie. Aus dem Nachlaß zusammengestellt und herausgegeben von Fritz Martini und Egon Schwarz, Heidelberg 1985.

MAIKE EGGEMANN, Die Frau in der Volksbildung 1919-1933. Wege zur Emanzipation? Siegener Frauenforschungsreihe, Frankfurt/M. 1997.

JETTI FERN, Verkannte Bürgerinnen – verschwiegene Schicksale. Jüdische Frauen in ihrer Stadt Stuttgart, in: Stuttgarter Frauenmuseum e.V., Stuttgart für Frauen, hrsg. von der Gleichstellungsstelle der Landeshauptstadt Stuttgart 1992.

MARTHA FRIEDENTHAL-HAASE, Ein Blick nach außen für eine Historiographie der Erwachsenenbildung: die USA als Schule der Demokratie, in: Report 31, Literatur- und Forschungsreport Weiterbildung, Juni 1993.

UTE GERHARD, Unerhört. Die Geschichte der Frauenbewegung, Hamburg 1990.

HORST-JÜRGEN HELLE, Verstehende Soziologie, München/Wien 1999.

JÜRGEN HENNINGSEN, Der Hohenrodter Bund. Zur Erwachsenenbildung in der Weimarer Zeit, Stuttgart 1958.

MAX KOMMERELL, Briefe und Aufzeichnungen 1919-1944, aus dem Nachlass hersg. von Inge Jens, Olten und Freiburg im Breisgau 1967.

VILMA KOPP, Vom Kampf der Frau um sich selbst, Flugschriften der Volkshochschule Stuttgart 1925.

FRITZ LAACK, Das Zwischenspiel freier Erwachsenenbildung. Hohenrodter Bund und deutsche Schule für Volksforschung und Erwachsenenbildung in der Weimarer Epoche, Bad Heilbrunn 1984.

ROLAND MÜLLER, Judenfeindschaft und Wohnungsnot, in: Der jüdische Frisör, hrsg. von der Lokalzeitung Stuttgarter Osten, Silberburg-Verlag 1992.

CHRISTEL PACHE, Theodor Bäuerles Beitrag zur deutschen Erwachsenenbildung, Stuttgart 1971.

WERNER PICHT und EUGEN ROSENSTOCK-HUESSY, Im Kampf um die Erwachsenenbildung, Leipzig 1926.

ANNE-CHRISTEL RECKNAGEL, 70 Jahre Volkshochschule Stuttgart 1919-1979, Neue Folge der Flugschriften, Bd. 5, Stuttgart 1989.

CAROLA ROSENBERG-BLUME, Über die Berufseinstellungen und -interessen der weiblichen Jugend. Eine empirische Untersuchung. Dissertation München 1923.

JULIUS SCHOEPS, Eine Gemeinschaft zur Selbsterziehung, in: Die Zeit, Nr. 42, 1988.

CARL SPITTELER, Balladen, Zürich 1945.

EDUARD SPRANGER, Lebensformen. Ein Entwurf. Halle 1914.

EVA TENZER, Mein Weg mitten durch die Welt, in: Frankfurter Rundschau, 13.2.1999.

PAUL WANNER, Mein Lebensbericht. Stuttgart 1990.

ALFRED WEBER, Der Geist Heidelbergs, in: Heidelberg Lesebuch, hrsg. von Michael Buselmeier, Frankfurt/M. 1986.

GUSTAV WYNEKEN, Jugend! Philister über dir! (Neuauflage), Frankfurt/M.1963.

GUSTAV WYNEKEN, Kampf für die Jugend. Gesammelte Aufsätze. Jena 1919.

CARL ZUCKMAYER, Heidelberg 1919, in: Heidelberg Lesebuch, hrsg. von Michael Buselmeier, Frankfurt/M. 1986.

Zeitungen und Zeitschriften

Amtsblatt Stuttgart
Frankfurter Rundschau
Gemeindezeitung für die israelitischen Gemeinden Württembergs, Stuttgart
Mitteilungen des Vereins zur Förderung der Volksbildung e.V., Stuttgart
Soziale Praxis, Berlin
Stuttgarter Neues Tagblatt
Stuttgarter Zeitung
Die Zeit, Hamburg

Danksagung

Mein Dank gilt allen Menschen und Institutionen, die mich in meiner Arbeit unterstützend, verständnisvoll und wißbegierig begleitet haben. Er ist gerichtet an:

Arbeitskreis zur Aufarbeitung historischer Quellen der Erwachsenenbildung Deutschland-Österreich-Schweiz

FRANK und HARRIET BLUME
MICHAEL und NICHAE BLUME
CHRISTEL KÖHLE-HETZINGER
Kolleginnen und Kollegen der vhs stuttgart
MAGDA MAIER
HELGA MERKEL
ROLAND MÜLLER
HEINZ POKER
LUCINDE RECKNAGEL
MARLIS RECKNAGEL
ILSE-MARIE SCHMIDT
ALI SADEGHLOR

Mein besonderer Dank richtet sich an HEINRICH SCHNEIDER, Leiter der vhs stuttgart, der von Anfang an meine Forschungsarbeit gefördert und im Rahmen meiner beruflichen Verpflichtungen mitbedacht hat.

Eine weitere unschätzbare Hilfe beim Zustandekommen der Arbeit erhielt ich von LISEDORE PRETORIUS, INGE TEUFFEL und WALLY WILLBERG, die mir mit sachkundiger Kompetenz bei der Entzifferung der Handschriften von Carola Rosenberg-Blume, Samuel Rosenberg und Sofie Rosenberg behilflich waren.

HANS PETER MAHNKE und RÜDIGER STRATMANN danke ich für mitdenkendes, auf Sorgfalt und Detailtreue bedachtes Engagement in der Gestaltung des Buches.

Diese Arbeit wurde mir durch ein Forschungsstipendium des Sozialministeriums Baden-Württemberg ermöglicht. Ich danke für die großzügige Unterstützung.

313

Index